陳伯适著

文史哲學集成

孫子兵法研究

文史哲出版社印行

國家圖書館出版品預行編目資料

孫子兵法研究 / 陳伯适著. -- 初版. -- 臺北
市：文史哲, 民 95
頁： 公分. (文史哲學集成；509)
含參考書目
ISBN 978-957-549-662-3 (平裝)

1. 孫子兵法 – 研究與考訂.

592.092　　　　　　　　　95005441

文史哲學集成 509

孫子兵法研究

著　　者：陳　　伯　　适
出 版 者：文　史　哲　出　版　社
http://www.lapen.com.tw
登記證字號：行政院新聞局版臺業字五三三七號
發 行 人：彭　　　正　　　雄
發 行 所：文　史　哲　出　版　社
印 刷 者：文　史　哲　出　版　社
臺北市羅斯福路一段七十二巷四號
郵政劃撥帳號：一六一八○一七五
電話 886-2-23511028 ‧ 傳真 886-2-23965656

實價新臺幣四四○元

中華民國九十五年（2006）三月初版

ISBN 978-957-549-662-3

自 序

　　《孫子兵法》以六千字所呈現的精煉兵書，其簡要而具深刻性、古老而具生命力、高明而具指導性的智慧型典，並非獨以軍事領域牢寵其用，不論為人處世之道、經營管理之法，莫不以之為借鑑、範式；不論文人儒士、將帥武夫，或是企業主管，皆視之為津樑。

　　軍旅實務背景，占據我最具活力的青春歲月，看不見的力量一直駐足著與影響著我，無形中的舉止或思維，總是帶有一點意味，想驅趕想飾化，卻常如影隨形，幸虧這些年來在「文學」的濡染之下，那份陽剛性有些褪色，而除舊佈新則仍待蛻化。雖然對經學領域情有獨鍾，卻也始終割捨不下那曾經長期對軍事對《孫子》的熱愛；十年前撰述此作，一直擱置於案牘之中，想假以時日修舛斧正而供於有意者。今重遊其間，探訪斯文，多有駭然而自省者，十年前的歷史痕跡，至今斑斑待覈。

　　短暫的修補，匆匆的付梓，但懇摯就教大方。

　　特別感謝　王師文顏教授的啓蒙諄悔、　朱師守亮教授的熱心指導匡正！

陳　伯　适

2006 年 2 月於臺中大里

2 孫子兵法

孫 子 兵 法 研 究

目 次

第一章　《孫子兵法》考證

　　古籍中言《孫子》者多，而在兩漢至唐、隋以前期間，人們通常言「兵法」、「兵書」者，特指《孫子》這部兵書，[1]正式命名爲《孫子兵法》當屬隋、唐以後之事。[2]其書在漢唐其間，除了稱《孫子兵法》外，尙有雜稱《孫子兵書》、[3]《兵書孫子》、[4]《吳孫子兵法》、[5]《孫武子兵法》、[6]《孫武兵法》、[7]《孫武兵書》者。[8]以《孫子》爲名，

---

[1] 較早以《孫子兵法》名爲「兵法」者，如《史記・孫子吳起列傳》：「《兵法》：百里而趨利者蹶上將，五十里而趨利者軍半至。」（見《史記・孫子吳起列傳》，卷六十五，北京：中華書局，1997 年 1 版，頁 2164。後文引二十四史文，皆據中華書局本，不再詳明。）又＜淮陰侯列傳＞：「吾聞《兵法》：右倍山陵，前左水澤，……《兵法》不曰:陷之死地而後生，置之亡地而後存？……」（卷九十二）又＜鯨布列傳＞：「且《兵法》：諸侯戰其地爲散地。……」（卷九十一）今本《尉繚子・將理》亦作「兵法」，但銀雀山漢簡本《尉繚子》作「兵策」。早期以《孫子》作「兵法」稱之，主要是由於《孫子》是古代最著名的兵法聖典，當時人言兵法首談《孫子》，因此，往往以「兵法」代指《孫子》。此外，以「兵書」代稱《孫子》者，見《三國志・魏書・陳泰傳》、《後漢書・袁紹傳》所載，在此不再贅引。

[2] 漢、唐時期，稱《孫子兵法》者，如《史記・燕召公世家》裴駰《集解》、《世說新語・雅量》劉孝標注引，阮孝緒《七錄》（《史記・孫子吳起列傳》張守節《正義》引）、《隋書・經籍志》著錄、虞世南《北堂書鈔》、李善《文選注》等；唐人注疏每每以《孫子兵法》稱之。

[3] 稱《孫子兵書》者，如《左傳・莊公十年》、又＜哀公二十七年＞孔穎達《疏》引。《日本國見在書目》亦著錄。

[4] 稱《兵書孫子》者，見《周禮・夏官・大司馬》賈公彥疏引。

[5] 稱《吳孫子兵法》者，漢唐人稱引甚多，最早者爲《漢書・藝文志・兵書略》，餘不贅舉。《續漢書・輿服志》引《吳孫兵法》似即此書，但《史記・衛將軍驃騎列傳》裴駰《集解》引文相同，卻作《孫吳兵法》。

[6] 稱《孫武子兵法》者，見《文選》卷四六王元長＜三月三日曲水詩序＞李善《注》引。

[7] 稱《孫武兵法》者，見《左傳・哀公六年》孔穎達《疏》引。

最早見於《史記‧孫子吳起列傳》，司馬遷稱「世俗所稱師旅，皆道《孫子》十三篇」，同先秦諸子百家書一般，書名大都由作者姓氏而來。然而因姓得書名，往往會造成作者何人的爭異，《孫子》就是一個典型的例子，歷來不斷爲其作者何人而爭論不休。除了作者的爭議外，另外，篇數的問題也是過去研究者所懷疑的主要議題。因此，本章針對有關《孫子》的辨析，分別從作者與篇數兩大問題作一考辨。同時，將歷代的傳本注疏源流作簡要的爬疏，以進一步瞭解《孫子》學說演變的情形。

第一節　《孫子兵法》作者之考訂

關於孫武有無其人及其著作的真僞，過去常被廣爲討論，成爲一爭議性的議題，復以《孫臏兵法》在魏晉以後的亡佚，詳載春秋史事的《左傳》、《國語》等典籍中又鮮涉及孫武其人，且《孫子兵法》（十三篇）中在文字語言與思想內涵又有濃烈之戰國時期風味，因此自北宋以來，孫武及其著作《孫子兵法》之真實性常爲人們所存疑。

《孫子兵法》之作者爲何，晚近學術界大抵已形成共識，分吳、齊二家《孫子》，此紛擾的學術上之議題，也因此塵埃落定。回顧歷來之言，眾說紛紜，各有所持，歸納歷來的不同主張，簡要分類列述如下：

一、孫武無《孫子兵法》之作

（一）無其人無其作

後人以孫武破楚之後即無下落，當時闔廬稱霸最得力的人才中，既有伍子胥、伯嚭和孫武，然伍子胥與伯嚭二人史籍中皆有下文，惟

---

[8] 稱《孫武兵書》者，見《文選》卷二九張景陽＜雜詩＞李善《注》引。又《隋書‧經籍志》載張子尚注本名《孫武兵經》，此蓋張氏自創的名稱。

獨孫武無明載，故而懷疑孫武無其人。倡其說者主要有宋朝歐陽修、高似孫、葉適、陳振孫等輩，疑孫武事不見於《左傳》，其書當為他人所偽託。高氏曾經提到：

> 周衰制隳法蕩，政不克綱，強弱相凌，一趨於武，侈兵圖霸，干戈相尋，甚可畏也。

草木皆兵的紛亂時代，惟按《左傳》所見春秋時期的戰例，則「其間謀帥興師，命意立制，猶知篤禮信，尚訓齊，庶幾三代仁義之萬一焉耳，殊未至於毒也」；那個時代，早期仍以仁義興師，爾後用兵法要漸次轉變，而「兵流於毒始於孫武」，「故《詩》《書》所述，《韜》《匱》所傳，至此索然無餘澤矣」！將《孫子》視為「一切戰國馳騁戰爭，奪謀淫詐之術」[9]的始作俑者，所以孫武固不為春秋時代的人士了。

　　另外，葉氏也提到說：

> 自周之盛，至春秋，凡將兵者必預聞國政，未有特將於外者；六國時此制始改，吳雖蠻夷，而孫武為大將，乃不為命卿，而左氏無傳焉，可乎？故凡謂穰苴孫武者，皆辯士亡相標指，非事實。

又說:

> 春秋末戰國初山林處士所為，其言得用於吳者，其徒夸大之說也。……其言闔廬試以婦人，尤為奇險不足信。[10]

認為《左傳》記載吳伐楚入郢之經過甚詳，卻只論及伍員、太宰嚭，而獨漏孫武未言，因此否定孫武其人之存在。

　　南宋時期，陳振孫亦本葉氏之說，在其《直齋書錄解題》卷十二中提到：

> 孫武事吳闔廬而不見於《左氏傳》，未知其果何時人也？

也以《左傳》不立孫武事蹟，作為駁斥所持之論點。到了清代，全祖望、姚際恆等人也同意葉適的說法；全氏認為：

---

[9] 以上引文見高似孫《子略》，卷三，<孫子>、<吳子>。
[10] 見葉適《習學記言》，卷四十六，<孫子>，頁1423。

> 水心疑吳未嘗有此人，而其事其書，皆縱橫家所偽為者，可以
> 補《七略》之遺，破千古之惑。至若十三篇之言，自應出於知
> 兵者之手。[11]

以孫武非有其人，而十三篇出於知兵者之手。姚氏在其《古今偽書考》
中提到《孫子》一書有二個可疑之點：其一是孫武之名不見於《左傳》；
其二是其書篇數，《左傳》、《漢志》、杜牧注等所言不一。所以進
一步懷疑地指出：

> 然則孫武者，其有耶？其無耶？其有之，而不必如史遷之所云
> 耶？其書自為耶？抑其後之徒為之耶？皆不可得而知也。[12]

指出諸多的疑問，似乎否定孫武著有兵法之書。近人齊思和也同意葉
氏之說法，言其考遍先秦群籍，知十三篇所載皆戰國之制度名詞，認
為孫武並無其人，十三篇為戰國之書。他特別從戰爭規模、軍制、《孫
子》書中所用之名辭、《孫子》書的體例，以及學術發展等方面，否
定《孫子》為春秋時期的產物。[13]

　　以上列舉數家所言，主張孫武並無其人，《孫子兵法》一書為他

---

[11] 見全祖望《鮚埼亭集·孫武子論》，卷二十九，上海：上海古籍出版社，2000
　　年1版1刷，頁547。

[12] 見姚際恆《古今偽書考》，收於《古書辨偽四種》，台北：台灣商務出版社，1978
　　年，頁119。

[13] 齊思和在其《孫子兵法著作時代考》一文中，認為春秋時期的戰爭規模較小，一
　　直到了戰國時期，才開始出現大規模且曠日持久的戰爭，而《孫子》言用兵，
　　動輒十萬，且強調速戰，特以曠日持久為戒，固非戰國以前所有之現象。從軍
　　制而言，春秋時代，軍政合一，兵民不分，而《孫子》所謂「將受命於民」、
　　「將能而君不御」所體現的「以將為主」的「專門化之制度與春秋時代絕不同」，
　　「春秋時代之戰爭，鮮有不由國君親統率之者，其或國君不親行，則多著重於
　　中軍，上軍、下軍皆聽命於中軍者也。及至戰國始以上將軍為最重」，而《孫
　　子》「以上將為重，亦足證其為戰國人之書矣」。從《孫子》中的重要名詞之
　　使用來看，諸如「霸王」一詞，為戰國所始有，「形名」、「分數」，皆戰國
　　時代法家之說，而「五行」相剋之說，則起於鄒衍。從其書之體例來看，其「分
　　篇題名，皆極矜慎，先後次第亦極具系統」，而「此種體裁亦至戰國之季而始
　　有也」。又從學術發展演變來看，「戰國以前無私人著書之事」，「至戰國軍、
　　政既分，而後軍事始專門化。於是善於用兵者遂紛紛著書，以成一之學」，《孫
　　子》十三篇，「蓋亦此時代之產物耳」。文引自齊思和《中國史探研》，北京：
　　中華書局，1981年，頁218-227。該文本載於《燕京學報》第26期。

人之僞託，所提到的主要理由不外乎是《左傳》並無記載孫武其人與其事功，且《孫子兵法》十三篇中有極多之制度名詞皆源於戰國時代，並非春秋時期所專有，故該書可能爲戰國時期之山林處士所爲。

（二）有其人無其作

肯定孫武確有其人，但《孫子兵法》其非其人所著。主此說者，最早提出的是北宋梅堯臣，其後清代姚鼐與近代梁啓超等人，亦執此說法。

梅堯臣曾撰《孫子注》，認爲其書非孫武所爲，《孫子》具有濃厚的戰國色彩，他提到：

> 嘗評武之書曰：此戰國相傾之說也。三代王者之師，司馬九伐之法，武不及也。然亦愛其文略而意深，其行師用兵，亦皆有法，其言甚有次序。[14]

梅氏並不否定孫武其人，只不過懷疑《孫子兵法》爲戰國時期征伐兼併的戰爭學說，而孫武正是開啓戰國軍事思想的重要人物。

姚氏《惜抱軒文集》中也提到：

> 左氏序闔廬事無孫武。太史公爲列傳，言武以十三篇見闔廬。余觀之，吳客有孫武者，而十三篇非所著，戰國言兵者爲之，託武焉爾！春秋大戰用兵不過數百乘，未有興師十萬者也，況在闔廬乎？田齊三晉既立爲侯，臣乃稱君曰主，主在春秋時大夫稱也。是書所言皆戰國事也。其用兵法乃秦人虜使民法也，

---

[14] 見歐陽修《孫子後序》。摘自《歐陽修全集·居士集》，卷四十二，北京：中國書店，1986 年，頁 294。所謂「戰國相傾之說」，即戰國時期專門講述兼併戰爭之學說。「三代王者之師」，語出《孟子》、《荀子》等書，指夏、商、周三代，禹、湯、文、武諸王所謂的「仁義之師」。「司馬九伐之法」，語出《周禮·夏官·大司馬》、《司馬法》等書，指由周天子授命大司馬用以征伐「亂臣賊子」的九條規定。梅氏處北宋仁宗時代，爲注釋《孫子》的名家，也是最早對《孫子》提出異議者。類似梅氏之說法，蘇軾也曾說：「夫武，戰國之將也，知爲吳廬而已矣。」（見蘇軾《東坡文集·應詔集》卷八，＜孫武論＞下）斷言孫武爲戰國時代的將領。

　　　不仁人之言也。然自是世言用兵者，以為莫武若矣。[15]
根據姚氏的說法，認為吳容有孫武者，十三篇亦非其著，以戰爭之規
模論，及「主」之稱呼言，係戰國所有，故《孫子》爲戰國言兵者所
依託。

　　1921 年，梁啓超於天津南開大學講學時，談到對於史料的鑒別
時，引《孫子》十三篇爲例，認爲「據其書之文體及其內容，確不能
信其爲春秋時書」，但也非出自秦漢之後，同時，「此書未必孫武所
著，當是戰國人依託。書中所言戰事規模及戰術，慮皆非春秋時所能
有也」。又認爲「《吳孫子》則爲春秋時之孫武，《齊孫子》則戰國
時之孫臏也。此書若指爲孫武作，則可決其僞」。[16]雖肯定《吳孫子》
爲孫武所作，但今本《孫子》十三篇絕非孫武的著述。

　　以上諸家所言，大抵主張孫武有其人，然而《孫子兵法》非其本
人所作，所持的理由也以《左傳》無載述孫武事吳事蹟，且以當時之
作戰型態、作戰規模，皆非春秋時期所能及，故作者當爲戰國時期的
人所僞託。

二、孫武與孫臏之混說

　　漢代史遷於《史記》中爲「孫子」立傳，分言孫武、孫臏祖孫二
人，並各有兵法傳世。爾後班固根據劉歆《七略》之說而爲《漢志》，
於＜兵書略＞的兵權謀類中著錄有《吳孫子》與《齊孫子》二兵書。
唐代顏師古注稱「吳孫子」爲孫武，而「齊孫子」爲孫臏。基本上，
吳孫子與齊孫子爲二人，且皆有兵法傳世，這是值得肯定的，惟「竹
簡兵法」未發現以前，世人所見《孫子兵法》僅十三篇者，造成在孫
武、孫臏與《孫子》之間，形成一團迷霧與令人難解的疑問。歷來在

---

[15]　見姚鼐《惜抱軒文集》卷五，＜讀孫子＞。
[16]　上述引文見梁啓超《中國歷史研究法》，引自《飲冰室合集·飲冰室專集》第七
　　十三，北京：中華書局，1989 年，頁 89。又見《史記中所述諸子書最錄考釋》，
　　引自《飲冰室合集·飲冰室專集》第八十三，頁 9。又見《考諸子略以外之現存
　　子書》，引自《飲冰室合集·飲冰室專集》第八十五，頁 9。

二者與兵法所提出的論點，主要分為以下幾個說法：

（一）孫武與孫臏為二人，十三篇為孫臏所作

《孫子》十三篇之由來，依杜牧所言，似乎是魏武自孫武之書所錄出者，然當時兵亂之際，古書已多佚，既不得吳孫子之書，遂以齊孫子誤作吳孫子，後世襲其誤，遂相沿曰孫武之說，因此依附杜牧之論者也都認為武與臏本為不同之二人，十三篇當為臏之所作，只不過世人誤沿罷了。[17]

日本學者武內義雄在其《孫子十三篇之作者》一文中，根據《史記》載孫武、孫臏二人均有兵法著述，而《漢志》又有《吳孫子》、《齊孫子》兩種兵書，認為「武與臏是別人，各有著述」，而「今本《孫子》之由來，如杜牧之言，則似魏武自孫武之書所錄者，蓋當時兵亂之際，古書多已佚，既不得《吳孫子》之書，遂以《齊孫子》誤作《吳孫子》，後世襲其誤，遂相沿曰孫武之書歟」。從今本《孫子》十三篇的實質內容來看，並非孫武之書，而是出於孫臏所作。[18]

（二）臏承其祖孫武之學而作

明代吳興松筠館主人在其《孫子參同序》中云：

---

[17] 轉引自張心澂《偽書通考》，台北：明倫出版社，1972 年六月三版，頁 800-801。

[18] 武內義雄所言，引自江俠庵編譯《先秦經籍考》中冊，商務印書館，1931 年，頁 375-376。武氏認為今本《孫子》十三篇非孫武所著，而為孫臏所作，主要的理由為：（一）《隋志》有《吳孫子牝八變陣圖》二卷，《新唐志》有《吳孫子三十二壘經》一卷，其佚文援引於《周官注》與《太平御覽》者，不見於今之《孫子》，其文章亦與今之《孫子》不類，則今《孫子》非武著。（二）《戰國策》內孫臏之言與今《孫子》書相似，例如「兵法百里趨利者蹶上將；五十里走者軍半至」，與今《孫子》軍爭篇「五十里而爭利則蹶上將」同。「馬陵道狹，而旁多險阻，可伏兵」，與今《孫子》行軍篇云「軍旁有險阻，……此伏奸之藏處」同意。「攻其懈怠，出其不意」與今《孫子》始計篇「攻其無備，出其不意」大同小異。故今本疑出臏作。（三）《呂氏春秋》不二篇云「孫臏貴勢」，高誘注：「孫臏，楚人，為齊臣，作《謀》八十九篇，權之勢也。」今《孫子》有貴勢篇，與《呂覽》所評孫臏之說相似，又與高誘所見《齊孫子》八十九篇之說合。故今本出臏所作。

　　按《史記‧列傳》稱武為臏之祖，臏之兵法傳於後世云，則是
　　書殆傳於臏，而本於武者歟？

以臏承其先祖孫武之學而著兵法，這也是較早針對二人兵法傳承關係
而為立說者。今人陳啓天更進一步說：

　　古人為學，均有傳授。孫臏既為孫武之後世子孫，則武之兵法
　　授之於臏，臏即據之撰成十三篇，而署武之名以行世。

又說：

　　因其本於武，故自來言孫子者，均繫之於武。因傳於臏，故其
　　之內容，有不類武撰者。武授之，而臏傳之。故謂此書為武自
　　撰者固誤，而謂此書與武絕無因緣者亦非之也。[19]

明指《孫子》十三篇為孫臏承其祖孫武之兵學而為，並以傳之於後世。
同時特別提到，此十三篇縱非孫武所親著，也不能否定當中存在孫武
的思想痕跡。

（三）孫武與臏乃一人，兵法為臏所作

　　歷來一派學者主張孫武與孫臏為同一人，而兵法為孫臏所著。主
此說者，如現代學者錢穆與日本江戶時代的學者齊藤拙堂等人。

　　《孫子‧兵勢》言「孫子曰：凡治眾如治寡，分數是也。鬥眾如
鬥寡，形名是也」。錢穆認為「形名」、「分數」乃戰國法家常用之
名詞，又〈始計〉中「五校」將「道」置於「天」、「地」、「將」、
「法」之前，故此書當為法家盛行後的戰國時期的孫臏所著。錢氏提
到說：

　　形名之語，亦起戰國中晚，則孫子十三篇間非春秋時書，其人
　　則自齊之孫臏而誤。[20]

又推測說：

　　孫臏之稱，以其臏腳而無名，則武殆即臏名耳。……其著《兵

[19] 見陳啓天著，《孫子兵法校釋》，台北：中華書局，1952年，頁53。
[20] 見錢穆《先秦諸子繫年考辨》，〈孫子辨〉，台北：台灣商務印書館，1957年，
　　頁247。

法》，或即在晚年居吳時，吳人炫其事，遂謂見闔廬而勝楚焉。後人說兵者，遞相附益，均託之孫子。或曰吳，或曰齊，世遂莫能辨，而史公亦誤分以為二人也。[21]

認爲孫武來去於吳、齊二國，以致後世誤以爲武與臏實乃臏一人，自然兵法當爲臏所爲。

齊藤氏作《孫子辨》，以孫子之事不見稱於《左傳》，從而也懷疑《史記》所載孫武之事。認爲：

> 又以孫武見吳王，在伐楚之前，其時吳王已得見武之十三篇。然作書之時，越國尚小，其兵不應多於吳。今《孫子》虛實篇云：「以吳度之，越人之兵雖多，亦奚益於勝哉？」是以《孫子》在越強於吳之後。又《左傳》昭公三十二年，吳伐越，為吳越相爭之始，而九戰篇云：「吳人與越人相惡」，是在吳越相仇後之證。

明白地指出，《孫子》十三篇當爲戰國以後之著作。因此，他進一步推論「今之《孫子》一書，是孫臏所著。孫武與孫臏，畢竟同是一人，武其名，而臏是其綽號」。[22]

（四）孫武無其人，今《孫子兵法》爲孫臏之作

今人張其昀主張《孫子》十三篇書成於孫臏之手：

> 子胥數諫吳王夫差不用，託其子于齊鮑氏，居阿鄄。伍氏之裔在齊姓孫，後百年有孫臏出，齊將田忌與孫臏善，進于威王，于是田忌為將，而孫子為師，坐與計謀，曾大破魏軍於馬陵，殺魏將龐涓，名顯天下。孫子一書蓋成于孫臏之手。[23]

張氏特別指出孫臏乃伍員之後。另外，金德建於其《古籍叢考》中，撰〈孫子十三篇作於孫臏考〉一文，以《左傳》不載孫武，而《史記》所述孫武事蹟又極其簡略爲由，推論其「內容上完全近於傳說，不足

---

[21] 見錢穆《先秦諸子繫年考辨》，〈田忌、鄒忌、孫臏考〉，台北：台灣商務印書館，1957。

[22] 轉引自江俠庵編譯《先秦經籍考》中冊，商務印書館，1931年，頁374。

[23] 見張其昀《中國軍事史略》第三章。

為信」，認為「所謂孫武，全為偽託之說」，故《孫子》這部書的作者，當是戰國時之孫臏，[24]故孫武係偽託，無其人，今本《孫子》作於孫臏。

孫武與孫臏混疑立說，不論是倡言孫武、孫臏同一人，或直接否定孫武的存在，或是為祖孫的關係，始終認為《孫子》十三篇乃孫臏之作，也就是說，不論孫武是否有其人，十三篇只可能是孫臏所為，並無孫武是著的跡象。這般的說法，所持的理由，不外乎總歸為：

其一、針對《史記‧孫子吳起列傳》的記載，臏之實錄詳於武，武之傳文略顯傳說性質，不若臏之細密可考，戰國史料歷歷可為佐證。尤其孫武之姓名事蹟，不見錄於先秦文獻，只能從《史記》、《吳越春秋》、《越絕書》等漢代典籍作品中獲得。

其二、戰國時期的人，稱呼「孫子」名號者，惟孫臏可以斷定受之。同時，孫臏得名在於其受臏刑之後，原先必另有他名；此一他名，也有可能是「孫武」之名。

其三、根據《戰國策》的記載，孫臏於馬陵之役以後，曾勸阻田忌不要解兵入齊，田忌不聽，終為政敵鄒忌所撓，不得入齊，被迫流亡楚國，楚王封田忌於江南，孫臏身為殘疾之人，恐不便飄泊，當隨田忌同行，以致漢代人關於孫臏的籍貫有齊人、楚人等各種不同的異說。所以，不論是齊孫子或是吳孫子，其實當可能是同為孫臏一人。

其四、從《孫子》中所用的一些名詞來看，似乎是戰國時期的思想發展之產物，而考證歷史事實，孫臏為戰國時期，而孫武縱有其人，也屬春秋時代的人，所以兵法的作者，當然也屬於戰國的孫臏才算可理。

三、孫武與伍員為一人

清人牟庭在其《校正孫子》中，提出孫武之史跡類似於伍子胥：
其一、二人皆重視謀略，著有兵法。

---

[24] 見金德建《古籍叢考》，台北：中華書局，1963年，頁80-82。

其二、二人皆從他國來到吳國，統御吳軍破強楚而入郢。

並且認爲伍子胥託其子與齊鮑氏居阿、鄄之間，而其後裔在齊國改姓孫，又

百年有孫臏者出，故孫臏之先輩孫武當爲伍員。[25]

張其昀（已如前述）承牟庭之說，亦以伍子胥與孫武當同屬一人。《中國軍事史略》有云：

> 孫武殆書名而非人名，謂孫氏世傳之武經，猶之言毛詩也。……
> 但于孫武僅述其軼事，稱其戰功，如西破楚入郢，北威齊、晉，
> 顯名諸侯，此可總括子胥之生平。左傳記吳事甚詳，絕不及孫
> 武，殊為可疑，清人牟庭謂伍子胥與孫武似非二人，實有所見。

持此論者，認爲不論從個人背景或事功等，二人皆十分類似，而史料對伍子胥的記載十分詳細，但孫武見於史籍者卻不明確，故而推斷《孫子兵法》十三篇爲伍子胥假「孫武」之名而爲的。

四、十三篇爲曹操刪定之作

《漢書・藝文志》言《吳孫子兵法》有八十二篇，以及圖九卷，故有人推測秦漢乃至三國時代，《吳孫子》八十二篇與《齊孫子》八十九篇可能並行於世，至三國「魏武削其繁剩，筆其精淬，凡十三篇，因注解之」。[26]杜牧以《孫子》數十萬言，皆魏武削其繁剩，筆其精切，讚譽爲百世談兵之書；然而他認爲似乎漢末以前，十三篇之全文尚未成定本，魏武乃於八十二篇中，選述刪要而爲十三篇。此外，魏武曹操注《孫子》，在其序言中有言：

> 吾觀兵書戰策多矣，孫武所著深矣！……為吳王闔閭作兵法，
> 一十三篇，……審計重舉明畫深圖，不可相誣，而但世人未之
> 深亮訓說，況文煩富，行於世者，失其旨要，故撰為略解焉。[27]

---

[25] 轉引自楊善群《孫子評傳》，江蘇：南京大學出版社，1995年，頁74。

[26] 見杜牧《中國歷代經籍典錄》，＜孫子注＞序，頁2225。

[27] 詳細引文，見孫星衍《孫子十家注》，引魏武帝序而爲＜孫子序＞云：「操聞上古有弧矢之利，論語曰足兵，尚書八政曰師，易曰師貞，丈人吉詩曰王赫斯怒。

魏武既未明示該書爲孫武謁見吳王之作,所以杜牧也就認爲今之十三篇,已非古之十三篇,並暗諷魏武之欺世盜名;同時認爲兩漢四百年,豈無一人不注《孫子》之理,而今所傳《孫子》之注,始自魏武。[28]

現代學者潘光建提到:

> 曹操爲孫子兵法注釋,當然有功,但可能將孫子中下卷中的武器、裝備之製造,視爲雕蟲小技而削除了。[29]

推論曹操爲今《孫子》十三篇作注,其兵法尚有中下卷,而爲曹武所刪。

另外,明代張居正《武經直解開宗合參》中載,「孫子,名武,齊人。《漢藝文志》稱,《孫子兵法》八十二篇,今之十三篇,乃魏武註之,而刪定者。武以伍員薦入吳,爲上將,伐楚入郢,及秦人救楚,乃班師,後見闔廬荒遊無度,辭官歸齊,數年而亡。李靖所謂脫然高蹈者,其功業是以不著于天下」。[30]因此,由上引數者之言,可以確知他們相同的定論爲《孫子》十三篇乃曹操所刪定,且《孫子》之注首見於曹操,這種說法固爲目前學術界所認同的,至於曹操所刪除的內容若何,則不得而知了。

五、《孫子兵法》確爲孫武所撰

《史記‧孫子吳起列傳》開宗明義提到:

> 孫子武者,齊人也,以兵法見於吳王闔廬,闔廬曰:「子之十

爰征其旅,黃帝湯武,咸用干戚,以濟世也。司馬法曰:故人殺人,殺之可也。恃武者滅,恃文者亡。夫差偃王是也,聖人之用兵,戢而時動,不得已而用之,吾觀兵書戰策多矣,孫武所著深矣!孫子者齊人也,名武,爲吳王闔閭作兵法,一十三篇,試之婦人,卒以爲將,西破強楚,入郢,北威齊晉,後百歲餘有孫臏,是武之後也。審計重舉明畫深圖,不可相誣,而但世人未之深亮訓說,況文煩富,行於世者,失其旨要,故撰爲略解焉。」(見台北:廣文書局本,1978年,頁1。)

[28] 參見魏汝霖註譯《孫子今註今譯》,台北:台灣商務印書館,1979年,頁6。

[29] 見潘光建《孫子兵法別裁》,台北:陸軍總司令部,1990年,頁5。

[30] 見張居正《武經直解開宗合參‧孫子》,引自山東:齊魯書社《孫子集成》第11冊,影印清順治辛丑刊本,1993年1版1刷,頁603。

三篇，吾盡觀之矣，可以小試勒兵乎？」對曰：「可。」闔廬
曰：「可試以婦人乎？」曰：「可。」於是許之，出宮中美人，
得百八十人，孫子分為二隊，以王之寵姬二人，各為隊長，皆
令持戟，令之曰：「汝知爾心與左右手背乎？」婦人曰：「知
之。」孫子曰：「前則視心，左則視左手，右視右手，後則視
背。」婦人曰：「諾。」約束既布，乃設鈇鉞，即三令五申之，
於是鼓之右，婦人大笑，孫子曰：「約束不明，申令不熟，將
之罪也，既已明而不知法者，吏士之罪也。」……於是闔廬知
孫子能用兵，卒以為將，西破彊楚，入郢，北威齊晉，顯名諸
侯，孫子與有力焉。

《史記》所記載，為我國典籍首先明言孫武著有兵法，並為其立傳者。
且《史記》之言，可以確知孫武曾以兵法謁見吳王闔廬而獲重用；同
時，所言「十三篇」之篇數與今傳本《孫子》篇數相符。又＜律書＞、
＜吳太伯世家＞、＜伍子胥傳＞諸篇所載孫武事，亦大致相同。故此
皆孫武著有《孫子法兵》最原始且有說服力的佐證。

《吳越春秋·闔廬內傳》提到：

吳王召孫子問以兵法，每陳一篇，王不知口之稱善。

所載雖未明言孫武撰書，然言其口陳一篇，亦不失其兵法已定。

《史記·貨殖列傳》也提到：

白圭，周人也。當魏文侯時，李克（悝）務盡地力，而白圭樂
觀時變，……故曰：吾治生產，猶伊尹、呂尚之謀，孫、吳用
兵，商鞅行法是也。

白圭是戰國前期人士，其所言「孫」者，當指孫武而非孫臏，臏乃圭
之後者，此「孫」絕非指孫臏，由此可以表明孫武確有其人，且在戰
國初期之前，同時擅於用兵，而為戰國時期言兵者之典範。

《漢書·刑法志》言：

吳有孫武，齊有孫臏，魏有吳起，秦有商鞅，皆擒敵立勝，垂
著篇籍。

《漢書·藝文志》也有類似的記載。又《呂氏春秋·上德》有云：

闔廬之教，孫、吳之兵，不能當矣。

高誘注：

> 孫、吳，吳起、孫武也。吳王闔廬之將也，《兵法》五千言是
> 也。

漢代時期的史料大都明言孫武實有其人，且有兵法十三篇之作，同時
高誘更肯定《孫子》凡五千言，與現今所見之「十三篇」字數近似。
此外，《韓非子》、《尉繚子》、《黃帝內經》、《戰國策》、《論
衡》等典籍也有所載，都足以佐證。

有關對於孫武的身份及其著作持否定懷疑的意見，歷來也多有學
者提出駁析者，以下列舉諸端：

明代宋濂在其《諸子辯》中，特別針對葉適的說法，深不以為然，
認為：

> 《漢志》出《史記》後，牧之言要非是。武齊人，吳闔閭用以
> 為將，西破強楚入郢，北威齊晉，顯名諸侯。葉適以不見載於
> 《左傳》，疑其書乃春秋末戰國初山林處士之所為，予獨不敢
> 謂然。春秋時，列國之事赴若告者，則書於策；不然則否。二
> 百四十二年之間，大國若秦楚，小　國若越燕，其行事不見於
> 經傳者有矣，何獨武哉？[31]

---

[31] 宋濂《諸子辯》詳細記載云：「《孫子》一卷，吳孫武撰，魏武帝注，自＜始計
＞至＜用間＞凡十三篇。《藝文志》乃言八十二篇。杜牧信之，遂以為武書數
十萬言，魏武削其繁剩，筆其精粹，以成此書。按《史記》闔閭謂武曰：『子
之十三篇，吾盡觀之。』其數與此正合。《漢志》出《史記》後，牧之言要非
是。武齊人，吳闔閭用以為將，西破強楚入郢，北威齊晉，顯名諸侯。葉適以
不見載於《左傳》，疑其書乃春秋末戰國初山林處士之所為，予獨不敢謂然。
春秋時，列國之事赴若告者，則書於策；不然則否。二百四十二年之間，大國
若秦楚，小國若越燕，其行事不見於經傳者有矣，何獨武哉？或曰：『風后《握
奇經》，實行兵之要，其說實合乎伏羲氏之卦畫，奇正相生，變化不測。諸葛
亮得之以為八陣，李靖得之以為六花陣。而武為一代論兵之雄，顧不及之，何
也？』曰：兵勢篇不云乎？『戰者以正合，以奇勝；戰勢不過奇正；奇正之變，
不可勝窮；奇正相生，如循環之無端。』九地篇又不云乎？『用兵者譬如率然。
率然者，常山之蛇也。擊其首則尾至，擊其尾則首至，擊其中則首尾俱至。』
斯固風后之遺說也。曾謂其不及之，可乎？嗚呼！古之談兵者，有仁義有節制。
至武，一趨於權術變詐，流毒至於今未已也。然則武者，固兵家之祖，亦兵家
之禍首歟。」（見王雲五編《古書辨偽四種》，收錄宋濂《諸子辨》。台北：

《四庫提要》也提到：

> 《孫子》一書周孫武撰，考《史記》孫子列傳載武之事十三篇，
> 而《漢書‧藝文志》乃載《孫子兵法》八十二篇，圖九卷。故
> 張守節正義以十三篇為上卷，又有中下二卷。杜牧亦謂武書本
> 數十萬言，皆曹操削其繁剩，筆其精粹，以成此書。然《史記》
> 稱十三篇在漢志之前，不得以後來附益者為本書，牧之言固未
> 可以為據也。……武書為百代談兵之祖，葉適以其人不見於《左
> 傳》，疑其書為春秋末戰國初山林處士之所為。然《史記》載
> 闔廬謂武曰：「子之十三篇，吾盡觀之矣。」則確為武之自著，
> 非後人嫁名於武也。[32]

孫星衍校勘《孫子十家注》，於序中有云：

> 孫武為吳將兵，以三萬破楚二十萬入郢，威齊晉之功，歸之子
> 胥，故《春秋傳》不載其名，蓋功成不受官。[33]

認為既不有其功，又不受其祿，則後世不書於史冊，是理所當然，如
此《左傳》等史籍不載其史跡亦有所由，功歸子胥即為重要因素。

陳啟天對孫武實有其人，作了這樣的論述：

> 接吳以蠻夷而建國，闔廬又以篡奪而得位，其所用之將相如伍
> 員、伯嚭，以及孫武之流，皆客卿，故有特將於外之例。葉適
> 以中原國家之例律之，實未盡合也。左氏所以傳伍員、伯嚭，
> 而不及於孫武者，蓋以伍員、伯嚭在吳用事久，而孫子在伐楚
> 之役中，又位居伍員下耳。吾人固不可以左氏無其傳，即所謂
> 無其人也。[34]

闔廬以孫武為客卿，位居伍員之下，功當以伍員為首，故伍員代名其
功，是很自然的事。後世不能因《左傳》無載，而否定孫武的存在。
又針對孫武與孫臏為分別之二人，作出三點論證：

台灣商務印書館，1978 年，頁 15。）

[32] 見《四庫全書總目》，卷九九，台北：中華書局，1965 年，頁 836。

[33] 見孫星衍《孫子十家注‧序》。引自《孫子集成》，第十五冊，影印自清嘉慶二
年兗州觀察署刊本，頁 3。

[34] 見陳啟天《孫子兵法校釋》，台北：中華書局，1952 年，頁 5。

武與臏在史記本傳固分明為二人，一也。武與臏之兵法，在史記與漢志亦分明有二書，二也。戰國時言兵法者，均孫吳連稱。孫臏稍後於吳起，若孫子即齊孫子則當稱吳孫，不當稱孫吳，三也。[35]

所言實屬合宜。今人劉仲平也對孫武即伍子胥之謬提出駁說：

假如孫武與伍子胥是一個人，以能寫孫子兵法十三篇之大思想，絕不會以剛暴少恩，猜賊怨望，專愎彊諫，沮毀用事，而為伯嚭所譖害，是孫武不會是伍子胥的。又，伍子胥的諫言多載於國語的吳語中，是其立言也與孫子兵法的思想不同路數，可見伍子胥也絕不會就是寫孫子十三篇獻與吳王闔閭觀看的人。[36]

持孫武即伍員之論者，實值商榷，似與常情有悖，淺簡易解；此一傑作若出於伍氏之手，其官至厚爵，能寫出此等偉著，何不直書己名，既可以炫耀於時，亦可揚名於千古，何來輾轉假孫武之名呢？且《吳越春秋》言子胥「乃薦孫子於王」，[37]對於《吳越春秋》之言，倘子胥即孫武，那麼書中所言子胥之薦，當又為何者呢？假如二人是相同一人之喬裝，那吳王怎認不出來呢？子胥又有何必要喬裝？

認為《孫子兵法》為曹操所刪定而為十三篇者，孫詒讓提出了反駁，在其《札迻》卷十有言：

呂氏春秋上德篇高注云「孫武，吳王闔閭之將也，兵法五千言是也。」今宋本曹注孫子，凡五千九百一十三字，蓋舉成數言之。

另外，《四庫提要辨正》引高誘注，辯斥杜牧說之非，提到說：

---

[35] 同前註。

[36] 見劉仲平＜孫子兵法一書的作者＞，《戰史彙刊》第 2 期，1970 年，頁 179。

[37] 見《吳越春秋·闔廬內傳》：「吳王登臺，向南風而嘯，有頃而嘆，群臣莫有曉王意者，子胥深知王之不定，乃薦孫子於王。孫子者，名武，吳人也，善為君法，避隱深居，世人莫知其能，胥乃明知鑒別，知孫子可以折衝銷敵，乃一旦與王論兵，七薦孫子。……吳王召孫子，問以兵法。每陳一篇，王不知口之稱善。」

高誘為後漢時人，已謂孫子兵法只五千言，可知今本非曹操所
削。

清代章學誠也說：

然則杜牧謂魏武削其數十萬言為十三篇，非也。蓋十三篇為經
語，故進之於闔閭。

這些駁證，皆足以說明十三篇非為曹瞞所刪定者。

一九七二年四月，山東臨沂銀雀山的漢墓中，同時發現大批竹簡
書寫之《孫子兵法》、《孫臏兵法》、《太公六韜》與《尉繚子》等
兵法，以及隨葬之漆器、陶器、銅幣等物品，此發現被確定為漢文帝
以前之古本，是最接近孫武手定本者。另外，青海《上孫家寨漢簡孫
子佚文》亦言「《孫子十三篇（十三扁）》」者，亦足以為證。由此
等考古資料之證明，不僅使失傳一千七百餘年之孫臏兵法得以重見天
日，且使懷疑孫武其人之有無與《孫子》是否孫武所著之懸案亦得以
渙然冰釋。

綜合文儒典籍論述資料與考古文物之見證，可以作一明確之論
斷，孫武與孫臏是為不同時的兩個人，二人皆各有著作兵法傳於後世。
尤在史遷之世，史遷交遊廣闊，又通曉兵法，[38]亦當見過時傳之《孫
子兵法》。[39]今傳的《孫子兵法》十三篇確定是孫武所作、思想所傳，
至此當不該有疑了。

今傳《孫子兵法》一書當有所損易，是否全出於孫武親手之作，
仍當審酌與考證，尤其漢墓出土者為其最古之版本，竹簡《用間》中

---

[38] 按《史記》卷一百三十＜太史公自序＞云：「周宣王時，……司馬氏世典周史，
惠襄之間，司馬氏去周適晉，……分散或在衛，或在趙，或在秦，……在趙者，
以傳劍論顯。」於此可知，司馬遷亦當為一通曉兵法之人。

[39] 按山東臨沂銀雀山挖掘之漢墓中隨葬出土之「半兩錢」與「三銖錢」推論；依漢
書武帝紀記載，建元元年（公元前 140 年）始鑄「三銖錢」，迄建元五年（公元
前 136 年）停罷。可斷定墓葬年代，不能早於建元元年。然未發現武帝元狩
六年（公元前 118 年）始鑄之「五銖錢」，亦可斷定墓葬年代，不會晚於元狩
五年。另按史遷作《史記》成於漢武帝太初元年（公元前 104 年）迄太始二年
（公元前 95 年）凡十年間。如此時差，當可定言史遷應見過漢墓中之《孫子兵
法》（吳孫子－十三篇）與《孫臏兵法》（齊孫子）。

有附益以「燕之興也，蘇秦在齊」之言，蘇秦乃戰國中後期之人，晚於孫武，[40]亦晚於孫臏，在此年代的考量上已造成了矛盾，像這樣之內容，當爲後人所附會。故筆者推爲：原《孫子兵法》成書於春秋末年，作者爲孫武，然傳世後屢經增補整編，以至於今日所見宋本《孫子兵法》，然其基本篇目、基本思想並無變化，即一以貫之仍爲孫武見吳王闔廬時之兵法十三篇的思想內涵。

第二節　孫武生平略述

　　古人有所謂「讀其書，不識其人，可乎」？先聖先賢嘔心瀝血之智慧結晶，其著述立言的名山大業功績，本當予發揚光大而使之流傳不朽，豈可任其湮沒、散佚，而忘乎其人。今傳《孫子兵法》既經典籍、考古之驗證，實屬孫武所爲，無所推駁。然其所屬年代、籍里等生平問題，過去也常爲人們所議論而莫衷一是，其人事最早見於典籍，也是最早以「傳文」出現者，即《史記·孫子吳起列傳》所云，[41]《史記》開宗明義言其爲齊人，然未明其何以去齊就吳，且雖談到其時處於闔廬時代，卻未詳明其始末，故居處吳國時間爲若干？最後去處何從？似乎司馬遷之言只見始未達其末，留下了斑斑疑問爲後人所推測與討論。

---

[40] 按孫武以兵法十三篇見吳王闔廬，爲周敬王八年（西元前 512 年），而蘇秦相六國，爲周顯王三六年（西元前 333 年），蘇秦晚於孫武一百八十年左右。

[41] 見《史記·孫子吳起列傳》載：「孫子武者，齊人也，以兵法見於吳王闔廬，闔廬曰：『子之十三篇，吾盡觀之矣，可以小試勒兵乎？』對曰：『可。』闔廬曰：『可試以婦人乎？』曰：『可。』於是許之，出宮中美人，得百八十人，孫子分爲二隊，以王之寵姬二人，各爲隊長，皆令持戟，令之曰：『汝知爾心與左右手背乎？』婦人曰：『知之。』孫子曰：『前則視心，左則視左手，右視右手，後則視背。』婦人曰：『諾。』約束既布，乃設鈇鉞，即三令五申之，於是鼓之右，婦人大笑，孫子曰：『約束不明，申令不熟，將之罪也，既已明而不知法者，吏士之罪也。』……於是闔廬知孫子能用兵，卒以爲將，西破彊楚，入郢，北威齊晉，顯名諸侯，孫子與有力焉。」

一、居處與世系

　　孫武之屬國，是齊國或是吳國，乃至於衛國，在宋代以前的史籍缺乏詳實可以確斷的記錄。早期，除了《史記》記載其為齊國人，後仕吳為將外，《吳越春秋‧闔閭內傳》也明指他是吳國人，[42]此與司馬遷之言有所差異，而明代余邵魚所著的小說之流《東周列國志》，似乎也附合《吳越春秋》之言，稱他是吳國人，並隱於羅浮山之東。[43]另外，《廣韻》又說他是衛國孫氏的後代，[44]疑《廣韻》所以將孫子視為衛國人，可能因《左傳》而誤。《左傳》多次提到「孫子」一詞，所指多為衛國衛武公曾孫武仲乙之後，包括孫良夫（孫恒子）與孫林父（孫文子）父子二人，二人在衛國皆居上卿位；史載又多以「孫子」稱之，故《廣韻》因此稱為衛國人，或視孫武源此衛地，而稱衛國人。[45]歷來眾說紛云，引人疑竇。然而，從諸多典籍的證實，加上宋代譜牒之學的發達，賦予孫武的家世源流，有了較為明確的資料；日後論者，大都認為孫武當為齊人，起於齊地，而後仕吳為將，這樣的說法，已為一般研究《孫子》者所共同一致的肯定。

　　孫武的世系，傳言遠至虞舜甚至顓頊，但卻是無可靠世系可載，較可以確定的，大概始於舜之媯姓後代胡公。根據《新唐書‧宰相世系表》的記載，認為：

---

[42] 見《吳越春秋‧闔廬內傳》：「吳王登臺，向南風而嘯，有頃而嘆，群臣莫有曉王意者，子胥深知王之不定，乃薦孫子於王。孫子者，名武，吳人也，善為君法，避隱深居，世人莫知其能，胥乃明知鑒別，知孫子可以折衝銷敵，乃一旦與王論兵，七薦孫子。……吳王召孫子，問以兵法。每陳一篇，王不知口之稱善。」

[43] 參見余邵魚《東周列國志》第七十五回所載：「此人精通韜略，有鬼神不測之機，天地包藏之妙，自著兵法十三篇，世人莫知其能，隱於羅浮山之東，誠得此人為軍師，雖天下莫敵，何論楚哉？」。

[44] 見《宋本廣韻》，上平聲卷一，魂第二十三，孫氏條所引。（台北；黎明文化事業公司印行，1995 年，頁 118。）

[45] 詳細情形可參考《左傳‧宣公七年》、〈成公二年〉、〈成公三年〉、〈成公七年〉、〈成公十四年〉、〈襄公十四年〉等記載。

> 陳氏出媯姓,虞帝舜之後。夏禹封舜子商均於虞城。三十二世
> 孫遏父為周陶正,武王妻以元女大姬,生滿,封之於陳,賜姓
> 媯,以奉舜祀,是為胡公。九世孫屬公他生敬仲完,奔齊,以
> 國為姓。既而食邑於田,又為田氏。

虞遏父,於周武王時擔任陶正的官職,其子滿娶武王之長女大姬,並受封於今河南淮陽一帶,建立陳國,並稱胡公,為陳之第一代國君。《新唐書》很清楚的說明孫武遠祖源於舜帝的後代,封於陳地,後又以陳為姓的經過。[46]

一直傳世至桓公、屬公時代,屬公長子陳完因內亂而奔齊,主要原因為完之叔父林、杵臼篡位而不能立,而林與杵臼自立為莊公、宣公。陳公子完奔齊後,[47]至其四世孫陳無宇官為上大夫,[48]此即孫武之曾祖父。至於陳完奔齊改姓田的問題,《史記‧田完世家》記載,陳完一到齊國,就「以陳氏為田氏」,這樣的說法似乎不太正確,因為《左傳》所載陳完以後的幾代皆稱陳氏,無改田氏之記載。另外,《史記‧十二諸侯年表》齊平公驁元年下載有「齊自是稱田氏」,可能齊陳氏自此年(西元前 480 年)改稱田氏。在這裡,我們可以肯定

---

[46] 相關記載,《左傳》也有提到,《左傳‧襄公二十五年》:「昔虞閼父為周陶正,以服事我先王,我先王賴其利器用也,與其神明之後也,庸以元女大姬配胡公,而封諸陳,以備三恪,則我周之自出,至于今是賴。」(阮刻本《十三經注疏‧左傳》,台北:藝文印書館,頁 622。後文引用《左傳》正文,皆準此版本,不再另予注明。)其說與《新唐書‧宰相世系表》有些出入,前者稱虞閼父,後者稱虞遏父,前者言「以元女大姬配胡公」,後者則稱周武王以長女大姬嫁給虞遏父。另外,《史記‧陳杞世家》未言周武王嫁女事,只言武王求舜後,得媯滿,封於陳。

[47] 關於其改陳為田氏之由,可能為:一則因古陳、田二字音義皆近。《說文》云:「田,陳也。」段玉裁注曰:「田……音陳。」又「陳敬仲之後為田氏,田即陳氏,假田為陳也。」二則至齊平公時,陳氏完全操縱了齊國之政權,大有取代姜氏而篡位之勢。如果此時還稱陳氏,給人一個陳國逃亡之臣的感覺,甚為不利。《史記正義》云陳氏「不欲稱本國故號,故改陳氏為田氏」。

[48] 見《左傳‧昭公二年》:「韓須如齊逆女。齊陳無宇送女,致少姜。……謂陳無宇非卿,執諸中都。少姜為之請,曰:送從逆班。畏大國也,猶有所易,是以亂作。」杜氏注:「韓須僅公族大夫,陳無宇乃上大夫。齊畏晉,不敢亦使公族大夫送,而使上大夫送,故云尚有所改易。」(阮刻本《十三經注疏‧左傳》,台北:藝文印書館,頁 719。)

的是，在齊國，陳、田、孫三家，不管其姓氏改易的始末如何，它們屬於同一始祖，應是確定的。從宋代歐陽修《新唐書·宰相世系表》所說的，可以進一步地推闡；《新唐書·宰相世系表》提到：

> 又有出自媯姓。齊田完，字敬仲，四世孫桓子無宇。無宇二子，恆、書。書字子占，齊大夫，伐莒有功，景公賜姓孫氏，食采於樂安。生憑，字起宗，齊卿。憑生武，字長卿，以田鮑四族謀為亂，奔吳，為將軍。明食采於富春，自是世為富春人。明生臏。

確定了陳完到孫武，乃至於孫臏之間的世系傳承次第，也說明孫氏最初源於賜姓媯氏，而陳氏改姓孫氏的源由，主要是伐莒有功；這樣的說法，宋代鄧名世《古今姓氏書辨證》也有相同的說法：

> 齊田完字敬仲，四世孫桓字無宇，無宇子書字子占，齊大夫，伐莒有功，景公賜姓孫氏，食采於樂安，生馮字起宗，齊卿；生武字長卿，以田鮑四族謀為亂，奔吳為將軍。

不論是從《新唐書》之言，到《古今姓氏書辨證》的記載，都是有史籍根據可循的。誠如孫星衍（自稱為孫武後代）所言：

> 孫子蓋陳書之後，陳書見《春秋傳》，稱孫書，姓氏書以為景公賜姓，言非無本，又泰山新出《孫夫人碑》，亦云與齊同姓，史遷未及深考。吾家出樂安，真孫子之後。[49]

的確，《左傳》對陳氏易為孫氏，言之鑿鑿；在陳無宇之後，《左傳·昭公十九年》言及齊將高發伐莒，莒共公逃至紀鄣，「使孫書伐之」，[50]杜預注云：

> 孫書，陳無宇之子子占也。[51]

---

[49] 見孫星衍《孫子十家注·序》，頁 6。

[50] 《左傳·昭公十九年》云：「秋，齊高發帥師伐莒，莒子奔紀鄣，使孫書伐之。」（阮刻本《十三經注疏·左傳》，台北：藝文印書館，頁 844-845。）

[51] 杜預此注見《左傳·昭公十九年》，明指孫書為子占。另外，杜氏又於《左傳·哀公十一年》，對於參與艾陵之戰的陳書，也注明為子占。二者同名子占，只有姓氏上的不同，但就時間方面的考證，似乎有極大的差異，因此，二者是否為同一人，則不得而知了。有關這個疑問，後文將續論。

在這裡，稱「陳書」為「孫書」。另外，《左傳・哀公十一年》則也以「陳書」為名，記錄了「陳書」的史實，主要提到的魯哀公聯合吳王夫差來攻打齊國，陳書此時為齊將，在甲戌年的艾陵之戰，吳軍大敗齊軍，陳書等將領都被俘虜。[52]陳書、孫書本同為一人，二姓固為一源。然而，《左傳》這裡記載的時序上似乎有些舛誤，陳書為孫武的祖父，孫武為齊將，主要是在吳王夫差之前的闔廬時期，但《左傳》在這裡卻以陳書為齊將，對抗於闔廬之後的夫差，這是值得商榷與置疑的。李零以《左傳》記載賜姓孫氏的田書，參與了艾陵之戰（西元前四八四年），也就是當時孫氏仍在齊國，何以史籍又會有記載早這時間的幾十年前，孫氏就離開齊國呢？認為「因亂奔吳」的說法不可信。[53]楊善群《孫子評傳》則認為「孫書既然在昭公十九年（前 523年）已姓孫氏，不得到哀公十一年（前 484 年），過了 39 年之後，復姓陳氏」，而且陳僖子即田乞，乃陳無宇之孫，「故參加艾陵之戰的陳書，是陳無宇之孫，為孫書另立門戶之後陳氏宗族的另一人，與孫武之祖父孫書無涉」。[54]他們的說法，並無明顯的證據可以斷定，只能是個人的合理推論，仍無法確切解決當中的疑問。

　　不論如何，典籍記載的推斷，陳（田）、孫同源；孫武的先人本居齊國，並出於齊之陳氏，因「伐莒有功」得樂安采邑，並賜孫氏。孫氏後在「田鮑四族謀為亂」其間，引發起奔吳之動機。[55]日後成為吳將，建立功勳，成就偉業，成為吳國的時代名將。

---

[52] 見《左傳・哀公十一年》：「為郊戰故，公會吳子伐齊。……陳僖子謂其弟書：『爾死，我必得志。』……陳書曰：『此行也，吾衷鼓而已，不聞金矣。』……甲戌，戰于艾陵。……大敗齊師，獲國書、公孫夏、閭丘明、陳書、東郭書，革車八百乘，甲首三千，以獻于公。」杜預注：「書，子占也。欲獲死事之功。」肯定陳書同孫書。詳細內容參照是年所載。

[53] 見李零〈關於銀雀山簡本《孫子》研究的商榷〉；收錄於《《孫子》古本研究》，北京：北京大學出版社，1995 年，頁 222-223。

[54] 見楊善群《孫子評傳》，江蘇：南京大學出版社，1995 年，頁 81。

[55] 案史籍所載之「田鮑四族謀為亂」，一般人肯定田（陳）氏家族因此全族奔吳，這也是值得懷疑的。畢竟《史記》、《左傳》對「田鮑四族謀為亂」均有所載，然其中田氏家族非但無奔吳，反而勢力日大，最後還篡了齊國。所以，未必田氏家族避亂而奔吳，或許是孫武個人或其家族中包括孫武的少數向吳罷了。

　　《新唐書‧宰相世系表》與《古代姓氏書辨證》，以及《左傳》
與《史記》對於孫武世系的記載，在田書、田恆以前，有一些差異存
在，以下分別以簡表來說明，在《新唐書》與《古代姓氏書辨證》的
記載方面：[56]

田完（敬仲）－○－○－○田無宇（桓子）┬ 田恒
　　　　　　　　　　　　　　　　　　　└ 田書（子占）

　孫書（田書）－孫憑（起宗）－孫武（長卿）┬ 孫馳
　　　　　　　　　　　　　　　　　　　　　├ 孫明－孫臏
　　　　　　　　　　　　　　　　　　　　　└ 孫敵

在《左傳》與《史記》的記載方面：[57]

田完（敬仲）－田稚（孟夷）－田湣（孟莊）－田須無（文子）┐
　　　　　　　　　　　　　　　　　┌ 田開（武子）
└ 田無宇（桓子）┼ 田乞（僖子或釐子）－田恒（成子）
　　　　　　　　　└ 田書（子占）

前者以田無宇為田完的四世孫，無宇生書與恆，而孫武為書的孫子；
後者在田完至無宇間，經孟夷、孟莊與文子三世，無宇生開、乞與書
三子，且乞生恒，這與前者言無宇生書與恆二子，以及書與恆的關係
上皆有異。綜合諸典籍，孫武世系表列如下：

田完（陳完，敬仲）－田稚（孟夷）－田湣（孟莊）－田文子（須
無）－田無宇（桓子）－田書（孫書，子占）－孫憑（起宗）┐
　　　　　　　　　　　　　　┌ 孫馳
└ 孫武（長卿）┼ 孫明－孫臏
　　　　　　　└ 孫敵

---

[56] 參見李零《《孫子》古本研究》，北京：北京大學出版社，1995 年 7 月第 1 版
　　第 1 刷，頁 221。
[57] 同前註，頁 222。

《新唐書》與《古代姓氏書辨證》所記載和《左傳》所記載之世系問題，在時間上有極大之出入，即按《左傳》載陳書伐莒在魯昭公十九年（西元前 523）年，另外按《史記》記載孫武見吳王在西元前五一二年。而且謂孫書是孫武之祖父，就很難解釋，二人相差只十年，但彼此成就之事功竟如此近，實有所疑。另外，有論孫臏爲孫武之孫，而二人年限上下懸隔約一六０年，此又是一大疑題。

二、晚年與死因

（一）晚年的疑雲

對於孫武飄然隱去史料則難以明確考究，惟其去職之理由，概因時局現況之所見而慨然離去。余邵魚云：

> 武私謂員曰：子知天道乎？暑往則寒來，春還則秋至。王恃其強盛，四境無虞，驕樂必生。夫功成不退，將有後患。吾非徒自全，并欲全子。員不謂然，武遂飄然而去。贈以金帛數車，俱沿路散於百姓之貧者，後不知其所終。[58]

所言乃吳入郢以後，「吳王久留楚，求昭王，而闔廬弟夫槪乃亡歸，自立爲王。闔廬聞之，乃釋楚而歸，擊其弟夫槪」。[59]君臣眩惑於楚宮室之美，女色之奉，無安民撫眾之舉，「仁義不施，宣淫窮毒，楚雖撓敗，父兄子弟怨吳入於骨髓，爭起而逐之」，[60]吳國之暴行，已深積民怨，國祚之憂暗潮而起。此外，內部又起內訌，大忌上下相和之道，武慨然於闔閭自滿於斯，志慮短淺，難成大器，故只有萌生功成身退之意了。

清人魏源有感云：

> 嗚呼！吳，澤國文身封豕之蠻耳，一朝滅郢，氣溢于頂，主驁

---

[58] 見明余邵魚《東周列國誌》第七五回。
[59] 見《史記・伍子胥列傳》所載。
[60] 見《左傳紀事本末》卷五十。

臣驕，據宮而寢，子胥之智不能爭，季札之親且賢不能禁，（孫
武）一羈旅臣能己之乎！[61]

其後，好友子胥之被殺，對其又是一極大之打擊；早先吳國將越國圍
於會稽山時，子胥建議必須立即滅越，然不為夫差所採納，後一再請
求殺掉勾踐，也不為接受，縱虎歸山，後禍隨至，一直到越國國勢「其
民殷眾，以多甲兵」（《國語·吳語》），養精蓄銳，實力不容忽視
時，子胥更諫言：

> 越在我，心腹之疾也。壤地同而有欲於我，夫其柔服求濟其欲
> 也，不如早從事焉。得志於齊，猶獲石田也，無所用之。越不
> 為沼，吳其泯矣！使醫除疾，而曰必遺類焉者，未之有也。[62]

夫差非但不聽子胥之言，反而將其形同放逐的派使於齊國，並揮軍北
上伐齊。復以伯嚭之讒言與挑動，子胥終遭不測。此等幕幕慘景在同
一時候的孫武，當在目下看的很清楚，必然失望心寒。有如李浴日認
為：

> 彼于凱旋後，知道吳王是猜忌之主，……看那富貴功名算不得
> 什麼一回事，遂辭職回去度他的山林生活了。[63]

失望之餘，只有不如歸去。又晚近學者有言：

> 當伍子胥死的時候，他年紀并不太老，假使他還活在世上，眼
> 看著他的老友那種下場，一定會見機而作，功成身退，找一個
> 清靜的地方，從事著述以終餘年了。[64]

這樣的臆測是不無道理的。面對現實的政治，好友的慘死，孫武皆有
可能考慮去職，不再為吳國謀戰抗外了。

其後，正值吳國的末期，《左傳》記載越國大敗吳軍：

> 乙酉戰，彌庸獲疇無餘，地獲謳陽。越子至，王子地守。丙戌，
> 復戰，大敗吳師，獲大子友、王孫彌庸、壽於姚。丁亥，入吳，

---

[61] 見清人魏源《古微堂外集·孫子集注序》。

[62] 見《左傳·哀公十一年》。時年為西元前 482 年。（阮刻本《十三經注疏·左傳》，
台北：藝文印書館，頁 1018。）

[63] 見李浴日著，《孫子兵法之綜合研究》，頁 331。

[64] 見楊杰著，《孫武子》，上海：上海書店，1991 年，頁 21。

吳人告敗于王，王惡其聞也，自剄七人於幕下。[65]

乙酉之役後，吳國國力耗弱，民窮財盡，一蹶不振，亡國就在咫尺！孫武這時候若尚活著，當不忍見其慘狀，或亦因此慨歎而抑鬱以終。看到曾經效忠的國家，最後是天崩地坼的下場，可以理解其晚年可能是不得志的，不順遂的。

從其去職一直到其謝世，從史料得知大概未離開吳國，如《越絕書》記載吳地傳有：

巫門外大冢，吳王客齊孫武冢也，去縣十里，善為兵法。[66]

又清李銘皖有言，在長洲縣（今江蘇吳縣）有「孫武墓」，且有孫星衍「得古冢」「土人呼為『孫墩』」，並以詩云：

吾家吳將高絕倫，功成不作霸國臣。春秋三傳佚名姓，大冢卻在吳東門。

因此，亡於吳地是不爭之實。

另外，前面已引張居正《武經直解開宗合參》提到：

孫子，名，齊人。《漢藝文志》稱《孫子兵法》八十二篇，今之十三篇，乃魏武註之，而刪定者。武以伍員薦入吳，為上將，伐楚入郢，及秦入救楚，乃班師，後見闔閭荒遊無度，辭官歸齊，數年而亡。李靖所謂脫然高蹈者，其功業是以不著于天下。

言其本齊人入吳，是為妥正，惟其後又「辭官歸齊」，當為考誤。

（二）死因的不解

關於孫武之死因，有史籍言其死於「誅戮」。如《漢書‧刑法志》云：

孫、吳、商、白之徒，皆身誅戮於前，而功滅亡於後。

顏師古注誅戮之人為「孫武、孫臏、吳起、商鞅、白起」等人。又唐李筌《太白陰經‧善師》云：

---

[65] 見《左傳‧哀公十三年》。時年為西元前 480 年。（阮刻本《十三經注疏‧左傳》，台北：藝文印書館，頁 1028。）

[66] 見《越絕書》卷二。

孫、吳、韓、白之徒，皆身被刑戮，子孫不傳於嗣。

這些說法，若皆為事實，其原因或許可能有因伍子胥之累所致，然此「誅戮」之說，《史記》本傳並未記載，且《漢書》亦未詳說原委與出處，因此，此論尚待考證。

孫武一生之迷，誠如其兵法＜虛實＞所言：

微乎！微乎！至於無形；神乎！神乎！至於無聲。

從典籍中得見的他是極其有限，然其兵法流傳卻歷久彌新，其精髓有待吾人去努力挖掘與認識。

三、重要的事功

對於孫武的事功，《史記》其本傳予以簡短扼要談到「闔廬知孫武能用兵，卒以為將，西破彊楚，北威齊晉，顯名諸侯，孫子與有功焉」之言，另外＜伍子胥列傳＞中有「吳以伍子胥孫武之謀，西破彊楚，北威齊晉，南服越人」之記載。除了《史記》有較簡明的談及其事功外，其他史傳並無明確說到其個人的成就。針對所處之時代而言，吳國在列國中爭戰的歷程，大概孫武已有身歷破強楚、威齊晉，以及服越人的事功。尤其從十三篇為闔閭所用的時間來推論，吳楚之戰當是孫武仕吳最有可能的經歷。

對於吳楚之戰，《史記》與《左傳》皆有詳載，然對孫武仕吳所實際參與戰爭以西破強楚的事功，《左傳》並未提及，故常為一般所疑，以下拙列《史記》與《吳越春秋》之言以明其功。

（一）《史記》載錄

1.＜吳太伯世家＞有載：

三年，吳王闔廬與子胥伯嚭將兵伐楚，拔舒，殺吳亡將二。公子光欲入郢，將軍孫武曰：「民勞，未可，待之。」[67]

---

[67] 案「民勞，未可，待之」即《孫子‧計篇》「佚而勞之」之策略。時於西元前512年。

又云：

> 九年，吳王闔廬謂伍子胥孫武曰：「始子之言，郢未可入，今果何如？」二子對曰：「楚將子常貪，而唐蔡皆怨之，王必欲大伐，必得唐蔡乃可。」闔廬從之，悉興師與唐蔡伐楚。[68]

2.〈伍子胥列傳〉有載：

> 闔廬立三年，乃興師與伍子胥伯嚭伐楚，拔舒，遂禽故吳反二將軍。因欲至郢，將軍孫武曰：「民勞未可，且待之。」乃歸。四年，吳伐楚，取六與潛。五年，伐越敗之。六年，楚昭王使公子囊瓦，將兵伐吳。吳使伍員迎擊，大敗楚軍於豫章，取楚之居巢。[69]

又云：

> 九年，吳王闔廬謂子胥孫武曰：「始子言郢未可伐，今果何如？」二子對曰：「楚將常瓦貪，而唐蔡皆怨之，王必欲大伐之，必先得唐蔡乃可。」闔廬聽之，悉興師與唐蔡伐楚。[70]

（二）《吳越春秋》載錄

1.「吳王欲謀入郢，孫武曰：『民勞，未可恃也。』楚聞吳孫子伍子胥白喜（伯嚭）為將，楚國苦之，群臣皆怨。」[71]

2.「闔廬聞楚得湛盧之劍，遂使孫武伍子胥白喜伐楚，拔六與

---

[68] 案「九年」吳國之行動，闔廬採武之計，「選多力者五百人，利趾者三千人以為前陣」（見《呂氏春秋·簡選》），執堅甲兵器，搗直楚地，其勢銳不可擋。時年為西元前 506 年。《左傳·定公四年》有詳述吳攻楚之作戰策略，其中有言：「楚瓦不仁，其臣莫有死志。先伐之，其卒必奔，而後大師繼之，必克。」故而《呂氏春秋·上德》有謂：「闔廬之教，孫、吳之兵，不能當矣。」終克郢都。

[69] 案「六年（闔廬六年）」之事，以闔廬七年（西元前 508 年）稱述較為恰當，吳國採孫子「伐交」之謀略，策動桐國叛楚，並以舒鳩氏誘楚師以擊之。見《左傳·定公二年》所載：「桐叛楚，吳子使舒鳩氏誘楚人，曰：『以師臨我，我伐桐，為我使之無忌。』秋，楚囊瓦伐吳師于豫章。吳人見舟于豫章，而潛師于巢。冬，十月，吳軍楚師于豫章，敗之，遂圍巢，克之，獲楚公子繁。」

[70] 見《左傳·哀公六年》。

[71] 闔廬三年。

潛二邑。」⁷²

3.「楚使公子囊瓦伐吳，吳使伍子胥孫武擊之，圍於豫章，大
破之。」⁷³

4.「吳王謂子胥孫武曰：『始子言郢不可入，今果何如？』二
將曰：』夫戰，借勝以成其威，非常勝之道。』吳王曰：『何
謂也？』二將曰：『楚之爲兵，天下彊敵也；今臣與之爭鋒，
十亡一存；而王入郢者天也，臣不敢必。』吳王曰：『吾欲
復擊楚，奈何而有功？』伍子胥孫武曰：『囊瓦貪而多過諸
侯，而唐蔡怨之，王必伐，得唐蔡。』」⁷⁴

5.「樂師扈子非荆王信讒佞，作窮劫之曲曰：『吳王哀痛助切
怛，垂涕舉兵將西伐，伍胥白喜孫武決，三戰破郢王奔發。』」
⁷⁵

　　由以上史籍所載，見《史記》論及孫武者，僅從闔廬三年至九年
間，自此以後的伐楚戰役，均未言及孫武參與其事，甚至史載陳意敗
楚之功，大多歸於夫概王（闔廬之弟）。且同樣是《史記》，然而＜
楚世家＞記載爲「（楚平王）十年冬，吳王闔廬、伍子胥、伯嚭與唐
蔡俱伐楚，楚大敗」，卻沒有提及孫武，故而後人推測入郢以前孫武
己經離職了。

　　闔廬之用兵，雖《左傳》無直指孫武參與其戰，然就當時作戰過
程，縱使孫武無親自參戰（《史傳》言「與有力焉」似乎語意糢糊），
但其謀略在其間之用斑斑可見（詳如前列典籍所載之註釋所言）。誠

---

⁷² 案所言時爲闔廬四年（西元前 511 年），吳攻伐夷並近逼潛、六二城。見《左傳·
昭公三十一年》。楊伯峻注《吳世家》、《楚世家》、《伍子胥傳》及《吳越
春秋》言「取」或「拔」六與潛似不可信，子胥謀楚，此役目的在擾楚，且對
照於《左傳》所載，進潛與六並未全功。

⁷³ 見《左傳·定公二年》所載。

⁷⁴ 見《左傳·哀公六年》。

⁷⁵ 見《左傳·定公四年》所陳述，吳楚三戰，「楚皆傷」。其後追擊楚軍，闔廬弟
夫概採孫武「半濟而擊之」（《孫子·行軍》）之戰術，於楚師渡河之際擊之，
大敗楚軍。其間吳軍「因糧於敵」（《孫子·作戰》）之策略發揮於極至。雍
澨之戰後又五戰，吳始入楚都郢。

如《尉繚子・制談》有云,「有提三萬之眾,而天下莫當者誰?武子也」。劉向《新序》記載「孫武以三萬,破楚二十萬」。破楚入郢之戰,孫武之功不可沒!

至若南服越人、北威齊晉,亦無史傳可考,未有孫武參與其事之實載,但亦不能否定其未就其功。

四、重要的年代問題

孫武由齊奔吳,就當時時代發展的背景言,正處於諸侯國之間相互攻伐爭戰、你爭我奪、弱肉強食的混亂局面。尤其齊國正當齊景公年間,高、國、陳、鮑間之相互抗衡的動盪時代。孫武雖為陳氏之後,然而改賜孫氏後,對陳氏也逐漸疏遠。孫武面對此爭伐惡鬥的環境下,有可能不願身陷其中,自然萌發奔走他鄉以施展其才華與抱負的動機。另外,陳氏的支庶司馬穰苴受高、國、鮑諸族所嫉害,[76]對他當有極大的衝擊與影響,自不願如穰苴般成為卿大夫間傾軋爭鬥之殉葬品,如此更引發遠離齊國的堅定決心,以選擇像吳國那般新興壯盛的國家來實現其理想抱負。

至於孫武奔吳的時間問題,也常有論者根據《新唐書》與《古今姓氏書辨證》所載之孫武「以田、鮑四族謀為亂,奔吳」,指四族為亂是在於《左傳》所記載的昭公十年(即西元前 532 年),[77]而考定其即為孫武避亂奔吳的時間,此種說法亦欠允當,因為齊景公二十五年(西元前 523 年),孫武祖父書才因伐莒有功,而封樂安采邑并賜孫

---

[76] 見《史記・司馬穰苴傳》云:「大夫鮑氏、高、國之屬害之,譖於景公。景公退穰苴,苴發疾而死。」

[77] 見《左傳・昭公十年》云:「齊惠欒高氏皆嗜酒,信內多怨,彊於陳鮑氏,而惡之。夏,有告陳桓子曰:『子旗、子良將攻陳鮑。』亦告鮑氏,桓子授甲而如鮑氏,遭子良醉而騁,遂見文子,則亦授甲矣。……戰于稷,欒高敗,又敗諸莊,國人追之,又敗諸鹿門,欒施、高彊來奔,陳鮑分其室,……桓子召子山,私具幄幕器用,從者之衣履,而反棘焉。子商亦如之,而反其邑。子周亦如之,而與之夫于。反子城、子公、公孫捷而皆益其祿。凡公子公孫之無祿者,私分之邑。……」(阮刻本《十三經注疏・左傳》,台北:藝文印書館,頁 782-783。)

姓，如此方與田氏別，另立門戶。若言西元前五三二年孫武尙姓田氏，何能置田族之亂於不顧而奔吳呢？此在情理上似有牽強，誠如晚近學者陳秋祥所云：

> 孫書伐莒時，孫武早在九年前已隨父奔吳，先奔吳，後得孫姓，在情理上似難講通。[78]

實際上，孫武在奔吳時，田、高、鮑、國四族尙在「謀爲亂」之階段，真正爲亂時間在於哀公六年（西元前 487 年）陳乞、鮑牧等人聯合各大夫攻高張、國夏等爭戰之事的時期，[79]故孫武奔吳當在西元前五二三年賜孫姓之後。

另外，從《史記》所載，可以細推：孫武以兵法十三篇見吳王闔廬（闔廬乃吳公子光，於吳王僚十三年弒吳王僚而自立爲王），其年代爲周敬王五年（西元前 515 年），故孫武以兵法爲將當在周敬王五年之後；且在＜伍子胥列傳＞中有「闔廬三年，……，將軍孫武曰：『民勞，未可，且待之。』乃歸。」（＜吳世家＞中亦有載）之記載，即明顯指出闔廬三年（即周敬王八年，西元前 512 年）已仕於吳國。其次，言及「敗楚入郢」，楚昭王出奔隨，時間又在周敬王十四年（西元前 506 年），對照於此年代，老子是時至少已六十歲左右了，能知孫武小於老子，其兵法一書槪有可能與老子思想相輝映，或有承據影響的關係，並且孔子生於周靈王二十一年（西元前 551 年），卒於周敬王四十一年（西元前 479 年），則武與孔子當近屬同時。

又，《左傳》雖無載孫武事，然對照於《左傳》相關文所載，亦可以推測是時孫武已可能任職於吳，且其軍事思想已深具影響力；＜昭公三十年＞云：

> 楚將以害吳，子西諫曰：吳光新得國，而親其民，視民如子，辛苦同之，將用之也。

---

[78] 見陳秋祥：＜孫武世系論略＞，上海《上海師範大學學報》，1989 年第四期。
[79] 見《左傳・哀公六年》：「齊陳乞僞事高、國者，每朝必驂乘焉，……夏、六月，戊辰，陳乞、鮑牧，及諸大夫，以甲入于公宮。昭子聞之，與惠子乘如公，戰于莊，敗，國人追之，國夏奔莒，遂及高張，晏圉，弦施來奔。」（阮刻本《十三經注疏・左傳》，台北：藝文印書館，頁 1006。）

比較於＜始計＞與＜地形＞中的「道者，令民與上同意，可與之死，可與之生，而不畏危也」，以及「視卒如嬰兒，故可與之赴深谿；視卒如愛子，故可與之俱死」，其間二者之語意相近似。又同年所載伍員之計云：

> 執政眾而乖，莫適任患。若為三師以肆焉，一師至，彼必皆出，
> 彼出則歸，彼歸則出，楚必道敝。亟肆以罷之，多方以誤之，
> 既罷而後，以三軍繼之，必大克之。

其語意相較於＜始計＞所言「佚而勞之」的概念，又顯相同。

　　合《史記》與《左傳》所載，孫武仕吳期間可以肯定的時間，自吳王闔廬三年（西元前 512 年）迄闔廬九年（西元前 506 年）共約六年。

　　總之，對於孫武的生平，目前一般研究《孫子兵法》者大多持一致之看法者，蓋出生於齊國的官宦世家，其軍事思想的孕育環境上，本有其良好的家學淵源；因故出仕吳國為將，協助吳王樹立戰功，「西破彊楚，北威齊晉，南服越人」，使吳國成為一時之強國，其後國事變遷，好友伍子胥也被殺，自己則飄然隱去，留下種種疑問給後人做驗證，不論其死因，或其詳細世系的問題，皆有待吾人有更進一步的突破性的證實。

第三節　《孫子兵法》篇數辨析

　　《孫子兵法》的成書始末歷來史籍未能明確傳見，論述其篇數內容，只能從《史記》中得知其為十三篇，但班固根據劉向、劉歆所輯校，《漢書·藝文志》卻載八十二篇。然而，現存各個版本的《孫子兵法》，皆源至於曹操注解的《孫子略解》，篇數一律為十三篇，十三篇是否真為《孫子》的最早定本；在《孫子》學說的流傳演變過程中，是否有增附的內容存在？《孫子》成書之篇卷問題，以及十三篇以外的可能遺文，常為一般人所討論與懷疑。

一、歷來對《孫子兵法》篇卷之著錄

歷來提出《孫子兵法》篇卷數者，首見於《史記》。《史記・孫子吳起列傳》提到：

> 孫武以兵法見於吳王闔廬，闔廬曰：子之十三篇，吾盡觀之矣。

又說：

> 世俗所稱師旅，皆道《孫子》十三篇。

明確地指出《孫子兵法》有十三篇，同於今本十三篇的篇數。然而《漢書・藝文志・兵書略》在「兵權謀」中記載：

> 《吳孫子》八十二篇，圖九卷；《齊孫子》八十九篇，圖四卷。[80]

此與《史記》所言差距甚大，就數字上，二者相差六十九篇之多，究竟是甚麼原因而有如此大的差距？《漢志》所言是編造誤謬的？抑或確有其實，只因歷傳佚失，不復再見？還是有其他的原因而造成這種不同的數據？並且，今傳之《孫子兵法》十三篇與《史記》談到的十三篇篇數相合，是原本即同為十三篇，或者是後人予以刪定併合為十三篇？同為十三篇，內容是否相同？十三篇與八十二篇有甚麼關係？十三篇是否等同於八十二篇？或者十三篇為八十二篇之一部份呢？還是十三篇與八十二篇是同時並存的不同篇目、內容呢？此等諸多的疑問，清代致力於偽書考證與研究的姚際恆也只能這麼說：

> 若夫篇數，其果為史遷之傳，而非曹瞞之刪？《漢志》八十二篇或反為後人附益，劉歆任宏輩不察而收之耶？則亦不可得而知也。[81]

姚際恆對此《孫子兵法》的篇卷問題，也不能為定論，只能以「不可

---

[80] 關於「吳孫子」即指孫武，而「齊孫子」即孫臏；《吳孫子》為今傳《孫子兵法》，《齊孫子》也就是《孫臏兵法》，即山東漢墓的竹簡《孫臏兵法》。有關二者的釐清，前節已有明述，不再備舉。

[81] 見姚際恆《古今偽書考》，載自《古書辨偽四種》，台北：台灣商務印書館，1978年，頁119。

得而知」來作無奈的說明。

　　對於《孫子兵法》的著錄，爲歷代各類公私目錄書編輯時所關注的重點之一，從這些類書的著錄可以窺出其間《孫子》篇卷之差異。《舊唐書・經籍志》、《新唐書・藝文志》、《宋史・藝文志》、《明史・藝文志》等正史，以及《郡齋讀書志》、《直齋書目解題》、《遂初堂書目》、《崇文總目》、《秘書省續編到四庫闕書目》、《四庫全書總目》等公私目錄書，對《孫子》的各種版本、注家均有詳略不同之著錄，這裡就典籍所見，列舉數端加以說明。

　　首先，要提的是，梁阮孝緒《七錄》中有「《孫子兵法》三卷」，至唐張守節引其論曰：

　　　　案十三篇爲上卷，又有中、下二卷，共三卷。

這樣的論述，似乎可以看出張氏認爲《孫子兵法》並非只有十三篇而已，十三篇可能僅爲上卷，另外還有中、下卷的存在，只是散佚不見罷了！同時，這樣的說法也強化了《漢志》說法的可能性。

　　另外，《隋書・經籍志》著錄與《孫子》有關的典籍：

　　　　《孫子兵法》二卷（吳將孫武撰，魏武帝注，梁三卷）；

　　　　《孫子兵法》一卷（魏武、王凌集解）；

　　　　《孫武兵經》二卷（張子尚注）；

　　　　《鈔孫子兵法》一卷（魏太尉賈詡鈔，梁有孫子兵法二卷；孟氏解詁；孫子兵法二卷，吳處士沈友撰；又孫子八陣圖一卷，亡）；

　　　　《吳孫子牝牡八變陣圖》二卷；

　　　　《續孫子兵法》二卷（魏武帝撰）；

　　　　《孫子戰鬥六甲兵》一卷；

　　　　《孫子兵法雜占》四卷。[82]

《新唐書・藝文志》也著錄：

　　　　《魏武帝注孫子》三卷；

――――――――――

[82] 見《隋書・經籍三（子）》卷三十四。載自《新校隋書》，台北：世界書局，1974年，頁1012。

《續孫子兵法》二卷；

《兵書接要》七卷，孫武撰；[83]

《孟氏解孫子》二卷；

《沈友注孫子》二卷；

《吳孫子三十二壘經》一卷；

《李筌注孫子》二卷；

《杜牧注孫子》三卷；

《陳皞注孫子》一卷；

《賈林注孫子》一卷。[84]

《通志·藝文略》著錄：

《孫子兵法》三卷（吳將孫武撰，魏武帝注）；

《孫子兵法》一卷（魏武、王淩集解）；

《孫子兵法》一卷（蕭吉注）；

《孫子兵法》二卷（孟氏解語）；

《孫子兵法》二卷（吳沈友撰）；

《孫子兵法》一卷（唐李筌撰）；

《孫子兵法》一卷（杜牧撰）；

《孫子兵法》一卷（唐陳皞注）；

《孫子兵法》一卷（唐賈林注）；

《孫子兵法》一卷（何延錫注）；

《孫子兵法》一卷（張預注）；

《孫子兵法》三卷（王晢注）；

《孫子兵法》一卷（宋朝梅堯臣撰）；

《孫武兵經》三卷（張子尚注）；

《鈔孫子兵法》一卷（魏太尉賈詡鈔）；

《續孫子兵法》二卷（魏武帝撰）；

《孫子遺說》一卷（鄭友賢撰）；

---

[83] 《兵書接要》七卷，考爲魏武所撰，見《隋志》、《通志略》著錄。

[84] 見《新唐書·藝文志》。引自北京：中華書局《二十四史》本，1997 年，頁 1509-1574。

《孫子八陣圖》一卷；

《吳孫子牝八變陣圖》二卷；

《吳孫子三十三壘經》一卷；

《孫子兵法雜占》四卷。[85]

《宋史・藝文志》著錄：

《孫子算經》三卷（不知名）；

孫武《孫子》三卷；

朱服校定《孫子》三卷；

魏武帝注《孫子》三卷；

蕭吉注《孫子》一卷（或云曹、蕭注）；

賈林注《孫子》一卷；

陳皞注《孫子》一卷；

宋奇《孫子解》并《武經簡要》二卷；

李筌注《孫子》一卷；

《五家注孫子》一卷（魏武帝、杜牧、陳皞、賈隱林、孟氏）；

杜牧《孫子注》三卷；

曹、杜注《孫子》三卷（曹操、杜牧）；

吉天保《十家孫子會注》十五卷。[86]

晁公武《郡齋讀書志》著錄：

《魏武注孫子》一卷；

《李筌注孫子》三卷；

《杜牧注孫子》三卷；

《陳皞注孫子》三卷；

《紀燮注孫子》三卷；

《梅聖俞注孫子》三卷；

《王皙注孫子》三卷；

---

[85] 參見宋鄭樵《通志・藝文志》卷六十八。台北：新興書局，1963 年，頁 798。

[86] 見《宋史・藝文志・子部》，卷二百七。引自北京：中華書局《二十四史》本，1997 年，頁 5277-5288。

《何氏注孫子》三卷。[87]

馬端臨《文獻通考‧經籍考》載有：

　　《魏武注孫子》一卷；

　　《李筌注孫子》三卷；

　　《杜牧注孫子》三卷；

　　《陳皞注孫子》三卷；

　　《紀燮注孫子》三卷；

　　《梅聖俞注孫子》三卷；

　　《王晢注孫子》三卷；

　　《何氏注孫子》三卷。[88]

由上面典籍所見，除詳列《孫子》十三篇注作外，也有著錄《孫子》本於孫武撰者，有三卷或二卷者，或許也就是意味著十三篇有分為二卷或三卷者，或果為十三篇僅是八十二篇之一部分，那當另有六十九篇，而此六十九篇又另予分卷合編而成，所以才有提到二卷或三卷的。張守節所謂的上、中、下等三卷，乃至於《隋書‧經籍志》、《日本國見在書目》、《新唐書‧藝文志》等所著錄的《續孫子兵法》二卷，都有除了十三篇以外的後來增出之論著。因此，八十餘篇的內容，未必全是孫武自著定的，惟十三篇肯定是孫武所自定，其他部份篇章則可能有為後學所記述、補充與發揮孫子思想而收錄的一些文字。

　　另外，從魏武的作注來說，唐代杜牧曾提出曹操刪削《孫子》：

　　武所著書，凡數十萬言，曹魏武帝削其繁剩，筆其精切，凡十三篇，成為一編。[89]

陳振孫也根據杜牧所言，提出相同的看法，《直齋書錄解題》記載：

　　《孫子》三卷，《漢志》八十一篇，魏武削其繁冗，定為十三篇；《杜牧》之注《孫子》三卷。[90]

---

[87] 參見晁公武《郡齋讀書志》，卷第十四。

[88] 見馬端臨《文獻通考‧經籍考‧子（兵書）》卷四十八。引自台北：新興書局，1963 年版。

[89] 見杜牧《樊川集》，卷十，＜孫子序＞。

[90] 見陳振孫《直齋書錄解題》，台北：台灣商務印書館，1978 年，頁 346。

認爲《孫子》原本數十萬言，曹操改變了其篇卷、內容，也就是孫武之兵法原當不只十三篇之一卷，另又增有他篇他卷之存在；然而，是否可能爲魏武削其繁簡以定十三篇，此又與《史記》本言十三篇有所出入，怎會又至魏武時重訂爲十三篇呢？有可能的話，當魏武依其手中孫武兵法資料，予以呼應《史記》之言而爲十三篇，但是依常理來推斷，實在無此必要。因此，杜牧等人的說法，宋代以來的學者，一般大都抱持懷疑與否定的看法。[91]

　　章學誠在其《文史通義》中云：

> 蓋十三篇爲經語，故進之於闕閭；其餘當是法度名數，有如形勢、陰陽、技巧之類，不盡通於議論文詞，故編次於中下，而爲後世亡逸者也。[92]

以十三篇爲主而編爲上卷，另法度名數之文，則作中、下卷。這般的見解，也只不過是一種推論而已，其中的諸多疑問，仍然不足爲證；《史記》最先提到的是十三篇，到了《漢志》才有八十二篇的三卷，或許較能肯定的是十三篇爲一卷，其他篇數分爲二卷，也就是說《孫子兵法》原有的十三篇是存在的。晚近山東臨沂漢墓之見，十三篇固已存在，其十三篇的內容也同於今本，這樣的出土文獻，也驗證了先前所論經曹操刪削的說法。

　　不過，確定《孫子》十三篇的定型與存在之事實，是否就否定了班固《漢志》所記載的八十二篇呢？事實上，班固所言不能全面推翻，當有理據，絕不可能無的放矢；班固的八十二篇包含了十三篇，當是合理的推論。從西漢的十三篇，經歷到了東漢的八十二篇，這樣的差異，我們不妨可以進一步地思索與探討；前人常有認爲史遷所言十三

---

[91] 有關曹魏刪定爲十三篇的說法，歷來持懷疑與否定看法者，如宋代葉適《習學記言》；明代宋濂《諸子辨》；清代姚際恆《古今僞書考》、紀昀等《四庫全書總目》、孫星衍《問字堂集》、章學誠《校讎通義》；近人余嘉錫《四庫提要辨證》、齊思和《孫子著作時代考》（見《燕京學報》第二十六期）、金德建《司馬遷所見書考》等所倡。他們認爲既然今本《孫子》是十三篇，漢初本《孫子》也是十三篇，怎麼能說今本《孫子》是經刪削而成的呢？

[92] 見章學誠《文史通義》。引自葉瑛《文史通義校注》，台北：里仁書局，1984年，頁 1073。

篇與班固八十二篇,是同質量的內容,只不過是篇卷的分法不同而已,例如宋代葉適《習學記言》提到:

> 按司馬遷稱《孫子》十三篇兩言之,而班固《藝文》乃言《吳孫子》八十二篇;又《吳起》四十八篇,而今《吳起》六篇而已;又今《中庸》一篇,而《志》稱四十九篇。豈昔所謂篇者,特章次之比,非今粹書也。

明代胡應麟《少室山房筆叢》也說:

> 其十三篇者,如後世所稱卷軸,而八十二者,則其卷中之篇。

這些所謂以篇為章或是以篇為卷的說法,其實完全違反古代簡帛書籍的實際制度,卷本是計算簡帛書籍自然成本的單位,篇則是一書之內有相對獨立意義的較大內容片斷,章是一篇之內有相對獨立意義的較小內容片斷。[93]因此,早期篇卷的使用規制,是有一相當的標準存在,不是因人而可以隨意更定。

　　談到《漢志》對典籍的著錄問題,班固輯錄各種典籍,有一定的根據與作法;轉抄自漢成帝、哀帝時期劉向與劉歆父子校定官方藏書的目錄《別錄》和《七略》,劉氏父子廣蒐異本,將各本子的重複之篇悉加刪略,而相異之篇則歸併合輯,據實錄目,並非杜撰虛編。[94]面對先秦、兩漢時期私學興盛,家法門戶林立,一書數傳,代有增益,若按作者之名輯錄典籍,各書篇章一般都將有所增多,《孫子》一書篇數的增多,也是自然的現象了。因此,肯定這般事實,不難理解《孫子》原當可能有十三篇的獨立內容,後來經過增併而為八十二篇;而今所見版本十三篇,則從八十二篇減少為十三篇,也就是將「八十二篇中所包含的漢初十三篇重新抽出別行罷了,並且正是由於這樣,十三篇之外的其他各篇纔陸續散亡」。[95]十三篇已定,十三篇(上卷)外,尚有中、下卷之列,有為八十二篇中之內容,今臨沂漢墓中《孫

---

[93] 參見李零《《孫子》古本研究》,北京:北京大學出版社,1995 年,頁 246。

[94] 關於劉向、劉歆父子的領校群書,蒐羅異本,將凡是署名同一作者的作品,皆歸為同類,取其相異而刪其重複者,此種校讎的方法,章學誠《校讎通義》稱之為「以人類書」的方法。

[95] 參見李零《《孫子》古本研究》,北京:北京大學出版社,1995 年,頁 246。

子》的獨立十三篇，以及《吳問》等五篇佚文，或皆可歸爲八十二篇
之內容範圍。至於這八十二篇的作者，則不能全部視爲孫武一人之作，
也就是不能視爲原來的《孫子兵法》了，十三篇以外的文章、佚文，
也僅爲孫子後學的闡發論述而已。

二、十三篇以外的遺文

　　《孫子》原定十三篇的獨立內容，後經增併而爲八十二篇，這些
增加的內容，當非孫武原論，而爲後學附益，[96]這個問題前面已作了
一番釐清。關於十三篇以外的內容，主要有那些呢？今則不得而知。

　　清代畢以珣《孫子敘錄》推測八十二篇的成因與十三篇的關係時
提到：

> 按十三篇之外，又有問答之辭，見于諸書徵引者。蓋武未見闔
> 閭，作十三篇以干之；既見闔閭，相與問答，武又定著為若干
> 篇，皆在《漢志》八十二篇之內也。
> 按八十二篇，圖九卷者，其一為十三篇，今所傳《孫子兵法》
> 是也。其一為問答若干篇，即諸傳記所引、滎陽鄭友賢所輯《遺
> 說》是也。一為《八陣圖》，鄭注《周禮》引之，是也。一為
> 《兵法雜占》，《太平御覽》所引，是也。外有《牝八陣變陣
> 圖》、《戰鬥六甲兵法》俱見《隋經籍志》。又有《三十二壘
> 經》，見《唐藝文志》。按《漢志》惟云：八十二篇，而隋、
> 唐《志》於十三篇之外，又有數種，可知其具在八十二篇之內
> 也。[97]

---

[96] 呂思勉也認爲十三篇爲原書，但是認爲《漢志》的八十二篇則全是後人所附益，
他說：「《漢志》有《吳孫子兵法》八十二篇，《齊孫子》八十九篇。今所傳
者，乃《吳孫子》也，《史記・孫武傳》云：以兵法見於吳王闔閭。闔閭曰：
子之十三篇，吾盡觀之矣。又謂：世俗所稱師旅，皆道《孫子》十三篇，實爲
原書。《漢志》八十二篇，轉出後人附益也。」（見呂思勉《先秦學術概論》，
上海：東方出版中心，1996 年，頁 133。）其將十三篇與八十二篇完全區隔爲不
同的內容，則爲本人所不能認同，八十二篇當包含十三篇在內。
[97] 畢以珣《孫子敘錄》，於孫星衍校《孫子十家注》各本中附刻。

認爲十三篇以外的八十二篇之其他遺文，主要包括孫子與闔廬的問答，這樣的論述，孫星衍也採相同的看法；[98]除了問答遺文外，尚有見於歷代史籍所載，諸如《孫子八陣圖》、[99]《吳孫子牝八變陣圖》、[100]《孫子戰鬥六甲兵法》、[101]《孫子兵法雜占》、[102]《吳孫子三十二壘經》等有關作品。[103]畢氏所倡，言之成理，肯定八十二篇之存在，只不過其後傳著作已大都亡佚，所以那些是孫武另外定著，那些是孫武與吳王對談之記錄，那些則爲後學所附益，以目前僅見之零星片斷，實難作具體分析。我們可以肯定的是，這些以單行本著錄的有關著作，雖未必都是八十二篇本所固有，但很有可能保留其中相當的一部份內容，這是可以理解的，只不過很可惜這些作品今已不再見世。

　　《吳越春秋·闔閭內傳》提到吳王「召孫子問以兵法，每陳一篇」，吳王百般稱善，對其兵學思想由衷敬佩，其器重的程度尤甚於當時的

---

[98] 見孫星衍校定《孫子十家注·序》，頁3-6。
[99] 《孫子八陣圖》，《隋書·經籍志》始見著錄，爲一卷；《通志·藝文略》亦錄。《日本國見在書目》著錄作二卷，名爲《孫子兵法八陣圖》。該書亡佚較早，內容不詳；惟《周禮·春官·車僕》鄭玄注：「孫子八陣，有苹車之陣。」孫詒讓《正義》：「漢之武剛車，有巾有蓋，當即周之苹車。」苹車起於周，陣法行之甚早，鄭玄肯定孫子有八陣之法，當中苹車之陣則爲其一。八陣圖的實際內容未明，後人多有附會。《武經總要前集》卷七＜本朝八陣法＞謂八陣爲方、圓、牝牡、衝（衡）方、罘罝、車輪、雁行等，其圖陣取自於《裴子新令》；王令麟《小學紺珠·制度類·八陣》直稱此爲《孫子八陣》，所據何由，未見證實，所以趙本學斥之爲「僞而又僞」（《武編》引）。
[100] 《吳孫子牝八變陣圖》，《隋書·經籍志》始見著錄爲二卷；《通志·藝文略》著錄同。書名原缺「牡」字，北京中華書局出版《隋書》，據《歷代名畫記》補爲《吳孫子牝牡八變陣圖》。
[101] 《孫子戰鬥六甲兵法》，《隋書·經籍志》始見著錄爲一卷；《山東通志》、《蘇州府志》等地方志亦據以著錄。
[102] 《孫子兵法雜占》，《隋書·經籍志》始見著錄爲四卷；《通志·藝文略》著錄同。《太平御覽》卷三二八引《孫子占》疑即此書，但內容與《孫子兵法》思想本旨相異。
[103] 《吳孫子三十二壘經》，《舊唐書·經籍志》、《新唐書·藝文志》、《通志·藝文略》等均有著錄，爲一卷。《通志》作「三十三壘經」，其後之「三」當爲「二」之誤。《太平御覽》卷三五七引《吳孫子三十二壘經》之文：「靈輔曰：移車移旗，以順其意；銜枚而陣，分師而伏；後至先擊，以戰則克。」所言乃戰陣指揮之要。

伍子胥。到了戰國中晚期，各國言兵，皆以《孫子》爲首，所以「今境內皆言兵，藏孫吳之書者家有之」（《韓非子・五蠹》）。由此可見，孫武的兵法顯耀當時，其論兵之作，自亦廣受重視。在長期的兵學流傳過程中，後學必當推闡其兵學理論，益增論著，姑且可以稱之爲孫子學派。今十三篇以外，也有相當多以「孫子」爲名的著作與佚文存在，這些著作與佚文，或許有又出於孫武的言論，或許有後學對其思想的補錄，或是後學個人的附益或僞託。這些資料，雖然無法證實是孫武本人的作品，但對於研究其兵學思想與其思想流變，仍有參考的價值存在。這些十三篇以外的佚文，過去研究者常會注意的是孫武與闔閭相與對答言兵的文字，而有關吳王與孫武的對答，今可見的者，包括有：銀雀山漢墓的《吳問》、《見吳王》等竹簡，杜佑《通典》中也著錄十三條，[104]另外，《十家注孫子・九地》中也有何氏與張預引注吳王與孫武的問答，其內容與《通典》相近，何氏晚於杜佑，一般認爲何氏是取文於《通典》。

　　諸書所徵引的若干問答，從其尙存的片斷內容觀之，大多是對《孫子》十三篇有關文意的解釋和發揮，然其見解十分平庸，且用詞語調似乎與十三篇不同，且亦多有爭議者，諸如《通典》中所引之「圮地」一段：

　　　　吳王問孫武曰：「吾入圮地，山川險阻，難從之道，行久辛勞，敵在吾前，而伏吾後，營居吾左，而守吾右，良車驍騎，要吾隘道，則如之何？」武曰：「先進輕車，去軍十里，與敵相候，接期險阻，或分而左，或分而右，大將四觀，擇空而取，皆會中道，倦而乃止。」

孫武所答之言，僅爲一般行軍措施，泛泛之談，並無特別之戰術作爲，實難想像出自孫武之口，也難想像會使吳王「不知口之稱善」（《吳越春秋・闔廬內傳》）。另外，《通典》所引其他問答，如：

　　　　遣輕兵，絕其糧道，彼挑戰不得，轉輪不至，野無所掠，三軍困餒，因而誘之，可以有功，若與野戰，則必因勢依險設伏。

大將欲進，士卒為退，上下異心，敵守其城壘，整其車騎，……。

故無近其名城，無由其通路，設疑佯惑，示若將去，乃選騎銜枚先入。

交地，吾將絕敵，令不得來，必全吾邊城，修其所備。

吾引兵深入重地，多所踰越，糧道絕塞，設欲歸還，勢不可過。

前有強敵，後有險難，敵絕糧道，利我走勢。

良車驍騎，要吾隘道，……，或分而左，或分而右，大將四觀，擇空而取。

以步兵十人，擊騎一匹。

以及，《太平御覽》中提到：

必亟擊之，得其大將。

《孫子十家注》中何氏注所引：

當選驍騎，伏要路。

這些問答遺文當中，都有出現大量戰國後時期以至漢代的軍事用語，如「糧道」、「野戰」、「車騎」、「邊城」、「大將」、「步兵」、「驍騎」、「名城」等等，似為後人所偽託之辭。

另外，何氏注又引問答說：

吳王問孫武曰：「吾師出境，軍於敵人之地。敵人大至，圍我數重，欲突以出，四塞不通；欲勵士激眾，使之投命潰圍，則如之何？」武曰：「深溝高壘，示為守備，安靜勿動，以隱吾能，告令三軍，示不得已，殺牛燔車，以饗吾士，燒盡糧食，填夷井灶，割髮捐冠，絕去生慮，將無餘謀，士有死志。於是砥甲礪刃，并氣一力，或攻兩旁，震鼓疾譟，敵人亦懼，莫知所當。銳卒分兵，疾攻其後，此是失道而求生。故曰：困而不謀者窮，窮而不戰者亡。」吳王曰：「若我圍敵，則如之何？」武曰：「山峻谷險，難以踰越，謂之窮寇。擊之之法，伏卒隱廬，開其去道，示其走路，求生透出，必無鬥意，因而擊之，雖眾必破。《兵法》又曰：若敵人在死地，士卒勇氣，欲擊之法，順而勿抗，陰守其利，必開去道，以精騎分塞要路，輕兵進而誘之，陳而勿戰，敗謀之法也。」

在此問答之詞，可以看出其所謂「《兵法》又曰」的內容，非十三篇之屬，那所指何法？或許是十三篇以外的八十二篇之其他篇章內容？抑或另指它法（如《軍政》、《軍令》，或黃帝《握奇經》之類），實難考明。

除了問答的遺文之外，尚有一些以孫子爲名的片斷文句，包括銀雀山漢墓《吳問》與《見吳王》以外其他三篇佚文，以及《周禮》鄭玄《注》、《左傳》孔穎達《疏》、《史記》裴駰《集解》、《漢書》、《鹽鐵論》、《風俗編》、《意林》、《通典》、《太平御覽》、《潛夫論》、李善《文選注》、《李衛公問對》、《北堂書鈔》等典籍所引，有關遺文的詳細內容，彙輯於附錄一，可以作爲有關研究之參考。

王符《潛夫論・勸將》問答之言，概爲十三篇中〈計篇〉之釋：

> 孫子曰：將者，智也、仁也、敬也、信也、勇也、嚴也。是故智以折敵，仁以附眾，敬以招賢，信以必賞，勇以益氣，嚴以一令。故折敵則能合變，眾附則思力戰，賢智集則陰謀利，賞罰必則士盡力，氣勇益則兵威令自倍，威令一則惟將所使。[105]

文中提到將帥的武德爲「智也、仁也、敬也、信也、勇也、嚴也」，與今傳本十三篇爲「智、信、仁、勇、嚴」有異，根據孫星衍的說法，王符之言乃漢時故書如此。[106]這樣的差異，並非孫武本身言論互異，可能是後人傳抄的不同，或者是後人的增補修改所致。

《太平御覽》中有解釋〈行軍〉內容的佚文，提到：

> 孫子曰：凡地多陷曲，曰天井。[107]

又有引類似《孫子雜占》之文：[108]

---

[105] 見《潛夫論・勸將》，第二十一。（胡楚生編《潛夫論集釋》，台北：鼎文書局，1979年，頁395。）案孫星衍岱南閣校本《孫子十家注》云：「《潛夫論》引作『智、仁、敬、信、勇、嚴』，是漢時故書如此。」《書鈔》一一三引作「將者，知也、信也、勇也、嚴也。」雖與漢時古本相距甚遠，但尚存四個「也」字。到了《劉子・兵術》云：「將者，抱五德之美。……五德者，智、信、仁、勇、嚴也。」所稱「五德」已與今本《孫子》相合了。

[106] 同前註。

[107] 見《太平御覽》卷一八九所引。

[108] 案《隋志》等著錄有《孫子兵法雜占》四卷，《太平御覽》卷三二八所引，疑

孫子占曰：三軍將行，其旌旗從容以向前，是為天送，必亟擊
之，得其大將，三軍將行，其旌旗墊然若雨，是為天霑，其帥
失，三軍將行，旌旗亂於上，東西南北，無所主方，其軍不還，
三軍將陣，雨師，是為浴師，勿用陣戰，三軍將戰，有雲其上
而赤，勿用陣，先陣戰者，莫復其跡，三軍方行，大風飄起於
軍前，右周絕軍其將亡，右周中其師得糧。

凡此遺文，對照於現行《孫子·行軍》，似乎是從篇中有關敵情判斷
之徵候的部分繁衍而成的。就＜行軍＞所謂「旌旗動者，亂也」一文，
與《雜占》文相對，將敵情判斷之實際作為，幻化為荒誕不經的占卜
之學，更與《孫子兵法》「不可取於鬼神，不可象於事，不可驗於度」
（＜用間＞）的思想大相違背，顯然是由後人的偽託。

　　這裡特別再次重複提到銀雀山漢墓中所見的《吳問》、《四變》、
《黃帝伐赤帝》、《地形二》、《見吳王》等佚文。《見吳王》即近
於《史記》所載之吳宮教戰之原文；其他四篇包括記敘孫武與吳王之
問答，以及對十三篇的兵學思想之再發揮，涵蓋經濟、政治、軍事等
思想。這五篇竹簡與十三篇有所區隔，區分為上、下兩編，根據木牘
來看，這兩部份簡文在當時並未併為一書，所以這五篇遺文是否出自
孫武所為，實難考憑，或許可以推測可能是孫子後學所記，為闡發、
解釋《孫子》的文字，而後歸輯於《漢志》所言八十二篇與《七錄》
所記之中、下卷之內。

第四節　注作與版本

　　「世俗所稱師旅，皆道《孫子》十三篇」；「境內皆言言，藏孫、
吳之書者家有之」；「善用兵者，感乎悠暗，莫知其所從出，孫、吳
用之無敵於天下」。[109]《孫子兵法》早在於戰國中晚期，已廣泛流傳

即此書之文。
[109] 括弧內引文依序出自於《史記·孫子吳起列傳》、《韓非子·五蠹》、《荀子·

於天下。然而，古書之流傳主要是靠傳抄，在傳抄的過程中，可能改變古書原有的面貌，尤其若是傳抄者本身加入個人的意見，更可能使原書內容遭受後傳的改變而失去其完整性。《孫子兵法》存在著甚多作者與內容上的疑問，也可能因為有此傳抄上的因素所致。

　　古書傳抄錯誤或書缺簡脫在所難免，為求其保存上的完善，歷來皆有古籍的整編工作。對於兵書方面，史籍所載，西漢時代進行了三次的兵書整理，確立《孫子兵法》的聖典地位。西漢對於兵法文獻的整理，根據《漢書·藝文志·兵書略》的紀載，曾經有三次正式的整編工作。第一次是在西漢初年，「張良、韓信序次兵法，凡百八十二家，刪取要用，定著三十五家」。張、韓精選編定三十五部，這三十五部也就是當時官方的兵書精華，但不知《孫子兵法》是否在這選要兵書的當中，不過以韓信用兵常以《孫子兵法》為活用準則，蓋可推斷當在其中。第二次整理是在漢武帝時候，「軍政楊僕捃摭遺逸，紀奏《兵錄》」。楊僕的整理工作，主要是從張、韓二人所收之外的兵書進行蒐羅，可惜「猶未能備」。第三次兵書整理為漢成帝時代，實施全國性的大規模圖書蒐集工作，由光祿大夫劉向統領校讎整編，在兵書方面則由步兵校尉任宏負責，整理後之兵書歸入於《七略》之中。爾後《七略》失傳，一些基本的內容由班固《漢書·藝文志》保存下來。經過此次的整理，兵書被區分為兵權謀、兵形勢、兵陰陽、兵技巧等四類，而《吳孫子兵法》八十二篇則歸錄於兵權謀類當中。這是西漢三次兵書整理後，《孫子兵法》的地位獲得明白的確立。東漢末年，曹操等人開始為《孫子兵法》作注，從該時期一直到宋代，流傳下來的著名注者有十家。宋代時期《孫子兵法》的主要傳本為《武經七書》與《十家注孫子》的兩大系統。發展到了明代，則以《武經七書》本為主流。到了清代，孫星衍從《道藏》中抄出《十家注》本，此一系統開始成為主導地位。發展至今，白話譯本不斷湧現，七〇年代以後，銀雀山漢簡本出土，又給兵法注入新的生命力。

　　議兵》。

一、注作方面

《孫子兵法》歷來作注者，名家輩出，蔚爲大觀，以下簡要介紹各個朝代的注說。

（一）漢唐時期

歷來《孫子》的注作，以曹操之《孫子注》爲現今所見最早的注本。曹操「觀兵書戰策多矣」，其「行軍用師，大較依孫、吳之法，而因事設奇，譎敵制勝，變化如神」。[110]其注釋兵書卷帙亦繁，惟《孫子注》今世傳外，餘已失佚，實屬遺珠憾事。[111]曹操注書簡明扼要，注重學術性與實踐性的兼備，所以具有高度之軍事與學術價值，是諸家注中最全面者，爲後人所推崇，並有重大的影響，從宋神宗時，頒行《武經七書》，只有《孫子》有曹注，可見其受重視之一斑。至於其注作的主要特點：[112]其一爲訓詁簡潔，文字簡練，能得其要旨，對於後人理解《孫子》本義具有開創性的意義，成爲後來注家的典範。[113]其二爲徵引他書言論、史例及其個人的實踐，闡發《孫子》的意旨，

---

[110] 見曹操《孫子略解序》及陳壽《三國志‧魏志‧武帝紀》注引《魏書》。

[111] 曹操自著和注釋兵書浩繁，根據侯康《補三國藝文志》有《魏武帝太公陰謀解》三卷、《兵書接要》十卷、《兵法接要》十卷、《續孫子兵法》三卷、《兵法》一卷、《孫子注》一卷、《司馬法注》等書，然而今日除了《孫子注》外，其餘皆已不傳。曹操爲《孫子》作注，所注名爲《孫子略解》，一題《魏武帝注孫子》、《曹注孫子》；《隋書‧經籍志》著錄，作《孫子兵法》二卷，魏武帝注，梁三卷。曹操爲注，自稱「略解」，乃有鑑於「世人未之深亮訓說，況文煩富，行於世者失其旨要，故撰爲《略解》」（見《孫子略解序》）。現存《孫子略解》，不同版本內容略有差異，如《平津館叢書》影印宋刊《孫吳司馬法》本有 312 條，但宋本《十一家注孫子》則有 321 條。

[112] 參見高殿芳、蘇桂亮《孫子學文獻提要》，北京：軍事科學出版社，1994 年，頁 13。

[113] 關於此一特點，舉例如：＜勢＞「凡治眾如治寡，分數是也」句，注爲「部曲爲分，什伍爲數」；＜行軍＞「合之以文，齊之以武」句，注爲「文，仁也；武，法也」；＜作戰＞「久則鈍兵挫銳，攻城則力屈」句，注爲「鈍，弊也；屈，盡也」。此種訓解，簡潔而得其要旨，爲後世所推崇。

並能得有新的理解與發揮。[114]其三爲對文字校勘方面有極大的貢獻與價值。[115]不過曹注仍不免有失之過簡，偶有闕誤的情形，但這些情形，亦不失曹注的重要地位。

漢末、魏、晉時期，與曹操同一時代的注者，根據《隋書‧經籍志》的記載，魏尚有王凌、賈詡、張子尙等人，吳有沈友作注，可惜今已亡佚。[116]另外，有晉代的《六朝鈔本舊注孫子斷片》，即《敦煌晉寫本孫子注殘頁》，惟不知注者何人，實際的注本，今已亡佚，僅殘存片段，羅振玉稱之爲「晉代孫子注殘紙」。[117]南朝梁孟氏注《孟

---

[114] 關於此一特點，舉例如〈作戰〉「取敵之利者，貨也」句，注引《三略》之言：「軍無財，士不來；軍無賞，士不往。」〈謀攻〉「將能而君不御者勝」句，注引《司馬法》云：「進退惟時，無曰寡人也。」此種注法，引諸家言論，不需另言，可收舉一反三，深悟其意而又回味無窮之效。另外，又同篇「用兵之法，十則圍之」句，注云：「以十敵一則圍之，是將智等而利鈍均也。若主弱客強，不用十也，操所以倍兵圍下邳生擒呂布也。」這種參證、例釋雖不多，但開後世注家以例釋義的先河。

[115] 曹注本對於校勘上的價值，例如其注中有「一云」、「一作」、「一本作」之類的話，說明曹操曾用不同版本的《孫子》進行過參校。宋《武經七書》本就以曹注本爲底本校定而成；《十家注》本也深受其影響。三相相校，曹注本仍有獨勝之處。如〈勢〉曹注本「如轉圓石於千仞之山者，勢也」，《武經》本則無「圓」字。又如《十家注》本〈九地〉臆增「焚舟破釜」，則較曹注本劣甚。

[116] 《隋書‧經籍志‧子‧兵》與《通志‧藝文略》記載《孫子兵法》一卷，並書明曹操、王凌集注。與王凌同爲魏國大臣的賈詡，《隋書》、《通志》列爲《鈔孫子兵法》一卷。張子尙注，名爲《孫武兵經》，此以「兵經」名孫子書者，子尙爲第一人；《隋書》著錄爲二卷，《通志》作三卷，根據《官板書籍解題略》，日本昌平板學問所存《十家注孫子》有其注。東漢末年東吳謀士沈友，根據《隋書‧經籍志》、《舊唐書‧經籍志》、《新唐書‧藝文志》、《通志‧藝文略》等著錄，名爲《孫子兵法》二卷；其正色立朝，清議峻厲，爲庸臣所不容，誣以謀反，爲孫權所殺，卒於建安九年（西元 204 年），年僅二十九歲。依其卒年判斷，很難確定曹操先爲注，或沈先注。沈氏之注，明代張居正《增訂武經七書直解》、清代朱墉《武經七書匯解》都有稱引。

[117] 有關《六朝鈔本舊注孫子斷片》，曾爲日人香川默識（一說爲大谷光瑞）著《西域考古圖譜》所收錄。其後羅振玉將其編入《漢晉書影》中，稱之爲「晉代孫子注殘紙」。此殘頁中間有橫向界線，上下各 8 行，現只存相連的兩下半頁，共 16 行，1-13 行是〈謀攻〉結尾的一部份。14 行可能是空行或注文，15 行應是〈行〉篇題，因寫在上半頁而缺，16 行爲〈行〉開頭的下半句。每行 14-16 字不等，有雙行夾注兩條。

氏解詁》二卷，又名《孟注孫子》、《孟氏解孫子》，此書亦亡，惟其注現存於《十家注》系統各本中。[118]隋朝大臣蕭吉注有《蕭吉注孫子》，今亦亡佚。[119]

唐代作注可考者，李筌注《孫子》，其單行本亡佚，其注現存於《十家注》系統各本中，查《宋本十一家注孫子》則存其注 364 條；其注之重要特點，在於能夠把握《孫子》的思想，探討十三篇各篇次序與其思想脈的關聯，而非僅是文字之訓詁，為後人有系統的理解《孫子》思想開闢一條新的思路。同時他的作注，也進一步補正曹操的不足和缺失。另外又能注意運用更多的史例解釋兵法中抽象的軍事概念，對兵法內涵的進一步深入理解，有極大的貢獻。然而他採用《遁甲》作注，雖然能為歷史上兵陰陽家的學說保留了一些資料，但也難免有荒誕之處。[120]唐德宗時，賈林注《孫子》，其單行本也已亡佚，其注現存於《十家注》系統各本中，查宋本《十一家注孫子》則存其注 140 條。[121]杜牧亦注有《孫子》，單行本現有傳世，收入於宋本《十

---

[118] 孟氏注《孫子》，《隋書‧經籍志》、《通志‧藝文略》著錄為《孟氏解詁》；《舊唐書‧經籍志》、《新唐書‧藝文志》稱《孟氏解》，卷數同為二卷。其後再不見單獨著錄，可能其注收入集注本後，單行本不久就亡佚。《宋史‧藝文志》著錄《五家注孫子》三卷中有其注，不過此書亦亡。其注現存《十家注》系統各本中。關於《五家注孫子》，《宋史》稱五家為曹操、杜牧、陳皞、賈隱林、孟氏。疑賈隱林即賈林。《宋史》之後即不見該集注之著錄，是《十家注》本出現後，該書不久即亡佚。

[119] 蕭吉之注，《通志‧藝文略》始見著錄，一卷；《宋史‧藝文志》同；《國史經籍志》則作三卷。《宋史‧藝文志》又云：「或題曹、蕭注。」如此，則當是曹操與蕭吉的集注本。《崇文總目》作「蕭古注」，「古」乃「吉」之誤。民國蕭天石撰《孫子戰爭理論之體系》提到，曾於蘭陵書院見過蕭吉《孫子注》的抄本，惟不得其證。

[120] 李筌注《孫子》，《新唐書‧藝文志》著錄為二卷，《通志‧藝文略》、《宋史‧藝文志》作一卷，《郡齋讀書志》、《國史經籍志》則作三卷。《郡齋讀書志》提到李筌「以魏武所解多誤，約歷代史，依《遁甲》，注成三卷」。能夠彌補曹注之缺失，然而他用《遁甲》作注，難免也有荒誕之處。

[121] 賈林注《孫子》，《新唐書‧藝文志》、《崇文總目》、《通志‧藝文略》、《宋史‧藝文志》均著錄為一卷，《國史經籍志》則作三卷。《郡齋讀書志》云：「唐紀燮集唐孟氏、賈林、杜佑三家所解。」是其注曾收入於紀燮集注本中，然而該本與其單行本現俱亡佚。

一家注孫子》中有其注 376 條；杜牧之注，數量多，質量也高，被世稱爲曹操之後的第二大注家。他對《孫子》從整體上認識比較全面、準確，認爲「武之所論，大約用仁義，使機權」（＜孫子注序＞），重視兵法中「仁」的一面。同時注意從現實出發，融通戰事與兵理，能有創見發明，並且大量徵引前人典籍與歷史實戰爲證，解析甚詳，益發闡揚《孫子》的本旨，使達於週延，尤被後世所重視，因此，歐陽修＜孫子後序＞稱杜牧爲「其學能道春秋戰國時事，甚博而詳」，[122]這樣的佳評實是中肯。[123]陳皞也有作注，單行本已佚，其注現存於《十家注》系統各本當中；查宋本《十一家注孫子》中存其注 113 條。其注不論在質量或數量上均不若曹、杜，但多少能有糾謬補闕之作用。[124]另外，也有孫鎬、紀燮等人注《孫子》，惟所注內容今佚不詳。[125]

　　唐代貞觀時期，魏徵主編，並由虞世南、褚遂良等人編輯的《群書治要》，當中卷三十三摘錄《孫子兵法》文句近千字，無篇題而一以貫之，並且帶有曹注；所摘《孫子》和曹注之文，與今傳本有一些差異，可以作爲考察《孫子》與曹注在唐代的流傳情況，同時作爲校勘《孫子》的重要參考資料。[126]杜佑雖未正式對《孫子》作注，但其

---

[122] 見歐陽修《居士集》卷四十三＜孫子後序＞。

[123] 杜牧注《孫子》，《新唐書·藝文志》、《郡齋讀書志》皆作三卷；《直齋書錄解題》作二卷；《通志·藝文略》作一卷；《文淵閣書目》、《籤竹堂書目》則作三冊。其注後收入《五家注孫子》、《孫子十家注》中。今傳單行注本尙有北京圖書館《石室秘笈兵書》五函本；台北中央圖書館的《明刊本》一冊；北京大學的《清抄本》一冊；以及復旦大學的《舊抄本》。

[124] 陳皞《孫子注》，《新唐書·藝文志》始著錄，一卷；《通志·藝文略》、《宋史·藝文志》著錄《五家注孫子》中有陳皞注，惟此書已佚。單行本亦佚。歐陽修《孫子後序》中將其注與曹操、杜牧注並稱爲「三家注」。

[125] 《官板書籍解題略》著錄《十家注孫子》中有孫鎬注，置其名於陳皞之後，梅堯臣之前。《新唐書·藝文志》記載「孫鎬注吳子一卷」，疑孫鎬、孫鎬爲一人。另外，紀燮之注，《郡齋讀書志》著錄《紀燮集注孫子》（一題《紀燮集注孫子》）三卷，同時云：「唐紀燮集唐孟氏、賈林、杜佑三家所解。」由是似屬集注。然《文獻通考》、《國史經籍志》均錄爲「注孫子」，而無「集」字。其他如《舊唐書·經籍志》、《新唐書·藝文志》、《宋史·藝文志》等史籍並無記載其注本。

[126] 《群書治要》作成於唐太宗貞觀五年（西元 631 年）。全書五十卷，唐後亡佚。清乾隆期間又由日本傳入中國。今缺第 4、13、23 卷。對於書中選錄《孫子》

在《通典》中引用孫子之言，解說之處亦頗多，故後人亦將其闡釋內容收入《十家注》中。考查宋本《十一家注孫子》收其文 160 條。杜佑論述兵法中的軍事原則，主要是引用歷代史例及他人有關言論來進行論證和解說，對於兵略和兵法的要義，能夠獲得深入的剖析。

（二）宋元時期

宋代作注者，可考者有梅堯臣、王晳、何延錫、張預、王彥、鄭友賢、胡箕、王自中、葉宏、施子美、陳直中，以及宋奇等人，傳世而收錄於《十家注》系統當中者，僅梅堯臣、王晳、何延錫、張預四家。關於梅堯臣之注，考查宋本《十一家注孫子》中，存有 484 條，數量僅次於張預之注；梅氏重於探究《孫子》本義，用語簡潔洗練，而能發明闡揚兵法旨要，所以歐陽修予以極高之評價，認爲當時與曹操、杜牧、陳皞「三家並傳而後世取其說者，往往於吾聖俞多焉」（見歐著《居士集・孫子後序》）。[127]王晳注《孫子》，主要針對古本校正的闕誤，而再爲之補正，故能爲之獨到之見；查今宋本《十一家注》中，存其注有 349 條。[128]何延錫注，今宋本《十一家注孫子》中存有 168 條；其注徵引事例極爲繁富，並且反映出儒家傳統的思想色彩。注文當中也保存了一些《孫子》佚文，可與《通典》、《武經總要》所引佚文相參校，對於研究《孫子》有極高的史料價值。[129]張預注《孫

的文句，主要的內容爲「不戰而屈人之兵」、「愛卒」、「唯民是保」、「慎戰」、「知彼知己」等部份，關於作戰指揮方面的內容則較少。

[127] 梅氏之《梅聖俞注孫子》，《郡齋讀書志》、《文獻通考》、《國史經籍志》、《絳雲樓書目》著錄爲三卷；《通志・藝文略》、《傳是樓書目》則作一卷。世傳今天津圖書館現藏有明末梅士生刻本一卷，每頁 11 行，每行 20 字。

[128] 《王晳注孫子》三卷，於《郡齋讀書志》、《通志・藝文略》、《文獻通考》等皆有著錄。單行本今亡佚，其注現存於《十家注》系統各本中。《郡齋讀書志》云：「晳以古本校正闕誤，又爲之注。」其注《孫子》，重在校舊注之誤舛。

[129] 何延錫注《孫子》，《郡齋讀書志》、《通志・藝文略》、《文獻通考》著錄爲《何氏注孫子》三卷。《崇文總目》則作二卷。其注存於《十家注》系統各本中。宋本《十一家注孫子》稱「何氏」，晁《志》云：「右不題姓氏，近代人也。」

子》，《宋本十一家注孫子》中存其注530條，爲十一家中注解條數最多者。張氏本爲宋代著名的兵學家，能夠精確掌握戰爭思想的本質，故其注集諸家之長而爲一家之言，發明《孫子》本旨，文意博而切要，並重在探究《孫子》各篇之間彼此聯繫關係，不偏重於僅對兵法中的只言片語作訓釋，故能得到較舊注更多的新見。另外，他也能博徵廣引歷史戰例，以及引錄較多的《孫子》佚文和諸葛亮、李靖等人用兵的言論，非但使兵法思想本質的詮釋益加週延，其引文亦有一定的史料價值。[130]

　　宋代除了前面所言梅氏等四家納入《十家注》的系統外，另外，鄭友賢撰有《孫子十注遺說》一卷；[131]現附於宋本《十一家注孫子》之書後。鄭氏《遺說》採問答形式，共三十問題，其論述的重點，在於從哲學的角度出發，以考察與闡發《孫子》的思想本旨，並對諸家之注，有補強之作用。另外，王彥撰《武經龜鑒》，[132]當中對《孫子》的注解，爲其主要的部份。現有宋刻本與宋刻殘本，分別存於上海與北京圖書館。由於王氏本身爲南宋初期的軍事將領，參與實戰，多有戰功，加以戰史知識豐富，因此其論著重視實際運用，舉例釋義非常適切，對《孫子》中的思想原則，能夠得其精義而予闡發，所以實用性極高。施子美撰《施氏七書講義》，又提《武經七書講義》或《七書講義》，爲最早對《武經七書》講述解釋義理的書，也是宋時通習武學之教本。該書的《孫子講義》共十一卷，於十三篇每篇的篇題下都有解題，論說每篇的要義，而正文則採取分段講解的形式，集字注、句解、段講、章述於一體，並以闡發義理爲主。同時博引史例釋義，並參照《李衛公問對》、《太白陰經》、《通典》、《張昭兵法》等書的兵學觀點，加上自己的新見，能將兵法中抽象的理論予以形象化、具體化、通俗化，使《孫子》的思想得以進一步地的推闡，因此，此

[130]　張預注《孫子》，僅《通志・藝文略》著錄《張預注孫子》一卷，其他書目不見記載。單行本已亡，其注現存於《十家注》系統各本中。

[131]　鄭友賢所撰之《遺說》，《通志・藝文略》最早著錄，題爲《孫子遺說》，然而鄭氏於其自序中，則稱其書題名爲《孫子十注遺說》。

[132]　王彥撰《武經龜鑒》，《直齋書錄解題》、《文獻通考》均著錄爲二十卷。

書對於研究兵法有極大的幫助，目前在日本流傳較爲廣泛。[133]另外，南宋時期，葉宏《孫子注》、陳直中《孫子發微》、王自中《孫子新略》三卷、宋奇《孫子解并武經簡要》二卷，以及吳箕《孫吳子注》，著力於校釋《孫子》，可惜今皆已亡佚。[134]

除了個別注作外，集注亦隨之產生，主要有吉天寶輯《十家孫子會注》，一般認爲現存宋本《十一家注孫子》十三卷即是此書。此一會注本是研究《孫子》的極爲重要之版本，因爲其後許多校注《孫子》者，皆以此書爲底本，從而成爲《武經七書》本之外的最大《孫子》傳本系統。會注的十家爲曹操、孟氏、李筌、賈林、杜佑、杜牧、陳皞、梅堯臣、王晳、何延錫、張預共十一家。[135]另外，《宋史·藝文

---

[133] 施子美《施氏七書講義》，《玉海樓書目》、《經籍訪古志》等均著錄爲四十二卷，與傳本同，而《文淵閣書目》則著錄爲二冊。其書前有江伯虎爲序，江序稱該書是刊刻於金貞祐壬午年（西元 1222 年）。江序又稱其「爲儒者流，談兵家事，年少而升右庠，不數載而取高第，爲孫、吳之學者多宗師之」。可見他對研究《孫子》有一定廣受肯定的成就，可惜該書目前國內研究者鮮有參考採用。

[134] 關於葉宏《孫子注》，《處州府志·藝文志》、《麗水縣志》均言此書據胡紘《葉公墓志》著錄，於乾道期間（西元 1165-1173）奉敕撰注，後不見載，是早亡佚。陳直中《孫子發微》，舊志未見著錄，惟陳傅良代陳直中爲此書所作序存於《止齋文集》卷四十中；陳傅良序認爲陳直中有感於南宋朝廷偏安一隅五、六十年，「士大夫懷安顧恥言兵」，爲濟時救世而作。《溫州經籍志》據以著錄。王自中《孫子新略三卷》，明萬曆《溫州府志》作《孫子新略前後序》，清雍正《浙江通志》、乾隆《溫州府志》均作《孫子新略》。《宋元學案》五十六、《溫州府經籍志》卷十六作《孫子新略注》二卷。《平陽縣志》作《孫子新略》三卷。宋周必大書稿作《孫武新略》三卷。據陸達節《孫子考》之考證，書名當爲《孫子新略》三卷。宋奇《孫子解并武經簡要》二卷，見《宋史·藝文志》著錄，亡佚而內容不詳。胡箕注《孫吳子注》，見清光緒六年（西元1880年）刊《江西通志》著錄，今亦亡佚而內容不詳。

[135] 吉天保輯《十家孫子會注》，《宋史·藝文志》著錄，十五卷，無注者姓名。一般認爲現存宋本《十一家注孫子》十三卷即是此書。至於「十家」或「十一家」上的差異，一般的說法大致有三：其一是杜佑本不注《孫子》，其注本引自於《通典》之文，故佑不列入注家，則合十家。其二是吉輯原本就是十一家，只是書名取其整數，所以稱爲「十家」。其三是原本就是十家，但鄭友賢補注而爲十一家，並附己《孫子十注遺說》於其後。第三個說法似較不合理，因爲考證鄭友賢《孫子十注遺說·序》中自稱其書之名爲「孫子十注遺說」，雖名爲「十注」，實附於《十一家注孫子》之後，是宋人（包括鄭友賢本人）當認

志》也著錄另一刻本，即宋本《十一家注孫子》，屬佚名輯，目前存有此一版本；此集注本，除了十一家注《孫子》的正文外，另附孫子本傳與鄭友賢＜十注孫子遺說並序＞於書後。另外，尚有《孫子》的校勘本之出現，宋神宗期間詔朱服、何去非校定《孫子》等七書，《宋史・藝文志》著錄《朱服校定孫子》三卷即是，而此一版本也是《武經七書》本中的一種，歷代校勘、注釋、通解《孫子》者，多據以為底本，所以目前世傳普遍，為《孫子》最大的傳本系統之一。[136]

　　西夏文的《孫子兵法》，推為宋代編本；十三篇中的前六篇全缺，第七至第十三篇中也有缺殘者。該書包括正文與注，考其注屬曹操、李筌、杜牧三家集注，但與《十一家注孫子》有少許差異。此本亦為研究《孫子》學說有參考價值之資料。[137]

　　元代注者，著錄不多，可知者僅潘可大、解觀與張賁三人，惟現傳世可見者僅為張賁殘注；張賁之注，全書已佚，目前只能從明代劉寅《武經直解》中獲悉。[138]

　　為《十家注》就是《十一家注》，二者是異名而同實。至於吉天保的會注，或許是開「十家」（或「十一家」）合注的先河，也可能是原有的《十家注》系統的重刻本。

[136] 關於《宋史》著錄朱服、何去非校定的《朱服校定孫子》三卷，源於元豐三年（西元 1080 年）四月神宗詔朱服等校定《孫子》等七書。元豐六年十一月，朱服建議《七書》「宜去注行本書，以待學者之自得」，神宗詔曰「《孫子》止用魏武帝注，餘不用注」（見《續資治通鑑長編》）。可知當時《七書》尚未編定。《郡齋讀書志》提到元豐中頒行《七書》，而神宗於元豐八年三月去世，所以《七書》大概可能在元豐七、八年前後頒行。《七書》除了《孫子》保留曹操之注外，餘皆僅原文而無注。另外，原皕宋樓宋刊本、清影宋本則《孫子》亦僅白文而去曹注，並屬朱服、何去非所校定者。因此，世存之宋《武經七書》本《孫子》可分為帶曹注和白文兩種。關於皕宋樓《武經七書》中《孫子》的白文藏本，陸心源《儀顧堂題跋》卷六記載：「此書殷、徵、貞、恒、警、敬、完、構、讓、慎皆缺避，當為宋孝宗時刊本。」清光緒三十二年（西元 1906 年），皕宋樓此一《武經七書》原藏本被日本岩崎氏購去，現藏於東京靜嘉堂文庫。

[137] 西夏文《孫子兵法》，原本現存於俄羅斯。王民信先生曾借以複印，連同撰文一起發表於國內《書目季刊》第十五卷第二期當中。該本內分上、中、下三卷，每卷篇數與宋本《十一家注孫子》同，後附《史記》孫子本傳。

[138] 潘可大撰《孫子釋文》，從戴表元《剡源文集》卷八中有《潘可大孫子釋文序》，知是有其書；成書大約在元朝初年，世有將其認為是明末史可法副將潘可大，

（三）明代時期

明代輯注者甚多，可考者不五十家，惟多有亡佚，今存之重要注者，諸如劉寅《孫武子直解》、李清《孫子集注》、陳深《孫子品節》、王世貞《孫子評釋》、趙本學《孫子書》、李贄《孫子參同》、張居正增訂《武子直解》、李騰芳《孫子解》、茅元儀《孫子兵訣評》、孫履恆《孫子商騭》、方家振《孫子翼》、黃獻臣《孫子開宗》、黃邦彥《孫子集注》、周光鎬《武經考注》、沈應明《新鐫注解武經》、陳玖學《評注孫子兵略》、施逢原《批點孫子正義》等著作。整體而言，明代的《孫子》學說，以《武經》本的系統爲主，其中較早以《武經七書》爲底本而作注的可考者，爲劉寅的《武經直解》，[139]其《孫子直解》，採曹操、杜牧、張預、張賁等四家之言，逐句逐段來直解經文，附以校勘，引證史實，通俗易曉，有助於學者領會兵法原意，因此，在明代《孫子》學說的發展上，佔了極重要的地位，其著作也成爲後世《孫子兵法》在《武經》系統中的重要版本之一。

趙本學的《孫子書》，[140]融貫了《孫子十家注》及《武經直解》等眾家之說，而能自成一家之言，對《孫子》作了詳慎的校注，爲逐句分開的明白解說，尤其當中有五十餘處的校訂，又有十一處的注音，

是誤。潘可大，名衍翁，可大當是其字或號。據戴表元序稱其書內容是折衷《孫子》之意，「稱仁人之兵，主於除天下之害，其殺之也，所以生之」，「本《孫子》所未講，而學《孫子》之家所未悉」，認爲《孫子釋文》一書，「其心仁，其術慎，其於詐利也遠矣」，此知是書內容之大端。至於解觀《武經注》，光緒六年（西元 1880 年）刊《江西通志》著錄，至於內容已佚不詳。另外，張賁注《孫子》，現僅見於明代劉寅《武經直解》著錄的引注；《武經直解》凡例中云：「《孫子張賁注》論『道』字甚重，諸家說得極略。《軍爭》、《九變》錯簡處，賁皆訂正，今從之。」張注多有不苟同於前人，而劉寅引四家之注，又以張賁最受推崇，故值得重視。

[139] 劉寅的《武經直解》，又題《武經七書直解》，作於明洪武三十一年（西元 1398年），全書共二十五卷一一四篇，又有兵法附錄一卷，當中《孫子直解》分上、中、下三卷，共十三篇。

[140] 趙本學的《孫子書》，一題《孫子書校解引類》，又題《趙注孫子》、《趙注孫子十三篇》；成書於明代隆慶元年（西元一五六七年）以前，現今傳世版本極爲普遍。

為《孫子》的訓詁注入新的見解。該書可以稱為明代研究《孫子兵法》的集成之作，也是最精詳且重要的注作，對於研究《孫子兵法》的思想，提供了極有價值的視野。李贄的《孫子參同》，[141]其注釋評考，闡發精要，能夠提出個別個的新見解，尤其引《武經七書》中的另外六書之言相互參證，形成以《孫子》十三篇為綱，將其餘六書之論述分別納入其中的理論體系裡；其於自序中認為「《七書》與《六經》固仁義一原之理，陰陽貞勝之符」，主張「以《七書》與《六經》合而為主，以教天下萬世」；[142]仁義與陰陽齊張，儒教《六經》與《孫子》等兵法思想，皆是治世之不可缺者。梅國楨評論其書，至為恰當：

> 於兵法獨取《孫子》；於注《孫子》者，獨取魏武帝；而以餘六經附於各篇之後。注所未盡，悉以其意明之，可謂集兵家之大成，得《孫子》之神解。[143]

可見李贄的《孫子》注作成就，非為虛譽，不論是在當時，或是今日，對於研究《孫子兵法》的思想，以及對照《孫子》與《吳子》等其他《武經七書》的思想源流與比較，具有重要的參考價值。

王世貞的《孫子評釋》，合刊於《兵垣四編》當中，[144]對十三篇皆予解題與評述，並有眉批注釋，體例完備，言簡意賅，立論精練，不落俗套，並有獨到之見，可為研究《孫子》思想的重要參考資料。

明代常為因應武舉考試之需，多有論述《孫子》有關標題講章之

---

[141] 李贄的《孫子參同》，根據《四庫全書總目》的著錄，該書五卷，成書於明萬曆二十五年（西元 1597 年）。

[142] 見《孫子集成》第八冊，收錄李贄《孫子參同》；引自明吳興閔氏刻本。（山東：齊魯書社，1993 年，頁 259、280-281。）

[143] 轉引梅國楨之言於于汝波主編《孫子文獻提要》，北京：軍事科學出版社，1994年，頁 78。

[144] 《兵垣四編》，《明史‧藝文志》著錄，成書於明天啟元年（西元 1621 年）；王世貞《孫子評釋》，書成當在此時間之前。《兵垣四編》即合刊宋代張商英注《素書》一卷，明代唐順之評釋《陰符經》一卷，明代王世貞評釋《孫子兵法》一卷，以及明王士騏評釋《吳子》一卷；另附刻四種：許論《九邊圖論》一卷，胡宗憲《海防圖論》一卷，萬世德《遼東軍餉論》一卷，以及殷都《日本考略》一卷。關於王世貞的《孫子評釋》，在天啟年之前，並未見更早期的單行本傳世。

類的書，諸如王守仁《新鐫標題武經七書》、[145]趙光裕《新鐫武經標題正義》、[146]謝弘儀《武經七書集注標題》、[147]臧應驥《新鐫武經標題佐議》、[148]陳元素《標題評釋孫子》等等，[149]其中王守仁的著作，其標題注釋，評論思想，簡明精要，深入淺出，具高度的哲理性，當中尤其針對「屈人之兵」的全勝思想、慎戰的觀念，以及融合心學於兵學之中的軍事哲學，對於研究《孫子》學說，具有新的觀照與參考價值。

另外，明代《孫子》的論著，尚可一提的是茅元儀《孫子兵訣評》一卷，列於其《武備志‧兵訣評》之中，[150]體例創新，集注釋、闡發、點要與評論於一體，內容多有可取之處，亦為研究明代《孫子》學說的重要材料。關於明代《孫子》注述著作的概況，參考後文附錄一所載。

（四）清代以後時期

清代的《孫子》注作，乃至於《孫子》學說，早期主要是延續明代《武經七書》傳本系統的影響，其後到了乾隆年間孫星衍採《十家注》本的系統，展現出新的視野。整體而言，清代的注作，不下百家，現存重要者，有如謝文洊《兵法類案》、[151]朱墉《孫子彙解》、[152]丁

---

[145] 王守仁《新鐫標題武經七書》共七卷，一題《新鐫朱批武經七書》，又題《新鐫武經七書》。

[146] 趙光裕《新鐫武經標題正義》共七卷，首卷為《孫子正義》。

[147] 謝弘儀《武經七書集注標題》，一題《新鐫武經標題正義》，又題《新鐫武經標題七書》。

[148] 臧應驥《新鐫武經標題佐議》七卷，又題《武經佐議》。《周秦漢魏諸子知見書目》、《中國兵書通覽》、《中國兵書總目》著錄。

[149] 本《題標評釋孫子》，為陳元素《標題評釋武經七書》十卷中之第一卷，現存版本為明代趙六雪刻本。

[150] 茅元儀的《武備志》，撰成於明萬曆四十七年（西元 1619 年），明天啟元年（西元 1621 年）初刻於南京，之後輾轉翻刻，並傳入日本。全書二百四十卷，內容蒐羅甚豐，有＜兵訣評＞、＜戰略考＞、＜陣練制＞、＜軍資乘＞及＜占度載＞等五部分所組成，為明代兵學之鉅著。＜兵訣評＞共十八卷，而《孫子》居其首。

[151] 謝文洊《兵法類案》十三卷，作成於康熙末年。現存主要版本有《謝程山全書》

洪章《孫子全解》、[153]鄧廷羅《孫子集注》、[154]夏振翼《孫子》、[155]鄭端《孫子彙徵》、[156]汪烜《戊笈談兵》、[157]孫星衍《孫子十家注》、[158]

本、清江西南豐劉煜徵刻本、道光中刻本、光緒十八年謝鏞刻本、宣統二年南豐劉氏重刊本等。其作在戰例史實的舉用上，取明代李騰芳的《孫武十三篇說印》一書爲基礎；通過以史論證的方式，闡發《孫子》精深博大的內涵，其內容豐富詳備，屬上等的兵法教材。

[152] 朱墉《孫子匯解》爲其《武經七書匯解》七卷中之一卷。目前版本有清康熙二十七年（西元 1688 年）、三十九年（西元 1700 年），以及光緒二十年（西元 1876 年）的版本。朱墉另有根據其《武經七書匯解》作增刪而輯的《武經七書講義全匯合參》十卷，主要是因應武科考試而作。

[153] 丁洪章輯注《武經全解》七卷，又題《武經七書全解》，《孫子全解》爲其第一卷。目前版本有康熙二十七年（西元 1688 年）賜書堂刊本。該書仿明清時期注解經書的方法而爲注釋。主要有「全旨」以提其綱；有「節旨」以挈其領；有「注」以逐字訓其義；有「疏」以逐句釋其理；有「參訂」選錄歷代注家之言，並以闡發窮究其堙；有「考證」以備載有關的戰例和人物史實。因應武學者之需，大篇幅標列「論題」，每題之下各有「題解」和「論法」，以爲指南。因此，該書實屬體例完備之作。

[154] 鄧廷羅撰著《孫子集注》一卷，世傳普遍，版本尚多，主要有《兵法全書》三種本，即映旭齋藏版初刻本，以及康熙五十一年（西元 1712 年）的重刊本、同治年間的《兵鏡備考》附刻本、來鹿堂刊本等等。除了《孫子集注》外，尚撰《兵鏡備考》十三卷、《兵鏡或問》二卷，對於研究《孫子》與古代兵學思想，皆有參考的價值。

[155] 夏振翼纂注《孫子》，主要有《武經體注大全會解·孫子》、《武經標題三書體注大全·孫子》，以及《增補武經三子體注·孫子》；三書皆爲康熙年間著刊傳世。其作仿五經講章之例，以因應武科應試者之需，文字通俗淺顯，體例完整，便於閱覽。

[156] 鄭端撰著《孫子匯徵》八卷，又題《孫武子集解廣義》，世傳版本有清康熙年間的進呈本，又有原刊四卷本。該書匯集前人注家之說，兼採古來談兵之言，徵引繁富，至於詳備。

[157] 汪烜撰《戊笈談兵》十卷，《孫子》注述於其中。汪氏認爲「《孫子》十三篇，其近正者惟＜始計＞、＜作戰＞二篇；其最妙者則＜軍形＞、＜兵勢＞、＜虛實＞三篇，而最險者亦無逾於此三篇」；「然則握奇制變，《孫子》爲最；而正大昌明，《孫子》爲下」。以儒家的仁義道德標準來衡評論《孫子》，所以注述多有批評之語。此外，他改變了《武經七書》的排序，將《孫子》置於《司馬法》與《吳子》之後；對《孫子》的謀略思想進行悉心的認識與體會，展現出自己獨到的見解，具有參考的價值。

[158] 孫星衍校《孫子十家注》，乃清乾隆四十六年（西元 1781 年），孫星衍至西安發現華陰《道藏》本，認爲所見《孫子》即《宋史·藝文志》所錄宋吉天保輯《十家孫子會注》。同時孫氏在序文中說明，認爲「十家」與「十一家」的差

翁同書《孫子十三篇》、[159]王徹《孫子團鏡》、[160]顧福棠《孫子集解》、[161]黃鞏《孫子集注》、[162]陳任暘《孫子十三篇直解》等等。[163]其中朱墉輯注的《孫子匯解》，綜匯歷代名家之注，以及明清時期武試所需而刊印的《武經七書》之各種「直解」、「全解」、「明解」、「開宗」、「合參」、「正義」等等論著之文。採摭廣泛，堪稱群說之總匯，所徵引的書目多達九十一種，注家也有八十三人；保存了諸家的大量內容，對《孫子》注文輯佚提供了豐富的材料。

　　孫星衍的《孫子十家注》，主要以華陰《道藏》的《孫子集注》為底本，該本自認是宋代吉天保所輯的《十家會注》；根據《通典》、《太平御覽》等書對宋輯明傳之《孫子集注》進行校訂，同時也對《通典》、《太平御覽》中的錯誤，予以指正。主要校改的內容為調整各注家的順序，[164]並對十三篇正文以及各家注文作文字勘正。對於《孫

異，在於「十一家」中的杜佑並不注《孫子》，其注為《通典》之文，去掉杜佑一家，則正合十家。現行版本有嘉慶二年（西元 1797 年）的平津館本，嘉慶三年的岱南閣叢書本，以及咸豐年間、光緒年間的多種刊本，今世傳普遍。

159　翁同書批《孫子十三篇》，現存清咸豐十年（西元 1860 年）翁氏家鈔本。十三篇各有眉批，或言心得，並且末有其跋。該書對研究《孫子》有一定的參考價值。

160　王徹《孫子團鏡》，原刊於清康熙年間，至咸豐十一年（西元 1861 年）李廷梓將其與王氏輯注之《吳子》合編為《武經團鏡》，故今《孫子團鏡》是收編於《武經團鏡》中。該書以《武經七書·孫子》為藍本，兼采各家之注，間以古史戰例論證，並多有個人己見。其作注意十三篇的邏輯聯繫，重視對各篇內容的整把握，可為研究《孫子》學說的參考資料。

161　顧福棠的《孫子集解》十三卷，在存版本為清光緒二十六年（西元 1900 年）活字刊本。為清代《孫子》學說的重要代表著作。

162　黃鞏的《孫子集注》二卷，現存版本有清光緒年間本，1914 年，長沙宏文圖書社鉛印發行。黃氏注作，重在《孫子》與《管子》思想的相結合。同時重視十三篇文字章節的分段，一改《十家注》雜沓雷同、支離割裂之弊。又采歷代注家之精辟文字，並附以己見，多有發揮之語。

163　陳任暘注譯《孫子十三篇直解》一卷，今存版本為清光緒三十一年（西元 1905 年）刊本，民國齊廉改編《新注孫子兵法直講》本。其書將注文與《孫子》原文聯為一貫，而用大小字加以區別；其譯注以白話為之，各篇篇首皆有提要，言簡意賅，通谷易曉，不失《孫子》本義。

164　《孫子》「十一家」之注，原本各家注文的編排順序為：曹操、李筌、杜牧、陳皞、孟氏、賈林、杜佑、梅堯臣、王晳、何氏、張預等十一家。孫星衍將其

子》及舊傳注文的校勘有極大的貢獻與成就。因此,該書為《孫子十一家注》到清代以後,最主要的流傳版本,為廣大讀者所接受,對當時《孫子》學說的研究影響極大,改變宋以後《孫子》主要靠《武經》本流傳的格局,頗有功於後學之研究。

顧福棠的《孫子集解》,以孫星衍《孫子十家注》為底本,並且仿顏師古注《漢書》之例,綜采各家之注,取其精要而刪其不切者,並多能抒發己意。其注作的特色,主要表現於將《孫子》理論原則與近代軍事實況相聯繫,並大量取用歐美戰例加以驗證說明;這樣的論述,可以說是對歷代注《孫子》的一大突破,也是《孫子》思想與世界軍事史的初步結合。同時,對於歷代《孫子》注釋中的一些疑點與混沌困難之處,發表了自己的見解,多有可取之處,因此,顧氏之作,在清代《孫子》學說上,佔了極重要的地位。

清代除了上列注家之外,這裡特別要提一下畢以珣的《孫子敘錄》;畢氏撰作附刻於孫星衍的《孫子十家注》各本之中。該書匯錄有關孫子生平、家世的歷代文獻材料,包括《史記‧孫吳列傳》、《吳越春秋》、《姓氏辨證書》、《越絕書》、《淮南子》、《新序》等《漢官解詁》等七種。並且,又從《通典》、《太平御覽》、《潛夫論》、《文選注》、《北堂書鈔》中輯錄《孫子》十三篇以外的佚文,考校其真偽。同時針對南宋陳振孫《直齋書錄解題》對孫子其人其書的懷疑,提出徵引辯駁;也精要論析《孫子》篇卷的異同。所以,該書為後代研究《孫子》其人其書與佚文匯集上提供了方便可循的材料。

民國以後的注家輩出。民初的注家,如陸懋德的《孫子兵法集釋》、[165]蔣方震與劉邦驥的《孫子淺說》,[166]都是當代的重要注作。

訂正依序為:曹操、孟氏、杜佑、李筌、杜牧、賈林、陳皞、梅堯臣、王晢、何氏、張預;調整的理由,主要基於孟氏屬梁人,卻被置於李筌等唐人之後,而杜牧本杜佑之孫,反被置於杜佑之前。

[165] 陸懋德的《孫子兵法集釋》,成書於 1915 年。其作注的內容,根據《爾雅》、《說文》及《玉篇》等注校《孫子》文字,吸收清代中葉以來許多校勘學者的成果。同時認為兵家與儒家多有相通,所以用諸經諸子等來訓釋《孫子》的兵學理論。

[166] 蔣方震與劉邦驥的《孫子淺說》,1915 年鉛印成書。是書將《孫子》劃分為五

爾後注家繁富，不勝枚舉，尤其加上白話譯本的廣爲流傳，以及相關研究論著的出現，集成匯編的問市，[167]認識《孫子兵法》與從事兵法研究，也就可以得到更豐富與方便的資料。多年來，大陸學術界上，掀起一股《孫子兵法》研究的熱潮，諸如在 1989 年與 1991 年，中國大陸成立了中央級的研究會，即「孫子兵法研究會」與「孫子和齊文化研究會」，以及成立了地方級的研究團體－－「遼寧省兵學會」（1992年）、「惠民縣孫子研究會」（1991 年），並先後召開了國際性的學術研討會，相關的著作與研究刊物泉湧而出，尤其 1990 年起，由「中國孫子兵法研究會」研究成員所編纂的《孫子兵法大全》的一系列叢書，以及像《孫子兵法辭典》、《孫子兵法大辭典》等工書具的出現，使《孫子兵法》的研究更具張力。《孫子兵法》的兵學思想，研究範圍遍及中外，研究內容更形龐雜，《孫子兵法》的義理思想非但爲兵學上所奉爲圭臬，亦爲企業界所專愛，《孫子兵法》的啓迪範圍已不僅限於軍事思想的方面了。

二、版本系統

　　《孫子兵法》一書歷來版本繁富，流傳甚廣，但窮本溯源，歸納起來，較具代表性的古本，大約可以區分爲三個系統，即漢簡本、武經本，以及十一家注本，以下分別作簡單的說明。

（一）漢簡本

　　漢簡本即一般所稱之「竹簡本」，係一九七二年四月，於大陸山東省臨沂縣銀雀山第一號漢墓出土，經大陸方面的考古與整理，並由

　　十八節，各節「提要勾玄，揭其綱領」，參合眾說，取其精義，並以當代軍事思想來詮釋《孫子兵法》的思想內涵，使《孫子兵法》的精神與時代的軍事思想得以貫通。

[167] 中國大陸山東齊魯書社於 1993 年出版《孫子集成》，廣蒐魏武以後的各種精善的刊本，以及近年來有關的出土資料，容量達八十種，對於研究《孫子兵法》，提供了最方便的珍貴資料。

文物出版社於一九七六年出版的《銀雀山漢墓竹簡孫子兵法》，簡稱爲「漢簡本」，迄今爲止乃《孫子兵法》所見最早的手寫本。出土的4942 枚竹簡裡，其內容主要爲先秦兵書與子書，如《孫子兵法》、《孫臏兵法》、《六韜》、《尉繚子》、《管子》、《墨子》等，當中《孫子兵法》的竹簡二百餘枚，二千四百餘字。根據考古學家的研究，認爲其陪葬年代約在漢代建元元年（西元前 140 年）至元狩五年（西元前 118 年）之間，《孫子兵法》的抄寫時間在此更早；[168]而從字體風格來看，其抄寫年代當在秦代至漢代文景時期，故從年代來論，漢簡本與今傳各本相較，漢簡本較古，更接近孫武的手定原本。

　　在出土的大批簡書當中，有的尙保存著記載原書篇目字數的木牘，而《孫子兵法》篇題木牘就是其中之一，然而由於該枚木牘碎壞殘缺，只能進一步分析與推測；一般認爲其篇名，從第一篇到第十三篇之先後順序，依序爲：〔計〕、〔作戰〕、埶（勢）、刑（形）、〔謀攻〕、行〔軍〕、軍〔爭〕、實〔虛〕、〔九變〕、〔地〕刑（形）、[169]九地、用間、火〔攻〕等十三篇。[170]由竹簡可以得知各篇未加序號，且第四篇篇名「刑」與第五篇「埶」，以及第十篇「刑」字，爲「形」與「勢」之通假字或古字，而第六篇篇名「實虛」，與「虛實」二字之意義相同，所以二字倒置。

　　竹簡《孫子兵法》的出土，其重要的作用，首先有助於《孫子兵法》的進一步校勘，在校勘學上極具意義。其次是《孫子兵法》與《孫臏兵法》的同時出土，證明了「吳孫子」與「齊孫子」爲二人，以及各有著作傳世，大致解決《孫子兵法》作者的相關懷疑與爭議。另外，

---

[168] 考古學家暨有關研究者認爲，竹簡抄寫時間當在漢建元至元狩年間之前，主要理由是認爲竹簡《孫子兵法·九地》有「恒山」，而世傳本作「常山」，表明抄寫者未避漢文帝劉恒之諱，而劉恒於西元前一七九年即位，故顯然地，竹簡本《孫子兵法》的抄成時間不晚於此。

[169] 《孫子》篇題木牘上有＜□刑＞一題，位置在＜九地＞之前，故應爲今＜地形＞之篇題，但未發現其篇內容簡文。

[170] 篇名冠以〔 〕符號者，乃因竹簡殘缺，而爲增補。簡文篇目排序，參考李零＜《孫子》篇題木牘初論＞，見大陸《文史》第十七輯。

其他與《孫子兵法》有關的五篇佚文的出土，[171]提供探尋孫武的思想，以及瞭解《漢志》著錄《吳孫子》八十二篇的問題，獲得進一步的理解與參佐。

竹簡《孫子兵法》在時間上早於內容與形式上定型的曹注本及劉向、劉歆父子所校定的版本，也早於今日所見的各種宋版本，藉由竹簡本可以針對漢代以及散見於各種典籍中的《孫子》引文，作精細的排比，以斟酌其與今本的銜接關係，並藉以釐清宋版本定型以前的可能發展線索。同時，藉由竹簡本的內容，作詳密的校讎考證，解決《孫子兵法》中的部份疑異與錯簡的問題。因此，竹簡本的出現，使《孫子兵法》的研究進入了新的里程碑。

（二）武經本

「武經本」為宋神宗元豐三年（西元 1080 年），朱服奉詔校定《孫子》、《吳子》、《司馬法》、《唐李問對》、《尉繚子》、《三略》、《六韜》等七部兵書為《武經七書》，因「武舉以七書試士，謂之武經」，稱之為《七書》。[172]此版本即為此「七書」之《孫子》本，稱之為「武經本」。元豐六年十一月，朱服建議「七書」「宜去注行本書，以待學者之自得」，神宗詔「《孫子》止用魏武帝注，餘不用注」，（括弧見《續資治通鑑長編》）此即日後所見「武經本」僅見《孫子》正文與曹武注文的由來。[173]然而，這樣的版本，與今傳《武經七書》相較，實際上，目前的《武經七書》只有白文，卻未見曹注，所以單附曹注本，僅能視為單注本，一般稱為《魏武帝注孫子》，正文與《武經七書‧孫子》相近，可以當作《武經七書》系統中的一種版本。此

---

[171] 五篇佚文包括《吳問》、《四變》、《黃帝伐赤帝》、《地刑二》、《見吳王》等。

[172] 見陳振孫《直齋書錄解題》，卷十二＜李衛公問對‧題解＞，台北：台灣商務印書館，1978 年，頁 347。

[173] 《續資治通鑑長編》記載元豐六年宋神宗詔令「七書」僅《孫子兵法》用曹注，其餘皆僅正文，可知當時「七書」尚未編定；《郡齋讀書志》提到「元豐中」頒行七書，而神宗於元豐八年三月去世。因此，若「七書」真在元豐年間頒行，最有可能的時間當在元豐七年底至八年之間了。

書在清孫星《平津館叢書》卷一《孫吳司馬法》內，[174]摹自於清顧廣圻（字千里）之手，文中其「愼」字缺筆，當是南宋孝宗時據元豐本重刊。

因此，帶有曹注《孫子》的宋本《武經七書》，今已無存，目前僅有明初刊本《武經七書》二十五卷與明合刊本《孫子吳子》五卷有曹注，與《武經七書》本是同一類型。也就是說宋版附有曹注《孫子》的《武經七書》本已不見，今傳宋版《武經七書》並無曹注，亦即該書在元豐時期的刊本已不可見。

根據陸心源《儀顧堂題跋》卷六，孝宗時還刊有一白文大字《武經七書》本，諸書皆無注。此書曾爲汪士鐘、郁松年（字泰峰）所收藏，[175]又經陸心源所得，爲陸氏皕宋樓藏書，光緒三十二年（西元 1906年）陸氏藏書爲日本三菱財團岩崎氏購得，收於靜嘉堂文庫中，[176]現有《續古逸叢書》影本。

「武經本」是《孫子》流傳的一個極爲重要的版本，佔了主導的地位，尤其是在明代，整個明代的《孫子》源流史，也可說是以《武經》系統爲主的源流史；此一傳本，也是今日《孫子》傳本的主要系統之一。

就篇名而言，十三篇依序爲：始計第一、作戰第二、謀攻第三、軍形第四、兵勢第五、虛實第六、軍爭第七、九變第八、行軍第九、地形第十、九地第十一、火攻第十二、用間第十三等篇，各篇篇名皆爲雙字，有序號，但無加「篇」字。

（三）十一家注本

---

[174] 《孫吳司馬法》，凡三卷，其《孫子》正文共計 5967 字，與今無曹注的《武經七書》本相近，爲 5965 字。

[175] 該書書前鈐宋「禮部圖書」九疊篆朱文大長印，卷首鈐「汪士鐘印」、「郁松年印」、「泰峰」三印，「泰峰」爲郁松年之字號；因此，可以瞭解該書曾爲汪、郁二人所藏。

[176] 參見王心裁《清代藏書記》，輯於余光主編《藏書四記》，湖北：湖北辭書出版社，1998 年，頁 291。該書見《藝芸書舍宋元本書目》、《宜稼堂書目》、《皕宋樓藏書志》、《儀顧堂題跋》、《靜嘉堂文庫漢籍分類目錄》著錄。

「十一家注本」爲宋本《十一家注》系統的《孫子》注本，它是以輯注形式而傳世的《孫子》的主要版本。後世許多校注《孫子》者，都以此書爲底本，從而形成《武經七書》本以外的最大傳本系統。此系統中，大致又可區分爲宋本、《道藏》本與孫星衍校本三個子系統。

其書著錄首見於尤袤《遂初堂書目》，而《宋史・藝文志・子部》著錄有《孫子兵法》集注本三種，均當從屬於「十一家注本」的系統，其中吉天寶的《十家孫子會注》應可能爲「十一家注本」的重刻本。一般認爲初刻或許於南宋初年，或是更早的時間，而爲誰所輯，亦有爭議，但知或爲吉氏所輯，或爲其所重刻，輯成也在鄭友賢的《孫子遺說》（紹興年間）之前。[177]在明刻本當中，如談愷、李槃，黃邦彥的校刻等，皆題《孫子集注》十三卷，這些都屬於「十一家注本」的系統。清孫星衍以華陰《孫子集注》爲底本，對十一家注本作詳細的校考修訂，因之，孫校《孫子十家注》成爲近代流傳較廣，影響較大的版本。

依上海圖書館所藏宋本《十一家注孫子》，[178]凡三卷，除十一家之注外，《孫子》正文共六千又六字。就篇名而言，十三篇依序爲：計篇、作戰篇、謀攻篇、形篇、勢篇、虛實篇、軍爭篇、九變篇、行軍篇、地形篇、九地篇、火攻篇、用間篇等篇，其篇名皆加「篇」字，無序號，其中除了第一、四、五篇（＜計篇＞、＜形篇＞、＜勢篇＞）爲二字外，餘爲三字。

---

[177] 關於吉天寶輯《十家孫子會注》，有被認爲是現存的宋本《十一家注孫子》，是否真爲如此，則未見證明，並且吉天寶是否是首先輯此十家之注，亦不得而知，依目前世傳宋本《十一家注孫子》共有三本，包括大陸上海圖書館藏本、北京圖書館藏本（足本），以及北京圖書館藏本（殘本）來推斷，吉輯本或許只是十一家注系統的重刻本。另外，刊刻的時間，現《十一家注孫子》中附鄭友賢的《孫子遺說》，而鄭氏的《遺說》之作成時間，根據《通志・藝文略》著錄有鄭友賢《孫子遺說》一卷，《通志》成書於紹興三十一年（西元一一六一年），《遺說》作成當在此之前，而《十一家注孫子》成書又必在《遺說》之前，也就是說《十一家注孫子》的輯成必不晚於紹興三十一年。

[178] 上海藏本，一九六一年北京中華書局影印，今山東齊魯書社《孫子集成》亦收錄。

除了上述三個最具代表性的版本之外，海外亦有日本人櫻田迪所藏之傳本，從流傳的時代性觀之，此一版本仍具有十分重要的文獻地位。關於各版本系統的篇名，由下表所示，可以見其異同：

篇次	竹簡本	武經本	宋十一家注本	孫星衍校注本[179]	櫻田本[180]
1	〔計〕	始計第一	計篇	卷一計篇	計篇第一
2	〔作戰〕	作戰第二	作戰篇	卷二作戰篇	戰篇第二
3	埶（勢）	謀攻第三	謀攻篇	卷三謀攻篇	攻篇第三
4	刑（形）	軍形第四	形篇	卷四形篇	形篇第四
5	〔謀攻〕	兵勢第五	勢篇	卷五勢篇	勢篇第五
6	行〔軍〕	虛實第六	虛實篇	卷六虛實篇	虛實篇第六
7	軍〔爭〕	軍爭第七	軍爭篇	卷七軍爭篇	爭篇第七
8	實〔虛〕	九變第八	九變篇	卷八九變篇	九變篇第八
9	〔九變〕	行軍第九	行軍篇	卷九行軍篇	行軍篇第九
10	〔地〕刑(形)	地形第十	地形篇	卷十地形篇	地形篇第十
11	九地	九地第十一	九地篇	卷十一九地篇	九地篇第十一
12	用間	火攻第十二	火攻篇	卷十二火攻篇	火篇第十二
13	火〔攻〕	用間第十三	用間篇	卷十三用間篇	間篇第十三

參照漢簡本與今傳各本，可以看出，簡本各篇名的排列順序，與今傳《武經》本系統、《十家注》本系統不同，今傳本＜計＞、＜作戰＞、＜謀攻＞相次連續，而簡本則＜計＞、＜作戰＞相次，但＜謀攻＞則錯後，其他篇次的排序亦有相異，從這樣的情形來看，似乎今本與簡本在各篇的聯繫的考量上有所不同。今本將＜行軍＞置於＜軍爭＞、＜九變＞與＜地形＞、＜九地＞之間，而這五篇的性質也較為

---

[179] 採《岱南閣叢書》的孫校本。

[180] 關於櫻田本，為日本人櫻田迪（西元 1793-1876 年）收藏家傳並雕版刊行的《古文孫子正文》，（山東齊魯書社的《孫子集成》，收於第十六冊中。）該書目前考證確定為我國唐代貞觀期間（西元 627-649 年）的抄本，（見大陸長征出版社《孫子新論集粹》，1992 年，頁 42。），簡稱為「櫻田本」。

相近，相次連結是合於條理，然而簡本將＜行軍＞歸於木牘前六篇的末篇，與這四篇有所區隔，彼此的相關性減低。又今本先＜形＞後＜勢＞，而簡本先＜勢＞後＜形＞，隱約看出簡本對「勢」的重視甚於「形」。此外，今本將＜虛實＞承於＜形＞、＜勢＞之間，三篇相承，性質相似，實屬合宜；而簡本則將該篇置於木牘的後七篇當中，其條理性較低。從這樣篇次的不同，可以理解先秦學說思想常以篇傳，在這傳承的過程中，未必建立各篇次的整體聯貫關係，但到了漢代，經劉向、劉歆父子有系統的整理之後，始能更見其條理性，《孫子兵法》也是如此，尤其又經曹操的刪定，篇次間的聯繫就更臻完善。

　　《孫子兵法》除了歷代相傳的傳本外，民國期間以來出現者，除了前述山東漢墓的出土外，尚有敦煌晉寫本《孫子》注的殘頁，此一殘頁原由日本人大谷光瑞（一說香川默識）的《西域考古圖譜》收錄。其後羅振玉將其編入《漢晉書影》中，稱之為晉代孫子注殘紙；從短短十六行殘字對照今傳本，又有不同，為一佚失的《孫子》注本。另外，一九七八年七月青海省博物館考古工作隊在大通縣上孫家寨一座西漢晚期墓中發現漢代木簡六十餘片，有的簡文與《孫子兵法》有關；[181]當中一枚簡文寫道「孫子曰：夫十三篇……」，述明《孫子兵法》為十三篇，為《史記》所載十三篇提供了另一佐證。八０年代以後，有所謂的家傳《孫子兵法》八十二篇的簡本，經學者考證，全屬胡編亂造的。[182]

　　總之，不論那一種版本皆有其研究的價值，惟須避免使用扭曲孫武本意的錯誤版本，以免在研究閱覽上有所偏失。

---

[181] 見＜大通上孫家寨漢簡釋文＞，《文物》，1981 第二期。
[182] 見楊善群《孫子答客問》，上海：上海人民出版，1997 年，頁 28-31。

第二章 《孫子兵法》的思想淵源

　　有關《孫子兵法》的思想淵源，歷來論述者甚多，大都從先秦思想家的思想著手。這裡則從以下三個方面來談，首先從先秦的大時代環境演變來談思想的生成，其中包括時代的主要思潮，以及政治、經濟與社會的形勢；其次從時代的軍事環境之變易來談，包括軍隊組織的變易，軍隊編制、兵種、作戰方式與兵器的變革，以及軍事思想環境的啓示；最後從黃帝、老子等時代人物的思想傾向來論述。希望能對《孫子兵法》的思想淵源作概括式的爬梳。

第一節　從時代背景談《孫子兵法》
的思想淵源

　　春秋時代，爲一變易極盛之時代；周王室之衰微，諸侯之勢凌於天子之上，故歷史之重心，在於諸侯而非王室，上下之關係，僅以宗法關係的表面名分以維持之！各諸侯國之霸主，前期以黃河下游之鄭、魯、齊、衞、宋等國爲主；中期以黃河上游之晉、秦及長江中游之楚，後期即以長江下游之吳越爲主。吳國在此晚期曾一度威顯諸侯，成爲各國間之要角，而孫武即活躍於吳國最盛之時期，尤以事功陳於平楚之役。以下僅就春秋時期思想潮流之演變以及政治社會情勢，來談孫子思想形成的背景。

一、春秋時期之思想潮流

　　春秋時期整個政治社會在「人」與「神」的觀念、「禮」與「刑」以及「德」與「力」的思想上，有極明顯的改變，以下分別予以說明。

（一）人神思想之改變

　　民智未開之世，宇宙自然之理常推究於鬼神，對天或上帝賦予最崇高之位格，[1]卜筮之用從而行之，如伏羲畫八卦，又如《周禮・春官》有祝巫之官，掌卜筮休咎，占驗災祥。時至春秋之世，民智漸開，學術科技勃興，天道觀念式微，鬼神術數之說漸息。從《左傳》之載斑斑可見，如＜桓公六年＞有所謂：

　　　　夫民、神之主也，是以聖王先成民，而後致力於神。

又＜僖公十九年＞有：

　　　　祭祀以為人也；民，神之主也。

又＜莊公三十二＞有：

　　　　吾聞之，國將興，聽於民。將亡，聽於神。神聰明正直而壹者
　　　　也，依人而行。

充份表露出人先於神，人高於神的思想。

　　＜僖公十六年＞記載：

　　　　是陰陽之事也，非吉凶所生也。吉凶由人。

將自然現象與人之吉凶嚴格區分，吉凶之所由人。

＜莊公十四年＞記載：

　　　　人之所忌，其氣燄以取之，妖由人興也。人無釁焉，妖不自作，
　　　　人弃常，則妖興，故有妖。

妖之所成在於人。

＜昭公十八年＞記載：

　　　　天道遠，人道邇，非所及也。

明白的將天人相分。此外＜定公元年＞、＜襄公二十三年＞等亦有類似思想之陳載。

---

[1] 在哲學上的普遍概念，「位格」即是有自主權力的存在者，表現於事實上，乃是在理智與意志之行為上。

《尚書·太誓》云：

> 天視自我民視，天聽自我民聽。

人民的地位顯然超越天或上帝。另外《論語》中亦能多見，諸如＜雍也＞云：

> 務民之義，敬鬼神而遠之，可謂知矣。

＜先進＞中有言季路問事鬼神之事，孔子回答：

> 未能事人，焉能事鬼？

如此等等皆見思想的進程，已漸能不依附鬼神，人神觀念在此演變之過程中，人的地位已逐漸提高，以人為主體性也漸被接受。

　　將人神觀念反映在《孫子兵法》中，《孫子兵法》表現了戰爭的實際具體作為，摒棄虛無之談，尤特對鬼神、卜筮、星象、緯讖等誕妄不經之論，排拒於其軍事思想之外；其所著重者，乃戰爭之主體－－人，其次為旁及有關戰爭的實際事物，諸如「天時」、「地利」等；就似有神幻感覺之「天時」一詞言，「天時」乃一切之自然現象，包括「陰陽、寒暑、時制」（＜始計＞）等，故此「天」非神化之「天」，不帶有迷信之成分，畢竟他主張「禁祥去疑」（＜九地＞），凡事取諸人事之努力，故「明君賢將，所以動而勝人，成功出於眾者，先知也」（＜用間＞），其「先知」乃「因人而後知敵情」，[2]不取決於虛無之鬼神卜筮，因此，孫子認為「不可取於鬼神，不可象於事，不可驗於度」。神化之思想是不適於孫子的，相對的，他將「人」作為一切戰爭過程中的主體，人才是戰爭的最重要主宰者。

（二）禮與刑思想之改變

　　根據張端穗在《左傳思想探微》中有言及《左傳》中論「禮」者一共有一二七條，《論語》、《孟子》、《國語》（依張氏之言，《國語》中出現字者，亦不少於百餘次）等典籍言「禮」者亦不可勝數。[3]

---

[2] 見《十一家注孫子·用間》張預注云：「鬼神、象類、度數皆不可以求先知，必因人而後知敵情也。」

[3] 參見張端穗《左傳思想探微》，台北：學海出版公司，1987年初版。

《左傳・昭公二十五》有云：

> 禮，上下之紀，天地之經緯也，是以先王尚之。故人之能自曲
> 直以赴禮者，謂之成人。大不亦宜乎？

「禮」是人人所遵守的共同綱常紀律，為一切行為的準則。另外＜文公十五年＞有「遠禮不如死」、＜成公十三年＞有「禮，身之幹也」、＜成公十五年＞有「禮以庇身」、＜昭公三年＞與＜定公十年＞皆有引《詩經》之「人而無禮，胡不遄死。」如此等等皆言「禮」之重要。餘如＜昭公九年＞、＜昭公六年＞、＜昭公三十一年＞、＜襄公四年＞、＜襄公二十八年＞……等等皆有論及禮法之必要性。

周公制禮作樂，以禮制國，惟時勢發展，純禮法已無法成為人民以至諸侯國的治國規範與依據，其改變乃從禮而漸次禮刑並重，甚至於走向刑法治國的路線。＜昭公二十年＞記載：

> 我死，子必為政。唯有德者，能以寬服民，其次莫如猛。夫火
> 烈，民望而畏之，故鮮死焉；水懦弱，民狎而翫之，則多死焉，
> 故寬難。

明白的指出唯有嚴刑峻罰方是治國之良方。

社會國家愈是動亂，刑法愈為重用，尤在春秋時代，更為一般君王所重視。成公十八年，晉悼公使右行辛做司空之官，修訂士蒍之法令，即立刑法書；魯定公九年，鄭大夫殺了鄧析子，即使用其寫在竹板上之刑法。另外有鄭人鑄「刑書」、[4]晉人鑄「刑鼎」、[5]叔向諫子產稱「刑辟」。[6]此皆重刑之見。

刑法能運籌用宜，有利於國家之控制與社會安寧之維持，更有助稱霸天下，成就君王事業。《左傳》中對晉文公在用刑上，予以高度之讚許，在晉文公刑殺頡祁瞞與舟之僑以後，誦其善用刑法，殺死三個有罪的人而使人民能心服。[7]《國語・魯語》中亦有談及以刑立威於

---

[4] 見《左傳・昭公六年》。
[5] 見《左傳・昭公二十九年》。
[6] 同註2。
[7] 見《左傳・僖公二十八年》所載：「殺舟之僑以徇于國，民於是大服。君子謂文公其能刑矣，三罪而民服。詩云：『惠此中國，以綏四方。』不失賞刑之謂也。」

人民，[8]以利於政令推行，並以大刑－甲兵以平亂。

故而刑法用善，不但可以治國安民，並且還可打得勝仗。晉楚在邲之戰、鄢陵之戰，其勝敗之重要原因之一，就是用刑的問題，因此刑法的使用已爲一般所重視，而其運用的得當與否，深深影響國家的發展。《左傳‧襄公二十六》有載：

> 善爲國者，賞不僭而刑不濫，賞僭則懼及淫人，刑濫則懼及善人。若不幸而過，寧僭無濫。與其失善，寧其利淫，無善人則國從之，詩曰：「人之云亡，邦國殄瘁。」無善人之謂也。

楚國濫用刑法，結果楚國大夫很多逃亡至其他國家，成爲他國之謀臣，反而造成對楚國的危害，從而楚國屢屢戰敗，國幾不國，如析公之於繞角之役、雍子之於靡角之役，皆使晉得以敗楚；又如巫臣聯吳破楚；鄢陵之戰，賁皇之謀致使楚大敗。故而刑法之用，宜當審慎適切。

不論運用影響如何，春秋時期，重刑的思想，已爲時勢所趨，且不但提高刑之地位，並擴大其範圍。昔者重禮而漸次禮刑並重，而終一斷於刑；貴族專禮，而漸趨貴賤同刑，[9]故禮刑思想之改變，亦爲此時代之特色。

「禮」與「刑」之於治軍而言，自古以來，軍隊之象徵即是具有鐵的紀律，「軍令如山」之重「刑」的治軍原則，故有如司馬穰苴斬殺耽誤軍時之莊賈、周亞夫紮軍營拒聖駕於轅門外、諸葛亮揮淚斬馬謖、岳家軍凍不拆屋餒不搶擄之軍風等皆是以法治軍的故事。《吳子‧治兵第三》有云：

> 居則有禮，動則有威，進不可當，退不可追，前卻有節，左右應麾，雖絕成陳，雖散成行」又若法令不明，賞罰不信，金之不止，鼓之不前，雖有百萬何益於用？

充分的表現了嚴刑之治的思想。戰鬥力之提高必須「令行禁止」，亦即要「明法審令」，把法令公布於眾，「進有重賞，退有重刑」，使

---

8 《國語‧魯語》載有刑之種類：「大刑用甲兵，其次用斧鉞，中刑用刀鋸，其次用鑽笮，薄刑用鞭扑：以威民也。故大者陳之原野，小者致之市朝，五隱三沒，是無隱也。」以刑律作爲政治統治工具，以威人民。

9 見陳啓天《中國政治哲學概論》，台北：華國出版社，1951年，頁50。

人人知法行法。因此春秋時代在一般政治層面上「禮」「刑」之思想有所改變的同時，在治軍統御上，亦會有所牽引，故而孫子的軍事思想亦以嚴肅軍紀爲重，在軍人的武德上，他特別強調「嚴」（＜始計＞智、信、仁、勇、嚴等五德），又校之以七計，即「主孰有道？將孰有能？天地孰得？法令孰行？兵眾孰強？士卒孰練？賞罰孰明？」強調法令與賞罰之嚴明公正。唯重刑之際，仍不失「禮」之教，故有「信」、「仁」與「主孰有道」等明諭之見。

因此，孫子將「禮」「刑」之爲用，在行「刑」時，亦不當失將士上下皆依「禮」；「禮」「刑」並濟，方能全軍上下同心同德、團結一致，以獲制勝之道。尤將者要身先士卒，視兵如子，加之政治道義教育於士卒，使之在思想意識上與君主、將帥同甘共苦，生死與共。行動上以法令爲依準，嚴束軍紀，使之整齊劃一，此等刑禮並用之綜合治軍方法，方能有堅強的勁旅呈現。

（三）德與力並重互用

春秋時代有以霸爲政，即以力立國，亦有以德服人，以德王天下者。《孟子・公孫丑》指出，「以力假仁者霸，霸必大國，以德行仁者王，王不待大。」霸道者，乃以力爲主，其力有如朱子所言之「土地甲兵之力」。王道者乃導之以德，其德又如朱子所注「自吾之得於心者推之，無道而非仁也」。中國向以仁爲本，倡仁匡行天下，故而王霸之政自有明顯分界；惟春秋之際，諸國並林，各自爲政，圖強以謀外，「德」「力」並重，成爲主政者的重要觀念，特別是對「力」的重視，爲現實環境下所不能免而迫切需要者。

《論語・憲問》有孔子對答於子路、子貢之言，對管仲之功予以極高之評價：

> 桓公九合諸侯，不以兵車，管仲之力也。如其仁！如其仁！

又云：

> 管仲相桓公，霸諸侯，一匡天下，民到于今受其賜！微管仲，吾其被髮左衽矣！

管仲之功，足堪以仁表。如陳新安所云：

> 仁有以心術之精微言者，非大賢以上之安仁，不足以當之；有
> 以事功之顯著言者，如管仲，有仁者之功，亦足以為仁矣。[10]

而《管子》中也有云：

> 畏威如疾，民之上也；從懷如流，民之下也；見懷思威，民之
> 中也。畏威如疾，乃能威民；威在民上，弗畏有刑；從懷如流，
> 去威遠矣，故謂之下，其在辟也，吾從中也。

能見管仲主法從中，即倡恩威並濟，亦所謂德力並重。

另外，《左傳》中雖多有強調「德」之重要，甚有「德」乃國基之論，[11]然＜昭公十八年＞有載：

> 產聞之，小國忘守則危，況有災乎？國之不可小，有備故也。

強調國家為圖生存發展，不可不整軍備戰，務求「力」之增強以抵外禦。因此，惟「德」與「力」之交互為用，方能安內攘外，是故「德」「力」思想之並重互用，成為此一時代之思潮。

兵法之要，在於勝敵，勝敵之法，有以仁（德）者之道，有以訴諸武力之力霸強奪。《孫子》雖不乏為一兵學之書，然其中蘊涵各種政經哲學思想，亦能展現仁德之風。就「德」「力」思想之用而言，常人以為兵家者，一切以力取勝，不求「德」之表現，有如杜牧云「先王之道，以仁為首；兵家者流，用智為先」。[12]所言兵家強調用智，並非反對仁德，諸如《司馬法》常為兵學研究者定名為「以仁為本」之兵學思想。[13]在《孫子兵法》裡，「仁」的表現也是不容置疑的。

＜計篇＞開宗明義即云「道、天、地、將、法」，此五者乃成敗之大事。「道者，令民與上同意」，故道之彰顯在於民心之歸向，民之所趨在於行仁政，以王道之法行之，如此方能「可以與之死，可以與之生，而不畏危」，故而明代張居正對此「道者，…而不畏危也。」

---

[10] 轉引自周浩治《論孟章句辨正及精義發微》，台北：文史哲出版社，1984年，頁85。

[11] 參見《左傳・讓公二十四年》記載：「夫令名，德之輿也，德，國家之基也。有基無壞，無亦是務乎？有德則樂，樂則能久。」

[12] 杜牧語，轉引自畢以珣《孫子敘錄》。

[13] 參見鄭友賢《十家注孫子遺說並序》。

之言作這般解釋：

> 道者，漸民以仁，摩民以義，維之以禮樂，教之以孝弟忠信，
> 使民知親上死長，則思義結于平時，與上同心同德，可與同死，
> 可與同生，雖有危難而不畏懼，此經之以道也。[14]

明代趙本學更詳明以為孫子之「令民與上同意」兼含王霸（德與力）
二法：

> 言使其民體君之意，從君之命，與之同患，至死而不逃去者，
> 則為有道之君也。或曰聖賢用兵之所恃，亦不外此，孫子之言，
> 蓋與之吻合。愚謂道有王霸之異。其曰：節用而愛之使民以時。
> 其曰：民之所好好之，民之所惡惡之。其曰：省刑罰，薄稅斂，
> 謹庠序之教，申之以孝悌之義，此五道也。王道之民，同心同
> 德，尊君親上，如子弟之衛父兄，手足之捍頭目，與之生死，
> 何畏之有？其曰：仁言以入民心，私惠以悅民意，厚戰士之家，
> 急有功之賞，哀死而同傷，同甘而分苦，此霸道也。霸者之民，
> 驩虞喜悅，趨事敵愾，以進死為榮，退生為辱，亦與之同生死，
> 而不危也。孫子詭譎之學，其所謂道，蓋兼王霸而已矣。[15]

　　至於「天」（天時）與「地」（地利）乃現實存在者，在此不論。
而「法」者，則有「力」之具體作為，其力之執行在於「將」者，故
有「兵既出境，則法令一從于將」之說。[16]「法」從屬於「將」，法
令之推行在於「將」，而「將者，智、信、仁、勇、嚴也」。（<始
計>）領導者以「仁」為中心，方能在領導統御上運籌帷幄；然法令
之執行，仍要公正無私，信賞必罰，以至能使部屬畏威懷德。從軍事
的領導是如此，對全民的政治領導也是如此，可見孫子思想融入「德」
「力」並濟互用的作為，因此未能謀智，必不能知敵防敵，更不能保
國保民以全大愛，而耽誤「國之大事」，豈不是「不仁之至」（<用

---

[14] 見張居正《武經直解開宗合參・孫子》。引自山東齊魯書社《孫子集成》第 11
冊，影印清順治辛丑刊本。（1993 年，頁 604。）

[15] 見趙本學《孫子書校解引類》，卷上<始計第一>。引自山東齊魯書社《孫子
集成》第 5 冊，影印明萬曆甲寅重刻本。（1993 年，頁 38-39）

[16] 見《十一家注孫子・始計》，張預注。

間＞）？

　　是故，五代張昭所云，更能體見孫子「德」「力」並濟之實：

> 戰國諸侯言攻戰之術，其間以權謀而輔仁義，先智詐而後和平，惟孫子十三篇而已。[17]

肯定孫子思想的德力本質，也就是「上兵伐謀」，「其下攻城」的懿旨所在。

二、政經與社會形勢

　　武王伐紂以來，周天子分封諸侯，建立王朝，《左傳・僖公二十四年》有云：

> 昔周公弔二叔之不咸，故封建親戚，以藩屏周。管、蔡、郕、霍、魯、衛、毛、聃、郜、雍、曹、滕、畢、原、酆、郇，文之昭也。邘、晉、應、韓，武之穆也。凡、蔣、邢、茅、胙、祭，周公之胤也。召穆公思周德之不類，故糾合宗族于成周，而作詩曰：「常棣之華，鄂不韡韡，凡今之人，莫如兄弟。」

周朝時期以封建來維持王室之政權，周天子以至各諸候士大夫等領主階級，關係其彼此之間的井而有序，因此，春秋初期能在此封建制度下，鞏固與維持政治之穩定。

　　《史記・周本紀》提到「成、康之際，天下安寧，刑措四十餘年不用」。周之盛世，惟在成康，時至西周晚期呈現「夷王之時，王室微，諸侯或不朝，相伐」的局面，[18]尤以厲王時期益衰。[19]王室的衰微，同時引出封建政治之問題，對諸侯的掌控力漸失，橫逆頻現。周桓王十三年，桓王親領大軍伐鄭，「王卒大敗」而歸，[20]從此王室氣絕不振，「共主」地位殆盡，西周以來建立的天子、諸侯、卿、大夫之宗

---

[17] 轉引自李浴日《孫子兵法總檢討》，台北：世界兵學出版社，1956年，頁7。
[18] 見《史記・楚世家》。
[19] 《史記・秦本紀》記載：「周厲王無道，諸侯或叛之。」
[20] 參見《左傳・桓公五年》記載：「鄭師合以攻之，王卒大敗，祝聃射王中肩，王亦能軍，祝聃請從之。」

法制度瀕臨崩潰，此刻政治動盪，天下大亂！以下就其政治形勢，並
參以孫子在此環境下所建立之思想，作一略述如下：

（一）諸侯爭霸，政經軍合一

周室東遷之後，王室式微，周天子名存實亡，無力掌控各諸侯國，
以至於春秋時期所面臨的是一個爭戰兼併的時代。武王時期侯國有一
千八百餘國，至春秋之世，大國見於書者僅十餘國而已。[21]當時在兼
併爭戰中堪稱強國者，爲立屬中原之晉國、東方之齊國、西方之秦國、
南方之楚國，以及東南後起之吳、越和東北後起之燕等大國;再其次爲
處於晉、齊、楚間之鄭、衛、魯、宋等國，再小者如陳、蔡、曹、隨、
許、申等國。在相互抗衡的時期，政由諸侯以持「尊王攘夷」之號，
「挾天子以令天下」（《戰國策》張儀所云），以享其「霸主」地位。
[22]

在大國爭霸的時代，自是草木皆兵，干戈四起，各國致力於政治、
軍事、經濟等各方面的改革，以利時勢之所需，尤其在國防武備和政
治修明上爲首務。如晉文公「輕關易道，通商寬農」，「舉善援能，
官方定物」，使「政平民阜，財用不匱」（《國語・晉語四》）。齊
桓公任用管仲改革，「作內政而寄軍令」，使「百姓富」而「民不苟」，
「以守則固，以征則強」（《國語・齊語》）。楚莊王以孫叔敖爲令
尹，「舉不失德，賞不失勞」（《左傳・宣公十二年》），以強國勢。
吳闔廬以伍子胥爲將，以「實倉廩，治兵庫」（《吳越春秋・闔廬內
傳》），「修法制，下賢良」（《呂氏春秋・首時》）而見強。越王
勾踐亦以文種、范蠡等謀臣，使「其民殷眾，以多甲兵」，終於復國
雪恥。

春秋時期正當政治、經濟、軍軍修革俱興之世，亦爲中國思想發
達的黃金時代，從西周「禮樂征伐自天子出」的宗法之制的穩定局面，

---

[21] 見夏曾佑《中國古代史》，台北：台灣商務印書館，1963 年台 1 版，頁 35。
[22] 史書典籍記載春秋五霸主者多有之，諸如《孟子・告子》、《商君書・更法》
中皆可詳見。

已演變為「禮樂征伐自諸侯出」的強權霸道之混亂情勢。然而，戰爭頻繁之際，倘王者又窮兵黷武，民生之計當足堪憂，在此外患復加之時，又豈能再添內憂，因此，各國無不致力於避免戰爭，縱使不得不戰，軍事戰略亦與政治經濟同量，並以消耗最小之力圖謀克敵致勝之道。

在這樣的環境下，孫武的戰爭思想也順應此時勢之需，奠基於政治經濟之下。國政修明，經濟繁榮，國力自然充沛，再配合適當的武力，則進可攻，退可守，庶不致有失敗覆亡之虞，國計民生當可全保；故其「慎戰」之思想成為其思想之主體。＜始計＞即論之以「兵者」乃「國之大事」，故「不可不察」；＜謀攻＞更有所謂：

> 上兵伐謀，其次伐交，其次伐兵，其下攻城。

又：

> 凡用兵之法，全國為上，破國次之。

又；

> 百戰百勝，非善之善者也；不戰而屈人之兵，善之善者也。

所論者，都是具有強烈政治運作的軍事作為。

在經濟層面的考量上，孫子云：

> 凡用兵之法，馳車千駟，革車千乘，帶甲十萬，千里饋糧，內外之費，賓客之用，膠漆之材，車甲之奉，日費千金，然後十萬之師舉矣。（＜作戰＞）

凡用兵之際，武器、裝備、糧餉，以及各種後勤補給所需至鉅，不能不先有所備，唯其耗用與國民經濟息息相關；國家財力不厚，必致財盡民窮，難以支持長期的戰爭；這種情形在春秋時期，斑斑可舉。因此，孫子於＜作戰＞提出：

> 善用兵者，役不再籍，糧不三載。取用於國，因糧於敵，故軍食不足也。

又云：

> 智將務食於敵，食敵一鍾，當吾二十鍾；萁杆一石，當吾二十石。

藉由「役不再籍」，以保有適當人力從事生產，不延長兵役，也不一

再徵集;「糧不三載」乃不過傷民財,妨害國民經濟;「因糧於敵」,乃取糧於敵,尤進行遠距作戰,不耗我力。經濟之力為戰事進行的本源。

同時,從政經考量作為國力評估下,孫子引有速戰速決之作戰思想。孫子認為「不盡知用兵之害者,則不能盡知用兵之利也」(〈作戰〉),「兵久而國利者,未之有也」(〈作戰〉),故「兵聞拙速,未睹巧之久也」,「兵貴勝,不貴久」(〈作戰〉)。因此,「兵之情主速,乘人之不及,由不虞之道,攻其所不戒」(〈九地〉),以迅猛的優勢作為,發揮高度的機動作戰,以達戰略速決之保證,並減低一切損害至最小。

在群雄爭霸的時代,孫子考量實際現況,建構出全方位而前瞻性的的思想,深知欲謀王於群雄,必在政經軍之同步考量下為之,方能屹立而不墜,成為真正的強國。政、經、軍的同時兼顧,為《孫子兵法》戰爭思想的重心。

(二)會盟政治與外交思想建立

春秋之世,強國環伺以圖爭霸,弱國則為存亡而謀計,故在政治角逐上,有結好諸侯以求自保,或藉以圖取盟主之位者,會盟政治因此成為列國所重視。據《春秋》統計,經書會一百零一次,盟會八十九次,同盟十六次,共計二百零五次。[23]最足以代表春秋之際會盟政治者,為齊之管仲與鄭之子產;管仲所倡論之目的在於欲爭霸於諸侯,而子產則屈小以自強自保。

管仲「尊王攘夷」,假「尊王」以挾天子令諸侯,倡「攘夷」以聚「諸夏親暱」、「同惡相恤」之向心力。《左傳·僖公十年》所載即為實例:

> 齊以諸侯之力侵蔡,蔡潰,又乘勢伐楚,楚派使責之曰:「君處北海,寡人處南海,唯是風馬牛不相及也,何故?」管仲則答之曰:「昔召康公命我先君太公曰:『五侯九伯女實征之,

---

[23] 見劉伯驥《春秋會盟政治》,台北:中華叢書編審委員會,1962年,頁216。

以夾輔周室。」……爾貢包茅不入，王祭不共，無以縮酒，寡
人是徵。」

自古以來「弱國無外交」，然子產卻能周旋於大國之間，乃因爲能充
分運用列國會盟，以圖生存自保。如《左傳・昭公十三年》、《左傳・
昭公十九年》有引用「周之制」以與晉爭「貢」之輕重、晉大夫欲干
預鄭駟之立嗣等事，均能體見其利用會盟政治之外交策略。此外，又
如宋國向戌倡「弭兵」之會，商以晉楚之從國「交相見」，打破強國
之勢力範圍，此等手段皆爲會盟政治之外交作爲。

　　因此，春秋諸侯列國，侵爭紛興，常以會盟政治鬥智伐謀，或爲
爭霸，或圖生存，外交策略運用於政治軍事之上已趨成熟！列國交聘
盟會，以外交之利，使平時相互修好，以維邦交，戰時結援相助，以
壯聲勢，可助戰爭獲取勝利，甚或消弭戰爭而能攫取國家之利益，縱
爲戰敗之國，也可藉外交之運用，避免喪權辱國之協定，或爲紓解國
難之資。

　　孫子處於春秋之末，百家爭鳴之世，自然身受此等思想影響；其
兵道思想中，外交策略的運用，是其重要之一環。其戰略思想的最高
境界乃在於「不戰而屈人之兵」，故有「上兵伐謀，其次伐交」（＜
謀攻＞）之策，以謀伐敵或伐敵之謀，啓智慧之戰而不戰以勝，以伐
交之策，爭取友邦，孤立敵人，求慎戰以避免訴諸於兵刃而能全軍全
國。故孫子以外交策略能佐兵道之全。

　　至若所云「伐交」，李筌注：

伐其始交也，蘇秦約六國不事秦，而秦閉關十五年，不敢窺山
東也。[24]

結援以威敵國，就是孫子之本意。且孫子於＜九地＞談到「衢地則合
交」者，「衢地」乃「三屬之地，我先至其衝，據其形勢，結其旁國」，
[25]衢地爲戰略要點，有旁國三面之會，須先敵而得，獲諸侯之助，據
其形勢，以有利焉。

---

[24] 見《十一家注孫子・謀攻》李筌注。
[25] 見《十一家注孫子・地形》，梅堯臣注。

在孫子與吳王問答的遺文中，提到：

> 吳王問孫武曰：「衢地必先。若吾道遠發後，雖馳車驟馬，至不能先，則如之何？」武曰：「諸侯參屬，其道四通，我與敵相當，而旁有他國。所謂先者，必先重幣輕使，約和旁國，交親結恩，兵雖後至，眾已屬矣。我有眾助，彼失其黨，諸國掎角，震鼓齊攻，敵人驚恐，莫知所當。」[26]

結盟與敵國有地略連鎖關係之鄰國，遣便約聘，交親結恩，務為己援，孤立敵國；我圍堵於外，縱然衢地雖不能先至，亦仍能為吾用。

除了合交以結外援，亦有採取以利害為屈役他國之手段。如＜九變＞所云：

> 是故屈諸侯者以害，役諸侯者以業，趨諸侯者以利。

事本無全利，也無全害，要在權衡利害之多寡。孫子以權利害，並制之以害而屈列國，動之以利以役列國，利害兼使，控敵於股掌之中，謀此外交之策於胸臆，且曉捷於口舌之間，而能「無恃其不來，恃吾有以待也」（＜九變＞）。

「伐交」手段的運用必須慎行，運用外交策略的同時，必先知敵之動向；兩國交相睦，亦應乘機知其虛實，時時修正外交政策，使我時時處於最有利的狀態，這就是現實的國際關係，沒有永遠的國與國的友好關係，只有永遠的外交利益。孫子認為「不知諸侯之謀者，不能豫交」（＜軍爭＞），諸侯之交，本應重禮義，救災卹患，講睦修好，然春秋之世，外交之先，首在自保，故孫子伐交之謀由此生焉，尤更為積極於知其情以防杜戰事，畢竟兵釁一起，生死存亡繫乎瞬間，若能善用謀略，摟諸侯而相援，則窮兵黷武者亦不敢輕啟干戈，故「伐謀」「伐交」適足以消弭兵燹之災。

（三）民力日盛，社會階級動搖

在封建體制的運作下，常因上位之領導階級的貪婪剝削，造成人

---

[26] 見《十一家注孫子・九地》何氏注引孫子與吳王之問答，以解釋衢地勝敵之道。另外，杜佑《通典》卷一五九，也有相同之記載。

民的普遍不滿與反抗，從而盜賊四起。如春秋後期之魯國「多盜」（《左傳‧襄公二十一年》）；晉國之「寇盜充斥」，「盜賊公行」（《左傳‧襄公三十一年》）；《論語‧顏淵》中有「季康子患盜」；晉平公造宮，大徵勞役，使「民聞公命，如逃寇仇」（《左傳‧昭公三年》）；另外〈昭公二十年〉、〈定公四年〉，以及《語國》、《論衡》等史籍記載春秋時期百姓力起抗衡斑斑可見，此民力日盛形成一股主導政治興廢的力量。

在社會階級方面，《左傳.昭公七年》記載：

> 天子經略，諸侯正封，古之制也。封略之內，何非君土？食土之毛，誰非君臣？故詩曰：「普天之下，莫非王土，率土之濱，莫非王臣。」天有十日，人有十等，下所以事上，上所以共神也。故王臣公，公臣大夫，大夫臣士，士臣皁，皁臣輿，輿臣隸，隸臣僚，僚臣僕，僕臣臺，馬有圉，牛有牧，以待百事。

古代社會階級分明，猶人有十等之分，然洎乎春秋，民本思想漸開，社會階級從而產生改變，諸如《國語‧晉語》所云：

> 天所崇之子孫，或在畎畝，由欲亂民也。畎畝之人或在社稷，由欲靖民也。

又如《左傳‧襄公十四年》云：

> 天生民而立之君，使司牧之，勿使失性。有君而為之貳，使師保之，勿使過度。……天之愛民甚矣！豈其使一人肆於民上，以從其淫而棄天地之性，必不然矣！

社會階層的改變，人民的地位已然升高，君之於民則宜愛養，不宜暴虐，政之所由興廢，民之所向亦為要因。

是故，在此民力日盛之世，從國家戰略方針之推行，以至於軍事思想之發展，考慮民意動向至為重要，民意之歸趨為政治良窳的直接反映，因此，孫子云：

> 道者，令民與上同意也，故可與之死，可與之生而民不畏危。
> （〈始計〉）

為政以道，才能民同上意，民方可不畏危，始可用之於戰，始可求戰之勝。〈軍形〉提到「是故勝兵先勝而後求戰，敗兵先戰而後求勝」；

其謂「先勝」，乃在於國行善政，政善則富強，己先強而後攻敵弱，未戰便可知有把握得勝。又言「修道而保法，故能爲勝敗之政」；兵之勝敗，在於爲政之善與不善，在於民力之聚，民心之固；爲政之善即在「修道而保法」之功，[27]法之外更以道，捨道而憑法，便難收「令民與上同意」之效。因此《淮南子‧兵略訓》特別強調：

> 修政於境內，而遠方慕其德；制勝於未戰，而諸侯服其威，內政治也。

掌握民心之所向，以圖富強之道，才是至當之法門。

（四）學術思想活躍，私學之風盛行

　　由於周室的衰微，官學遭受嚴重破壞，私人講學之風逐漸興起，尤在春秋末年，如孔子周遊列國，講習六藝，鄧析在鄭國聚授律法訴訟等等，私學之尚已風行草偃，而平民任仕更難計其數，根據許倬雲《求古編》所載，春秋時期士大夫出自於寒微之人數比率佔總人數之百分之二十六；[28]另外，從孔子的弟子中多有以平民之身而躋於宦途者，史錄之例，不勝枚舉。

　　學術思想下放，空前活躍之際，諸子百家如雨後春筍般湧出，獨樹一幟，各暢其言，紛紛著書立說；各派的代言人雲遊四方，穿梭於諸侯之間，廣泛宣揚自己的主張，以期得到君主的青睞。在兵家方面也不落人後，爲爭得一席之地，憑藉手中的兵書或兵學理論開啟仕途之門，去迎合君主們稱霸的需求，輔弼君王以成功業。孫武即是一實例，以十三篇獲吳王之任，稱霸一時，功不可沒。

　　《管子‧任法》有所謂：

> 官無私論，士無私議，民無私說。

古者書籍著作本掌於官，官師無分，官守學業，皆出於一，天下以同文爲治，故無私門著述。然春秋之世，百家勃興，實源於私學風行，

---

[27] 見《孫子‧軍形》：「善用兵者，修道而保法，故能爲勝敗之政。」行良民之政，以立不敗之地。

[28] 見許倬雲《求古編‧春秋戰國間的社會變動》，台北：聯經出版社，1989 年，頁 340。

道術傳於草野，才智之士，從而私學相授，著書立說不可言盡。

王官之著，多量爲史書，有如《春秋》，[29]亦有記錄世系之書爲《世》者，[30]其他又有如《詩》、《書》、《易》等書，在軍事論著上，有如《司馬法》、《左傳》中有言及之《軍政》、《軍志》等書。在私人著述方面，最著名者爲《老子》五千言，其他依《漢書·藝文志》著錄者，有如《周史六弢》六篇、[31]《關尹子》、《老萊子》十六篇、《宋司星子書》三篇、《鄧析》、《五（伍）子胥》八篇，在軍事書籍方面（有列爲兵權謀家、兵陰陽家、兵技巧家等）有如《范蠡》二篇、《大夫種》二篇、《萇弘》十五篇、《鮑子兵法》十篇以及《五子胥》十篇等，由此可見著書之盛，學術思想之活躍，堪稱絕世。

春秋後期，由於政治的動亂，戰爭事件的頻繁與複雜，軍制的多樣化，兵員編制的激增，兵器的改良，車戰與步戰的興起，致使作戰方式改變，戰略戰術的運用愈加靈活，軍事思想的研究也益加活躍，孫武即是在此環境下所孕育出之卓越軍事思想家，並由此私著之風興起與學術思想自由之時，而有《孫子兵法》十三篇的產生。

第二節　從春秋時期軍事環境的變易談
《孫子兵法》的思想淵源

---

[29] 《國語·晉語》、《墨子·明鬼下》等典籍中皆有談及《春秋》之書，《隋書·李德林傳》中亦有言墨子見過《百國春秋》，概可推春秋時期許多諸侯國家皆有記載本國事跡之史書，而《春秋左傳》即在《百國春秋》的基礎下所編纂起來者。

[30] 《國語·魯語上》：「工史書世，宗祝書昭穆。」書《世》乃官吏之責，其後爲《世本》編纂的依據。

[31] 《周史六弢》六篇，其「六弢」之"六"字當作大，爲"大"之誤。顏師古曰：「即今之《六韜》也，蓋言取天下及軍旅之軍，弢字與韜同也。」而沈濤駁正顏師古曰：「案今《六韜》乃文王、武王問太公兵戰之事，而此列之儒家，則非今之《六韜》也。六乃大字之誤。」

　　春秋時代爲我國歷史上激烈變動、戰爭行動頻繁的時代，根據中國大陸學者范文瀾在其《中國通史》中，對魯史《春秋》的統計，在二百四十二年裏，列國間的軍事行動，凡四百八十三次，而據劉伯驥指出，《春秋》書戰者二十二次，直書敗者十七次，凡三十七次。不論數據是否正確完整，然期間戰事之多，是可以想像的，《左傳》中種種戰史的記載，就可以獲得證實。在這個時期，隨著戰爭的頻繁，不論是政經制度，或是軍事制度，都有明顯的改變與革新。尤其在軍事體制、軍隊組成、編制、戰略戰術的運用、戰鬥技能與武器裝備等各方面，在再表現其新的一面與新的特色。

一、春秋時期軍隊組成之變易

　　春秋時代，實行常備軍和民兵相結合的軍事體制。常備軍包括各國中央直轄之中央軍、邊疆郡縣的地方軍和卿、大夫的家兵。中央軍擔負實際作戰（野戰）任務，地方軍負責守邊應付緊急情況，家兵一般由武士組成，負責保衛卿、大夫的封邑，戰時任卿、大夫之衛隊。民兵來自農民，平時接受一定的軍事訓練，戰時部分調服現役，較之西周時代以民兵爲主的軍事體制有很大之改變。常備軍已不再爲周天子所能獨自控制，而成爲各諸侯國普遍建立的軍隊；故以軍爲職之武士階層就如泉湧而現。民兵制度得到進一步發展，按平時戰時結合的原則建立有系統之徵賦制度。

（一）軍隊之擴編與常備軍之普遍建立

　　春秋時代，對於軍備的比例，向來有一說法，即認爲天子是六軍，諸侯大者三軍，小者一軍；《左傳・襄公十四年》提到：

> 晉舍新軍，禮也。成國不過半天子之軍，周爲六軍，諸侯之大者，三軍可也。

《周禮・夏官》也記載：

> 凡制軍，萬有二千五百人爲軍，王六軍，大國三軍，次國二軍，小國一軍，軍將皆命卿。

此等編制在《左傳》及相關典籍中頗見名目。然而《國語・魯語下》記載：

> 季武子為三軍，叔孫穆子曰：「不可。天子作師，公帥之，以
> 征不德；元侯作師，卿帥之，以承天子。諸侯有卿無軍，帥教
> 衛以贊元侯。自伯、子、男有大夫無卿，帥賦以從諸侯。」

似乎說明西周時代，只有天子和王侯才有權建立軍隊，侯國只能建立衛兵，至於伯、子、男國連設衛兵的權力都沒有，只有民兵罷了。因此，宋朝高閌更解釋為「以此見諸侯無軍，作軍非禮也」。[32]

　　春秋中晚期，諸侯國漸漸建立屬於自己的常備軍隊，起初尚遵守「大國三軍，次國二軍，小國一軍」的規定，但這般設限在現實的政治與戰爭頻繁的環境下，是不易長久固守的；就魯國而言，魯三桓即為了分公室的賦役而作三軍；[33]而《左傳・昭公八年》有所謂千乘之說：

> 大蒐于紅，自根牟至于商衛，革車千乘。

〈哀公七年〉提到魯攻伐邾國時，其用「賦八百乘」；〈哀公十三年〉也記載「魯賦於吳八百乘」。這些記載都說明了春秋中、晚期，魯國的兵力一直保持在千乘左右，人數概為四萬人上下。[34]至如晉國，於武公時建立常備軍，其軍隊由最初的一軍，二軍，變為三軍，又增

---

[32] 見宋高閌《春秋集注》。

[33] 《左傳・襄公十一年》（西元前 561 年）有載：「春，季武子將作三軍，告叔孫穆子曰，請為三軍，各征其軍。……正月作三軍，三分公室而各有其一，三子各毀其乘。」叔孫穆子最初是反對此事，其理由乃「我小侯也，……若為元侯之所，以怒大國，無乃不可乎？」（見《國語・魯語》）可見三軍乃「元侯之所」。其三軍為左、中、右三軍。西元五三七年又恢復為左、右二軍之編制。

[34] 根據《司馬法》所云，每乘兵車配備中士三人，步兵七十二人，共七十五人，一千乘當為七萬五千人，此等理解是不正確的。《司馬法》所說只是依「丘賦」制度規定之動員量和作戰時之戰術編組，不能作為計算兵力的依據。根據《閟宮》所載，魯有千乘兵車，步兵三萬，故每乘兵車配步兵約三十人，至於每乘兵車本身的甲士人數，《左傳・閔公二年》有云：「車三百乘，甲士三千人以成曹。」可見其每乘甲士約為十人，合每乘兵車之車兵和步兵共約四十人，千乘即約四萬人左右。

設「三行」，[35]其後又有五軍、三軍、六軍、四軍、三軍、六軍等之
改變；[36]而其兵力之眾，城濮之戰投入兵力七百乘，另在《吳起兵法·
圖國》中也提到「晉文召為前行四萬，以獲其志」，能見其當時之常
備兵力當有四萬人上下；此外，《左傳·定公九年》言晉齊交戰時，
晉出兵千乘；而其出兵最多之一戰當是平丘之會，共出兵四千乘，十
六萬兵力，但此役之兵員不全為常備兵。從上述晉國之兵力來看，其
數量之多足顯可觀。

其次，又如秦、楚、鄭、齊等國之兵力，亦在千乘之上下。[37]春秋
晚期，吳國的兵力，根據《國語》的記載，也至少有十餘萬人。[38]其
他又如越、宋、衛、邾等國，其兵力也在二萬至五萬人左右。

由上列之述，春秋時期各國在其政治、軍事以及經濟利益的種種
考量下，不斷的建立自己的常備部隊，擴大軍隊的編制。在這種情形
下，軍資的耗用也相對成為各國之沈重負擔，《孫子兵法·用間》云：

> 凡興師十萬，出征千里，百姓之費，公家之奉，日費千金；內
> 外騷動，怠于道路，不得操事者，七十萬家。

曹操注云：

> 古者八家為鄰，一家從軍，七家奉之，言十萬之師舉，不事耕
> 稼者七十萬家。

可見春秋時代養兵之費，約七個農民才能供養一個士兵，武備之建立，

---

[35] 晉國之軍編，《左傳·莊公十六年》（西元前 678 年）周釐王命武公「以一軍為
晉侯」，獻公十六年（西元前 661 年年）擴編為上、下二軍（見《左傳·閔公
元年》），晉文公四年（西元前 633 年）建立上、中、下三軍（見《左傳·僖
公二十七年》），次年又增設「三行」（見＜僖公二十八年＞）。

[36] 僖公三十一年（西元前 629 年）改編為上、中、下和新上、下等五軍，西元前六
二一年恢復為上、中、下三軍；西元前五八八年，又擴編為上、中、下和新上、
中、下六軍；襄公九年又改為四軍，西元前 560 年又恢復為三軍；直至西元前
536 年又擴編為六軍。（參考《左傳》＜僖公三十一年＞、＜文公六年＞、＜成
公三年＞、＜襄公九年＞、＜成公十三年＞、＜襄公十三年＞，以及《史記·
晉世家》。）

[37] 詳細情形參閱《左傳》、《國語》之記載，茲不贅述。

[38] 參見《國語·越語下》記載越王勾踐伐吳時云：「今夫差衣水犀之甲者，億有
三千。」即十萬三千人。

影響層面之廣，自不待言，而孫子隨意舉此兵眾之數，即言十萬，可以體見春秋時期，面對大環境的爭戰求存，縱使「日費千金」，各國仍不斷的致力於增加兵員，建立常備軍，擴大軍編，以求自保。

（二）武士階層之出現、民兵制度之發展，與徵賦制度建立

　　春秋時代階級關係之重大變化在於士和農民階級的出現。士的出現是常備軍制度普遍化之結果，而農民階級的出現，則是徵賦制度得以建立的基礎。士之階層中，大多是世代相傳擔任軍職的武士，成為軍人種姓或軍人世家。典型之例證有如齊國的「國鄙」制度和魯國的兩次分公室。

　　齊國之「國鄙」制度，把武士單獨劃為一個階層，與工人、商人分區居住。編為軌（五戶）、里（五十戶）、連（二百戶）、鄉（二千戶）四級行政單位（一戶一丁為原則）。《國語‧齊語》云：

> 令夫士，……少而習焉，其心安焉，不見異物而遷焉。是故其
> 父兄之教不肅而成，其子弟之學不勞而能。夫是，故士之子恆
> 為士。

武士階層不能遷徙，永遠是武士，也說明其制度為兵民合一的軍人種姓制度。

　　至若魯國之「公室」，也是如此，魯國把武士家庭編為兵民合一之軍事組織－－「乘」，為國家提供常備軍，此種軍事組織，初由國君直接領導，稱為「公室」，後領導權逐漸轉移到季孫、叔孫和孟孫三個貴族手裏；而所謂「三分公室」和「四分公室」，實際上是重新分配對軍人種姓的領導權。

　　《左傳‧桓公二年》記載：

> 故天子建國，諸侯立家，卿置側室，大夫有貳宗，士有隸子弟，
> 庶人工商各有分親，皆有等衰，是以民服事其上，而下無覬覦。

＜襄公九年＞也提到：

> 舉于失選，官不易方，其卿讓於善，其大夫不失守，其士競於
> 教，其庶人力於農穡，商工皂隸不知遷業。

將士與卿、大夫、庶人、工商、皂、隸並提，說明士已成為獨立的階

層，其層級優於農、工、商，是介乎統治階級和被統治階級間的重要社會階層。

　　其次，關於民兵制度，西周時代即已實行，規定除了「貴者、賢者、能者、服公事者、老者、疾者」外，「以歲時登其夫家之眾寡，辨其可任者，國中自七尺以及六十，野自六尺以及六十有五皆征之」，可知年齡在二十至六十或十五至六十五歲者皆有服兵役之義務。[39]這種制度不斷的發展，與戰爭動員結合起來，形成一套完整的徵賦制度。故而，軍賦徵收上，西周實行井田制，軍隊所需之人員、牛馬、戰車、兵器，按軍賦制的規定，向井田內的人民徵收，到春秋時期，各國不斷增加軍賦，徵收的標準不斷的改變。齊國在桓公時為求富國強兵，曾經採用「參其國、伍其鄙」之措施；「參其國」即前面所述之常備軍制度，而「伍其鄙」即民兵制度，其辦法為把國都以外之全國居民編為邑、卒、鄉、縣、屬等五級行政單位，戰時由其區中徵召兵員。晉國建立徵賦制度在於惠公時期，建立「轅田」和「州兵」制度（見《國語・晉語三》）。直至春秋末年，晉國建立以縣為單位之徵賦制，規定每縣出兵一百乘，全國共四十九縣，共可徵集四千九百乘。[40]其他又如魯國之「丘甲」制度（《左傳・成公元年》）和「田賦」制度（＜哀公十一年＞）、鄭國的「丘賦」制度等等，都可以看出春秋時期之徵賦制度為其戰時動員兵力之主要來源之一。

　　前已引述孫子＜用間＞「凡興師十萬，……，不得操事者，七十萬家」文，其隨便就舉以動員十萬軍隊，組成此等龐大之師，必當雜有相當之民兵，「日費千金」之鉅，百姓之徵賦負擔當會十分沈重，尤其動員十萬，就要有七十萬家來供應一切的後勤補給，在這種情形下，孫子「因糧於敵」的用兵思想應運而生；取之於敵而不乏，以減

---

[39] 見《周禮・地官・鄉大夫》所載：「以歲時登其夫家之眾寡，辨其可任者。國中自七尺以及六十，野自六尺以及六十有五皆征之。其舍者：國中貴者、賢者、能者、服公事者、老者、疾者，皆舍。以歲時入其書。」唐賈公彥據《韓詩外傳》以為六尺是十五，七尺是二十歲，可見其民服兵役及納稅的年齡是二十至六十或十五至六十五歲。

[40] 見《左傳・昭公五年》。

少自己之貲，相對的減少人民的負擔。

另外，在徵召人民以兵役的次數亦宜儘量減少，避免過多困擾人民，所以孫子指出「役不再籍」（＜作戰＞），即一次戰爭徵召一次兵役，莫以同戶籍徵召二次以至更多次。至若戰前兵員不足之所需，也強調就地補充，特別對所俘虜之敵以「卒善而養之」（＜作戰＞），也就是對「所獲之卒，必以恩信撫養之，俾爲我用」，[41]如此，化敵軍爲我軍之力，以達「勝敵而益強」之目的。

（三）地方軍與家兵之出現

春秋時代，各國除中央直轄的常備軍外，還有邊疆郡縣設立的地方軍和卿、大夫私屬的「家兵」。

地方軍是郡縣制出現之後的產物。楚國早在武王時，即把新兼併之土地設置爲縣，《左傳・宣公十二年》即有「夷于九縣」的記載，表明楚國有許多地方設置爲縣；至若鄭、齊、晉等國亦有郡縣之設。建立郡縣之目的，在於加強中央集權，同時便於進行徵賦。隨著各國兼併戰爭日益頻繁，在交通極爲不發達的狀況下，一旦遭到侵略，中央調兵往往鞭長莫及，於是邊疆郡縣自當有建立軍隊的需要，此等地方軍隊便有稱爲「邑兵」或「縣兵」者之出現。

西元前五八五年，楚國與國蔡國遭到晉國之入侵，其邊疆申、息二縣之地方首長公子申、公子成率所屬「申、息之師」前予解救；西元前五二九年，公子比、黑肱、弃疾、蔓成然、蔡朝吳率「陳、蔡、不羹、許、葉之師」，[42]發動軍事政變，取得政權，其人所率之部隊即其各該縣的地方軍。故而，春秋之世，由於現實發展的必要性，地方軍的建立已極爲普遍。

其次，除中央之常備軍和地方軍外，卿、大夫還有自己的私屬部隊，此等部隊可稱之爲「家兵」。西元前四九四年，范、中行氏等謀

---

41 見《十一家注孫子・作戰》，張預注。

42 見《左傳・昭公十三年》：「楚公子比、公子黑肱、公子弃疾、蔓成然、蔡朝吳，帥陳、蔡、不羹、許、葉之師，因四族之徒，以入楚。」

叛變，「晉人敗范、中行氏之師於潞」，「又敗鄭師及范氏之師于百泉」，[43]大概可以看出晉國所屬諸卿皆有私兵；又如《左傳·哀公十一年》（西元前 484 年）談到魯國舉行軍事典閱，「季氏之甲七千，冉有以武城人三百爲己徒卒」，非但天子命卿有私兵，就是大夫也有自己私屬之軍隊。有關之私屬部隊，《左傳》屢有載錄，證明地方與私家部隊的建立已非常普遍。[44]

　　春秋時代，軍隊的建立可以說是多樣化，從中央到地方皆有其自立之部隊，相對於此，各國隱性之兵力數量，大概已超出表面所見的正規軍，養兵之費更是可觀，對國家經濟發展與百姓生活所造成之影響，自是深遠，尤其對百姓而言，面對一次戰爭，將可能有幾番的徵兵，生活也同時陷入困厄之中，其苦自不待言。孫子面對此變易的軍事環境，必有深深的感悟，故在用兵思想上，特別針對其變易環境中之弊，反映於兵法的相應之道當中，彌補與避免變易中的環境所造成之不利，所以能夠成就其不朽的兵學思想。

二、引《孫子兵法》並言軍隊編制、兵種

與作戰方式以及兵器之變革

（一）春秋時期之軍隊編制

　　隨著武器裝備的改進，兵員作戰能力之提昇，作戰型態隨之轉變，軍隊組織與編制上也隨即改變。春秋時代，各國軍隊的編制雖不完全相同，然而大體是一致的。一般可分爲兩種形式，即一爲平時編組（正常編組），另一爲戰時之任務編組；[45]平時編組乃就各兵種各自分編，

---

[43] 見《左傳·定公十四年》：「冬，十二月，晉人敗范、中行氏之師於潞，獲籍秦、高彊。又敗鄭師及范氏之師于百泉。」

[44] 有關私屬部隊的記載，《左傳·宣公十七年》、〈昭公二十五年〉亦有詳載，茲不贅述。

[45] 根據現行國軍《聯兵準則》之名，依其本義而定之。

而任務編組乃依作戰之需而為之兵種混合編組，以發揮兵種聯合作戰之功效。春秋時期的兵種大約有車兵、步兵、水軍與騎兵四種，有關水軍和騎兵的編制上，缺乏足夠典實可尋，故僅就車兵與步兵的編制作淺要敘述。

一般正常編組言，步兵之編制，根據《周禮·地官司徒》所載：

> 五人為伍，五伍為兩，四兩為卒，五卒為旅，五旅為師，五師為軍。

又根據＜夏官司馬＞所錄：

> 凡制軍，萬有二千五百人為軍，王六軍，大國三軍，次國二軍，小國一軍，軍將皆命卿。二千有五百人為師，師帥皆中大夫。五百人為旅，旅帥皆下大夫。百人為卒，卒長皆上士。二十有五人為兩，兩司馬皆中士。五人為伍，伍皆有長。

由上列所言，春秋時代的軍隊正常編制當為軍、師、旅、卒、兩、伍等六級；每軍一萬二千五百人，師二千五百人，旅五百人，卒一百人，兩二十五人，伍五人。軍之主官由天子任命的卿擔任，師、旅由大夫擔任，卒、兩、伍由士擔任。但是，又依據相關典籍所載春秋各國之編制，與《周禮》所言，不盡相同。如《國語·齊國》有云：

> 以為軍令：五家為軌，故五人為伍，軌長帥之；十軌為里，故五十人為小戎，里有司帥之；四里為連，故二百人為卒，連長帥之；十連為鄉，故二千人為旅，鄉良人帥之；五鄉一帥，故萬人為軍，五鄉之帥帥之。

可見齊國的軍隊編制分軍、旅、卒、小戎、伍等五級，分別轄一萬人、二千人、二百人、五十人、五人，明顯與《周禮》所定不相同。又如晉國分軍、師、旅、卒、偏、兩、伍七級，[46]而楚國之編制與晉之七級相同。[47]至若吳國之軍編，分為軍、師、旅、卒、伍五級，這在《孫子兵法·謀攻》特別引述到：

---

[46] 參見《左傳·襄公二十五年》：「自六正、五吏、三十帥、三軍之大夫、百官之正長、師、旅及處守者，皆有賂。」又＜成公七年＞有：「以兩之一卒適吳，舍偏兩之一焉。」能見晉國有七級之編。
[47] 見《左傳·宣公十二年》。

　　凡用兵之法：全國為上，破國次之；全軍為上，破軍次之；全
　　旅為上，破旅次之；全卒為上，破卒次之；全伍為上，破伍次
　　之。

另外《左傳‧昭公二十三年》也載有吳楚之戰，吳公子光建議，「請
先者去備薄威，後者敦陳師旅」。由此二典實可推知吳國有此五等級
制。

　　其次，有關車兵的編制，僅見片斷史載，如：《左傳‧定公十二
年》記載：

　　楚子為乘廣三十乘，分為左右。

又＜定公十三年＞記載：

　　齊侯欲與衛侯乘，與之宴，而駕乘廣，載甲焉。

《司馬法》提到：

　　車九乘為小偏，十五乘為大偏。

《六韜‧犬韜‧均兵》提到：

　　置車之吏數：五車一長，十車一吏，五十車為一卒，百車一將。

《十一家注孫子》曹操注提到：

　　陣車之法：五車為隊，僕射一人；十車為官，卒長一人；車滿
　　十乘，將吏二人。

由上列諸書記載，推論車兵編制單位，有五車、十車、五十車、一百
車等單位，並從《史記‧宋微子世家》、《禮記‧檀弓》、《國語‧
晉語》等典籍所錄，能知每輛戰車配備甲士三人，且駕以四馬。[48]至
於戰車之種類，有「馳車」與「革車」二種，馳車就是戰鬥車輛，而

─────────────

[48] 戰車配備甲士三人，其中一位是車長，居於左側乘位；一位是侍衛，居於右側乘
　　位，另為駕手居於中間。劉邵《爵制》：「車，大夫在左，御者處中，勇士為
　　右。」《禮記‧檀弓一》：「魯莊公及宋人戰于乘丘，縣賁父御，卜國為右。」
　　《國語‧晉語一》：申生伐東山，「狐突御戎，先友為右。」又＜晉語三＞：
　　晉惠公御秦，「以家僕徒為右，步揚御戎；梁由靡御韓簡，虢射為右。」由此
　　等史料概可知戰車配甲三人。《史記‧宋微子世家》載：「厚禮重于耳以馬二
　　十乘。」《集解》云：二十乘共八十匹，每乘為四匹。《詩經》更有四馬字句，
　　如「四馬既閑」、「四牡騑騑」、「乘其四騏」、「四騵翼翼」等，說明每戰
　　車四匹馬。

革車則爲輜重（後勤）車輛。誠如《孫子兵法・作戰》所言：

> 凡用兵之法，馳車千駟，革車千乘。

曹操注：

> 馳車，輕車也，駕駟馬；革車，重車也。[49]

杜牧注：

> 輕車，乃戰車也。古者車戰，革車輜車，重車也。[50]

所言者就是包括戰鬥車輛與輜重車輛兩類。

（二）兵種與作戰方式

春秋時代，大部分國家處在北方，缺乏「舟楫之利」，故一般僅有陸軍的軍種。有水軍者爲地處長江流域的楚、吳、越等國才有，然而仍以陸軍爲主力。陸軍原只有車兵和徒兵（步兵）兩個兵種，春秋末年到戰國初期的階段，出現了騎兵，[51]發展爲三個兵種。

春秋中葉以前，一般以步兵混合車戰爲主，一輛戰車有甲士三人，另有七甲士在車下，並配以步兵；《司馬法》云：

> 一車，甲士三人，步卒七十二人，炊家子十人，固守衣裝五人，
> 廄養五人，樵汲五人。輕車七十五人，車車二十五人。

《孫子兵法・作戰》云：

> 馳車千駟，革車千乘，帶甲十萬……，膠漆之材，車甲之奉…。

又云：

> 破車罷馬，甲冑矢弩，戟楯蔽櫓，丘牛大車，十去其六。

又云：

> 故車戰，得車十乘已上，賞其先得者。而更其旌旗，車雜而乘
> 之，卒善而養之，是謂勝敵而益強。

---

[49] 見《十一家注孫子・作戰》，曹操注。
[50] 見《十一家注孫子・作戰》，杜牧注。
[51] 在先秦史料中，騎字最早出現於《墨子》及《吳子》之中；明清之際學者多有認爲此二書成於戰國時期。然《孫子兵法》中無騎字之出現，是否意味其時無騎兵之用，而從年代順序上，《孫子兵法》先於其二書，是否也合理反映騎兵之出現順序？進一步之資料，有待考證。

〈行軍〉云：

> 輕車先出居其側者，陳也。

又云：

> 奔走而陳兵車者，期也。

可以看出，車步混合以車戰為主的作戰型態，尤在孫子時期是相當的盛行。

《孫子兵法》中，車字出現者共有十二處，可見孫子對車戰的重視。其所論述之兵力，與春秋時期一般典籍所述亦同，正如張預所言：

> 兵以車馬為本，故先言車馬疲敝也。[52]

計軍方法皆先言車馬，而後言兵（人）。諸如《孫子兵法》所云：

> 凡用兵之法，馳車千駟，革車千乘，帶甲十萬。（〈作戰〉）
>
> 車甲之奉，日費千金，然後十萬之師舉矣。（〈作戰〉）
>
> 公家之費，破車罷馬，甲冑矢弩，戟楯蔽櫓。（〈作戰〉）

與下列所舉相較，即可知其皆處春秋時期，言軍計軍力也都相同：

> 公子無虧帥車三百乘，甲士三千人以戍曹。（《左傳》）
>
> 公車千乘，朱英綠縢，二矛重弓；公徒三萬，貝冑朱綬，烝徒增增。（《詩・魯頌・閟宮》）
>
> 長轂一乘，馬四匹，牛十二頭，甲士三人，步卒七十二人。（《司馬法》）
>
> 車馬兵甲卒伍既具。（《國語・吳語》）

雖車戰方式極為普遍與重要，然在獨立作戰的能力上又似乎不如以步兵為主之作戰方式，畢竟步兵能克服地形、天候等因素之限制，且能遂行廣正面的作戰。西元前 632 年，晉「作三行（即三軍步兵）以禦狄」；西元前 541 年，晉與狄人戰，「乃毀車以為行」，結果「大敗之」；西元前 522 年，鄭「興徒兵（即步兵）」以鎮壓聚于「萑苻之澤」的起義者；西元前 506，吳伐楚，更「選多力者五百人，利趾者三千人以為前陳」（見《呂氏春秋・簡選》），「奉甲執兵奔三百里而舍」（見《墨子・非攻中》），竟五戰五勝而入郢。可見步兵作戰

---

[52] 見《十一家注孫子・作戰》，張預注。

之重要性。《孫子兵法》中，亦多有言及步兵作戰，或步戰之協同作戰，[53]諸如＜行軍＞云：

> 塵高而銳者，車來也。卑而廣者，徒來也。

將車兵與步兵（徒兵）並提。又「處山之軍」、「處斥澤之軍」，以及＜九地＞提到「聚三軍之眾，投之于險」；＜地形＞提到「視卒如嬰兒，故可與之赴深溪」；顯然所云者皆是脫離戰車的步兵作戰。

除車戰與步兵作戰外，春秋後期楚、吳、越等南方之國皆有水軍之設，並進行水面之作戰方式。如楚國「為舟師以伐吳」、吳國「徐承帥舟師將自海入齊，齊人敗之，吳師乃還」。[54]相關的水軍作戰在《左傳》、《國語》、《吳越春秋》等書中屢有記載。

在戰車和步兵的作戰運用上，講求陣法與隊形變化，從原始之密集大方陣之攻勢與圓陣之守勢，發展至春秋時之多元小方陣之陣列運用（相關之小方陣作戰，《左傳》中多常見之，在此不予多言）。唯在陣列的作戰型態上，講求「勢」之表現，即在一定的形－－軍事實力的基礎上，通過主觀能動作用所造成的有利態勢與強大衝擊力量，此乃「形」之運用與「勢」之最大發揮。

《孫子兵法‧勢》中即對「勢」之造成作明白而真切的闡發，為用兵上之法則與至理名言。陣法的隊形變化，主要功用在創機造勢，為「奇」「正」之術，以克敵制勝，故有云：

> 戰勢不過奇正，奇正之變，不可勝窮也。奇正相生，如循環之無端，孰能窮之？（＜兵勢＞）

又云：

> 渾渾沌沌形圓，而不可敗也。（＜兵勢＞）

又云：

> 故善戰者，形之，敵必從之；予之，敵必取之。以利動之，以卒待之。（＜兵勢＞）

---

[53] 《孫子兵法》中無「步兵」之名稱，稱步兵為「徒」或為「卒」，而不稱「步」。考步兵一詞始出現於戰國時期；如《六韜‧戰步》：「步兵與車騎戰奈何？」

[54] 見《左傳‧襄公二十四年》與＜哀公十年＞所載。

以及所謂「故形兵之極，至於無形」，「形人而我無形」（〈虛實〉），顯現軍隊之治亂與勝敗，由「分數」與「形名」可定：「勇」、「怯」是因「戰勢」而異；「強」、「弱」是因軍形而顯，並積極的「因形」而變以為「制勝之形」，指揮官者，當致力窮究，並用兵於「凡治眾如治寡，分數是也。鬥眾如鬥寡，形名是也」（〈兵勢〉）的至高藝術。

在陣法運用的作戰型態上，對於全般作戰指揮與部隊之掌握最為重要，而部隊之指揮運用為一高深之藝術，作戰致勝常決定於指揮掌握，面對「力」、「時」、「空」上的多變戰場上，當知「兵無常勢，水無常形」（〈虛實〉），若能運籌帷幄，指揮自如，必能全勝。指揮官者，當能於此培養「神乎」「微乎」之素養－以求「因敵變化而取勝」（〈虛實〉）。

至於在指揮通信上，必須有純熟實用之指通連絡信號。春秋時期所使用者，主要以聲視號的旗鼓運用較為普遍。《孫子兵法·軍爭》云：

> 軍政曰：『言不相聞，故為鼓鐸，視不相見，故為旌旗。』夫金鼓旌旗者，所以一民之耳目也，民既專一，則勇者不能獨進，怯者不能獨退，此用眾之法也。

此即以鳴金為「退卻」或「遲滯作戰」（即不進的作戰方式）；以旌旗示之軍之所在，或前進之方向。故示以金鼓旌旗，齊一純熟，運用自如，指揮全軍之行動。同時，此等指揮工具若能更加靈活變化運用，可為詐騙敵人，虛張聲勢之資；可以虛鳴金鼓，虛張旌旗，使敵人疑懼。因而孫子有所謂「故夜戰多火鼓，晝戰多旌旗，所以變人之耳目也」（〈軍爭〉）。

另外，〈行軍〉談到「處山之軍」、「處水之軍」、「處斥澤之軍」、「處平陸之軍」等各種地形的作戰要領。可見，春秋之世，兵種之多樣化與作戰方式的複雜化皆有顯著提昇。同時，不但投入戰場之兵員有所增加，作戰面亦予擴大，作戰延展性（時間）也相對拉長，後勤補給益加重要，因此，〈軍爭〉有云：

> 是故軍無輜重則亡，無糧食則亡，無委積則亡。

說明補給實務之重要與後勤輜重之不可或缺。

（三）兵器之使用

春秋後期，鐵器的普遍使用，不但促使經濟與生產之快速發展，同時對於戰爭武器之改良亦有所精進；晉國曾經賦「一鼓鐵，以鑄刑鼎」（《左傳·昭公二十九年》），故鐵器之需對各國均極為重要。就孫武所處之吳國而言，據說吳王闔閭時干將作劍，即「採五山之鐵精」在爐中冶煉，「金鐵刀濡，遂以成劍」（《吳越春秋·闔閭內傳》），由此觀之，春秋縱以銅製兵器為主，然鐵器已為其時所重用。

春秋時期，主要的作戰工具當指戰車，以戰車交戰，遠距離時附以弓弩射擊，近距離時戰車錯轂，用戈、矛相搏。戰車之用，可為機動打擊，講求機動作戰，快速突進，致於「拙速」（＜作戰＞），「攻其無備，出其不意」（＜始計＞），並能「疾如風」，「動如雷霆」（＜軍爭＞），「勢如彍弩，節如發機」（＜兵勢＞），發揮高度之機動力與震撼力，達到速戰、速決、速勝之的目。

其次，就有關攻擊武器方面，主要有弓矢、戟、戈、矛、殳等「五兵」。[55]弓矢為遠距離之射擊武器；戈，橫刃，裝有長柄，可勾可啄；矛，頭直而尖，可裝長杆，用以刺殺；戟是乃在長柄上裝有矛頭和橫刃，可勾可刺，兼有戈矛兩種效能；殳，乃在竹木長杆上裝有很多尖角，用以打擊敵人。另外，如前面有云之「節如發機」（＜兵勢＞），又《范蠡兵法》提到的「飛石重十二斤，為機發，行二百步」，其「發機」者，大概是春秋末期出現射殺敵人之投石機的類似武器，可於攻擊間見其威效。

至於防衛武器，主要有盾（楯）、甲、冑等類。盾乃近身掩防身體以阻敵兵刃矢石之用；甲者，類似衣服，多以皮製（牛或犀皮），著身以保護人體；冑即頭盔，形似帽，多用青銅製，以護衛頭部之安

---

[55] 參見《司馬法·定爵》載云：「順天奉時，阜財因敵，懌眾勉若，利地守隘阻，右兵弓矢禦，殳矛守，戈戟助。凡五兵五當，長以衛短，短以救長，迭戰則久，皆戰則強。」（摘自姜亦青校訂《司馬兵法》，台北：聯亞出版社，1981 年，頁 40。）其中云五種兵器，即弓矢、殳、矛、戈與戟等五者。

全。〈作戰〉提到「甲胄矢弩，戟楯蔽櫓」，爲概括作戰時的攻防各類武器；其各類武器，不論防禦或攻擊時，在作戰時皆具同樣之重要性。

此外，城壘常爲攻擊部隊之終極目標，以其工事之堅固，易守難攻，非不得已，不宜輕易攻擊，故有「攻城之法，爲不得已」（〈謀攻〉）之說，認爲攻城乃最下等之作戰方式（〈謀攻〉有「其下攻城」之言）。而在攻城之時，必輔有器械之運用，諸如雲梯、轒輼、築堙等。雲梯即同「勾援」，是一種有勾之長梯（見《詩・大雅・皇矣》），轒輼，乃載土塡隍用的四輪車，可爲人身保護，以挖掘城牆入城。築堙乃城外築起與城同高之小土山，以便登城。〈謀攻〉提到的「修櫓轒輼」、「距闉」等攻城之具，即爲此等器具。

三、干戈之世的軍事思想環境對孫子兵學之啓示

戰爭的目的，除了在於以武力捍衛與保障本國國土與主權的完整外，更有以積極掠奪侵犯他國爲目的者，所以戰爭原本就是「凡攻人者，非以爲名，則以爲利也」[56]的窮兵黷武者的禍胎。戰爭的本身就是一種破壞，一種國力的消耗，因此，大多數的國家都希望能致力於避免戰爭。然而面對春秋時期的多事年代，「年年戰骨埋荒外」，[57]頻繁的戰爭，造成「新鬼煩冤舊鬼哭，天陰雨濕聲啾啾」[58]的幕幕慘景，在這個年代裡，戰爭的價值觀應該如何定位呢？面對戰爭是否一定要鬥力而不能以智勝呢？孫子是以甚麼態度面對戰爭呢？其權謀思想在這個年代是否能夠成熟孕育呢？以下僅從戰爭價值觀與權謀多變的戰爭技巧兩方面作簡要說明。

（一）戰爭價值觀

---

[56] 見《荀子・議兵》。
[57] 見李頎《古從軍行》。
[58] 見杜甫《兵車行》。

　　春秋時期，學術思想活躍，各家門派對戰爭都抱持不同的價值觀。老子提倡柔弱勝剛強的制勝生存之道；剛強者，非但無以取勝，反易招滅亡。[59]老子認為「勇於敢則殺」，「強梁者不得其死」，「是以兵強則不勝，木強則兵」，[60]正因剛強終將被柔弱所制，所以必然招致敗亡；唯「守柔」方可「日強」（見《老子》第五十二章），不致為外力所破，進而勝敵。然而老子雖言勝敵，但他是反對戰爭的，認為戰爭的價值是卑微的，是反道德的，故言「兵者，不祥之器，非君子之器」，「夫佳兵者不祥」（同前，第二十六章）。老子固然反對戰爭，並不主張廢甲兵而不用，兵所以備害。至若儒家的孔子，主張「去兵」，以兵為凶者，沒有益取之處，然而卻又不能不有此必要之惡，不能不有武備之需。

　　《呂氏春秋‧論威》認為「凡兵，天下之凶器也」。《尉繚子‧武議》也提到「故兵者，凶器也；爭者，逆德也」。《管子》更說「貧民傷財，莫大於兵；危國憂主，莫速於兵」。都主張偃兵去戰，認為戰爭所付出的代價太大，其影響層面是極其深遠的，故而不能輕啟戰端。

　　由於先秦時代，戰事的頻繁，不管是兵家甚或各家思想，都體會到戰爭所要付出之代價是極其慘痛的，所以竭力於避戰，不輕起戰端。唯兵者古今莫之能廢，縱因兵有「貧民傷財，危國憂主」之患，又「有以用兵喪其國者，欲偃天下之兵悖」（《呂氏春秋‧蕩兵》），然而仍無法、不可輕易廢兵的，也因「爭鬥之所自來者久」，所以爭鬥既不可止，自然兵也不可廢，也就是「不可禁，不可止」（《呂氏春秋‧蕩兵》）。

　　孫子在此等思想與實際環境之下，其戰爭觀亦充滿儒家與道家思想的價值觀念，但又有以兵家基本求勝的「勝兵」立場，而衍其慎戰的思想，以「非危不戰」的動機，行「不戰而屈」的結果，化解戰爭

---

[59] 見《老子‧四十三章》載云：「天下之至柔，馳騁天下之至堅；無有入無間。」又同書七十八章云：「天下莫柔弱於水，而攻堅強者莫之能勝。」皆為以柔勝剛之道。

[60] 本文括弧引文分別見《老子》第七十三章、第四十二章、第六十三章。

所造成的損害於最小。

（二）權謀多變的戰爭技巧

　　為求戰勝而不擇手段乃兵家以至為政者常持之基本態度，因此，運用權謀以求勝，為兵學家們所努力去嘗試者。在先秦的各思想學派中，道家尚言權謀，已然成為兵家所用，而成為兵家之祖。清代魏源論老子云：

> 陰之道雖柔，而其機則殺，故學之而善者，則清靜慈祥，不善者則深刻堅忍，而兵謀權術祖之。

又云：

> 黃老靜觀萬物之變，而得其闔闢之樞，惟逆而忍之，靜勝動，牝勝牡，柔勝剛，欲上先下，知雄守雌，……所謂反者道之動，弱者道之用也。

說明老子的理論用於兵者，為其道之動－－「反」，以及道之用－－「弱」二個方面。常人用兵，往往主張猛打猛攻，然而常常僅可勝敵於一時，不能服敵於永久，敵人一旦力量恢復，勢必戰端再起，戰爭永遠難以弭絕，故勝敵必以哀兵，此乃以反而達於正，發於虛無至靜（無靜即不能有動），把握住靜，才能夠制動。另外，用兵柔弱，謀深而工，易為敵所輕視而玩忽，所以能勝，且恃其自以為強者，慮淺而驕，勢必失敗。由此可知，老子之論，仍充滿著深沈之權謀技巧。

　　《管子‧參患》云：

> 用兵之計，三驚當一至，三至當一軍，三軍當一戰。

其謀在於懼敵之心理以恐，用兵致勝乃在心理謀略之用。

　　《呂氏春秋‧決勝》云：

> 凡兵貴其因也。因也者，因敵之險以為己固，因敵之謀以為己事。能審因而加勝，則不可窮，勝不可窮之謂神，神則能不可勝也。

「因」雖可貴，尚不能謂之「神」，乃因「因」必須先有「審」而為之，而「審」又在於「智」，「智者知時化，知時化則知虛實盛衰之變，知先後遠近縱舍之數」（同《呂氏春秋》），故能夠「審因」方

可求勝，也才能稱之為「神」，此乃戰爭謀勝之要道。

　　《太公兵法・逸文》中提到「全勝不鬥，大兵無創」，「從孤擊虛，萬人無餘，一女子當百丈夫」，以及「見其虛則進，見其實則避」；這就是強調不戰而勝為上兵之策，以寡擊眾為次，「避實擊虛」為其指導原則，而一切皆在於謀略之妙用。

　　《六韜・奇兵》有云：

> 不知戰攻之策，不可以語敵；不能分移，不可以語奇；不通治亂，不可以語變。

說明戰爭謀略的妙用，而妙用的極致，乃可以不戰而勝。

　　相較於上述各家之用兵思想觀，孫子的思想，首先有所謂「全存」與「不戰而勝」之用兵思想。＜謀攻＞云：

> 夫用兵之：全國為上，破國次之；全軍為上，破軍次之；全旅為上，破旅次之；全卒為上，破卒次之；全伍為上，破伍次之。
> 是故百戰百勝，非善之善者也；不戰而屈人之兵，善之善者也。

又云：

> 故善用兵者，屈人之兵，而非戰也；拔人之城，而非攻也；毀人之國，而非久也：必以全爭於天下。故兵不頓而利可全，此謀攻之法也。

＜虛實＞云：

> 敵雖眾，可使無鬥。

重於以「不戰而屈人之兵」的無鬥而勝之巧用，以及求損害至最少「以全爭於天下」之「全存」思想。

　　其次，孫子用兵之術，益重謀略之變，其「稱雄於言兵，往往舍正而鑿奇」，「其言反覆，其變無常，智術相高，氣驅力奪」，[61]特強調詭道奇襲，避實擊虛，攻心奪氣，運謀用間，察機乘勢之法。諸如＜虛實＞有云：

> 兵無常勢，水無常形，能因敵變化而取勝者謂之神。

---

[61] 見高似孫《孫子略》：「兵流於毒，始於孫武乎！武稱雄於言兵，往往舍正而鑿奇，背義而依詐；凡其言反覆，其變無常，智術相高，氣驅力奪。」

又云：

> 策之而知得失之計，作之而知動靜之理，形之而知死生之地，
> 角之而知有餘不足之處。

＜九變＞提到：

> 將通於九變之利，知用兵矣。將不通於九變之利者，雖知地形，
> 不能得地之利矣。治兵不知九變之術，雖知地利，不能得人之
> 用矣。

＜兵勢＞提到：

> 三軍之眾，可使必受敵而無敗者，奇正是也。……凡戰者以正
> 合，以奇勝。故善出奇者，無窮如天地，不竭如江河。……戰
> 勢不過奇正，奇正之變，不可勝窮也；奇正相生，如循環之無
> 端，孰能窮之？

又云：

> 兵之所加，如以碬投卵者，虛實是也。

＜軍爭＞提到：

> 兵以詐立，以利動，以分合為變者也。

又云攻心奪氣者：

> 故三軍可奪氣，將軍可奪心。是故朝氣銳，畫氣惰，暮氣歸。
> 故善用兵者，避其銳氣，擊其惰歸，此治氣者也。

＜虛實＞又提到制機者：

> 微乎微乎，至於無形；神乎神乎，至於無聲。

軍機之見，在於力、時、空等因素之相互配合以待機勢，圖「致人而
不致於人」（＜虛實＞）之功。

　　上舉數端，皆稱孫子尚謀，以奇正、分合、虛實、攻心、奪氣、
制機等手段，技妙如神。

　　此外，又以＜九變＞云：

> 途有所不由，軍有所不擊，城有所不攻，地有所不爭。

＜虛實＞云：

> 使敵佚能勞之，飽能飢之，安能動之。出其所不趨，趨其所不
> 意；行千里而不勞者，行於無人之地也。攻而必取者，攻其所

不守也；守而必固者，守其所不攻者，守其所不攻也。故善攻
者，敵不知其所守；善守者，敵不知其所攻。

皆合老子之「反者道之動」與「弱者道之用」的意旨。

孫子的思想謀略，諸如避實擊虛、攻心奪氣與趁機乘勢等，有融
合老子以及當時各家言兵者。在那個時代裡，根據戰爭型態與實際作
戰的需要，各家本來就都致力於謀略多變之戰爭技巧的運用，而孫子
更以制定出其最完善的思想理論，成爲千古以來的兵學典範。

第三節　從諸家思想談孫子的思想淵源

一種思想或學說之肇造，受時代背景之影響甚爲深遠，尤其是期
間之政治、社會、經濟與思想等環境因素的影響。思想的產生，除了
本身的創見，始立新學說之外，它背後仍有源於不論是過去或現在人
的相關思想，以下針對孫子書中所見，從黃帝、伊尹、姜太公與周公
等人來探索，及以從十三篇所反映之哲理，相對於老子與《易》學之
思想等幾方面作一簡要流覽。

一、源於黃帝、伊尹、呂尙、周公等人者

（一）源於黃帝

黃帝爲我國之始祖，本姓公孫，名軒轅，又因長居姬水，所以改
姓姬。其所處之時代，征伐不斷，「炎帝欲侵陵諸侯」，「與炎帝戰
於阪泉之野」，而蚩尤作亂，「與蚩尤戰於涿鹿之野」，[62]「七十戰
而定天下」，可見戰爭之本質隨著人類的存在而不可免，不論是蠻荒
時代是如此，科學化的時代亦不可免，尤其是在部落時期或諸侯林立
的封建時期，戰爭是氏族薪火維繫與國家屹立生存的重要依據與手

---

[62] 見《史記·五帝本紀》。

段，故兵者雖爲不祥之器，但自古至自今，它仍不可不用，不可不備。所以孫子認爲：

> 兵者，國之大事，死生之地，存亡之道，不可不察也。（＜始計＞）

「國之安危在兵。故講武練兵，實先務也。民之死生兆於此，則國之存亡見於彼」。[63]所以武備不可免，黃帝時代如此，孫子時代也是如此。

有關黃帝時代，參與的戰爭頻繁，對於豐富的實戰經驗，是否有留下戰爭的原理原則之有關兵學思想，由於時代久遠，史籍難考，然而孫子在＜行軍＞卻直引黃帝，提到：

> 凡處軍、相敵：絕山依谷，視生處高，戰隆無登，此處山之軍也。絕水必遠水；客絕水而來，勿迎之於水內，令半濟而擊之，利；欲戰者，無附於水而迎客；視生處高，無迎水流，此處水上之軍也。絕斥澤，惟亟去無留；若交軍於斥澤之中，必依水草而背眾樹；此處斥澤之軍也。而右背高，前死後生，此處平陸之軍也。凡此四軍之利，黃帝之所以勝四帝也。

李荃注云：

> 黃帝始受兵法於風后，而滅四方，故曰勝四帝也。[64]

案今所言之《風后握奇經》已證實爲後人所僞托，[65]至於黃帝之用兵受風后的影響如何，已無法得知。

張預云：

> 黃帝始立，四方諸侯亦稱帝，以此四地勝之。按史記黃帝紀云：「與炎帝戰於阪泉，與蚩尤戰於涿鹿，北逐葷粥。」又太公六

---

[63] 見《十一家注孫子·始計》，張預注。
[64] 見《十一家注孫子·行軍》，李荃注。
[65] 陳振孫著《直齋書錄解題》卷十二中有云《風后握奇經》一卷：「永嘉薛士龍季宣校定，自晉馬隆三百八十四字，續圖三百十五字，合標題七百字。又有馬隆讚述，多所發明，並寫陳圖於後，馬隆本奇作機。」（見台北：台灣商務印書館，1978年，頁384。），惟姚際恆著《古今僞書考》確已證明其爲僞書。（見《古書辨僞四種》，台北：台灣商務印書館，1978年，頁104。）

韜言黃帝七十戰而定天下。此即是有四方諸侯戰也。兵家之法，皆始於黃帝，故云然也。[66]

張居正亦云：

黃帝勝四句，當黃帝之時，諸侯有僭分稱帝而亂者，黃帝行師討逆，涉歷山川險阻，不外此處山處水處斥澤處平陸之法以制勝，黃帝如此，況後世乎。[67]

山地、河川、沼澤與平陸之作戰原則，乃黃帝之所以能北逐葷粥，南勝蚩尤，征取四方而稱帝者，也就是能夠善用此四軍之利而稱霸於當時。是故，歷來言兵者，皆尊黃帝為始祖，而孫子所處時代，在用兵思想上或許也受到黃帝的影響，只不過無法明確推論證實，不能作為定論。

這裡特別值得一提的是，「黃帝」在先秦乃至兩漢時期，在學術史上的角色。《史記‧五帝本紀》提到「百家言黃帝，其文不雅馴，薦紳先生難言之」，黃帝常為早期諸家思想所托言使用，尤其是早期史官之學，乃至於探究天文、曆譜的風氣盛行時代，托名黃帝以立言較多，使「黃帝」之思想圍繞在天文、曆譜、陰陽、雜占、地理、博物、兵法、醫方、房中、養氣、神仙等知識之中。《淮南子‧修務訓》云：

世俗之人，多尊古而賤今，故為道者，必托之於神農、黃帝，而後能入說。亂世暗主，高遠其所從來，因而貴之。為學者蔽於論，而尊其所聞，相與危坐而稱之，正領而誦之。

托黃帝以立言，成為一種學術之傾向，這種學術傾向，非但盛於漢初，早於戰國時期乃至於之前（約公元前四百年左右）即已普遍，諸如《左傳》、吳《孫子》、齊《孫子》、「陳侯因次錞」文、《逸周書》、《國語》、《國策》、《竹書紀年》、《世本》、《山海經》、《大戴禮》、《易繫傳》、《管子》、《慎子》、《尉繚子》、《鶡冠子》、《莊子》、《申子》、《尸子》、《荀子》等典籍皆引用過黃帝之言。

---

[66] 見《十一家注孫子‧行軍》，張預注。

[67] 見張居正《武經直解開宗合參‧孫子》。引自山東齊魯書社《孫子集成》第11冊，影印清順治辛丑刊本。（1993年，頁644。）

對黃帝的記載，以及黃帝所包含的內涵，十分紛歧複雜。

　　史籍有以「黃帝」名者，單就《漢書‧藝文志》被稱爲假托黃帝之名爲書者，就至少有十二類二十七部典籍，[68]學者咸以爲是假托黃帝之名，並無黃帝立書之可能。從《漢志》羅列托名著述中，可以發現這些作品中，包括道家、陰陽家、兵家、天文、五行、雜占、醫經、經方、房中與神仙等方面。戰國後期，托名黃帝而爲黃老思想的主流；黃老道家思想，一直發展到東漢時期質變爲黃老神仙道術。因此，談到孫子的思想是否淵源於黃帝時，不能不去綜觀先秦學術演變的實際現象，孫子托言黃帝，或許只是假借黃帝之名，或藉黃帝戰例傳說，以詮釋其自己所建構的軍事理論而已，黃帝與孫子思想的承繫，未必有絕對的關係。

（二）源於伊尹、呂尙

　　有關伊尹、呂尙之言，〈用間〉提到：

　　　昔殷之興也，伊摯在夏；周之興也，呂牙在殷。故惟明君賢將，
　　　能以上智爲間者，必成大功，此兵之要，三軍之所恃而動也。

曹操注：

68　參見《漢書‧藝文志》，歸納爲：在道家類方面有《黃帝四經》四篇、《黃帝銘》六篇、《黃帝君臣》十篇、《雜黃帝》五十八篇、《力牧》二十二篇（班固注：六國時所作，托之力牧。力牧黃帝相）。陰陽家類有《黃帝泰素》二十篇。小說家類有《黃帝說》四十篇。兵陰陽類有《黃帝》十六篇、《封胡》五篇（班固注：黃帝臣，依托也）、《風后》十三篇（班固注：圖二卷，黃帝臣，依托也）、《力牧》十五篇（班固注：黃帝臣，依托也）、《鬼容區》（班固注：黃帝臣，依托也）。天文類有《黃帝雜子氣》三十三卷、《泰階六符》一卷（周壽昌《漢書注校補》：「《東方朔傳》注引應劭《黃帝泰階六符經》云云，是此書原名有“經”字，而亦托之黃帝也」）。歷譜類有《黃帝五家歷》三十三卷。五行類有《黃帝陰陽》二十五卷、《黃帝諸子論陰陽》二十五卷。雜占類有《黃帝長柳占夢》十一卷。醫經類有《黃帝內經》十八卷、《黃帝外經》三十卷。經方類有《泰始黃帝扁鵲俞拊方》二十三卷、《神農黃帝食禁》七卷。房中類有《黃帝三王養陽方》二十卷。神仙類有《黃帝雜子步引》十二卷、《黃帝岐伯按摩》十卷、《黃帝雜子芝菌》十八卷、《黃帝雜子十九家方》二十一卷等等。

伊摯，伊尹也。呂牙，太公也。[69]

何氏注：

> 伊、呂，聖人之耦，豈為人間哉？今孫子引之者，言五間之用，
> 須上智之人，如伊、呂之才智者，可以用間。[70]

張預注：

> 伊君，夏臣也，後歸于殷。呂望，殷臣也，後歸于周。伊、呂
> 相湯、武，以兵定天下者，順乎天而應乎人也。[71]

「伊尹耕於有莘之野」，故對夏的狀況十分瞭解，商湯用他為相，所
以打敗夏桀。呂牙，本姓姜，祖先封於呂，名牙，故叫呂牙，文王曾
提到「吾太公望子久矣」，所以稱為「太公望」，釣於渭水之濱，瞭
解殷的情況，周武王用他為帥，以打敗紂王。此二者，能知「欲取天
下」，「身將先取」（見《呂氏春秋・先己》），乃先治其身而後治
天下，而其對於用兵，尚言用間，必修己以成聖智，明仁義，用於微
妙之中，此即孫子所云：

> 故三軍之事，莫親於間，賞莫厚於間，事莫密於間。非聖智不
> 能用間，非仁義不能使間，非微妙不能得間之實。微哉微哉，
> 無所不用間也！（＜用間＞）

其義理皆同。孫子能於兵法中提及此二人，並引之於＜用間＞中，可
見此二人不論在用間或其他用兵的思想上，大概對孫子有所啟發與影
響。

　　此外，今傳太公《六韜》，證實為人所偽撰，[72]雖不能見太公用

---

[69] 見《十一家注孫子・用間》，曹操注。

[70] 同前註，何氏注。

[71] 同前註，張預注。

[72] 姚際恆《古今偽書考》明言今傳《六韜》一書，非呂望所著，為後人所偽托，云：
「漢志無，隋志始有，稱呂望撰。漢志儒家有周史六弢六篇；顏師古曰：『即
今之六韜。』案『六弢』之名出莊子。然漢志儒家非兵家，其辭俚鄙，偽託何
疑？或以其『有避正殿』語，此乃秦漢事；然亦無煩辨此也。惟一端極可笑者，
胡元瑞曰：『六韜有太公陰符篇云：主興將，有陰符，凡八等，克敵之符長一
尺，破軍之符長九寸，失利之符長三寸而已。蓋偽撰之人，不識陰符之義，以
為符節之符也。』」（見《古書辨偽四種》，台北：台灣商務印書館，1978 年，
頁 100。）

兵之真，但亦可爲太公用兵概況之參考，其中用兵思想多有與孫子相似者。《說苑・指武》引太公兵法云：

> 致慈愛之心，立威武之戰，以卑其眾。練其精銳，砥礪其節，
> 以高其氣。

「致慈愛之心」，「立威武之戰」，爲用兵遣將之根本，相較於此，孫子於〈地形〉所云之「視卒如嬰兒，故可與之赴深谿；視卒如愛子，故可與之俱死」，即合「致慈愛之心」的本義；而「卒未親附而罰之，則不服，不服則難用也。卒已親附而罰不行，則不可用也。故令之以文，齊之以武，是謂必取」。此又即「立威武之戰」的精義所在。

《淮南子・要略訓》云：

> 文王欲以卑弱制強暴，以天下去殘除賊而成王道，故太公之謀
> 生焉。文王業之而不卒，武王繼文王之業，用太公之謀，悉索
> 薄賦，躬擐甲冑，以伐無道而討不義。

以「卑弱制強暴」，必須以智取勝，不可力鬥，如同孫子所強調之用兵以智謀爲用，如倡言「上兵伐謀」、「詭道十二法」的種種手段，[73]目的在於智取，而不在力鬥。對於討伐無道與不義者，必先自施仁義，同孫子所論之「修道保法」（〈軍形〉），「令民與上同意」（〈始篇〉）等言之意。可見，孫子與太公頗有暗合之處，孫子之用兵思想或有受其兵學思想的影響。

二、源於老子

就成書之先後而言，《孫子兵法》十三篇相較於《老子》，以一般人所論二書產生之時間，十三篇於孫武見於吳王闔閭時即有，而《老子》爲戰國時代之作品，[74]惟就人物思想的年代而言，老子言道，早在春秋時期就存在了。亙古時期，天道觀爲一重要的思想議題，而老

---

[73] 「詭道十二法」者，即〈始計〉所云：「能而示之不能，用而示之不用，近而示之遠，遠而示之近。利而誘之，亂而取之，實而備之，強而避之，怒而撓之，卑而驕之，佚而勞之，親而離之。」然後「攻其無備，出其不意」。

[74] 梁啓超、馮友蘭、顧頡剛、錢穆等人均主《老子》爲戰國時代之作品。

子致力於這方面思想理路的建構，明確地強調「道」之先天地而存在的優先性，將傳統那些較為具體現象解釋的有關「天道」、「陰陽」的論述，轉變為富予哲理濃意之思想，並且以此涵蓋與籠罩一切。依據宇宙秩序所得之天道觀，推衍到世道與人道，於傳統知識領域中，衍化與建立出一條不同於儒、墨的思路，這條思路中，《老子》最具週延性與概括性，且在道家思想的流變中，始終具有不變的權威性地位。由於老子建立了明確的哲學理路，以及強烈的哲學邏輯思維之韻味，後繼的道家學說，皆以其為本，也由於其思想主題內涵的明確，而為分類學術流派者所樹立，視之為重要、獨特的一家，也並常視為中國道家學說的始祖。因此在先秦的學術思想的大環境裡，老子的地位是不容小覷的。從年代先後來看，孫武所處之年代約晚於孔子，而孔子又晚於老聃，以老子當時學說思想之盛，加以不諱言兵，孫子當也可能受到老子的影響。

　　老子以「道」為宇宙的本源，是天地萬物所以生的總原理，有云：

　　有物混成，先天地生，寂兮寥兮，獨立而不改，周行而不殆，

　　可以為天下母，吾不知其名，字之曰道。（《老子·二十五章》）

道為無生無死，不生不死，無所不在者，但非為純粹物質的存在，故只可稱為「無」；其生成之過程，即「天下萬物生於有，有生於無」（《老子·四十章》），並云「道生一，一生二，二生三，三生萬物」（《老子·四十二章》），道之存在以「有」表之，其體則為「無」，而「一」乃道之代名，而道在創生萬物之後，雖仍然獨立不改，卻也與萬物同體，內存於萬物，衣養服育著萬物，而成為「德」。

　　老子之道雖似乎為一元論者，然而道之「有」「無」或「動」「靜」乃互為表裏，互為體用，其作用為道化二元，並終極復歸於一，而應用於治國用兵，乃「以正治國，以奇用兵」（《老子·五十七章》）；反觀孫子常變之道、奇正之用，變化無窮，即出乎兵道之一體兩面，其邀勝於戰道，以保國衛民亦一也。

　　老子主張致虛守靜，以柔弱謙下為用，《老子》云：

　　致虛極，守靜篤。萬物並作，吾以觀復。（＜十六章＞）

　　人之生也柔弱，其死也堅強；萬物草木之生也柔脆，其死也枯

槁。故堅強者死之徒，柔弱者生之徒。（＜七十六章＞）

弱之勝強，柔之勝剛，天下莫不知，莫能行。（＜七十八章＞）

靜不僅能觀，也能勝躁勝動，而柔弱又能勝剛強；相較於孫子言兵，強調治軍之術，尤爲將帥者，重於「治心」，養「定」、「靜」、「安」、「慮」之功，於危疑震撼之際仍能理性判斷敵情，審慎用兵，不爲敵人所動，永保「致人而不致於人」的勝道；體察柔弱之術，轉而爲詭道之變，誠如＜始計＞所云之「詭道」十二法即柔弱權變之方。又＜軍爭＞云：

善用兵者，避其銳氣，擊其惰歸，此治氣者也。以治待亂，以靜待譁，此治心者也。以近待遠，以佚待勞，以飽待饑，此治力者也。無邀正正之旗，勿擊堂堂之陳，此治變者也。

又＜九變＞云：

途有所不由，軍有所不擊，城有所不攻，地有所不爭。

此皆虛靜柔弱之化身。兵道之用，必在機巧應變，不拘泥於常法，而能常變相濟，因權而動，始可勝敵。

老子言兵，持反戰之態度，但是面對兵災之禍，處處不可避免，既然戰爭不能無，所以不得已又不能不用之，《老子》有云：

兵者，不祥之器，非君子之器，不得已而用之。（＜三十一章＞）

天下有道，卻走馬以糞；天下無道，戎馬生於郊。（＜四十六章＞）

師之所處，荊棘生焉；大軍之後，必有凶年。（＜三十章＞）

相較於孫子之看法，「兵者，國之大事，死生之地，存亡之道，不可不察」（＜始計＞），「久暴師則國用不足」（＜作戰＞），「國之貧於師者遠輸，遠輸則百姓貧」（＜作戰＞），「明君慎之，良將警之」（＜火攻＞），戰爭不可免，然不可輕啓戰端，以致兵燹而人死國亡，故用兵不可不慎。

《老子・六十八章》談到「善戰者不怒」，即不以不理性之方式爭強爭勝，相較於孫子所云「忿速可侮」（＜九變＞），「主不可以怒而興師，將不可以慍而致戰」（＜火攻＞），二者看法概略雷同，

慍怒致戰，必輕躁急進，而陷部隊於危亡。

　　此外，老子以道為萬物生成的本源，又為萬物變化的法則，強調「反者道之動」（《老子·四十章》），認為萬物有相反相成、反向而行，以及循環反覆之規律，尤其特為談到宇宙一切現象，都是由相反對立的形態所構成的，天下萬物皆相對而存在，故《老子》中相對之談特別多，諸如：

　　「有」與「無」、「美」與「惡」、「長」與「短」、「難」
　　與「易」、「強」與「弱」、「虛」與「實」、「外」與「內」、
　　「去」與「取」、「得」與「失」、「多」與「少」、「大」
　　與「小」、「躁」與「靜」、「吉」與「凶」、「興」與「廢」、
　　「與」與「奪」、「剛」與「柔」、「厚」與「薄」、「進」
　　與「退」、「陰」與「陽」、「生」與「死」、「利」與「害」、
　　「禍」與「福」、「智」與「愚」、「親」與「疏」、「正」
　　與「奇」、「分」與「合」、「損」與「益」。

事物的變化與關係，往往處於對立與互為因果，因此對待事物，不能從單方面看待。觀《孫子》十三篇中，相同之概念亦處處可見，如「敵」「我」、「彼」「己」、「客」「主」、「眾」「寡」、「強」「弱」、「奇」「正」、「動」「靜」、「陰」「陽」、「虛」「實」、「攻」「守」、「勝」「敗」、「速」「久」、「予」「取」、「分」「合」、「進」「退」、「勇」「怯」、「迂」「直」、「開」「闔」、「勞」「佚」、「飽」「飢」、「安」「危」、「生」「死」、「存」「亡」、「治」「亂」、「險」「易」、「遠」「近」、「大」「小」、「患」「利」、「疾」「徐」、「貴」「賤」、「文」「武」、「內」「外」、「喜」「怒」、「悅」「慍」、「信」「疑」、「隱」「顯」、「輕」「重」、「真」「假」、「周」「隙」、「全」「破」、「有餘」「不足」、「有備」「無備」、「多算」「少算」、「有形」「無形」等等；《孫子》同樣強調相對之道，明察相對之變，因敵制變，以求克敵致敵。此外，《老子》第三十一章提到「勝而不美」的不得已而戰，以及要適可而止的概念，同時第三十章也說明：

　　善有果而已，不敢以取強。果而勿矜，果而勿伐，果而勿驕，

　　果而不得已，果而勿強。

勝而知止，不能一再逞強求進，否則致敗。這樣的思想，孫子進一步繼承與引申，＜軍爭＞提到：

　　用兵之法，高陵勿向，背丘勿逆，佯北勿從，銳卒勿攻，餌兵
　　勿食，歸師勿遏，圍師必闕，窮寇勿追。

這種窮寇勿追的概念，可以說是得之於老子的啟發。

　　老子的思想哲學觀及兵道思想，與《孫子》的兵學理論，有甚多相合之處，二或有前啟後承的關係。

三、源於易學

　　《易》之太極，凝於寂虛之域，渾渾溟溟，洎其氣機交動，氣之輕清者上而為天，重濁者下而為地，如此兩儀始生。兩儀者，即天地、陰陽；天為陽，地為陰，是以《繫辭傳》云：

　　易有太極，是生兩儀，兩儀生四象，四象生八卦。

又云：

　　一陰一陽之謂道。

又《易緯乾鑿度》云：

　　易始於太極，太極分而為二，故生天地。

有天地，為陰陽，然後運生萬物，互變相生，生生不息。相較於《孫子兵法》之基本哲理，亦在於道化二元，互變互濟，應用無窮，此二元者於前面已有談到，即「常」與「變」，「正」與「奇」，「實」與「虛」，「靜」與「動」，「守」與「攻」，「合」與「分」等，這二元之變，如循環之無端，然不離「常」與「變」二極。常法者，如「五事」、「七計」；變法者，如詭道；有關「常」與「變」之道於後面之各節次中皆有涉獵，在此不予多論，惟孫子兵道之二元素（常與變，正與奇，實與虛，靜與動，強與弱，守與攻……）即同《易》道之陰陽，二者循環互生，互為表裏，故陰陽之衍，化育萬物，而常變之用，兵道無窮。

　　從「幾」之角度言，一葉知秋，自小觀大，凡事物之起，大多由

微而顯

，由簡漸繁，故《繫辭傳》云：

> 夫易，聖人所以極深而研幾也。唯深也，故能通天下之志，唯
> 幾也，故能成天下之務。

萬物之生衍，其發端皆由微小而簡易，而其微小簡易之端，乃極深而
常隱藏未現，亦即所謂之「幾」；「幾者，動之微，吉凶之先見也」
（《繫辭傳》），無論勝敗禍福，多由「幾」而萌發。相較於《孫子
兵法》，亦能見其兵「幾」，＜軍形＞云：

> 古之所謂善戰者，勝於易勝者也。故善戰者之勝也，無智名，
> 無勇功。故其不忒者，其所措必勝，勝已敗者也。故善戰者，
> 立於不敗之地，而不失敵之敗也。

凡「易勝」者，乃「敵人之謀，初有萌兆，我則潛運己能攻之；用力
既少，制敵甚微」，[75]攻其可勝，不攻其不可勝。因此，用兵之道，
必能乘敵之虛，乘敵之隙，並且能掌握戰機，相機應敵；其應變之法，
變化之形，倏忽若神，能「至於無形」，微密而為敵不可得而窺，神
速而不可得而知，所以能夠達到「微乎微乎，至於無形，神乎神乎，
至於無聲，故能為敵之司命」（＜虛實＞）之道，能知敵之「幾」並
藏我之「幾」，靈活運用「幾」而達神妙之境。「幾」之道，兵「幾」
可為《易》「幾」之一端！

　　從《易》理與其「幾」的本義論及孫子之思想觀，或多或少可以
看出孫子的用兵思想哲理與用「幾」之道，與《易》道相合，唯所言
者多涉及哲學之觀點，若再深入從知行觀的角度去探索時，更可理出
其中關聯性，尤其《易》強調客觀事物有變動不居的本質，強調事物
對立與轉化的關係，這些觀念，都是《孫子》思想確立的理論基礎，
畢竟孫子所言謀略、形勢、攻守、奇正、虛實等等思想，不外乎在於
從知與行當中確立敵我的變化關係，並在敵我不斷的消長變化中，獲
得知勝之道，這種動態的變化理論，在《易》當中可以得到最基礎最
根本的認識。

---

[75] 見《十一家注孫子・軍形》，何氏注。

　　孫子兵法的思想形成，除了本身家學以及時代背景與軍事環境之影響外，也當深受那個時代的學術思想之影響，或有因黃帝、伊尹、呂望的戰爭觀之濡染，也有受老子與《易》學的哲理和兵道的啟迪，使之能成為一部極負哲學與兵學思想的百世談兵之經典名著，並躋身為我國傳統上最精最古之「兵學聖典」。

第三章　《孫子兵法》的戰爭觀

　　一部典籍之所以能夠綿延不斷的傳承下去，不同時代環境也都能展現其歷久彌新的特性，與不朽的生命力，可以顯示出這部典籍的重要價值。對於先秦的戰爭觀，主要以《孫子兵法》作為典型的代表，《孫子兵法》對戰爭所持之觀點，認為兵者為國家之大事，關係著國家人民的生死存亡，所以不能輕易開啟戰端，以極度審慎的態度，強調慎戰而不避戰與非危不戰之非厭戰的觀念，以「不戰而屈人之兵」（＜謀攻＞）為用兵之至高藝術，一旦必須訴諸武力時，對國家整體戰略，講求政治、經濟、心理與軍事統合之軍事觀，重於廟算，重於謀略詭道之用，以人為本，對現實不涉空想，用兵於戰場上，講求先知盡知，因為「知」為一切作戰的基礎，故戰爭的進行具有強烈的可知性，同時孫子對戰爭之概念予以層次化，有其完整之兵學體系。以下慎戰觀等幾個主題作簡要論述。

第一節　慎戰觀

　　《尉繚子》認為，戰爭是不得已才進行的，不能攻擊非敵對的國家，不能殺戮無辜百姓；殺別人的父母，奪別人的財物，擄別人的子女作為奴隸，無論如何皆是盜賊的行徑，所以戰爭之發動，主要是討伐暴逆，抑止不義之惡行，是萬不得已採用的手段。[1]此又同於《呂氏

---

[1] 見張金泉注譯《尉繚子》＜武議第八＞云：「凡兵，不攻無過之城，不殺無罪之人。夫殺人之兄弟，利人之財貨，臣妾人之子女，此皆盜也。故兵者，所以誅暴亂、禁不義也。」（台北：三民書局，1996年，頁46。

春秋》所言「古聖王，有義兵而無有偃兵」，一個軍事領導者乃至為政者，其用兵之觀念，不可窮兵黷武、不可以興兵為樂，宜以避戰慎戰為念，非不得已不訴諸於戰。

《孫子兵法》中將戰爭視為關係國家之存亡，人民之生死，若非必要決不用兵，故開宗明義即云：

> 兵者，國之大事，死生之地，存亡之道，不可不察也。（＜始計＞）

張預注云：

> 民之死生非於此，則國之存亡見於彼。然死生曰地、存亡曰道者，以死生在戰負之地，而存亡繫得失之道也，得不重慎審察乎？[2]

孫子非為輕戰論者，能知國家之存亡，人民之死生，皆由於兵，所以當須審察慎行。自古以來，「好戰必亡，忘戰必危」，乃為用兵者從政者之銘訓，孫武揭示慎兵之論，實具深遠意涵。

銀雀山佚文中，孫子提出反對「冀功數戰」之思想，認為公家富有，士卒雖多，然卿大夫驕橫，臣僚奢侈，好大喜功，而頻繁開啟戰端，國家必致敗亡，[3]國家當求治道，富民愛民，以天下百姓為念，不該因上位者之私念而輕易言戰，此非國家之福，非百姓之樂，故明君賢臣不能不慎之。

＜火攻＞有云：

> 夫戰勝攻取，而不修其功者凶，命曰費留。故曰：明主慮之，良將修之。非利不動，非得不用，非危不戰。主不可以怒而興師，將不可以慍而致戰；合於利而動，不合於利而止；怒可以復喜，慍可以復悅，亡國不可以復存，死者不可以復生。故明君慎之，良將警之，此安國全軍之道也。

杜佑注云：

---

[2] 見《十一家注孫子·始計》，張預注。

[3] 見銀雀山漢墓＜吳問＞佚文云：「公家富，置士多，主喬（驕）臣奢，冀功數戰，故曰先〔亡〕。」（《銀雀山漢墓竹簡·孫子兵法·吳問》，引自《孫子集成》，第一冊，頁129。）

> 凡主怒興軍伐人，無素謀明計，則破亡矣。將慍怒而鬥，倉卒
> 而合戰，所傷殺必多。怒慍復可悅喜；言亡國不可復存、死者
> 不可復生者，言當慎之。[4]

孫子以慎戰爲念，明白「君常慎於用兵，則可以安國；將常戒於輕戰，則可以全軍」之道，[5]興兵啓戰乃非不得已而爲之，因一時之慍，草率行之，恐貽噬臍之悔；所以非我之所利不宜輕動，無因理必勝之戰，不輕用兵，非至危之勢，不輕與戰，賢君良將皆須慎於用兵，戒於輕戰，此乃安國全軍之道。

戰爭之主體爲國家，而國家之存亡，國民之生死皆決定於戰爭之勝敗，窮兵黷武，恐遭耗費財用，淹留士眾，起自焚之禍，因此，戰爭啓止，非關個人之喜怒好惡、爲所欲爲，必以理性慎思慎行。睹之以國家之整體，時至非戰不可，當精審嚴察，盱衡利害，定計於廟堂之上，決勝於千里之外。此即《孫子兵法》「上兵伐謀，其次伐交，其次伐兵，其下攻城」（〈謀攻〉）之要義。

因此，毋須戰而敵自屈服，不刃血且能保持兵力才是完全的勝利，其旨如《司馬法》所言之「上謀不鬥」，合謀不鬥而勝，乃兵家勝敵之神妙所在，故孫武「不戰而屈人之兵，善之善者也」，「善用兵者，屈人之兵，而非戰也」（〈謀攻〉），所強調的是一種慎戰的思想，必以廟算謀略而全之，尤其戰爭危事不可輕舉，概「兵不必勝，不可以言戰；攻不必拔，不可以言攻」，[6]故「兵貴伐謀，不務戰也」，[7]此才是用兵的最高藝術。

第二節　政、經、心、軍統合之戰爭思想

國家整體之戰爭思想，必須統合政治（包括內政與外交）、經濟、

---

[4] 見《十一家注孫子·火攻》，杜佑注。
[5] 同前註，張預注。
[6] 見《十一家注孫子·軍形》，張預注引《尉繚子》云。
[7] 見《十一家注孫子·謀攻》，王晢注。

心理與軍事等方面，相互配合，以構成完整的國家戰略方針，在國家目標的指引下，遂行戰略目的。

一、政治方面

軍事任務的達成，政治因素佔了極為重要之角色，克勞塞維茲認為「戰爭是政治之工具」，「戰爭不可避免地具有政治的特性」，「政治貫穿於整個戰爭行動之中」，[8]「一個國家，上自政府，下至人民，無不努力求其國家的富強康樂，繁榮與發展。因之政府的施政，總是對其國的政治、經濟、教育、文化，以及軍事各方面，探取各種措施以助其進步」，「所以國家的施政，一方面固求各方面的進步，而同時對敵人的侵略，必須採取防範的措施。因此，一個國家的施政與其對國防的防範要求，渾然合為一體，而為一事的兩面」，[9]可見政治乃戰爭致勝之重要因素，為作戰過程中所必須作為戰力之考量者。在此分別就內政與外交兩方面來說明。

（一）內政

<始計>開宗明義即提出戰爭勝負的關鍵五事，而「道」居於首位，依孫子之解釋，「道」者乃「令民與上同意，故可以與之死，可以與之生，而不畏危」。張預認為其「道」為「恩信使民」，「士卒感恩，死生存亡，與上同之，決然無所疑懼」。[10]杜佑則認為「導之以政，齊之以禮教也」，「上有仁施，下能致命也。故與處存亡之難，不畏傾危之敗」。[11]所謂「道」，為上下一致，同心同德，民樂為君所用，生死與共，內部能結團鞏固，必可凝聚強大戰力，不畏生死，共赴國難，故而一切前提必先修明政治；修明政治非惟立己於不敗之地，且為勝

---

[8] 見克勞塞維茲《戰爭論》第一卷，第三卷，台北：台灣商務印書館，1978年，頁135，頁43，頁902。

[9] 見徐培根著《中國國防思想史》，台北：黎明文化事業公司，1983年，頁28。

[10] 見《十一家注孫子·始計》，張預注。

[11] 同前註，杜佑注。

敵之資，畢竟「主孰有道」爲判斷敵我雙方勝負的首要條件，我之有道，必可勝敵之無道，「有道」「無道」可爲敵我戰力消長之重要指標。因此，國家戰略思想，不只決定於戰時之戰鬥力，平時的政治作爲更爲重要，如何將政治提往安國悅民之途，常爲致勝之方法與本源。

《呂氏春秋‧順民》有云：

> 夫以德得民心以立大功名者，上世多有之矣。失民心而立功名者，未之曾有也。

爲政以德，國力方可永續，且亦爲戰爭勝負之重要因素，歷史上很多戰爭皆可爲證，諸如商湯伐桀、武王伐紂、周公東征等，皆因有「道」獲得民心，以政治的優勢而勝敵；商湯伐桀時，「民望之，若大旱之望雲霓也」，「誅其君而弔其民，若時雨降，民大悅」。[12]武王伐紂時，能以寡擊眾，主以仁政所助，故「王赫奮烈，八方咸發，高城若地，商庶若化」。[13]至若周公之舉，《荀子‧王制》云：

> 周公南征而北國怨，曰：「何獨不來也？」東征而西國怨，曰：「何獨後我也？」

周公以其爲政之有道，所以東征勢如破竹，迅速平定四方之亂。一個國家政治有「道」，能夠「令民與上同意」，作戰中必能發揮最大之戰力，克敵制勝，因此，國家整體戰力，必有清明政治爲後盾，如此戰略目標才能有效遂行，作戰致勝得以保證。

（二）外交

外交者，與戰爭同爲遂行國策，增進國家利益之手段，華力進先生認爲各國外交政策之主要目標有五，即在於安全、經濟利益、領土的擴張、推展主義，以及尋求和平等五個方向。[14]外交政策之目標如此，反觀戰爭之目的亦若是，因爲戰爭興起之主要目的不外乎爲了本身的利益與安全，或爲擴張領土，侵略他國而作爲，故外交與戰爭彼

---

[12] 見《孟子‧梁惠王》。
[13] 見《逸周書‧武寤解》。台北：世界書局，1980 年，頁 88。
[14] 見華力進《政治學》，台北：經世書局，1990 年，頁 401-403。

此有密切之關聯，在戰爭中可藉由外交爭取與國，可以孤立敵國，並藉以消弭戰爭而獲取國家利益，因此，若能妥善運用外交策略，實為制勝之重要手段。

孫子認為伐交為佐兵道之良方，云：

> 上兵伐謀，其次伐交，其次伐兵，其下攻城。（＜謀攻＞）

陳皞云：

> 或云敵已興師交合，伐而勝之，是其次也。

而張預亦云：

> 兵將交戰，將合則伐之。傳曰：「先人有奪人之心。」謂兩軍將合，則先薄之，孫叔敖之敗晉師，廚人濮之破華氏是也。

又云：

> 伐交者，用交以伐人也。言欲舉兵伐敵，先結鄰國為掎角之勢，則我彊而敵弱。[15]

闡明伐交之利，能藉以左右戰局！

至於外交之具體策略，＜九地＞提到「衢地則合交」，「必爭天下之交，必養天下之權」，「霸王之兵，伐大國，則其眾不得聚，威加於敵，則其交不得合」。可以明白得交則安，失交則危，尤其四方之境，非交援不強，縱有霸王之勢，仍須結交外援，方可伐大國而勝。畢以珣輯《孫子》佚文，《孫子十家注敘錄》裏，吳王與孫子之問答中更進一步說明：

> 吳王問孫武曰：「衢地貴先，若我道遠發後，雖馳車驟馬，至不得先，則如之何？」武曰：「諸侯三屬，其道四通，我與敵相當，而旁有他國，所謂先者，必重幣輕使，約和旁國，交親結恩，兵雖後至，眾已居矣，簡兵練卒，阻利而處！親吾軍事，實吾資糧，令吾車騎，出入瞻候，我有眾助，彼失其黨，諸國掎角，震鼓齊攻，敵人驚恐，莫知所當。」

旁有鄰國，三面相連屬之地，必先遣使約聘，交親結恩，務為己援而孤立敵國。此外，孫子亦認為運用外交策略，必先瞭解敵人動向，提

---

[15] 上列陳皞、張預所云，見《十一家注孫子·謀攻》。

出「不知諸侯之謀者，不能豫交」（＜軍爭＞），即諸侯之謀必先須知，然後方可交兵合戰，亦即「先知諸侯之實情，然後可與結交；不知其謀，則恐翻覆爲患」。[16]

總之，外交與武力並行，爲孫子外交策略運用精髓所在，若能於未戰之前即以外交策略屈服敵人，這又是「不戰而屈人之兵」的至當手段；採取「屈諸侯者以害，役諸侯者以業，趨諸侯者以利」（＜九變＞）之外交手段，瞭解敵人利害之處，縱使無法免於兵刃，仍可以外交之力以輔作戰策略之遂行，達到制敵勝敵的目的。

此外，在政治主張方面，孫子提出所謂的「修道保法」，爲其思想的重要一環，故專列於後，作較詳細的敘述，這裡就先不論說。

二、經濟方面

一個國家經濟力量的強弱，常是戰爭勝負的重要憑藉；戰爭之貨須靠經濟爲後盾，尤其面對「內外之費，賓客之用，膠漆之材，車甲之奉，日費千金」（＜作戰＞），動員作戰財力消耗之鉅，無以言算，戰爭所耗常可能導致民窮財盡，誠如《管子・參惠》所云「一期之師，十年之蓄積殫；一戰之費，累代之功盡」，舉兵所需，將是日費千金，因此，有強大的經濟力爲後盾是何其重要。

＜軍形＞中有云：

> 兵法：一曰度，二曰量，三曰數，四曰稱，五曰勝；地生度，度生量，量生數，數生稱，稱生勝。

所言「度」、「量」、「數」者，乃指領土疆域之大小、人力之多寡，以及倉廩物產之虛實。「稱」者，爲權衡實力之強弱，從而決定戰爭之勝負。依孫子之見，一個國家之土地面積、糧食產量，以及人力數目等種種的經濟實力，在戰爭中起了勝敗的直接作用；故＜軍爭＞強調「軍無輜重則亡，無糧食則亡，無委積則亡」。軍恃此三者以濟，此三者以爭利，不可輕忽。

---

[16] 見《十一家注孫子・軍爭》，張預注云。

　　＜用間＞云：

> 凡興師十萬，出征千里，百姓之費，公家之奉，日費千金；內
> 外騷動，怠於道路，不得操事者，七十萬家。

耕者七十萬家，以資十萬之眾，興師作戰，糧草等後勤輜重所需，必徵百姓與交通工具運送，如此將有眾多之人無法從事生產，加上戰爭之消耗，國家經濟必然急遽萎縮，國民生計亦日益艱苦，故「國之貧於師者遠輸，遠輸則百姓貧」（＜作戰＞）。誠如《管子》所言：

> 粟行三百里，則國無一年之積；粟行四百里，則國無二年之積；
> 粟行五百里，則眾有飢色；所齎之物，耗於道路，農夫耕牛，
> 俱失南畝，則百姓貧矣。

作戰致勝除了要有強大的經濟力外，並必須在戰略戰術運用上考慮經濟因素，可採取速戰作為，同時避免遠程作戰，以減少經濟的耗損。

　　＜作戰＞云：

> 近於師者貴賣，貴賣則百姓財竭，財竭則急於丘役。力屈、則
> 殫，中原內虛於家。百姓之費，十去其七。

戰爭事發，物品供不應求，商賈必量暴計利，提高物價，形成通貨膨脹，經濟問題自然以骨牌效應而層出不窮，役制違常，百姓陷於困乏，國家內虛，財政問題接踵而至，實質的軍事問題未得解決，由經濟所造成的內政問題已刻不容緩，因此，在戰爭之際，經濟政策的執行更為重要，必須謹慎為之，如何穩定國內經濟以持續國力，將維繫著戰爭的勝敗與國家的存亡。

　　佚文《黃帝伐赤帝》中孫武提出「黃帝之所以勝四帝」（＜行軍＞）之道，乃「〔□年〕休民，孰（熟）穀，赦罪」，於作戰中仍不忘政經修明的工作，使人民得到充分之休息，審慎用兵，不濫用民力，並告知人民不要忘記生產，只有豐裕的糧穀，百姓將士才能有足夠的食用，且恩感於民，赦罪免刑，以激發征戰殺敵之勇氣，如此攻伐四帝怎能不克呢？

　　國以民為本，民以食為天，戰爭因素所帶來之經濟問題，擴及層面甚為複雜，如何因應，如何採取最佳政策，為用兵者與為政者必須嚴正重視的。經濟因素乃戰爭勝負之重要必然依據，對國家戰略執行

有其絕對性的影響，用兵者不能不予正視，尤當列入戰略計畫訂定的重要參考！

三、心理方面

「心理」之於作戰，非但與整體國軍事戰略與國防武力有關，更與政治因素相互聯繫。「心理」者，不妨以心理力稱之，包括我方軍民之心理因素，以及對敵所施之心理戰。

心理因素之於我方，主要在於如何維持與提高我們的民心與士氣，發揮精誠團結，同舟共濟之精神，「可與之生，可與之死」（＜始計＞）的生死與共之凝聚力；對敵則在於打擊瓦解其民心士氣，潰散其精神戰力，使其為我左右，追隨我之行動。

就我方而言，心理戰力（精神力）之提昇，在實際參與作戰之部隊方面，最重要的端賴將帥之領導統御能力；在整個國家上下關係方面，有賴於上位者之政治作為，必以「令民與上同意」（＜始計＞）才能有效提昇心理力，此即「心理」必須與「政治」互為表裏之作用。

美國李奇威將軍（General Matthew B.Ridgway）曾云：

> 士氣非命令之產物，它植基於人之內心，而非導源於外界。它代表著人類精神，一種不可觸知的精神。
>
> 士氣來自吾人對於一種理想與精神價值之信仰，而這種理想與精神價值，是吾人在悠悠歲月之諸多困阨中，透徹領悟其乃現實生活中最為寶貴之物，其價值遠超過一己之生命。於是願意賭一己之生命以求其實現。[17]

敵我雙方的各種條件若都概略相等時，則士氣的盛衰，常成為決定勝負的關鍵。士氣的培養為將帥在領導統御上必須注意之兵用藝術，尤當致力於「上下同欲」（＜謀攻＞），則士氣必然旺盛，所戰必勝。士氣之功在於克敵致勝，故士氣運用於心理戰，士氣的維護就極為重要

---

[17] 轉引自冉鴻翩，＜孫子所謂「道、天、地、將、法」讀後瑣記＞，《軍事雜誌》，第二十九卷第九期，頁 14。

了，孫子所云「三軍可奪氣，將軍可奪心」（＜軍爭＞），即說明士氣會因遭受打擊而挫傷，使軍隊陷於不利之狀態。孫子又云：

　　故善用兵者，避其銳氣，擊其惰歸。（＜軍爭＞）

說明對於敵人部隊士氣的狀況之掌握與運用，以增加勝利之公算。又云：

　　夫惟無慮而易敵者，必擒於人。（＜行軍＞）

告誡吾人之用兵，在士氣旺盛之狀況下，也不能掉以輕心，不可輕敵，仍當理性審慎用兵。故士氣乃用兵上心理戰方面的重要考量因素，為用兵者不可不察者。

四、軍事力量方面

　　敵我雙方實質的軍事力量之強弱對戰爭的勝負起著主要作用，無強大軍事力量，則無法獲得國家安全與生存之保證，故軍事力量為國力之最佳屏障，此乃現代戰爭之所以「以武力為中心之思想總體戰」[18]之主要意涵。

　　克勞塞維茲認為戰略之要素，包括精神的要素、物質的要素、數學的要素、地理的要素以及統計的要素等五項。[19]精神的要素即屬於精神的特性及精神作用所引起之一切；物質的要素最具代表性，包括兵員數量、武器、編成及各種技術等；數學的要素為屬於作戰線的角度，及具有外線機動與內線機動的幾何學性的部分；地理的要素為屬於土地的影響，如瞰制地點、山岳、河流、森林、道路等；統計的要素即軍隊維持的手段（如給養、補充等）。[20]就克氏所言，此五者大概可以構成整體的軍事力量，也可以說，就如成田頓武所云之戰鬥力構成之要素－－參戰兵力及物資的動員，編制裝備、給與組織等項目。[21]

---

[18] 見《國軍教戰總則》。
[19] 見克勞塞維茨《戰爭論》，北京：商務印書館，1997 年 2 月北京 6 刷，頁 185。
[20] 見成田頓武著《克勞塞維茲戰爭論綱要》，台北：黎明文化事業公司，1993 年，頁 54。
[21] 同前註，頁 114。

　　軍事力量除了有形之軍隊兵力多寡、武器裝備數量和精良度之外，尚包括軍隊之教育訓練、戰術戰法之運用、軍隊紀律之嚴肅、將帥之才能（包括領導統御之技巧）、地形地物之利用，以及作戰指揮之靈活度等等因素，此皆爲一般有形之戰力。除此之外，無形之軍事力量，尚有如前述之政治、經濟、心理等因素所造成整體國力無形中之影響。

　　軍事力量所涵蓋因素，即孫子所言之「五事」與「七計」，也就是「道、天、地、將、法」以及「主孰有道？將孰有能？天地孰得？法令孰行？兵眾孰強？士卒孰練？」（＜始計＞）的內涵，孫子將此軍事上的各種因素綜合起來進行比較的觀點，在整體軍事方面所言應該說是相當的全面性。

　　至若所論軍事力量的影響因素，十三篇詳爲綜論，其中有如將帥的才能、修道保法、廟算、先勝、先知、速戰……等等的作戰觀念指導則原，將於後文中加以說明。

第三節　戰爭層次之概念

　　《孫子兵法》十三篇雖各立篇名，然而深入考察，十三篇結構嚴謹，體系完整，且雖未有「戰略」之名詞的運用，亦未予以明確的劃分作戰的層次，但「權謀」之要義，已有充分的作戰層次－「戰略」上之代表性，[22]因此現在研究《孫子兵法》之軍事學者專家，往往多以現代的戰略體系所專用之名詞來予以層次劃分，一般劃分爲「大戰略」、「國家戰略」、「軍事戰略」與「野戰戰略」等四個層次。[23]

---

[22] 根據藍永蔚的認爲，孫武以「五事」與「七計」分析較量敵我雙方之利害得失，藉以制定出合理的作戰策略，其過程即其所謂「因利而制權」，「計」是對決定戰爭勝負的諸因素所進行的具體分析，「權」則是對於這一分析所做的綜合，故其所提之「權」，就是最早的戰略概念。（見《春秋時期的步兵》，台北：木鐸出版社，1987 年，頁 288。）

[23] 現代軍事學者諸如丁肇強、李啓明等人皆以現代戰略所定義之「大戰略」、「國家戰略」、「軍事戰略」與「野戰戰略」等四層次來論孫子之戰略思想層次。見丁肇

　　戰略爲建立力量，藉以創造與運用有利狀況之藝術，俾得在爭取同盟目標、國家目標、戰爭目標、戰役目標，或從事決戰時，能獲得最大之成功公算與最有利之效果。而上列所言之四大層次，其一般之層級順序即「大戰略」－「國家戰略」－「軍事戰略」－「野戰戰略」；以下稍就此四大戰略聯繫於孫子之思想，作一簡單的說明：

一、從「大戰略」之角度言

　　「大戰略」一般來講，乃是由多盟國基於其共同之利益與共同的目標所訂定者，但基本前提仍以本國利益爲主要考量。春秋初期，管仲輔佐齊桓公（西元前 685 年至 656 年），以尊王攘夷之號九合諸侯，一統天下，其作法已具有「大戰略」之型態，至若孫武之軍事思想，雖然其思想建構的環境（吳國或齊國）不如管仲時代齊國那般的強盛，但仍隱隱可現「大戰略」之思想，如其所論「屈諸侯者以害，役諸侯者以業，趨諸侯者以利」（＜九變＞），「衢地則合交」（＜九地＞），「上兵伐謀，其次伐交」（＜謀攻＞），以及「約和旁國，交親結恩」[24]等等從經濟從外交方面的手段所成之大戰略運用，已具有大戰略思想之雛形，然而其思想只能認定爲「大戰略」之概念罷了，其思想作明確之界定，只能說是站在「國家戰略」的立場上，以國家利益爲前提的戰略角度所建構的，根本談不到如何制定「大戰略」，談不到如何以「大戰略」來指導國家戰略。

二、從「國家戰略」的角度言

　　「國家戰略」爲從建設政治、經濟、心理、軍事等四大國力，以創造與運用有利狀況之藝術，它的範圍包括準備戰爭與發動戰爭的一

　　強著《孫子述要》，台北：台灣高等教育出版社，1995 年，頁 114；李啓明，《孫子兵法與波斯灣戰爭》，台北：黎明文化事業公司，1995 年，頁 16。
[24] 見清畢以珣《孫子敘錄》中之孫子遺文：孫子與吳王之問答所言。

切國家事務。孫武在其＜始計＞所論可以說是「國家戰略」的一個具體概論，其「經之以五事」－「道、天、地、將、法」，即包括了政、經、心、軍四大國力之整備；「道者、令民與上同意」即涵蓋了政治與心理層面，而「法令執行」亦包含政治、經濟的法令典章，以及軍事上的律令、編裝等，其「修道而保法」亦包括政治、經濟作為，以及軍事上的運作，非但強調「國家戰略」之作為，亦包括在「軍事戰略」之範疇。就＜作戰＞而言，其中談到甚多有關戰爭準備之事務，尤其是講到國家後勤與軍隊後勤方面，故亦可列入「國家戰略」之軍事的部分，或亦可言為「軍事戰略」之範疇。事實上「軍事戰略」所論者，皆可歸為「國家戰略」範圍之一部分。

三、從「軍事戰略」之角度言

「軍事戰略」者，乃建軍備戰之作為，包括建軍、備戰與用兵等三大事務。此戰略之內涵在《孫子兵法》中論述甚廣，所言者諸如「法者，曲制、官道、主用也」（＜始計＞），「七事」中之「將孰有能」、「兵眾孰強」、「士卒孰練」、「賞罰孰明」（＜始計＞），「分數」與「形名」（＜兵勢＞），以上概屬於建軍之部分。至於備戰方面，有如「以虞待不虞者勝」（＜謀攻＞），「先為不可勝，以待敵之可勝」（＜軍形＞），「無恃其不來，恃吾有以待也」（＜九變＞）等。有關用兵方面，所論者甚廣，僅舉明確適恰者，如＜軍形＞所云「兵法：一曰度，二曰量，三曰數，四曰稱，五曰勝」，訴諸於軍事武力時，必須針對敵情、地形、天候以及我軍狀況等因素加以分析研判，而後擬定作戰構想，策訂作戰計畫，計算兵力與後勤支援的需求，作為建軍和備戰之依據；用兵最重要者，必先「四知」，即「知彼知己，勝乃不殆；知天知地，勝乃不窮」（＜地形＞），瞭解敵我現狀，以及天候與地理形勢，以資作判斷、決心、構想甚至策訂作戰計畫之依據。以上所言皆屬「軍事戰略」之範疇。

四、從「野戰戰略」之角度言

　　「野戰戰略」者，乃運用野戰兵力，以創造與運用有利狀況之藝術，俾得在爭取戰役目標，或從事決戰時，能獲得最大之成功公算與有利之效果。《孫子兵法》十三篇，依其內容之眾寡而言，主要內容大多為「野戰戰略」之部分，＜謀攻＞、＜軍形＞、＜兵勢＞、＜虛實＞、＜軍爭＞等皆為「野戰戰略」之作戰指導，以及創造有利狀況或有利態勢之作為，而＜九變＞與＜九地＞也多涉及野戰用兵之「常與變」之哲理，＜行軍＞、＜地形＞、＜用間＞則以地形與情報支持野略，＜火攻＞亦為支持野略之手段。[25]不論是作戰目標之選擇－「攻其所必救」（＜虛實＞）、「先奪其所愛」（＜九地＞），或是有利態勢之建立、主動作為、講求機動快速、欺敵與奇襲之用、統一與彈性之領導用兵等皆為「野戰戰略」之內容。

　　以上之分述，乃用現代戰略之觀點，以較高層次的角度來談。事實上，兵法之用，所涵蓋的戰爭層次，大至戰略層次之「大戰略」「國家戰略」等，小至單兵或小部隊作戰，皆十分重要，不能輕視也不能免除。古代之兵法兵書，其在戰略之階層，無今日所分之細鉅，有大陣式大軍之作戰思想，而無「戰略」之詞的運用，更無應乎「戰略」而建構出所謂的戰略思想體系。

　　若純粹從戰略體系談《孫子兵法》之思想建構，似乎有點牽強與不週全，故在此再針對《孫子兵法》中所用之字語：「兵」、「兵法」、「用兵之法」、「戰」、「鬥」、「擊」等字句簡單談談《孫子兵法》中，從「戰略」、「戰術」與「戰鬥」等方面之作戰層級。

其一、「兵」所反映之層級

　　「兵」字之本義，根據段玉裁《說文解字注》云：

　　械也。械者，器之總名，器曰兵，用器之人亦曰兵。[26]

「兵」之本義同「械」，亦即指兵器，又引伸為持兵器之人（軍人、士兵）、軍隊，以及作為動詞之「用兵」，擴大可以作為「戰爭」之代名

[25] 參見李啓明《孫子兵法與現代戰略》，台北：黎明文化事業公司，1989 年，頁 6。
[26] 見段玉裁著《說文解字注》，台北：黎明文化事業公司，1993 年，頁 105。

詞，故「兵」之本質，乃以物代人，而爲士卒，以人代事，而爲戰爭。
在《孫子兵法》中，「兵」字出現者，排除「用兵之法」以及「兵法」
中之「兵」字外，其他共出現五十八言，分列如下：

＜始計＞：

　　　兵者，國之大事。

　　　兵眾孰強。

　　　兵者，詭道也。

＜作戰＞：

　　　久則鈍兵挫銳。

　　　夫鈍兵、挫銳、屈力、殫貨。

　　　故兵聞拙速，未睹巧之久也。

　　　夫兵久而國利者，未之有也。

　　　故不盡知用兵之害者，則不能盡知用兵之利也。

　　　善用兵者，役不再籍。

　　　故兵貴勝，不貴久。

　　　故知兵之將，生民之司命。

　　　故上兵伐謀，其次伐交，其次伐兵，其下攻城。

＜謀攻＞：

　　　故善用兵者，屈人之兵，而非戰也。

　　　故兵不頓，而利可全。

＜軍形＞：

　　　是故勝兵先勝而後求戰，敗兵先戰而後求勝。

　　　善用兵者，修道而保法。

　　　故勝兵若以鎰稱銖，敗兵若以銖稱鎰。

＜兵勢＞：

　　　兵之所加，如以碬投卵者。

＜虛實＞：

　　　越人之兵雖多，亦奚益於勝敗哉？

　　　故形兵之極，至於無形。

　　　兵之形，避實而擊虛。

兵因敵而制勝。故兵無常勢，水無常形。

＜軍爭＞：

　　故兵以詐立，以利動，以分合為變者也。

　　故善用兵，避其銳氣。

＜九變＞：

　　故將通於九變之利者，知用兵矣。

　　治兵不九變之術，雖知五利，不能得人之用矣。

　　凡此五者，將之過也，用兵之災也。

＜行軍＞：

　　此兵之力，地之助也。

　　奔走而陳兵者，期也。

　　兵怒而相迎，久而不合。

　　兵多非益也，惟無武進。

＜地形＞：

　　引兵而去，令敵半出而擊之。

　　引兵而去，勿從也。

　　故兵有走者，有弛者。

　　陳兵縱橫，曰亂。

　　以少合眾，以弱擊強，兵無選鋒。

　　夫地形者，兵之助也。

　　故知兵者，動而不迷，舉而不窮。

＜九地＞：

　　所謂古之善用兵者，能使敵人前後不相及。

　　卒離而不集，兵合而不齊。

　　兵之情主速，乘人之不及，由不虞之道，攻其所不戒也。

　　運兵計謀，為不可測。

　　兵士甚陷則不懼，無所往則固。

　　其兵不修而自戒，不求而得。

　　故善用兵者，譬如率然。

　　兵可使如率然乎？

　　故善用兵者，攜手若使一人。

　　故兵之情，圍則禦，不得已則鬥，過則從。

　　夫霸王之兵，伐大國。

　　做為兵之勢，在於順敵之意。

＜火攻＞：

　　火發而其兵靜者，待而勿攻。

＜用間＞：

　　凡興師十萬，出兵千里。

　　此兵之要，三軍之所恃而動也。

十三篇中皆有「兵」字之出現，所代表的涵意包括了武裝的士卒、軍事、用兵作戰、戰爭等概念，以它來表示為「人」時，它所反映的作戰層級包括有小部隊的戰鬥，也有大部隊的戰術戰略運用，然而，以它作為代名詞－「戰爭」的概念更為恰當，諸如「兵者，國之大事」之「兵」字，解釋為戰爭，解釋為戰爭的意涵是最適宜了，因為戰爭乃由持械之士卒軍隊所建立起來的，無士卒與武器作為戰爭的基本要素，戰爭之概念是不能成立的。

　　至於將「兵」作為戰爭之概念，而戰爭所涵蓋的作戰層級，就廣義言，它可以指為戰略的層級，以及包括戰術戰鬥等階層，就狹義言，單指戰略層級最為恰當，因為戰爭的開啟，排除國家的內戰不談，乃是兩國以上的對立衝突，攸關一個國家的生死存亡的問題，故此等大事，當是國家整體戰略的層次問題，擬訂戰略方針以對付外來之壓迫，因此，孫子所云「兵」者，具有戰爭之代表性，亦存有戰略思想層級之意涵。

其二、「兵法」所反映之層級

　　十三篇中，以結構而言，＜始計＞、＜作戰＞與＜謀攻＞反映出以現代軍事思想而言的「戰略」思想，其他諸篇則有一般「戰術」與「戰鬥」的思想，諸如孫子所云之「詭道十二法」、「四治戰法」、「用兵八戒」、「火攻戰法」等等思想。然而，以各篇中出現之「兵法」或「用兵之法」之字句來談，其中不乏有戰略思想和戰術思想之總結。

在十三篇中出現「兵法」或「用兵之法」者共有十處：

＜作戰＞：

> 凡用兵之法，馳車千駟。

> 其用戰也勝。

＜謀攻＞：

> 凡用兵之法，全國為上。

> 故用兵之法，十則圍之。

＜軍形＞：

> 兵法，一曰度。

＜軍爭＞：

> 凡用兵之法，將受命於君，合軍聚眾。

> 故用兵之法，高陵勿向，背丘勿逆。

＜九變＞：

> 用兵之法，君命有所不受。

> 故用兵之法，無恃其不來，恃吾有以待之。

＜九地＞：

> 凡用兵之法，有輕地，有爭地。

「兵法」或「用兵之法」顧名思義可以說是一切用兵之原理原則，亦即戰爭之法則或準則，所涵蓋的當然包括了戰略方面與戰術方面的「用兵之法」或用兵原則。因此，當我們要嚴格的說出《孫子兵法》中何處具有戰略運用之原則，何處有戰術方面的運用原則時，我們大概可以說《孫子兵法》中，其「兵法」與「用兵之法」之句，具有戰略與戰術層級方面的抽象概念，或是作戰原則的總結。

其三、「戰」與「鬥」所反映之層級

《孫子兵法》十三篇中之「戰」字，除＜用間＞外，其他十二篇中處處可見，出現者共有六十八言，分列如下：

＜始計＞：

> 夫未戰而廟算勝者，得算多也；未戰而廟算不勝者，得算少也。

＜作戰＞：

故車戰,得車十乘以上。

<謀攻>:

是故百戰百勝,非善之善者也。不戰而屈人之兵,善之善者也。

故善用兵者,屈人之兵,而非戰也。

敵則能戰之,少則能守之。

知可以戰與不可以戰者勝。

知彼知己者,百戰不殆。

不知彼,一知己,每戰必殆。

<軍形>:

昔之善戰者,先為不可勝。

故善者,能為不可勝。

戰勝而天下曰善,非善之善者。

古之所謂善戰者,勝易勝者也。故善戰者之勝也,無智名,無勇功。

故其戰勝不忒。

故善戰者,立於不敗之地。

是故勝兵先勝而後求戰,敗兵先戰而後求勝。

勝者之戰民也。

<兵勢>:

凡戰者,以正合。

戰勢不過奇正。

故善戰者,求之於勢。

故善戰人之勢,如轉圓石於千之山者。

<虛實>:

凡先處戰地而待敵者佚,後處戰地而趨戰者勞。故善戰者,致人而不致於人。

故我欲戰,敵雖高壘深溝,不得不與我戰者,攻其所必救也;我不欲戰,畫地而守之,敵不得與我戰者,乖其所之也。

能以眾擊寡者,則吾之所與戰者,約矣。吾所與戰之地不可知,不可知,則敵所備者多,敵所備者多,則吾所與戰者,寡矣。

故知戰之地，知戰之日，則可千里而會戰。不知戰地，不知戰日，則左不能救右，右不能救左，前不能救後，後不能救前。

故其戰勝不復，而應形於無窮。

＜軍爭＞：

故夜戰多火鼓，晝戰多旌旗。

＜九變＞：

圍地則謀，死地則戰。

＜行軍＞：

戰隆無登，此處山之軍也。

欲戰者，無附於水而迎客。

遠而挑戰者，欲人之進也。

＜地形＞：

利糧道，以戰則利。

勢均，雖以挑戰，戰而不利。

遇教憝而自戰，將不知其能，曰崩。

知此而用戰者，必勝。不知此而戰者，必敗。故戰道必勝，主曰：無戰，必戰可也。戰道不勝，主曰：必戰，無戰可也。

知吾卒之可以擊，而不知地形之可以戰。

＜九地＞：

諸侯自戰其地者，為散地。

疾戰則存，不疾戰則亡者，為死地。

圍地則謀，死地則戰。

踐墨隨敵，以決戰事。

＜火攻＞：

夫戰勝攻取，而不修其功者凶，名曰費留。

非得不用，非危不戰。主不可以怒而興師，將不可以慍而致戰。

「戰」字之解釋，根據段玉裁的解釋，戰者「鬥也」，「兩士相對，兵杖在後」，[27] 顧名思義即為戰鬥之概念，為單兵間的互鬥或小部隊間的

---

[27] 同前註，頁六三六。

戰鬥；因此，「戰鬥」之言，大多屬敵我雙方兵刃相見，以鬥死生，所指層級較小，就作戰部隊之階層而言，即可歸納爲今日所稱之戰鬥部隊。上面所列者，除少數指全般戰爭或作戰之意涵外（如＜始計＞之「未戰而廟算勝者」，＜謀攻＞之「知可以戰」，＜軍形＞之「昔之善戰者」等），其他大多有戰鬥之意思。

此外，出現「鬥」字者有有五處：

鬥眾如鬥寡。（＜兵勢＞）

紛紛紜紜，鬥亂而不可亂也。（＜兵勢＞）

敵雖眾，可使無鬥。（＜虛實＞）

入深則拘，不得已則鬥。（＜九地＞）

不得已則鬥，過則從。（＜九地＞）

「鬥」字者，亦多有戰鬥之本意。

其四、「擊」字所反映之層級

十三篇中出現「擊」字者，蓋如下列：

能以眾擊寡者，則吾之所與戰者，約矣。（＜虛實＞）

軍有所不擊，城有所不攻，地有所不爭，君命有所不受。（＜九變＞）

令半渡而擊之。（＜行軍＞）

以少合眾，以弱擊強，兵無選鋒。（＜地形＞）

知吾卒之可以擊，而不知敵之不可以擊，勝之半也。知敵之可擊，而不知吾卒之不可擊，勝之半也。（＜地形＞）

彼寡可以擊吾之眾者。（＜九地＞）

擊其首則尾至，擊其尾則首至，擊其中，則首尾俱至。（＜九地＞）

凡軍之所欲擊，城之所欲攻。（＜用間＞）

根據《說文解字》對「擊」之解釋爲，擊者「擊之而傷也，故其字從手毀」，[28]擊爲打擊、攻擊之行動，其目的在的毀人傷人，正符合作戰

---

28 同前註，頁六一五。

之目的在於殲滅敵人之有生力量，獲得作戰利益，並以保全我自己，故不論部隊之層級如何，其出兵之用意在於獲勝，在於擊滅敵人，因此以「擊」論作戰層級，它可以涵蓋任何階層，畢竟作戰在於求「全軍」「全國」，任何階層從事作戰，都有共同的目標，即是求生求勝，班的階層如此，排的階層如此，營、旅、師、軍、軍團等等階層皆是如此，小部隊作戰或地區、區域作戰最高指揮官者，何忍傷任何一兵一卒呢？何嘗不是希望每個作戰部隊，每個階層，以至於全軍整體皆是勝利的，無傷兵卒，而能獲得全勝。

　　然而，「擊」乃是出自實際的作戰動作之體現，因此，當我們論述它所代表的層級，若要予以狹義的區隔時，不妨可以說它反映出的是屬於較低的階層，尤以「戰鬥」階層為主，因為它出自於實現殲敵行動，在於實現戰略與戰術的思想方法，但此種解釋也只能僅供參考，畢竟它乃有其侷限性，需視兵法在敘述上的整體觀念而論。

　　《孫子兵法》中的思想，雖然無法應乎今日戰爭所劃分之階層，但它卻包羅了較高的戰略階層，也包含了小部隊的作戰。不論各種層級，其用兵思想都是同等的重要，因為它們彼此是相互影響，互為因果，不能有所偏闕；戰略之運用，目的在創造對決戰有利之態勢，使戰力能作最有效之發揮，也就是藉由戰略的優勢，使戰術運用與部隊戰鬥能夠順利進行，各部隊之戰力能作最大最有效的發揮，故戰略佳，戰術戰鬥也就自然有利，此乃由上影響下階層之重要。反之，戰鬥力的發揮，戰術的運用，創造戰場上有利狀況，將部隊戰力直接加之於敵人，遂行決戰，使戰略的運用更為有利，此乃由下階層影響戰略階層之功效。

　　戰鬥的概念乃是具體戰術思想和方法之體現，而戰術運用上的順利進行，更反映出戰略方針的適切性，彼此間的關係是環環相扣，相互依存，不可分割的，在一部完整的兵學體系中，其建構的思想內涵是必具兼顧上下各不同的層級，如此上下層級在運用兵法時，方不致有所矛盾，有所齟齬，而流於空論與不切實際；《孫子兵法》之思想，雖無明確劃分體系，然而其思想主張，兼顧了不同層級的用兵觀念，

且超越了時間性，所以成爲古今中外之兵學家所莫不研讀之精典鉅著。

第四節　戰爭進行的可知可測性

　　對於戰爭勝負的決定，也就是敵我勝負的結果，孫子認爲不是一種偶然性的巧合，他認爲作戰的過程是可以預知的，可以測度的，勝敗是可以預料和充分把握的。

　　克勞塞維茲曾經這麼認爲，「戰爭無論就其客觀性質來看，還是就其主觀性質來看都近似賭博」，而戰爭的「一切往往都像在雲霧裏和月光下一樣，輪廓變得很大，樣子變的稀奇古怪」，「戰爭是充滿偶然性的領域。人類的任何活動都不像戰爭那樣給偶然性這個不速之客留有這樣廣闊的活動天地。因爲沒有一種活動像戰爭這樣從各方面和偶然性經常接觸。偶然性會增加各種情況的不確定性，並擾亂事情的進程」，「在人類活動中，再沒有像戰爭這樣經常而又普遍地同偶然性接觸的活動了」，[29]「戰爭是一種推測的境界，一切事物可爲軍事作爲的基礎，有四分之三常不確實」，[30]顯然克勞塞維茲仍十分強調戰爭有其強烈之偶然性，也因而造成了不可知性與不可測性的結果，事實上，或許戰爭中有甚多的偶然性，但人爲的努力與實踐去獲得其可知性，仍可彌補其中的不可預測的部分，這也就是孫子兵學思想中所反映出的戰爭進行中的可知性，以及其勝負可以強行決定的觀念。

　　孫子認爲戰前定計於廟堂之上，深入計算，可以知道勝負，即「多算勝，少算不勝，而況於無算乎！吾以此觀之，勝負見矣」（＜始計＞）。至於如何去測知戰爭之勝負，主要是從戰爭的基本要素來分析與研判，其基本要素即爲「力」、「時」、「空」所涵蓋者，包括有形與無形的敵我戰力，有如＜始計＞所言之「五事」與「七計」皆爲主要的

---

[29] 見陳學凱著《制勝韜略》，引克勞塞維茲《戰爭論》所云。（山東：山東人民出版社，1992 年，頁 375。）
[30] 見克勞塞維茲《戰爭論》，第三篇第三章第三節。

因素，即「道、天、地、將、法」五事，以及「主孰有道？將孰有能？天地孰得？法令孰行？兵眾孰強？士卒孰練？賞罰孰明」七計，並從「地生度，度生量，量生數，數生稱，稱生勝」（〈軍形〉）中判斷，作為戰爭勝負的依據，藉由敵我雙方的各種因素所造成之戰力，在相互抗衡之下，形成彼此「形勢」上的強弱虛實，使在戰爭的過程中有致勝的一方，有必敗的一方，故這勝負的雙方在彼此的既有之「形」與「勢」、「虛」與「實」、「強」與「弱」、「銳」與「鈍」、「治」與「亂」、「勞」與「佚」等等優劣對比中已可預測了。

　　要預知戰爭過程的勝負結果，必當落實於戰爭過程中的種種勝負要素的「知」，從「四知」中求得「知彼知己」與「知天知地」（〈地形〉），在敵我對抗的過程中，不斷積極的去爭取「盡知」與「先知」，不但能知常道，亦能掌握其中之「變」，使作戰判斷獲得最準確，使作戰計劃之訂定最為完善，如此必能獲得「先勝」，亦能掌握「知勝」之道，即「知可以戰與不可以戰」，「識眾寡之用」，「上下同欲」，「以虞待不虞」，「將能而君不御」（〈謀攻〉），最後終抵「全勝」，所以勝敗怎能會不預先知道呢？

　　此外，從現象探索本質，從實質徵兆可以推知事實結果，並藉由此事實之結果，理出對應之策，如此勝負亦可為知；這種現象或徵兆的探索亦即是作戰過程中的戰場搜索，敵情觀測與判斷，以及情報蒐集之能力，孫子在〈行軍〉中提出了三十餘種從表面現象或徵兆去探索本質以得事實結果的例子，指出：

> 敵近而靜者，恃其險也；遠而挑戰者，欲人之進也；其所居易者，利也。眾樹動者，來也；眾草多障者，疑也。鳥起者，伏也；獸駭者，覆也。塵高而銳者，車來也；卑而廣者，徒來也；散而條達者，樵採也；少而往來者，營軍也。辭卑而益備者，進也；辭彊而進驅者，退也；輕車先出居其側者，陳也；無約而請和者，謀也；奔走而陳兵車者，期也；半進半退者，誘也。杖而立者，飢也；汲而先飲者，渴也；見利而不進者，勞也。鳥集者，虛也；夜呼者，恐也；軍擾者，將不重也；旌旗動者，亂也；吏怒者，倦也；粟馬肉食，軍無懸缻，不返其舍者，窮

寇也。諄諄翕翕，徐與人言者，失眾也；數賞者，窘也；數罰
者，困也；先暴而後畏其眾者，不精之至也；來委謝者，欲休
息也。兵怒而相迎，久而不合，又不相去，必謹察之。

在探索表徵現象後，最重要的是必須做最正確的研判，謹慎審察，然
後「順詳敵之意」（＜九地＞），而為相應之道，在「攻守」、「奇正」、
「分合」、「虛實」、「迂直」、「進退」、「速」、「久」、「背」、「向」等作
戰方法技巧的運用上適切得宜，加上將帥有高度領導統御的能力，對
「人」（「人」尤其是士卒，並非可以完全掌握，對指揮官的作戰構想
並非能完全的配合遂行，所以人的掌握是最困難的，也是最重要的。）
的掌握運用自如，如此必能迎接預期可知的勝利了。

　　針對孫武的戰爭觀，從慎戰觀、政軍心經統合的戰爭思想、戰爭
層次之概念，以及戰爭進行的可知可測性等四個方面來說明，明白揭
示孫子對於戰爭所抱持之態度，不輕易開啟戰端，因為敵我戰爭，雙
方必然皆會蒙受損害，此乃戰爭無所謂的絕對之勝利，面對戰爭，伐
謀為上，求「不戰而屈人之兵」之至高的用兵藝術；戰爭為一總體的
戰爭，勝負的要件，無所謂單方面的勝敗成因，唯有在建軍備戰上統
合政治、經濟、心理、軍事等方面，齊頭並行，方可獲得勝利的保證；
戰爭的進行，具有高度的可知性與可測性，戰爭的勝敗是可以預測的，
其所謂的偶然性常是因為在「知」與「廟算」以及對現象審察的不實
所致，而影響了其可知性。此外，孫子所為十三篇，雖無今日戰爭上
明確的層次區分，但其思想體系已十分完整，涵蓋了戰略的高層次範
圍以及戰術和戰鬥方面的作戰思想，故為一部百世常新的兵學精典。

第四章　《孫子兵法》的戰爭原則
與作戰指導

　　《孫子兵法》提供諸多戰爭時的普遍性原則與作戰指導，可以作為今古作戰的不變法則，其中特別強調以智取勝的廟算工夫，追求「不戰而屈人之兵」的至高藝術。在尋求廟算智勝的過程中，「知」的概念尤為重要，因此，「盡知」與「先知」為一切戰爭作為的基礎，惟有掌握此「知」，才能進入左右戰局的殿堂。用兵以謀略，藉由奇正、虛實、分合與詭道之為用，以達到避實擊虛的目的。此外，主動與先制、速戰與機動作戰，更是孫子強調的作戰原則，也是千古不變的作戰思維。

第一節　廟算

　　在戰爭的策略運用上，孫武崇尚以智謀取勝，而智謀之運籌，當先計之，即定計於廟堂之上。孫子將＜始計＞列於首位，特別強調廟算豫計之重要性，戰爭之勝敗，常斷決於是否確立週密的作戰計劃，而週密的作戰計劃之訂定，必先度我五事，再校敵以七計，詳明敵我實情、敵我之優劣。[1]

　　管子有云：

　　　凡攻伐之為道也，計必先定於內，然後兵出乎境。計未定而出

---

[1] 「五事」與「七計」，見《孫子兵法・始計》。「五事」者，「道、天、地、將、法」五者；「七計」者，「主孰有道？將孰有能？天地孰得？法令孰行？兵眾孰強？士卒孰練？賞罰孰明？」

兵，是戰之自毀也。[2]

能見計之為用，乃導兵之所動。而孫子言「七計」，藉以盱衡敵我，故云：

> 校之以計，而索其情。曰：主孰有道？將孰有能？天地孰得？法令孰行？兵眾孰強？士卒孰練？賞罰孰明？吾以此知勝負矣。（〈始計〉）

以「七計」來審度「五事」（道、天、地、將、法），同時亦度敵狀，辨明未戰前之敵我強弱。

在校之以七計以明敵我盛虛之後，當就現實狀況，計以利我，改變敵我優劣，形成對我有利之情勢，故云「計利以聽，乃為之勢，以佐其外；勢者，因利而制權也」。（〈始計〉）勢定而敵不可擋，惟定計於內，為勢於外，方能以助全勝，故杜牧云：

> 計算利害，是軍事根本。利害已見聽用，然後於常法之外，更求兵勢，以助佐其事也。敵之情，我乃設奇譎之勢以動之。[3]

知敵我強弱後，便謀以利我，設神妙詭奇之勢，使我本為優勢之軍，更促進全勝之功，縱為劣勢之軍，亦可轉劣為優，克敵以制勝。

孫子又云：

> 兵法：一曰度，二曰量，三曰數，四曰稱，五曰勝；地生度，度生量，量生數，數生稱，稱生勝。（〈軍形〉）

夏振翼云：

> 一曰度，何為度？忖度地形。二曰量，何為量？酌量其糧餉也。三曰數，何為數？計數乎士卒也。四曰稱，何為稱？衡稱吾勢力也。五曰勝，何為勝？勝敵之已敗也。故凡安營布陣，必本于地；地則廣狹不同，吾當有以忖度之，此地之所以生度也。夫地形既忖度其廣狹之分。而糧餉之多少，亦當有以酌量之，此度之所以生量也。夫糧餉既酌量其多少之用，而士卒之眾寡，尤當有以計數之，此量所以生數也。夫士卒既計數其眾寡之數，

---

[2] 見明凌汝亨《管子輯評》，中國子學名著集成編印。
[3] 見《十一家注孫子‧始計》，杜牧注云。

而勢力之重輕，更當有以衡稱之，此數之所以生稱也。夫勢力既衡稱其重輕之別，而吾之先勝之形，與敵之已敗之形，從是而判然矣，此稱之所以生勝也。故先勝，勝人之兵，若以重至之鎰，舉其至輕之銖，殆易舉而易勝者也。已敗而敗之兵，至以至輕之銖，舉其至重之鎰，殆難舉而難勝者也。勝敗之懸，無殊乎輕重之不敵也。[4]

根據預想作戰地區地理狀況，測度事勢，酌量彼己之強弱，知其遠近廣狹，知其兵力人數，預估敵我雙方最大可能投入之兵力，同時酌量彼我強弱利害，然後爲力、時、空因素之機數，權衡對比，稱量孰愈，量地量兵相稱以勝；故一切權量、測度或計劃皆是戰前所從事之廟算豫計。

　　豫計後，明敵我，以擬謀略，補我之劣，圖最少之付出獲最佳之戰果，故用兵之道，「上兵伐謀，其次伐交，其次伐兵，其下攻城」（＜謀攻＞），終究之功在於強調「凡用兵之法，全國爲上，破國次之；全軍爲上，破軍次之」；「是故百戰百勝，非善之善者也；不戰而屈人之兵，善之善者也」。「善用兵者，屈人之兵而非戰也，拔人之城而非攻也」（＜謀攻＞）。不與敵戰，而必完全得之，立勝於天下，不頓兵血刃，以全勝之計爭天下，是以不頓收利而有功。[5]

　　謀定而計成，當可轉劣勢爲優勢，化危機爲轉機，更可圖以寡擊眾之功，孫子＜行軍＞誠云：

　　　　兵非益多也，惟無武進，足以併力、料敵、取人而已。夫惟無慮而易敵者，必擒於人。

兵不在眾，非貴益多，用兵並非越多越好，以寡擊眾才是用兵上上之術，必須憑藉智謀，並力料敵，巧取敵人，量敵而取勝。

　　從豫計而至崇尚以智謀巧取敵人之戰略思想，尤特言「不戰而屈人之兵」，此乃至高之謀攻之法與用兵藝術，主張最上之策在於以智謀屈敵，巧妙的運各謀略制勝敵人。因此，克敵勝敵並非只有訴諸武力

---

[4] 見清夏振翼輯《孫子體註》。
[5] 見《十一家注孫子・謀攻》，李荃注云。

才可達到，不費兵卒之力亦可全功，惟賴豫計以明敵我，巧智以定勝謀，持經權、正奇之變，達到「全國」「全軍」，獲得戰爭的最後勝利。

第二節　盡知與先知為一切戰略戰術作為之基礎

盡知與先知乃對戰爭活動的「知常」與「知變」技能，為左右戰局的重要關鍵，以下分別簡述之。

一、盡知

「盡知」者，首先須儘可能多方掌握戰爭中的所有理論知識與一般性常識，即為戰爭活動中較固定性之知識，而這些大多是戰爭中一些普遍不變與規律性的原則。其次是一種較長期性、理論性與間接性的客觀事物之認識活動，因此，可以謂為「知常」。盡知就是要儘可能而不斷地去知常，不斷的補充，累積經驗與深化擴展。

《孫子兵法》提到「不盡知用兵之害者，則不能盡知用兵之利」（＜作戰＞），李荃注也提到「利害相依之所生，先知其害，然後知其利也」。[6] 依孫子的看法，即善於用兵的人，正是那些能夠儘可能全面而有系統地把握戰爭得失的人，盡知所需要者為對全面、整體與關聯戰爭活動各個方面的系統把握，故在此而言，它已不只於知常，亦深化的包括了知變，畢竟只有既能知常且能知變者，方能稱為盡知，確切掌握戰爭的全局，才能盡知其利害得失，因此，「智者之慮，必雜於利害；雜於利，而務可信也；雜於害，而患可解也」（＜九變＞）。

盡知乃要求人們對戰爭領域及其相關領域之所有知識的全面把握與應具備之知能，如＜始計＞中所提到的「五事」與「七計」，可作為

---

[6] 見《十一家注孫子・作戰》，李荃注云。

是全面瞭解戰爭的盡知的基本內容與基本模式之一，擴大解釋也可稱
為是盡知的範圍。「五事」中之「道」為政治方面的認知，「天」乃氣
候、節令與天文等知識，「地」是軍事地理方面的知識，「將」主以選
拔將領的條件而言，「法」為有關軍隊建制、後勤、裝備等相關知識，
所論者，其中多屬知常方面之「知」，亦可稱為盡知之範疇；至於「七
計」所言者的各種「知」之內容，其用意乃在「知己知彼」，然而包羅
了知常與知變之範圍，因此大多是「先知」，但亦有「盡知」之屬。

《尉繚子》云：

> 兵者，以武為植，以文為種。武為表，文為裏。能審此二者，
> 知勝敗矣。文所以視利害，辨安危。武所以犯強敵，力攻守也。
> [7]

《六韜》亦云：

> 將必上知天道，下知地理，中知人事。[8]

左右戰爭勝負，不僅需要軍事方面之專業知識，也需具備政治及其他
各方面的綜合知識，瞭解戰爭的本質，明白政、經、軍、心之關聯，
掌握戰爭之利弊得失，預測戰局，並以防患於未然，知盡之功能與目
的即在於此，亦為孫子用兵之重要思想。

二、先知

「先知」者，以較侷限性的解釋，就是指對「變」的先知，或未
定性未知性的先知，它要求人們儘可能迅速地掌握戰場－－知變；先
於敵人知道各方面各層次之訊息與情報，亦即先於敵人知道在這戰爭
中變化發展著之活的、特殊的、至關重要的具體事物，因此，先知即
指先於敵人的知變能力，是一種對隨機性、實時性與直接性的客觀活
動、事物之洞察能力和恰當應付的機變能力的速度要求。

《尉繚子》云：

---

[7] 見《尉繚子・兵令》。
[8] 見《六韜・虎韜・壘虛》。

　　權先加人者，敵不力支；武先加人者，敵無威接；故兵貴先。[9]一切先於敵，必能掌握稍縱即逝之戰機，掌握全般戰局，而其一切「先」皆須賴於「先知」，故以先知之「先」爲勝敵之主要關鍵。

　　孫子將先知置於戰略之首，將先知看成「動而勝人」之手段，且其軍事思想，論「戰」以「知」爲重，如＜軍爭＞所云：

> 不知諸侯之謀者，不能豫交，不知山林、陰阻、沮澤之形者，
> 不能行軍；不用鄉導者，不能得地利。

「知」乃戰時獲利與一切軍事行動的基礎；然而要獲得戰爭勝利，不能僅限於一般「知」的程度上，必須要求「先知」，先知而後謀定，謀定後即可先行，只有先行，才能先敵而勝，此乃「先知迂直之計者勝，此軍爭之法也」（＜軍爭＞）的道理。

　　至於孫子所言「先知」者，乃在於「四知」，即「知彼知己，勝乃不殆；知天知地，勝乃不窮」（＜地形＞），求人事（知彼知己）與天時地利之先知，在力、時、空的同時掌握與考量下運作，則可百戰百勝。此即劉寅所言：

> 知彼之虛實，知我之強弱，戰則必勝，不至於危殆。知天時之
> 順，知地利之便，戰勝之功，又可以全得也。[10]

唯能知己知彼，知天知地，方可測彼我之虛實，用天地之便利，相機應敵，每戰必勝。

　　不論從事戰略或戰術活動，切勿暴露自身實力上弊弱強實之處爲敵有能對應而爲戰勝之條件，相對的，必先洞察敵情，知敵實況，掌握主動權，創造不爲敵所勝之機，然後先計而動，等待最佳時機戰勝敵人，故孫子有云：

> 善戰者，先為不可勝，以待敵之可勝。不可勝在己，可勝在敵。
> 故善戰者，能為不可勝，不能使敵必可勝。故曰：勝可知，而
> 不可為。（＜軍形＞）

---

[9] 見《尉繚子・戰權》。

[10] 見劉寅《武經七書直解・孫武子直解》，摘自中國子學名著集成編印《武經直解》，1978 年，頁 95。

造成不可勝之態勢，必基於先知，而後方能進一步採先計先行的積極
作為。

<用間>云：

　　明君賢將所以動而勝人，成功出於眾者，先知也。

梅堯臣注云：

　　主不妄動，動必勝人；將不苟功，功必出眾。所以者何也？在
　　預知敵情也。[11]

為將者，當先知敵情，動則勝人，而先知必在人為，故「先知者不可
取於鬼神，不可象於事，不可驗於度，必取於人，知敵之情者也。」
（<用間>）洞知敵情，掌握敵情，不能靠鬼神卜筮方式為之，敵情
之瞭如指掌全在人事之運作，建見完整確切之情報蒐集機構，獲得最
準確最快速的敵情，以求知敵勝敵，故孫子又云：

　　知彼知己，百戰不殆。不知彼而知己，一勝一負；不知彼，不
　　知己，每戰必殆。（<軍形>）

而知彼知己者在於「以我之政，料敵之政；以我之將，料敵之將；以
我之眾，料敵之眾；以我之食，料敵之食；以我之地，料敵之地」。[12]
校量敵我，以定後謀，優劣長短，相較而見，然後起兵，故有百戰而
不殆也；而此等敵我之較量，孫子從國家整體情勢來估算，在<始計
>中即從政治、經濟、心理、、軍事、以及時空等方面來考量：「主孰
有道？將孰有能？天地孰得？法令孰行？兵眾孰強？士卒孰練？賞罰
孰明？」審度彼我之優劣與戰力之消長，而後再決定國家戰略的整體
方針，定出對應之策。

　　至若知己的實際作為上，如<謀攻>云：

　　識眾寡之用者勝；上下同欲者勝；將能而君不御者勝。

此言即是將帥對自己用兵能力的「知己」功夫。又如<行軍>云：

　　卒未親附而罰之，則不服，不服則難矣。

　　卒已附而罰不行，則不可用也。

---

[11] 見《十一家注孫子‧用間》，梅堯臣注云。
[12] 見《十一家注孫子‧謀攻》，李筌注云。

此乃知己卒之可用不可用的因素。＜地形＞又云：

> 夫勢均，以一擊十，曰走；卒強吏弱，曰弛；吏強卒弱，曰陷；
> 大吏怒而不服，遇敵懟而自戰，將不知其能，曰崩；將懦不嚴，
> 教導不明，吏強卒無常，陳兵縱橫，曰亂；將不能料敵，以少
> 合眾，以弱擊強，兵無選鋒，曰北。

將帥之戰術修養與領導才能的不足，必會造成「走」、「弛」、「崩」、「陷」、「亂」、「北」等敗兵之後果，相對的，此敗兵的道理，亦爲用兵必要之知己的部分，將帥者不可不慎知。

在知彼的實際戰術作爲上，《孫子兵法》中明確言述者有：

> 敵近而靜者，恃其險也；遠而挑戰者，欲人之進也；其所居易
> 者，利也。（＜行軍＞）

知敵之狀，其逼近我方，但行動安靜，乃依靠其佔領險要地形，形成有利態勢，有恃而無恐；遠而挑戰者，其挑釁之目的，實欲誘我進也；其作戰部署不以險阻扼要，而守平易之處，實又欲以利誘人也。因此，瞭解敵人之動態常爲勝敗之鍵。又云：

> 眾樹動者，來也；眾草多障者，疑也。鳥起者，伏也；獸駭者，
> 覆也。塵高而銳者，車來也；卑而廣者，徒來也；散而條達者，
> 樵採也；少而往來者，營軍也。辭卑而益備者，進也；辭彊而
> 進驅者，退也；輕車先出居其側者，陳也；無約而請和者，謀
> 也；奔走而陳兵車者，期也；半進半退者，誘也。杖而立者，
> 飢也；汲而先飲者，渴也；見利而不進者，勞也。鳥集者，虛
> 也；夜呼者，恐也；軍擾者，將不重也；旌旗動者，亂也；吏
> 怒者，倦也；粟馬肉食，軍無懸瓹，不返其舍者，窮寇也。諄
> 諄翕翕，徐與人諸，失眾也；數賞者，窘也；數罰者，困也；
> 先暴而後畏其眾者，不精之至也；來委謝者，欲休息也。兵怒
> 而相迎，久而不合，又不相去，必謹察之。（＜行軍＞）

以上所引，爲相敵知敵之法，乃從地形顯示、敵人行動、補給、精神心理、等等徵候，以及統御訓練方面，作爲研判敵情之參考，尤賴指揮官之深謀熟慮，不暴虎憑河，不輕敵，如此方能知敵而勝。

同時，相敵亦應戒慎者，乃「兵非益多也，惟無武進，足以併力、

料敵、取人而已。夫惟無慮而易敵者，必擒於人」（＜行軍＞）。又，「知可以戰與不可以戰者勝，識眾寡之用者勝」（＜謀攻＞），知敵者，必對敵有所深謀遠慮，並有所先計，料知敵情，審其虛實眾寡，為應變之，然後動而必勝。

　　另外，＜虛實＞中有言戰場上知彼之手段：

　　　策之而知得失之計，作之而知動靜之理，形之而知死生之地，
　　　角之而有餘不足之處。

樽俎帷幄之間，策度敵情，觀其所施，知其計之得失；為之利害，使敵赴之，使其應我，然後觀其動靜理亂之形；誤撓敵人，以觀其應我之形，然後隨而制之，則死生之地便可知；相量彼我之力，則知有餘不足之處，然後可以謀攻守之利。[13]凡此之言「知」者，即透過情報蒐集而獲得，其情報蒐集的過程，條理分明，順序井然，可為今日情報學上之參考依準。

　　有關知天者，如＜火攻＞中所云：

　　　發火有時，起火有日。日者，月在箕、壁、翼、軫也；凡此四
　　　宿者，風起之日也。

　　　火發上風，無攻下風。晝風久，夜風止。

火攻之效，須考慮天候、季節、風勢等因素，且實際上各種戰略戰術行動皆必須「知天」，從陰陽、寒暑、時制等方面權衡而動。尤其對氣象天文之瞭解，掌握最佳時機至為重要，藉「天」使戰略戰術運用發揮到最大的功效。至若「陰陽」者，乃明示春、夏、秋、冬時序交替之況，並有配合、協調，以及相對運用之意涵；「寒暑」者，乃天候之狀，而「審量寒暑以為行軍作戰之預備，將欲北伐，必籌防寒之具；將欲南征，必籌防暑之器」；[14]「時制」者，亦係因時節寒暑氣候之不同，而作各種不同的設施與裝備，或採取各種不同相應之措施，因為農事、政事、以及軍事，與時制均有著密切的關係，尤其對作戰勝敗影響甚鉅。

---

[13]　《十一家注孫子・虛實》杜牧注云。
[14]　見劉邦驥《孫子淺說語》。

關於知地方面，《孫子兵法》中所云甚詳，尤以＜地形＞與＜九地＞所述皆可為知地之用；＜地形＞提及戰場地形，有通、挂、支、隘、險、遠等六種地形，並予以運用指導：

> 通形者，先居高陽，利糧道，以戰則利。可以往，難以返，曰挂；挂形者，敵無備，出而勝之；敵若有備，出而不勝，難以返，不利。我出而不利，彼出而不利，曰支；支形者，敵雖利我，我無出也；引而去之，令敵半出而擊之，利。隘形者，我先居之，必盈之以待敵；若敵先居之，盈而勿從，不盈而從之。險形者，我先居之，必居高陽以待敵；若敵先居之，引而去之，勿從也。遠形者，難以挑戰，戰而不利。

以上六者，在於說明如何運用這些地形的道理，而地形者，為助兵立勝之本，將不可不度，不可不知，不知者必敗，故所謂「地形者，兵之助也。料敵致勝，計險阨遠近，上將之道也」。

另外＜虛實＞提到：

> 故知戰之地，知戰之日，則可千里而會戰。不知戰地，不知戰日，則左不能救右，右不能救左，前不能救後，後不能救前，而況遠者數千里，近者數里乎？

衡量「天」、「地」為作戰行動之參考，判斷何處可戰，何時能戰，作嚴整的判析後，縱千里跋涉亦能一戰。

從上述所論「先知」之思想，簡而言之，孫子對於先知之重要觀念，主要乃在於：首先必先知彼我雙方之虛實，亦即「權敵審將，而後舉兵」；[15]其次為先知必以人事為重，不假求鬼神與不客觀之驗證；再其次為先知之重點宜置於先知敵謀方面，以採相應之策，反制敵人，先發制人；再其次，先知要知於微而勝於微，體察事物細微變化，採取防範與對策，消除禍患於萌芽之初，洞察勝利於微息之中，故能「勝於易勝」，「不戰而屈人之兵」。

經由「盡知」與「先知」之實際作為，知敵我之優劣態勢，以擬定出最有利的戰略構想，從知而後計，才能準確規劃應敵制敵之道，

從而有勝敵之把握，故孫子云：

> 夫未戰而廟算勝者，得算多也；未戰而廟算不勝者，得算少也。
>
> 多算勝，少算不勝，而況於無算乎！（〈始計〉）

一切計算必在先知與盡知的基礎下為之，相敵應機，「攻其不備，出其不意」，克敵制勝。

第三節　奇正、虛實、分合與詭道之為用

《孫子兵法》用兵的中心思想，主要在於廟算在於謀略，並且把握「避實擊虛」的原則，而奇正、虛實、分合與詭道之為用，乃為廟算謀略運用與「避實擊虛」的手段，亦為必須熟知之思想觀念，必須具備之智能，分述如下：

一、奇正

孫子於〈兵勢〉中首先提出奇正的思想概念，所謂：

> 三軍之眾，可使必受敵而無敗者，奇正是也。
>
> 凡戰者，以正合，以奇勝。故善出奇者，無窮如天地，不竭如江河。終而復始，日月是也。死而復生，四時是也。聲不過五，五聲之變，不可勝聽也。色不過五，五色之變，不可勝觀也。味不過五，五味之變，不可勝嘗也。戰勢不過奇正，奇正之變，不可勝窮也。奇正相生，如循環之無端，孰能窮之？

此「奇正」之意涵，歷來解釋者多，曹操注云：

> 先出合戰為正，後出為奇。[16]

李筌注云：

> 當敵為正，傍出為奇。將三軍無奇兵，未可與人爭利。[17]

---

[16] 見《十一家注孫子・兵勢》，曹操注云。

[17] 同前注，李筌注云。

賈林注云：

> 當敵以正陳取勝，以奇兵前後左右俱能相應，則常勝而不敗也。[18]

梅堯臣注云：

> 動為奇，靜為正；靜以待之，動以勝之。[19]

何氏注云：

> 兵體萬變，紛紜混沌，無不是正，無不是奇。若兵以義舉者，正也；臨敵合變者，奇也。我之正，使敵視之為奇；我之奇，使敵視之為正。正亦為奇，奇亦為正。大抵用兵皆有奇正；無奇正而勝者，幸勝也，浪戰也。[20]

此外，尉繚子也提到：

> 三軍之眾，有所奇正，則天下莫當其戰矣。[21]

李衛公云：

> 兵以前向為正，後卻為奇。
>
> 大戰所合為正，將所自出為奇。
>
> 凡將正而奇，則守將也；奇而無正，則鬥將也。奇正皆得，國之輔也。[22]

唐太宗云：

> 以奇為正，使敵視以為正，則吾以奇擊之；以正為奇，使敵視以為奇，則吾以正擊之。[23]
>
> 吾之正，使敵視以為奇，吾之奇，使敵視以正，斯所謂形人者歟，以奇為正，以正為奇，變化莫測，斯所謂無形者歟？[24]

張居正云：

---

[18] 同前注，賈林注云。
[19] 同前注，梅堯臣注云。
[20] 同前注，何氏注云。
[21] 同前注，何氏、張預援引《尉繚子》注云。
[22] 見《李衛公問對‧卷上》，摘自河北：河北人民出版社編《兵家寶鑑》，1991年，頁329。
[23] 見《十一家注孫子‧兵勢》，張預援引《李衛公問對》注云。
[24] 同注22，頁335。

正合，以正兵對面相交；奇勝，以奇兵設伏制勝。正中有奇，
奇中有正，正而奇，奇而正，使敵莫測，自足以勝敵，重奇勝
上，謂謀有以預之也。……天地之化，至無窮盡，用兵不能出
奇，與出奇而不能善出，則有窮，不如天地矣；茲以善出稱，
則變化無窮，不猶之天地矣。……奇中有正，正中有奇，純任
奇，未始非正，純任正，未始非奇，始為奇者，繼則為正，始
為正者，繼則為奇，至變而有不變之機相生，而具各生之體，
真不可勝窮也。[25]

李贄云：

兵無一定之勢，故奇正之兵，亦無一定之用。勢者，因利而制
權；故奇兵之勢，亦因敵而變化也。無正不成奇，無奇不成正，
謂奇正之相為用可也；無有奇而不正者，亦無有正而不奇者，
謂奇正之合為一，又可也。奇正之變化，其勢又烏能定乎？故
可以誘敵者，皆奇也，是權勢也，是詭道也；凡所以待敵者，
皆正也，皆本也，所謂以本待之也。是故以利動之，以形示之，
以亂與之，使敵人但見吾之為怯，而聞吾之為弱也，此奇也。
然已使敵人皆見而聞之矣，則雖奇亦正，如李牧之居趙代，雖
自家士卒，亦以牧為怯，況東胡諸種乎？故善戰者，求之於勢，
不責於人；求之於勢，故勢常在我，不責於人，故能擇人而任
勢。夫亂實生於治也，怯實生於勇也，弱實生於強也，此正也；
然吾之實治，實勇，實強，夫難則知之，唯其不可知，則雖正
亦奇，奇正之用，又曷可窮也。[26]

王陽明云：

莫正於天地江海日月四時，然亦莫奇於天地江海日月四時者，
何惟無窮，惟不竭，惟終而復始，惟死而復生也。由此觀之，
不變不化，即不名奇，奇正相生，如環無端者，兵之勢也。任

[25] 見明張居正輯《開宗直解‧鼇頭七書》。
[26] 見明李贄《孫子參同》。

　　勢即不戰而氣已吞，故曰：以正合，以奇勝。[27]

綜合上面之論舉，「奇正」之言廣為人們所用，其所代表的意義亦甚為廣泛，在此作簡單之區別：

　　第一、就作戰戰略戰術運用之原則或法則言：以一般「正」之原則或法則用兵者為「正」；非以一般正常之原則或法則用兵者，亦即變化運用特殊之作戰策略方法，脫離了一般性的用兵原則者稱為「奇」。故可云常法（正規而依一般原則的打法）為「正」，而變法（出敵不意之打法，或非規之打法）為「奇」。

　　第二、就作戰部署之軍隊性質言：正規之部署兵力，或擔任守備之兵力者為「正」；擔任機動打擊之部隊、預備部、助攻部隊，或任奇襲者為「奇」。

　　第三、就作戰方式言：實施正面攻擊者為「正」；實施迂迴、包圍、突穿或側面攻擊者為「奇」。亦即明攻為「正」，暗攻為「奇」。

　　以上三方面所作之區別，事實上，這種區別方式只是一種概括式的分別，似顯不夠嚴謹，而有其侷限，故此種區別僅供指明「奇」「正」之分別罷了，但其分別並無一定之模式，畢竟「奇正」是隨著整個作戰過程中而做改變的，它所涵蓋之類別與層次是有其無限多的，無絕對的「奇」，亦無絕對之「正」，奇中有正，正中亦有奇，奇正本是相互變化的。

　　就一般作戰而言，大多先採常道，以正規的方式從事戰略戰術運用，並視作戰過程之變化以看破戰機，始出奇以制勝；其所強調者，在於用兵要適應當時狀況，臨機應變，而奇正之變化，有時為主動設計，有時乃由敵我態勢之改變而產生奇正之轉變，故奇正相合相生，變化莫測，運用自如，為敵所不能掌握。

　　在奇正的本質上，可以說「奇正不可勝窮」，此乃用兵之鈐鍵，臨敵運變，循環不窮，在「變」的基礎上存在，故「奇正」本身並無定格，有時「先出合戰者為正，後出為奇」，但又有時則相反，是「先出者為奇，而後出者為正」，故奇正之用，本身是處於在不斷的變化之中，

---

[27] 見王陽明手批武經七書。

是無窮盡的，且奇正相生變化，奇中可以生正，正中可以生奇，如此，可以造成我設為「奇」，然而敵卻視之為「正」，我設為「正」，而敵視之為「奇」之現象（如前面列張居正、王陽明等人所云）。因此，戰爭法則的規範，並無規定所謂的真正的「奇正」，「奇正」是依力、時、空等因素的改變以及「因敵」之變而變化的，它是必須靈活運用，其虛實不為敵所明，其分合不為敵所知，此亦「詭道」之用。

二、虛實

《孫子兵法》中「虛實」二字明見於＜兵勢＞：

> 兵之所加，如以碬投投卵者，虛實是也。

二字之意涵，各家解釋者，曹操云：

> 以至實擊至虛。[28]

李筌云：

> 碬實卵虛，以實擊虛。[29]

劉寅云：

> 兵之所加，如以礪石投鳥卵之易者，以我之實，擊彼之虛也。[30]

張預更明白指出：

> 善戰者，致人而不致於人，此虛實彼我之法也。引致敵來，則彼勢常虛；不往赴彼，則我勢常實。以實擊虛，如舉石投卵，其破之必矣。[31]

各家之解釋約略相同，蓋強調凡作戰用兵之道，勿以虛應實，當以實擊虛，也就是不論採用何種作戰方式，必須考慮以我充實力量打擊敵人虛弱之處，亦即把握避實擊虛的原則，其功如以堅石擊卵之易，此「石」「卵」之喻，乃說明以實擊虛，以強擊弱之原則，運用得宜，克敵之效，必能勢如破竹，故「以實擊虛，猶以堅擊破脆也」（＜兵勢＞）。

---

[28] 見《十一家注孫子‧兵勢》，曹操注云。
[29] 同前注，李筌注云。
[30] 同注 10，頁 177。
[31] 見《十一家注孫子‧兵勢》，張預注云。

事實上，「虛實」之概念，一方面有對敵我雙方戰力評估比較的一種敵我虛實的判斷，所得到的是一種「知」的結果（可從「先知」或「盡知」的角度切入），另一方面將所獲得之「知」化作戰略戰術的運用，成為行動的準則。前者已於前面「先知」段落中敘述，重點在於＜始計＞中所云「五事」與「七計」；後者所云者，《孫子兵法》中涵蓋甚廣，尤以＜虛實＞所論最詳確，此外，＜軍形＞、＜兵勢＞、＜地形＞、＜九變＞與＜軍爭＞中皆有言及作戰行動上的虛實觀，特別強調「避實擊虛」之原則。

夏振翼云：

> 虛者，怯、弱、亂、餓、勞、寡、不虞也。實者，勇、強、治、飽、佚、眾、有備也。己實彼虛，擊之可也。己虛彼實，避之可也。故為將者，必知彼己虛實之情，而為戰守之法焉。[32]

知敵現況以明其虛－－「怯、弱、亂、餓、勞、寡、不虞」，尤其知敵政治經濟上之虛，如敵之「無道」、「暴」、「離」、「貧」、「不足」、「劣」、「粗」等，亦當較量敵我軍隊素質良窳，從「銳」「鈍」、「速」「緩」、「治」「亂」、「練」「不練」、「智」「愚」及將帥是否有能、賞罰是否嚴明等等以知敵我虛實；《六韜》中更提出「十四變」，即：

> 敵人新集可擊，人馬未食可擊，天時不順可擊，地形未得可擊，奔走可擊，不戒可擊，疲勞可擊，將離士卒可擊，涉長路可擊，濟水可擊，不暇可擊，阻難狹路可擊，亂行可擊，心怖可擊。[33]

此「十四變」者，乃敵人虛弱可擊之處。

此外，敵人之「好利」、「驕」、「不意」、「不備」、「不守」、「分散」、「勢寡」、「不知戰地」……等等亦皆為其虛弱可見之處。通過「知」的手段，瞭解敵我虛實之狀，進而識敵之勢，明敵之兵將素質，掌握敵人謀動行止，因形制變，採取對應之策。

＜虛實＞云：

> 故策之而知得失之計，作之而知動靜之理，形之而知死生之地，

---

[32] 見清夏振翼輯《孫子體註》。
[33] 見《六韜‧犬韜‧武鋒》。

　　角之而知有餘不足之處。

以「策」、「作」、「形」、「角」四術以探測敵人虛實，能知「得失」、「動靜」、「死生」、「有餘」與「不足」之狀，即先予敵情研判，就敵人兵力、火力等客觀事實，加上地形、天候等現實因素，並針對敵慣用戰法，研判敵可能行動，推測與考量敵我雙方有利與不利之行動計劃；其次，探敵動靜，以具體行動探究敵人企圖及可能行動的種種虛實動靜，但必須依據客觀事實探究之，不宜有過於主觀的臆測；再而，探知敵人動態與地形等狀況，儘量設法迫使敵人將其兵力部署與種種的作戰行動予以暴露，並對戰場地形作最慎密之偵察，如此必可知何為生地，可利我之行動，何為死地，不利於我；同時，探明敵人之強弱，最直接的方式為與敵保持接觸，可以少數兵力為之，以明其虛實所在。夏振翼云：

> 甚矣哉！敵之虛實，誠不可不知也。故據其事理勢力而籌算之，則敵人所計之得失，可得而知矣。用吾勇士輕騎而挑戰之，則敵人動靜之底裏可得而知矣。張吾攻守之勢，而誘致之。則在彼所處之地，或死或生，可得而知矣。出吾精銳之兵而衝突之，則彼所具之情，有餘與不足，可得而知矣。誠如是也，敵之虛實，無不畢見，而猶得藏其形於萬一乎？蓋以兵形人者，虛虛實實，無有一定，至於極至之地，併無真形可見也；夫兵而無真形之可見，則雖有深於間諜者，於此不能察其隱；周於智慮者，於此亦不能施其計，惟因敵人變動之形，布置多方，以致勝於吾眾，而眾不能知也。然非眾不能知也，實人皆知我寨旗斬將勝敵之形；而不知我所以因敵制勝之形耳。故其戰而勝人之兵，千變萬化，不蹈陳跡而再用之，要必隨敵變化出奇應之，以無窮盡耳。[34]

所言者，亦在明敵虛實以應敵制敵。

　　瞭解「虛實」之觀念後，最主要之目的在於營造敵虛我實的態勢，並且在避實擊虛的原則下遂行作戰，故＜虛實＞又云：

---

[34] 見清夏振翼輯《孫子體註》。

故形兵之極，至於無形；無形，則深間不能窺，智者不能謀。
因形而錯勝於眾，眾不能知；我所以勝之形，而莫知吾所以制
勝之形。故其戰勝不復，而應形於無窮。夫兵形象水，水之形，
避高而趨下；兵之形，避實而擊虛。水因地而制流，兵因敵而
制勝。故兵無常勢，水無常形；能因敵變化而取勝者，謂之神。

虛實之運用要則，首先在於「形兵無形」，使我之行動為敵所無法辨明，
「始以虛實形敵，敵不能測，故其極致，卒歸於無形。既無形可睹，
無跡可求，則間者不能窺其隙，智者無以運其計」；[35]其次乃「應形無
窮」，即戰略戰術之運用，適應狀況，每有所變，隨敵之形而應之，出
奇無窮，勝敵之形於無窮，推而言之，在探知敵人動靜、得失、死生、
強弱、治亂等狀況後，應形以「近而示之遠，遠而示之近，利用誘之，
亂用取之，實而備之，強而避之，怒而撓之，卑而驕之，佚而勞之，
親而離之」（＜始計＞）等手段運用無窮；再其次為「避實擊虛」以「因
敵制勝」：水往低處流，而用兵亦當從敵虛弱處行動，擊其無備空虛之
處，尤其在無常之勢與無常之形的瞬變中，更應即時掌握敵我虛實強
弱，並確切把握避實擊虛之最佳時機，以因敵制變，「因敵制勝」。是
故，面對「無常勢之兵」，「無常形之水」，在其無常之勢與無常之形的
變化中，如何能夠「因敵變化」掌握住敵我雙方虛實強弱乃為取勝之
重要關鍵，必須在各種虛實變化的過程中把握避實擊虛的時機，「因敵
而制勝」，而且能夠「應敵而無窮」，活兵活用，爭勝於疆場，始為干
城能將。

此外，敵我的虛實或兵力的強弱，在戰爭的過程中，常成為敵我
雙方謀略巧詐的策略手段，藉「虛實」應變以謀敵，如＜虛實＞云：

故形而我無形，則我專而敵分。我專為一，敵分為十，是以十
攻其一也，則我眾而敵寡；能以眾擊寡者，則吾之所與戰者，
約矣。吾所與戰之地不可知，不可知，則敵所備者多；敵所備
者多，則吾所與戰者，寡矣。

張預注云：

---

[35] 見《十一家注孫子·虛實》，張預注云。

吾之正，使敵視以為奇，吾之奇，使敵視以為正，形人者也。
以奇為正，以正為奇，變化紛紜，使敵莫測，無形者也。敵形
既見，我乃合眾以臨之；我形不彰，彼必分勢以防備。[36]

何守法云：

專則聚，故為一，分則散，故為十，敵既分為十，則每處一分
矣，我不分而專一，則十分于敵矣，且又盡知敵情虛實，由是
與戰，誠若十分而攻其一也。十分則我眾，散而各一，則敵寡，
能以眾擊其寡，則吾之與戰者，約而不煩，其勝也易矣。如曹
操與袁紹相持于官渡，因其兵眾，乃襲烏巢，以分其勢，而紹
遂敗之類。[37]

張居正云：

形人者，示以偽形。無形者，無真形，如示人以形在此，而實
一在此；示人以形在彼，而實不在彼。[38]

「形人而我無形」之目的，主要在使敵分我專，造成我兵力集中，敵
人兵力分散，故「我專敵分，我專為一，敵分為十」，變換之下，我則
以十攻敵一，如此，我眾而敵寡，以「實」攻敵之「虛」，我眾強而堅
實之勢，擊敵寡弱之兵，則與戰必勝；我戰必勝之功，在於以虛實所
成之「形」，以「形」而為偽變，轉換敵我虛實，化敵之實為虛，掩我
之虛以避敵，謀我之實以攻敵之虛，故孫子云：

紛紛紜紜，鬥亂而不可亂也；渾渾沌沌，形圓而不可敗也。亂
生於治，怯生於勇，弱生於彊。治亂，數也；勇怯，勢也；彊
弱，形也。故善敵者，形之，敵必從之；予之，敵必取之；以
利動之，以實待之。（＜兵勢＞）

敵人原本靜而有備，我能設計以致其動而利我，故為「善動」；示偽亂
偽怯偽弱之形以誘之，乃言「形之」；以偽亂偽怯偽弱之利與之，而為
「予之」。敵必從必取，見其善動處，以利動之，又承形之必從，予之

---

[36] 同前注。

[37] 見李浴日選輯《中國兵學大系（二）》，明何守法注孫子（＜虛實＞），台北：世
　　界兵學社，1974 年，頁 192。

[38] 同注 25。

必取言，皆敵之利，故能動之來，而從之取之也。以真治真勇真強之實，以待敵人，是恃其彊弩之勢，發機之速，所謂節制之師，因此，敵不知而輕來與我戰，必不能逃我之險與節了。[39]

　　如何謀敵以形，轉變敵我虛實以利於我，除上所言外，相關思想在《孫子兵法》中處處可見，畢竟孫武的兵學思想中心－－謀略涵括甚廣，而本章節所言之奇正、分合、詭道等法亦為其一。總之，「善動敵者，形之」（＜兵勢＞），「形之」於戰，使「敵不知其所守」，使「敵不知其所攻」，達到「出其不意，攻其不備」，「致人而不致於人」之效，故「用兵者，能察彼我之虛實，而因形制變，自無不勝者矣」。[40]

三、分合

　　「分合」的用兵思想，為整體戰略戰術運用過程中之重要一環，為實際之運兵技技，更為謀略策以奇正、虛實、詭道之手段或方法之實踐作為，因此，在奇正、虛實、詭道的變化中，必有分合之變化，彼此間有極為密切之關聯性。

　　《孫子兵法》云：

> 故兵以詐立，以利動，以分合為變者也。故其疾如風，其徐如林，侵掠如火，不動如山，難知如陰，動如雷震。（＜軍爭＞）

李筌云：

> 以詭詐乘其利動；或合或分，以為變化之形。[41]

杜牧云：

> 分合者，或分或合，以惑敵人；觀其應我之形，然後能變化以取勝也。[42]

張預云：

> 或分散其形，或合聚其勢，皆因敵動靜而為變化也。或曰：變

---

[39] 同注 37，頁 161。
[40] 見夏振翼《孫子體註》。
[41] 見《十一家注孫子・軍爭》，李筌注云。
[42] 同前注，杜牧注云。

謂奇正相變，使敵莫測。故衛公兵法云：「兵散則以合為奇，兵
合則以散為奇。三令五申，三散三合，復歸於正焉。」[43]

從孫子所云，以及各家所注，大體可見奇正之術必然包含著分合的變
化，畢竟奇正的運用，必帶引軍隊的分合運動；同時，分合之變亦與
虛實之術又有密切關係，「虛實」的內容中必含有「分合」者，且「分
合」常為「虛實」的手段運用之一；又詭道之術為《孫子兵法》的中
心思想之一，有以「奇正」、「虛實」、「分合」為用，因此，四者必有
相互關聯，或戰略戰術運用上的因果關係。

張居正云：

人知兵之變化多端，而不知兵之所以為變，其所以為變，亦不
過合而能分，分而有合，分合兼用之耳。若隗囂不能合，致天
水之災。張浚不能分，致富平之敗。皆不能分合之意。[44]

夏振翼更提出：

兵以詭道為勝，使敵不識吾意，始可以立定，以因敵為利。務
在出而有獲，方可以發動，以分敵疑敵，以合兵會戰；縱橫委
曲，人莫能測，斯為變化之妙也。何言之？如敵有可乘之隙，
則疾速以進，若飄風之迅發而不可停也；敵無可勝之形，則徐
緩而行，若林木之森然而不可亂也。其侵掠敵地而無尺寸之餘
者，若猛火之燎遺草也。堅壁不動而無纖毫之露者，若山岳之
屹然不可搖也。且韜形晦跡，虛實難窺，如陰雲蔽天星象之不
見林也。奮動以出，交發並至，如雷霆震驚掩耳之不及也。[45]

分合之變所以應敵，而應敵乃極奇正之變，更可用以或分或合，炫惑
敵人，觀其應我之形，然後相應變化以制勝。分合的本意，簡單的說，
分合即是兵力的分散與集中之運用，為奇正虛實運用之執行手段，尤
其在戰略上的內線或外線作戰，以及戰術上主助攻部隊、先遣部隊等
之運用上，特須考慮分合之術，故軍事上所用之「分進合擊」、「拘束

---

[43] 同前注，張預注云。
[44] 同注 25。
[45] 同注 40。

打擊」、「一點兩面」、「包圍迂迴」、「內線外線」等等術語，皆為兵力分合運用之形勢。

「以分合為變者」，重在部隊之靈活運動，尤其著重於配合戰略戰術所作之部隊高度調動能力和指揮能力，使兵力火力迅速指向預期的目標，依作戰計劃或謀略所定來進行，而不為延岩遲疑，因此，部隊所指能如「率然」，「率然者，常山之蛇也。擊其首則尾至，擊其尾則首至，擊其中則首尾俱至」（〈九地〉）。其「率然」者，即快速以兵力分合之術，使分合自如，靈活變化，此乃「分合」以為「率然」之道。

是故分合之功，必使我之分合迫敵追隨我之行動而分合，相機應敵以擊之，分合用兵，「合於利而動，不合於利而止」（〈九地〉），奪敵所愛，「攻敵所不戒」，「能使敵人前後不相及，眾寡不相恃，貴賤不相救，上下不相收，卒離而不集，兵合而不齊」（〈九地〉），因此，劉寅云：

> 古之所謂善用兵者，衝敵人之中，使前與後不得相及也，分敵人之勢，使眾與寡不得相恃也。出其不意，掩其無備，使貴與賤不得相救援，上與下不得相收歛，倉皇散亂，不知所禦，將吏士卒，不能相赴，卒已散而不能復集，兵雖合而不能復齊。如楚薄晉兵，車馳卒奔，荀林父無備，不知所錯，中軍下軍，爭舟濟河，上軍固守，不能相救，士卒散亂，終夜有聲，是也。[46]

使「敵前後不相及」者，乃使敵先頭部隊與後續部隊分割而不能相顧，不能相援，，其法可以設奇伏以衝掩之；「眾寡不相恃」者，乃使敵主力與一部不能相互依恃聯繫；「貴賤不相救，上下不相收」者，乃以撓敵使兵將上下各不同之階層，相互猜疑，各自為戰，並促使敵指揮中心與各部隊不及連絡，兵力在實質上形成分散；「卒離而不集，兵合而不齊」者，乃使敵兵力合散不聚，雖合亦不能齊，可多設疑事，聲東擊西，使其上下驚擾，利於我各個擊破。所以，分合之變，在於能夠

造成敵人「離而不集」、「合而不齊」，在敵人的分分合合之中，掌握利於我作戰之勢，故奇正之術欲達成預期之效果，必借助於分合的變化，形成敵虛我實，對我有利之態勢，故一切有賴於分合變化的靈活運用以實現之。

部隊分合之能力，必須賴以指揮官優異的指揮能力，精良的部隊組織，高度的機動能力方可爲之，並且分合之道，必須意注到分必須要保障能合，合必須要保障能分之原則，因爲分若不能保障合，合又不能保障分，這樣的分合運用，將是一種風險極大的嘗試，可能反而造成自己的缺陷與隱憂，因爲分不能合，其「分」已是將自己置於虛弱之境，形成自己虛弱之處反爲敵所資，反而遭受敵人之威脅，因此，分不能合將導致孤旅危軍的後果，合不能分則可能導致部隊機動受制，力量難伸，遭受被動挨打的局面。[47]此外，一般狀況下，攻在於集中優勢之兵力火力指向敵人之弱點而擊之，而當我採取守勢時，已在於本身地形與部署的有利狀況下，並在兵力火力相互支援的有效能力範圍裏，可行廣正面的分散部隊固守地，所以，合在於主攻，分在於主守，且分在於破壞敵人之合，合在於攻擊敵人之分，並且要注意到「無邀正正之旗，勿擊堂堂之陣」（＜軍爭＞）之原則，此亦奇正之術、避實擊虛之用兵觀念。

總之，分合之變，爲不但求我之分合變化，亦在迫敵隨我分合而變，通過自己的變化以形成敵虛我實的有利態勢，除了一方面保存自己的實力，集中優勢的兵力外，更重要的，在於削弱敵軍之兵力，迫敵分散，各個擊破，使「我專爲一」、「敵分爲十」，造成我聚敵散，我專敵分，合則敵不可敵，分則敵無所擊之勢。

四、詭道

孫子所言「五事」、「七計」（＜始計＞），在於權衡敵我現況，以知己知彼，重廟算並爲謀略施以詭道，故王陽明先生云：

---

[47] 《李衛公問對》云：「分不分，爲糜軍，聚不聚，爲孤旅。」即分合不利之後果。

> 談兵者皆曰，兵詭道也，全以陰謀取勝，不知陰非我能謀人，
> 不見人自不能窺見我謀也，蓋有握算于未戰者矣。孫子開口便
> 說校之以計，而索其情，此中校量計畫，有多少神明妙用在，
> 所謂因利制權，不可先傳者也。[48]

「詭道」為孫武重廟算重謀略的主要思想，必與奇正、虛實與分合等方術思想結合在一起，以求制勝之道。強調「兵者，詭道也」（＜始計＞），認為戰爭的本質在於詭道，而巧詐之用，亦為詭道之法，故詭道為一種謀略，一種權變，以奇正分合、真假虛實的各種手段來巧騙敵人，為任何戰爭中敵我雙方所致力謀敵的用兵藝術，雖求非正常之法，但常為敵我所謀，而成為戰爭用術的普遍常法，然其使用在求高深變幻，敵為我制，故求極「變」之法，求為敵所無法察覺的偽詐之法。因此，「兵無常形，以詭詐為道」，[49]「非譎不可以行權，非權不可以制敵」，[50]用兵取勝必以詭詐，為求勝敵，無所不用其極，乃常言所謂「軍不厭詐」的概念。

　　至於「詭道」之本意，它包含著詭詐、欺騙、利誘、迷惑、陰謀、偽裝、奇襲等等意涵，用無常而變化之法誤導或破壞敵人之知覺判斷能力，使敵為我所誤而陷於不利之境，同時可藉以保存我自身之安全，敵不知我所謀，不知我所動，如此必可「致人而不致於人」，使敵追隨我之行動，而處處為我所制，掌握一切優勢，故能「攻其無備，出其不意」，攻無不克，戰無不勝。

　　「詭道」之法，孫武提出「能而示之不能，用而示之不用，近而示之遠，遠而示之近。利而誘之，亂而取之，實而備之，強而避之，怒而撓之，卑而驕之，佚而勞之，親而離之」（＜始計＞）之詭道十二法，[51]利用欺騙、變詐、偽裝、詭秘、因勢、乘隙的種種方法，破壞

---

[48] 同注 27。
[49] 見《十一家注孫子・始計》，曹操注云。
[50] 同前注，梅堯臣注云。
[51] ＜始計＞云：「兵者，詭道也。故能而示之不能，用而示之不用，近而示之遠，遠而示之近。利而誘之，亂而取之，實而備之，強而避之，怒而撓之，卑而驕之，佚而勞之，親而離之。攻其無備，出其不意。此兵家之勝，不可先傳也。」主要在言用兵以詭道，並示之以十二法，以求「攻其無備，出其不意」之原則。

敵人知覺能力，消耗敵人實力，使我能「攻其無備，出其不意」，克敵制勝。其法所言，首先在於「實強而示之弱，實勇而示之怯」，「欲戰而示之退，欲速而示之緩」，[52]尤其是將本有能，然示敵以無能，本有其人，卻示敵不用，「強示弱，勇示怯，治示亂，實示虛，智示愚，眾示寡，進示退，速不遲，取示捨，彼示此」，[53]行欺敵之道，以詭作藏形，陷敵於「不備」、「不意」、「不知」之被動地位，從而掌握避實擊虛原則，敵必為我所克；其次，在於「欲近襲之，反示以遠」，「欲遠攻之，反示以近」，「示以小利，誘而克之」，「詐為紛亂，誘而取之」，「觀其虛則進，見其實而止」，[54]因勢避強，掌握先機，不作不利之戰，但作「不可勝」之防備，始立不敗之地；再其次，乃敵「性剛忿，則辱之令怒，志氣撓惑則不謀而輕進」，「或卑辭厚賂，或羸師佯北」，「令其驕怠」，「我則力全，彼則道敝」，「或間其君臣，或間其交援，使相離二，然後圖之」，[55]藉由「撓」、「驕」、「勞」、「離」以消耗敵人實力，造成敵人由實轉虛，當可乘「虛」而攻，此乃乘敵之道。

《孫子兵法》云：

> 故為兵之事，在於順詳敵之意，並敵一向，千里殺將，此謂巧能成事者也。……是故始如處女，敵人開戶；後如脫兔，敵不及拒。（＜九地＞）

又云：

> 故其疾如風，其徐如林，侵掠如火，不動如山，難知如陰，動如雷震。（＜軍爭＞）

有學者言「詭道十四法」者，從「能而示之不能」到「出其不意」等十四句名為「十四法」；雖然此十四句，一句一義，然而「攻其無備，出其不意」為此十四句之主旨，亦為作戰之原則方針，而「能而示之不能」至「親而離之」等十二句乃為其方法，故名以詭道十二法較恰當，誠如蔣百里《孫子新譯》所云：「出其不意，攻其無備，為交戰方法之主旨，能而示之不能，以下十二句，專指方法而言，蓋欲實行出其不意，攻其無備之原則，必應用以上十二種方法，始有濟也。」即言「十二法」。

[52] 同注 49，張預注云。
[53] 同注 49，王晳注云。
[54] 同注 49。
[55] 同注 49。

又云：

> 善守者，藏於九地之下，善攻者，動於九天之上。故能自保而全勝也。（＜軍形＞）

又云：

> 故兵形之極，至於無形；無形，則深間不能窺，智者不能謀。因形而錯勝於眾，眾不能知，人皆知我所以勝之形，而莫知吾所以制勝之形；故其戰勝之復，而應形於無窮。（＜虛實＞）
>
> 形人而我無形。（＜虛實＞）
>
> 敵不知其所守，……敵不知其所攻。（＜虛實＞）

不論攻防或其他戰略戰術行動，創造優勢作爲，形成制勝之形，乃至奇正之術、分合運兵、避實擊虛等用兵思想用兵藝術，皆有賴於詭道之用，才能發揮最大勝算之作爲，故「將在謀不在勇」，善戰者，必具智謀之才，洞察戰場是非，善於謀略廟計，善於詭道用兵，如此，方可每戰必克，每戰必勝。

「奇正」、「虛實」、「分合」、「詭道」四者關係密切，互爲因果，尤其當針對孫武所強調之「避實擊虛」的用兵思想的觀念上言，此四者皆爲達成「避實擊虛」的重要手段，因此，可以說「奇正」、「分合」、「詭道」與「虛實」有極大之關聯性。

就「奇正」而言，無充分的掌握敵我的虛實，就難以運用奇正的具體方法求制敵之效，相反的，無奇正之術的運用，也難以達到虛實之變的目的，亦不能求敵虛我實的優勢；奇正之術，「奇正相生，如循環之無端」（＜兵勢＞），「正」不一定爲強大一方之專利，而「奇」也並非僅爲虛弱一方的專利，必須肆應狀況而靈活運用。

就「分合」而言，「分」簡單的說爲求分散敵人戰力的手段，或適應分配我方兵力，避免與強直接對抗，「合」爲改變敵人戰力之集中，造成我以集中之實，擊敵虛弱之處，也就是達到「我專敵分」、「我實敵虛」之效果，故「分則爲虛」，「合則爲實」，分合用兵，必會影響敵我之虛實變化，所以彼此有其強烈之關聯性。

就「虛實」言，虛實本身是對於戰爭雙方各種力量因素的比較結

果之一種概念，也是對其所處狀態的反映，它是運用奇正、分合、詭道等種種手段來獲得改變的，故它們彼此之間有相互的依存關係，唯有奇正、分合、詭道等手段運用得宜，才能造成利我而害敵的虛實變化，達到制敵勝敵的目的。

再就詭道而言，＜虛實＞云：

> 故形人而我無形，則我專敵分；我專為一，敵分為十，是以十攻其一也，則我眾而敵寡；能以眾擊寡者，則吾之所與戰者，約矣。

從這段話可以反映出詭道的運用與「虛實」有其關聯性，詭道之術，在求「無形」、「無聲」，其的目在於改變敵我之「虛實」，達到敵虛我實、避實擊虛的絕對優勢；避實擊虛只有巧妙運用詭道原則才能達成其目的，故「虛實」變化的目的，本身就是一種戰爭詭道，它既為戰爭詭道的手段，也是戰爭詭道的目的。

總之，除了「奇正」、「分合」、「詭道」與「虛實」間有密切的關聯外，四者彼此之間又有緊密的關係，相輔相成，相互影響，不可分割，更為作戰以謀略之不可缺少的方法與手段。

第四節　主動與先制

在戰爭之過程中，掌握戰場之主動權，常為左右戰局之重要契機，立於主動的地位，並力求行動之自由，縱有一時陷於被動，亦須乘機扭轉局勢，不則將受制於敵，導致失敗的結果，因此，能夠採取主動，必能掌握戰場支配權，從而制敵機先，克敵制勝。＜虛實＞云：

> 凡先處戰地而待敵者佚，後處戰地而趨戰者勞。故善戰者，致人而不致於人。能使敵人自至，利之也；能使敵人不得至者，害之也。故敵佚能勞之，飽能饑之，安能動之。

此段話即詮釋了「主動」之要義，尤以「致人而不致於人」，乃能支配並掌握敵人之行動，以戰略戰術之眼光經營戰場，控制戰場，主宰戰

場，以獲得絕對優勢之主動權，故能「致人之勞，不致人之佚」，[56]亦即「致令敵來就我，我當蓄力待之，不就敵人，恐我勞也」。[57]「致人」者，掌握敵人，支配敵人之行動，爲主動旳優勢，而「致於人」者，是被敵所支配，爲一種被動的劣勢，故能夠先制先勝於敵，採取主動，「致人而不致於人」。

至於「致人」與「致於人」之作戰要領，以下分別敘述之：

一、在「致人」方面

孫子認爲，首先爲示敵以利，必以利誘之，致敵而來，即「能使敵人自至者，利之也」（＜虛實＞）；然而如何以利誘敵，此又是孫武兵法主要思想之運用－－謀略，諸如可以佯敗不勝，誘敵深入我方陷阱，亦可故示脆弱，使敵大膽與戰，亦可故意遺棄軍品，使敵來奪，或棄守地略，使敵來守，種種策略之運用，並配合實際現況－－敵情、地形及我軍狀況採取適當之作法，藉我之有備擊彼無備，以奇襲擊彼不意，以主動擊彼被動，以優勢擊彼劣勢，此皆以利而致敵。

其次，視敵以害，則敵必遠害，即「能使敵人不得至者，害之也」，誠如梅堯臣所云：

> 敵不得來，當制之以害。[58]

能使敵不敢來或不得來，即須使敵認爲攻我時必有敗亡之害，或先期採取手段，獲得戰略優勢，敵已頓挫而不得至，故「致其所必走，攻其所必救，能守其陰害之要路，敵不得自至」。[59]因此，掌握主動而「害之」，其主要之意涵即，第一、使敵人感到我兵力之優勢，或因地勢因素，謀我並無必勝之把握，而不敢前來；第二、我兵力部署保持機動與彈性，可相互支援，敵不敢貿然輕戰；第三、敵來攻我，我則一部分兵力牽制敵人，並以一部或主力攻擊敵之戰略地點，使敵因其害，

---

[56] 見《十一家注孫子·虛實》，李筌注云。
[57] 同前注，杜牧注云。
[58] 同前注，梅堯臣注云。
[59] 同前注，杜佑注云。

而不得不轉移其作戰目標，此即孫臏所言之「形格勢禁，則自解耳」之戰法。[60]

　　＜九地＞云：

　　　　敢問：敵整眾而將來，待之若何？曰：先奪其所愛，則聽矣；
　　　　兵之情主速，乘人之不及，由不虞之道，攻其所不戒也。

此即令敵眾來攻，我復佔先制之利，奪其所愛，乘其所不及，擊其不虞，攻其不戒，以獲得決定性勝利。故從此段所云，其要旨在於兵情貴速，攻敵以不及不虞不戒之便，則須速進，不可遲疑。

　　由上面所述，可進一步得知，掌握主動之作戰方式，其目的能使我方先處戰地以待敵，獲得以逸待勞之優勢，同時，亦可誘使敵人後方部隊遠來趨戰，而處於以勞擊逸的劣勢，這些皆賴於制敵機先，迫使敵人追隨我之行動而不得不為，掌握積極主動之作戰方式所致。因此，掌握主動優勢後，必能「勞敵」、「饑敵」與「動敵」，即「敵佚能勞之，飽能饑之，安能動之」（＜虛實＞），此乃「為多方以誤之之術，使其不得休息」，同時「彼若先處戰地以待我，則是彼佚也，我不可趨而與之戰。我既不往，彼必自來，即是變佚為勞也」。[61]並且，對於敵之食糧，乃絕其糧道，要其糧，使不得饋，兵乏糧，必饑而敗；至若「安能動之」，乃「攻其所必愛，出其所必趨，則使敵不得不相救也」。[62]此等作為乃迫使敵人不得休息，必須疲於奔命，苦於作戰，並斷其糧秣補給之供應，使敵陷於饑餓，削弱敵之戰力與士氣鬥志，更積極利用各種手段，迫使敵人必「動」，迫敵決戰，陷於不利之境。

　　除了「利之」、「害之」之手段外，孫子又云：

　　　　故善動敵者，形之，敵必從之，予之，敵必取之，以利動之，
　　　　以實待之。（＜兵勢＞）

如此加上「形之」、「予之」以及「以實待之」之手段，轉敵之「佚」、「飽」、「安」為「勞」、「饑」、「動」，達到「形人而我無形」之主宰與

---

[60] 見王建東《孫子兵法》，台北：鐘文出版社，1995 年，頁 172。

[61] 同註 56，張預注云。

[62] 同前註，曹操注云。

操縱敵軍的能力，攻守自如，轉寡爲眾，因此，，這些皆因掌握主動、支配戰場－－「致人」之功。

二、在「不致於人」方面

對於「不致於人」，孫子採取「出其所必趨，趨其所不意。[63]行千里而不勞者，行於無人之地也。攻而必取者，攻其所不守也；守而必固者，守其所不攻也」（＜虛實＞）。此乃「乘虛」、「行虛」、「攻虛」與「守虛」之用。

不受敵人支配，攻守之地皆如我願，針對敵人之虛處，敵人無準備之處，敵人難攻難守之處而擊之，敵惟追隨我之行動而受「致」於我，我乃可將部隊投入於敵人必然增援或者必趕去抵抗之處，或者於應戰之途中而擊之，或者出入於敵所意想不到之處，而予攻擊奇襲之，因爲在那種狀況下，敵人是最薄弱也是最無防備的時刻，乘虛而攻則戰無不克，所以爲「出其所必趨，趨其所不意」，造成「敵人須應我」[64]之掌握主動的先制作爲。在部隊運動方面，我行軍千里之遠，毋須感受敵人威脅，不致危險，亦未見辛勞，[65]這是我避其所守，行於無敵佔領或敵警戒疏漏之處，此即行於敵之所虛－－行虛，故「行千里而不勞者，行於無人之地」；在這種狀況下，我必能掌握主動權，出空

---

[63] 「出其所必趨，趨其所不意」，按山東臨沂漢墓所見之竹簡本，其示爲「出於所必（下缺）」，然今本（宋刊本或《四部叢刊》本）爲「出其所不趨，趨其所不意」；漢簡「必」字下所缺者，當爲「趨」字，如此之下，「必趨」與「不趨」兩意完全相反，不論從戰術運用之理論上言，或從漢簡先後於今本的考古問題上言，抑或其他旁證觀之，漢簡之言應是正確者，即爲「出其（或〝出於〞）所必趨，趨其所不意」。從理論上言，其言所云爲敵佚（逸）而我能勞之，我要先處戰地以待敵，以逸待勞。則我出兵，是求敵人來犯。若敵人不趨，我豈不撲空？自應作「必趨」。另外，《十一家注》中，曹操注云：「攻其所必愛，出其所必趨。」李筌注云：「出其所必趨，擊其所不意。」由此觀之，魏晉、隋唐時代所據者皆作「必趨」；而孫星衍《岱南閣叢書》，以及《諸子集成》等書校言亦爲「必趨」。此皆旁證也。

[64] 同注 56，何氏注云。

[65] 同前注，杜牧注云：「言不勞者，空虛之地，無敵人之虞，行止在我，故不勞也。」

擊虛，擊其不急，以潰其軍。

　　在攻擊目標的選擇上，必選可以奪取之目標，為攻敵所莫之能備者，未設防之處，此乃「攻而必取者，攻其所不守」之攻虛作為，而其不守，意義有：其一，為敵人兵力薄弱或未嚴加防備之處；其二，為敵因我所誘而將兵力抽出，或不及防備，而為我乘機攻取者；其三，敵雖有兵力固守陣地，然因心理上或實際部署上未重視作戰正面，以陣地側翼或後方為重點，如此，我乃可行側翼攻擊或迂迴攻擊，主力針對其最佳突破口予以包圍殲滅之，因此，「攻虛」之作為可以說是聲東擊西，誘前襲後之運用。[66]王晳進一步認為，攻敵人之虛，主要乃敵人「將不能，兵不精，壘不堅，備不嚴，救不及，食不足，心不一」所致。[67]在「守虛」方面，即「守而必固者，守其所不攻也」，此乃採守勢時，我之主動作為，首先是防禦陣地之選擇，必選易守難攻之險要之地，其次為賴我戰術運用與機動能力之發揮，使能「藏於九地之下，使敵人莫之能測」，且敵人擊我東南，我則備之於西北，[68]使敵不知所攻。

　　以上所言，皆仰主動之作為，尤積極的攻勢為最佳自保與制勝之道，實因「備前則後寡，備後則前寡，備左則右寡，備右則左寡，無所不備，則無所不寡」（＜虛實＞），依孫武所言，防備敵人常防不勝防，且到處設防則兵力往往分散，造成處處薄弱可見，因此，只有採積極主動的攻勢作為，「使人備己」，才能擺脫被動之困境。

　　在採取主動與化守為攻的攻勢作為後，往往能制敵機先，先制於敵，「致人而不致於人」，尤當面對強大敵人時，切忌偏執退卻，必須更加冷靜，擬訂最佳作戰方案，掌握主動，奪敵所愛，而為我左右支配，如孫子所云：

　　　　敢問：敵眾整而將來，待之若何？曰：先奪其所愛，則聽矣。（＜九地＞）

---

[66] 同前注，杜牧注云：「警其東，擊其西，誘其前，襲其後。」
[67] 同前注，王晳注云。
[68] 同前注，張預注云。

何者爲敵所愛，即有爲敵所恃利者，諸如地形要點、有利於糧秣等後勤補給之地點或路線，以及有利於整體作戰的契機等；[69]另外，敵人所顧慮之事，亦爲我所要奪取者，因此，先行奪取敵人最愛惜之物，或最顧慮之事物，則可使敵人受制於我，無不從我之計而深陷之，是故爭取主動、先制，方可主宰戰場，以利爾後之作戰。

第五節　先勝

　　孫武的主動與先制思想，與先勝之用兵觀念有其直接的關聯性，尤其「致人而不致於人」的主張，也是一種先勝的戰術運用原則與技巧，能先期支配戰場，先期形成敵劣我優與敵不可勝我之態勢，此即「先勝」的優勢作爲。

　　「先勝」者，即必須先立於不敗之地，充分把握敵人顯露的質變量變的敗機，也就是所謂「勝兵先勝而後求戰」（＜軍形＞）的正向作爲。常戰敗者，往往由於「先戰而後求勝」（同前），既無先勝之準備，又無求勝之信心，未戰之前已藏敗機。

　　「用戰也，貴勝」（＜作戰＞），凡用兵作戰，任何戰略指導皆著眼於求取決定性之勝利爲前提，而「先勝」常是獲得最後決定性勝利的主要關鍵契機所在，唯有制敵機先，方可克敵制勝。因此，「先勝」之於求得最後勝利有其互爲因果之關係，爲用兵者不可忽視之觀念。雖言「先勝」，實必於戰前從政治、軍事、經濟、心理（精神）等力量作最充實之準備，並完成優勢之戰略部署與作戰計劃，形成先期較敵爲優之態勢，以奠定先勝之基礎，伺機等待敵人弱點暴露，或誘敵顯現虛處，有必勝之時機，乘虛趁勢而擊之，此乃先勝之要旨，故孫子云：

　　　昔之善戰者，先爲不可勝，以待敵之可勝；不可勝在己，可勝

---

[69] 參見《十一家注孫子·九地》，杜牧注云：「據我便地，略我田野，利其糧道，斯三者，敵人之所愛惜倚恃者也。」

在敵。故善戰者，能為不可勝，不能使敵之可勝。故曰：勝可
知，而不可為。（＜軍形＞）

凡戰爭起，先咨之廟堂，慮其危難，然後高壘深溝，使兵練習，以此
守備之，故待敵之闕，伺敵之虛懈，然後可勝。[70]

欲謀「先勝」，在整體戰略指導上，必須明瞭與執行者：

第一、為「求己」：即「不可勝在己」；無情之戰爭，勝負與否，
人事為決定性主因，凡事反求諸己，確切瞭解本國現況，諸如在外交
方面，四週列國是否與我親善，可為我助否？在內政方面，民心士氣
是否高昂，團結一致？動員準備完成否？在整體的軍事準備方面，軍
隊訓練精強否？後勤補給作業是否符合作戰之需？人事作業是否完
善？兵員補充是否無虞？作戰計劃是否完善？……等等的一切戰爭準
備，確切準備充實而深具自信，如此敵人則不可勝我。

第二、為「待彼」：即「可勝在敵」；待敵之虛懈，諸如敵人外交
孤立，內部分崩離析，士氣不振，一切戰爭準備不足應戰，或在某一
戰略戰術運用上顯見瑕疵，可為我有利之企圖，此即敵人弱點所在，
已有予我可勝之機會；加以我謀略詭道之運用，更可迫敵示弱，如此
待其有可趁之機，全力以攻，必可獲得全勝。

第三、創造敵不可勝之態勢：即「能為不可勝」；必須有能力去創
造敵人不可勝我之態勢，即創造敵劣我優之勢，切忌給予敵有必可勝
我之機會，否則必為敵所勝。[71]

第四、不可為敵創造可勝之機：即「勝可知，而不可為」；勝負之

---

[70] 見《十一家注孫子‧軍形》，杜佑注云。
[71] 孫子所云：「故善戰者，能為不可勝，不能使敵必可勝。」其意自曹注以來，一
般人均解釋為「善於打仗的人，能造成不可被敵人戰勝的條件，卻不能使敵人
必定被我方戰勝。」（見吳仁傑注譯《新譯孫子讀本》）郭化若亦譯為：「所以會
打仗的人，能夠造成不可被戰勝的條件，而不能使敵人必定為我所戰勝。」（見
里仁書局《十一家注孫子》，1982年）此外，杜牧注云：「敵若無形可窺，無虛
懈可乘，則我雖操可勝之具，亦安能取勝敵乎？」張預注云：「若敵強弱之形，
不顯於外，則我豈能必勝於彼。」此般解釋，豈能謂之「善戰者」？又何能求
先勝而必勝呢？故解釋為「善於作戰者，常能造成我之優勢，使敵不可勝之；
但切勿造成使敵人獲得必可勝我之機會的局勢。」當更符合孫子之思想。

情形在未戰前，即經由各種狀況顯示與各項作戰判斷，可以先爲預判，可知敵我優劣情形，並藉以擬定作戰計劃，此等研判結果，所獲得之預判可知者，必須謹慎保密，不可爲敵所悉而助敵以戰，故在此情報作爲上，「不可爲」敵人製造勝利之機。[72]在戰術戰略運用上亦是如此，用兵當謹察慎行，不蹈入敵人之陷阱，不爲敵人有可趁之勢，凡事先立於不敗之地，保全自己，然後看破好機，予以敵人最大之挫擊。

至於在攻守作戰中之求勝作爲，孫子云：

> 不可勝者，守也，可勝者，攻也。守則不足，攻則有餘。善守者，藏於九地之下，善攻者，動於九天之上；故能自保而全勝也。（＜軍形＞）

乃言攻守地位由實力對比狀況以決定，「不可勝」以選擇防禦或守勢，此爲待攻待勝的時期，而「可勝」必然是敵人產生了失誤，暴露了虛弱，我有了充分制勝把握的時機，迅速採取進擊或攻勢，殲滅敵人以獲取勝利。因此，孫子之攻守思想，主要爲把握「攻以取勝，守以待勝」的原則，而其能「取勝」與「待勝」，必預求「先勝」，有先勝必勝的把握後方可獲得最後的勝利以至於「全勝」。

先勝之先決條件爲必先有萬之準備，使自己立於不敗之地，所以孫子又云：

> 故善戰者，立於不敗之地，而不失敵之敗也。是故勝兵先勝而後求戰，敗兵先戰而後求勝。（＜軍形＞）

凡善戰者，必先使自己站穩不致爲敵所擊敗之地，而其「地」不僅只指有利之地形或險要之所而言，蓋包括一切作戰準備，以及整體戰略戰術運用，皆能先立於不敗之地，所有先勝之計必慎密爲之，務求以萬全準備，自恃吾有以待之而勝之。故何氏云：

---

[72] 孫子言「勝可知，而不可爲」之本意，一般人常解釋爲「勝敵之事，是可以預知的，但不可以強求」，而曹注爲：「敵有備故也。」張預注云：「敵有備則不可爲」等等解釋雖能暢順，但未能合孫子全意，故解爲「不可爲敵製造勝利之機」；且＜虛實＞云：「越人之兵雖多，亦奚益於勝哉？故曰：『勝可爲也』，敵雖衆，可使無鬥。」此「使敵無鬥」者，意即可對敵造成虛隙以取勝之謂也，前則言「勝不可爲」，後又云「勝可爲」，莫非孫子前後矛盾邪？當然不是孫子自云矛盾，必爲吾人理解有偏執，蓋兩句所講之「勝」，其立論之立場不同也。

自恃有備則無患,常伺敵隙則勝之,不失也。立於不敗之地利
也,言我常為勝所。[73]

張預則云:

審吾法令,明吾賞罰,便吾器用,養吾武勇,是立於不敗之地
也。[74]

曾文正公更明白告誡云:

雖僅一宿,亦須作堅不可拔之計,使我營壘安如泰山。[75]

先勝之道,凡於頃刻之間仍不可有所懈忘,時時保持敵情觀念,一切
用兵作為,必先備先計,計定而謀動,動而求必勝,而所動之據,必
須在瞬息萬變的戰場中,把握戰機,尤其把握敵人之敗機,即「不失
敵之敗」,不失時宜,予以敵人迎頭痛擊,獲取最後勝利。

是故,為先勝者,必於戰前先具戰勝之條件,一切作好充裕的準
備,明白「兵不必勝,不可以言戰;攻不必拔,不可以言攻」之道理,
[76]且「計先定於內,然後兵出乎境」,[77]「明察而眾和,謀深而慮遠,
審於天時,稽乎人理」(見《李衛公問對》),且「計謀先勝,然後興師,
故以戰則克」,[78]此乃「勝兵先勝而後求戰,敗兵先戰而後求勝」之至
理。

第六節 速戰思想

《李衛公兵法》提到「兵用上神,戰貴其速」,[79]用兵之理,惟尚
神速,故在孫武的戰略思想中,強調「兵貴勝,不貴久」(〈作戰〉)
之神速作戰方式,亦即任何戰爭皆必須講求速戰速決,認為只有速戰,

---

[73] 見《十一家注孫子・軍形》,何氏注云。
[74] 同前注,張預注云。
[75] 見《曾胡治兵語錄》。
[76] 見《十一家注孫子・軍形》,張預引《尉繚子》注云。
[77] 同前注,杜牧注云。
[78] 同前注,張預注云。
[79] 見《十一家注孫子・九地》,何氏援引《李衛公問對》。

才能獲得取勝之契機，因爲「速則省財用，息民力」，「凡兵者欲急捷，所以一決取勝，不可久而用之矣」，[80]戰爭持久後，必然造成國力耗損（經濟力之耗費與士氣之消磨等），師勞財竭，易以生變，形成對整體作戰之不利影響，所以孫武提出：

> 先奪其所愛，則聽矣！兵之情主速，乘人之不及，由不虞之道，攻其所不戒也。（＜九地＞）

講求神速之作戰思想，必能掌握戰機，乘人之所不備，所以梅堯臣云：

> 乘人之不備者，行不虞之道，攻不戒之所也。[81]

此乃用兵之規律；戰略運用，必求神速，尤其以遠征作戰方式，必須在大量而長期耗損的狀況下，所以在儘可能的情形下，講求速戰速決，乘敵人措手不及，攻其所不備之處。

＜九地＞云：

> 善用兵者，譬如率然，率然者，常山之蛇也。擊其首則尾至，擊其尾則首至，擊其中則首尾俱至。

張預注云：

> 率，猶速也；擊之則速然相應。[82]

快速機動，如常山之蛇，速兵疾如雷電，縱有遇危受困，亦能前後相救，使戰鬥力始終保持完整，不致分割，故有賴快速運動之能力也。

孫子同時提出：

> 其用戰也（貴速）勝，久則鈍兵挫銳，攻城則力屈，久暴師則國用不足。夫鈍兵、挫銳、屈力、殫貨，則諸侯乘其弊而起，雖有智者，不能善其後矣。故兵聞拙速，未睹巧之久也。（＜作戰＞）

強調兵貴於「速」，惡於「久」，尤以「攻取之間，雖拙於機智，然以神速爲上；蓋無老師、費財、鈍兵之患」，[83]故可爲巧也。由孫武之所言，能知遠程作戰，或爲大規模攻勢作戰，所戒所惡在於「久」，因爲

---

[80] 同前注，何氏援引《呂氏春秋》。
[81] 見《十一家注孫子・軍爭》，梅堯臣注云。
[82] 見《十一家注孫子・九地》，張預注云。
[83] 見《十一家注孫子・作戰》，杜牧注云。

「久」之後易損士氣－－「久則鈍兵挫銳，攻城則力屈」，銳氣受挫必失戰鬥力，尤以攻城作戰，所耗必大，如時間一久，兵力恐將消耗殆盡；同時「久」相對的財物浪費亦必大－－「久暴師則國用不足」，作戰既久，國家財政經濟必然枯竭，如此，將致國疲敵起，救亡無策，所以「諸侯乘其弊而起」，縱使聰明絕頂者，亦無法力挽狂瀾。

　　＜用間＞云：

　　　夫戰勝攻取，而不修其功者兇，命曰費留。故曰明主慮之，良將修之。

「費留」者，乃有長期浪費金錢與人力，暴師久留戰場，而作無益之久戰的意思。惟戰勝攻取，但不能迅收實際之功效，此為最忌，在深思熟慮後用兵，須致力於速戰速決，以收全勝之功。

　　明白用兵貴速之道理後，必須進一步瞭解，首先在戰略戰術運用上，宜求趨利避害，以助速戰之功，為將者，惟能完全瞭解用兵上之一切弊害缺失，方能瞭解用兵上的一切利益，故「兵久而國利者，未之有也。故不盡知用兵之害者，則不能盡知用兵之利也」（＜作戰＞）。至於「用兵之害」與「用兵之利」的智能，必須靠將帥之領導用兵才能，經由多方面（如先知、盡知、用間…等手段與學能）謹慎的研判考量中為之。其次，為避免兵力、後勤支援之耗損，使速戰速決的攻勢作戰能獲得更大的勝算，對於兵力物資，必求一次動員，「役不再籍，糧不三載」（＜作戰＞），以常備兵為主之動員召集，一次徵召為主，迅速殲滅敵人，結束戰爭，絕不一再動員，以免民勞怨生；且兵糧運送亦若如此，送迎各一[84]，避免糧秣耗鉅，導致國內空虛；同時採取以戰養戰之手段，以「取用於國，因糧於敵」（＜作戰＞），（有關這方面後勤補給的問題，於後面章節中再予詳述），就地整補，不但可以減少我之支用，也可減少因整補而浪費之時間，使持續力能始終保存，不受間斷，遂行快速作戰、快速打擊之戰略運用。

---

[84] 同前注，陳皞注云；「糧者，往則載焉，歸則迎之，是不三載也。」此乃春秋時代，軍隊出征時，載糧送之國境；至凱旋時，則載糧迎之于國境，一送一迎，僅有兩次，無第三次，故云「糧不三載」。

在戰術狀況的求速用運上，＜虛實＞提到「退而不可追者，速而不可及也」。攻擊作戰誠宜迅如疾風，然退卻抑或脫離戰場、遲滯作戰亦然，當戰勢之需必須自戰場脫離時，更應該快速機動，使敵人無法追擊我，無法掌握我方之動向，所以何氏云：

> 兵進則衝虛，兵退則利速；我能制敵，而敵不能制我也。[85]

因此「退而不可追者」，在於我方退卻企圖隱密，行動快速，始克致之。總之，孫武「兵貴勝，不貴久」之思想，古今中外，放諸四海而皆準之，尤其以現代戰爭科技化的作戰更以明之；以阿「六日戰爭」如此，美伊因科威特之戰也是如此，以機動快速的閃電作戰方式，減少人員物資的最低損耗，集中戰力，快速攻擊，使敵防避不及，如此之優勢戰略作為，必可獲得戰爭之勝利。

第七節　機動作戰

兩軍對峙，孫武認為不論攻勢或守勢皆不要固定在一定的陣地上；就守勢（防禦）而言，在陣地運用上，非佔領絕對優勢的地形要點，一般仍較讚同採取機動防禦之陣地形態，在攻勢的作戰方式上，部隊更必須保持高度的機動性與彈性。孫子強調「攻其所不守」（＜虛實＞），攻則可選其薄弱而要害的環節，亦即選擇敵人防禦之死角或弱點攻之，並從而引出敵人之救兵、預備隊或主力部隊，在半路上予以襲擊；守則達於「敵不知所攻」（＜虛實＞），可以避其鋒芒，迅速退卻，使敵人來不及追趕，還可示以誘兵，引敵人前來，再襲擊消滅之。孫子所言攻守之作戰方式，皆重視機動打擊的作戰型態，藉由快速的運動，以消耗殲滅敵人。

＜虛實＞中指出：

> 兵之形，避實而擊虛。

> 我欲戰，敵雖高壘深溝，不得不與我戰者，攻其所必救也；我

---

85 見《十一家注孫子・虛實》，何氏注云。

　　不欲戰，畫地而守之，敵不得與我戰者，乖其所之也。

雖然在於說明虛實之要義，然而必須有機動打擊之作為方能促成整體的戰術運用發揮既有的功效，尤其是「善攻者，敵不知其所守；善守者，敵不知其所攻」（＜虛實＞）之攻防神技，更不能沒有機動作戰之思想以佐之，部隊的分合，必有高度的機動能力，才能運動自如，如此，以我之機動打擊能力，使敵難以掌握我之動向，使敵難以研判我方不論攻勢或守勢上的部隊虛實，如此敵必不知其所攻其所守了。

　　其次，在機動作戰的運動要領上，孫子云：

　　凡用兵之法，將受命於君，合軍聚眾，交和而舍，莫難於軍爭。

　　軍爭之難者，以迂為直，以患為利。（＜軍爭＞）

杜牧注云：

　　欲爭奪，先以迂遠為近，以患為利，誑給敵人，使其慢易，然後急趨也。[86]

強調「以迂為直」之迂迴路線、間接路線的運用，其乃至佳之機動方式。一般而言，機動間之作戰線運用，以儘量避免迂遠，保持直線，愈短愈較為理想，[87]然孫子向以強調詭道之用兵謀略，不用一般常態之直線運用，而為敵所難測我軍動態，以達「出敵不意，攻其無備」之效，惟「以迂為直」之作戰路線的選擇運用，最重要的是必須考慮到我方的機動能力，只有在我方有高度的機動能力之狀態下，「以迂為直」之效才能訴諸實現，否則迂遠路部隊則精疲力竭，反致不利爾後作戰。同時「以迂為直」之運用，在戰術作為上，尤其面對扼有險要之敵，我可以採一部兵力以正面牽制或佯攻之，並以主力快速機動迂迴、突破敵人之兵力薄弱處而殲滅之；對於敵我雙方對峙，或已明知敵人已漸趨劣勢，有退卻之跡時，可以適切機動主力採取迂迴方式，遮斷敵人之退路，而予以殲滅之，故「迂其途，而誘之以利，後人發，

[86] 見《十一家注孫子‧軍爭》，杜牧注云。

[87] 一般作戰線以愈短愈為理想，且在兵勢的運用上，孫武在＜兵勢＞中亦云：「善戰者，其勢險，其節短。」然此等說法並不與「以迂為直」相矛盾，其「以迂為直」者，並非是一陳不變之作戰方式，乃依作戰時機之需，出奇制勝，為敵所難捉摸。

先人至，此知迂直之計也」（＜軍爭＞），機動能力即爲此用，部隊無機動能力，一切戰術運用必當落空。

　　另外，「以患爲利者」，就片面之解釋爲「轉患害爲利」，[88]或言即化禍患爲對我有利，此等「患害」除了可指敵人兵力外，尙可云爲天候與地形，即面對最險阻不易通行之地形與惡劣不利作戰之天候，對我方遂行作戰似有不利的狀況下，我當可化不利爲有利，在那種不佳的天候地形，只要我方部隊訓練得宜，有能力作快速機動轉移，此狀況可視爲機動作戰最有利之時機與最有利之戰場，畢竟天候地形的影響，往往是敵我雙方面的，我受干擾，敵人相對的也可能受牽制，如此，我不可能爲而爲之，以最佳的機動能力，遂行戰略戰術計劃，敵人失去警戒，不知我奇正之用，故當敗陣，因此，「以患爲利」，其機動作戰之能力，即必有冒險犯難之精神。

　　機動作戰中，配合戰略戰術的運用，在部隊運動速度之考量上，考量部隊大小、性質，以及攜帶之武器裝備，瞭解部隊之機動能力，儘量避免全軍作長程而快速的運動，如此對人員體力的耗損將非常大，且全軍部隊中各不同性質之兵力同時機動，將可能延遲運動之速度，諸如輜重部隊與主力部隊之機動能力本身就有差異，車兵與步兵在運動能力上本來就有明顯的差異，概不能夠有同等之運動速度，故「舉軍而爭利，則不及」（＜軍爭＞），將全軍人馬輜重同時機動前進，去爭奪有利目標，反將使行動遲緩，使整體戰略戰術運用無法遂行，而失去既有戰機，並可能導致我方之不利。

　　總之，機動作戰之能力，可使我方用兵有更大之張力與彈性，尤其若能運用適切，必能分合變化，發揮「其疾如風，其徐如林，侵略如火，不動如山，難知如陰，動如雷霆」（＜軍爭＞）之功效。

第八節　用間思想

---

[88] 同注 86，張預注云。

面對無情之戰爭，敵我雙方莫不窮極任何手段瞭解敵人，獲取敵人情報，作爲作戰計劃訂定之參考根據，因此，敵我皆儘量求「形兵之極，以至於無形」之效，使敵不知其所攻，使敵人不知我之實際現況，故「知敵」與情報蒐集成爲用兵上至爲重要者，而用間之法以爲知敵欺敵之手段，在交戰中使用甚爲普遍。衡觀春秋時代，用間以全戰功者，其事頗多，諸如《左傳‧桓公十二年》（西元前 700 年）載有羅人欲伐楚，「使伯嘉諜之，三巡數之」，[89]羅大夫伯嘉作爲間諜赴前線察看敵情，對楚師兵力來回數了三遍；又莊公二十八年（西元前 666 年），楚伐鄭而「諸侯救鄭，楚師夜遁。鄭人將奔桐丘，諜告曰：『楚幕有烏。』乃止」。[90]鄭人使用間諜偵察楚師動向，根據間諜的報告而改變了自己的計劃；又如宣公八年（西元前 601 年），晉伐秦，秦人派間諜刺探晉國軍情，結果，「晉人獲秦諜，殺諸絳市」，[91]秦人的間諜深入到晉國內部而被晉人抓獲，可知間諜活動的發展。有關間諜之運用，《左傳》列載者甚多，在此不予一一論述，然而能知春秋的兼併爭戰之時代中，各國相互用間十分頻繁，且其功效往往常能左右戰局，故而用間亦就成爲《孫子兵法》用兵思想的重要一環。

《孫子兵法》雖將〈始計〉列爲首篇，而將〈用間〉列爲末篇，然其首尾相互呼應，相互關聯，其思想體系自成一嚴整性。「始計」者，計於廟堂之上，必在能「知」，知敵現況，然後才能豫計，才能預謀，而「用間」之功在於知敵，以爲「始計」之資，故末篇言「用間」之道，實屬首尾呼應，適恰合理。〈用間〉中，孫子首先闡明用間之重要性，指出：

> 凡興師十萬，出征千里，百姓之費，公家之奉，日費千金；內
> 外騷動，怠於道路，不得操事者，七十萬家。相守數年，以爭
> 一日之勝，而愛爵祿百金，不知敵之情者，不仁之至也，非人
> 之將也，非主之佐也，非勝之主也。故明賢將，所以動而勝人，

---

[89] 見《左傳‧桓公十二年》，摘自楊伯峻編著《春秋左傳注》，台北：復文出版社，1991 年，頁 133。

[90] 同前註，〈莊公二十八年〉，頁 237。

[91] 同前註，〈宣公八年〉，頁 693。

　　成功出於眾者，先知也。先知者，不可取於鬼神，不可象於事，
　　不可驗於度，必取於人，知敵之情者也。

又云：

　　三軍之事，莫視於間，賞莫厚於間，事莫密於間。

又云：

　　惟明君賢將，能以上智為間者，必成大功，此兵之要，三軍之
　　所恃而動也。

以上所言，孫子首先點明用兵耗費之鉅，不管與敵對抗是多年或是短時，目的在於爭取最後勝利，若慳吝爵祿百金作用間之費，導致不明敵情，造成戰敗，此非將兵者、輔主者之作為，不能成為戰勝之主宰者。其又能「動而勝人，成功出於眾者」，在於先知尤賴於「人」，即間諜之為用，以提供確切真實之情報，因此，「用間」可為「先知」之必要與積極手段。

　　用間之重要性，可以說三軍皆依恃其而動，誠如杜牧所云：

　　不知敵情，軍不可動；知敵之情，非間不可。故曰：三軍所恃
　　而動。李靖曰：「夫戰之取勝，此豈求於天地，在乎因人以成之。
　　歷觀古人之用間，其妙非一：即有間其君者，有間其親者，有
　　間其賢者，有間其能者，有間其助者，有間其鄰好者，有間其
　　左右者，有間其縱橫者，故子貢、史廖、陳軫、蘇秦、張儀、
　　范睢等，皆憑此而成功也。[92]

明白說明了用間之重要性；用兵之本，在知敵情，而敵情之獲得專憑間諜，因此，未知敵情，則軍不可舉，故為「三軍所恃而動」。

　　在《孫子兵法》的整個軍事思想體系，其用兵之手段以伐謀為主，也就是以謀略取勝，重鬥智而不鬥力；不論是「伐謀」、「伐交」或其它用兵方式、作戰指導，皆必以「知彼」為基礎，掌握敵人所用之作戰策略、兵力部署、兵力現況以及種種之活動情形，「伺奸候變，開闔人情，觀敵之意」，[93]此等先而知之，非間不可，故而朱逢甲云：

---

[92] 見《十一家注孫子·用間》，杜牧注云。
[93] 見《六韜·龍韜·王翼》。

用兵貴知己知彼。而欲知彼，則必用間乃能知。且知，貴知之
於事先。敵將至得備，敵非至得毋恐。[94]

謀之用必以「知」，「知」必以「間」乃可得，而「間」之職責必以謀
略所必須「知」者爲其從「間」之工作，因此，三者是相互關聯，尤
其用間之手段，直接影響了我對敵人之瞭解，更影響了我謀略之運用。

至於間諜之種類，孫子將其分爲五種：「有鄉間、有內間、有死間、
有生間。」（＜用間＞）此五者乃「人君之寶」（＜用間＞），爲人君所
貴。對此五者之解釋，孫子云：

> 鄉間者，因其鄉人而用之。內間者，因其官人而用之。反間者，
> 因其敵間而用之。死間者，爲誑事於外，令吾間知之，而傳於
> 敵間也。生間者，反報也。（＜用間＞）

對於孫子所言，「鄉間」即利用敵人同鄉作爲間諜，事實上，擴大解釋，
不當只限於敵國之人，凡敵國所輸之書信文件、電報、電話等等，均
可爲鄉間，皆能爲情報蒐集之對象或工具。「內間」者，即利用敵國將
帥士卒及其他人員，諸如學者、宗教人員、商人、記者等作爲間諜。「反
間」者，收買利誘敵人間諜變爲我方間諜，反用之以偵探敵情，或回
報不實情報於敵方。「死間」者，即我方佯爲不實之事洩露出來，讓已
安置於敵方之我方間諜知道（我方間諜並不知其事是不實者），另一
面，我又讓敵知我所置之間諜，於是我之間諜必爲敵所抓，並嚴以拷
問，在不堪其苦之下，必將此假秘密告知敵人，敵人如依其所供，必
定導致行動錯誤，爲我所制，故犧牲「間」者，以欺敵人乃爲「死間」。
「生間」者，即派赴敵國之間諜，期其能生還返報敵情也。

在明瞭用間之作用及其重要性之後，對於用間之運用要領，首先
在對待間諜之態度上，必須以「親」與「厚」待之，即「三軍之事，
親莫親於間，賞莫厚於間」（＜用間＞），在軍隊組織成員中，「三軍之
士，然皆親撫，獨於間者以腹心相委，是最爲親密」，[95]間諜之性質與
一般成員不同，且其擔負之角色與任務最爲重大與危險，其在將帥之

---

[94] 見清朱逢甲《間書》。
[95] 見《十一家注孫子・用間》，張預注云。

心目中，在軍隊作戰的組織架構上，是不可或缺之重要人物，故對待之當比一般人更為「親」「厚」。另外，亦必須有「事莫密於間」（＜用間＞）之態度，即任何事沒有能比間諜之事須嚴守機密者，不知慎密者，身份一旦洩露，非但影響國家安全，同時對間者之生命亦受威脅。對此用間者，杜牧亦云：

> 皆須隱祕，重之以賞，密之又密，始可行焉。若敵有寵嬖，任以腹心者，我當使間遺其珍玩，恣其所欲，順而旁誘之。敵有重臣失勢，不滿其志者，我則啗以厚利，詭相親附，採其情實而致之。敵有親貴左右，多辭誇誕，好論利害者，我則使間曲情尊奉，厚遺珍寶，揣其所間而反間之。敵若使聘於我，我則稽留其使，令人與之共處，矯致慇懃，偽相親暱，朝夕慰論，倍供珍味，觀其辭色而察之；仍朝夕令使獨與己伴居，我遣聰耳者，潛於複壁中聽之；使既遲違，恐彼怪責，必是竊論心事，我知事計，遣使用之。且夫用間間人，人亦用間以間己；己以密往，人以密來，理須獨察於心，參會於事，則不失矣。若敵人來，欲候我虛實，察我動靜，覘知事計而行其間者，我當佯為不覺，舍止而善飯之；微以我偽言誑事示以前，卻期會，則我之所須，為彼之所失者，因其有間而反間之；彼若將我虛以為實，我即乘之而得志矣。夫水所以能濟舟，亦有因水而覆沒者；間所以能成功，亦有憑間而傾敗者。若束髮事主，當朝正色，忠以盡節，信以竭誠，不詭伏以自容，不權宜以為利，雖有善間，其可用乎？[96]

由是觀之，用間之道，何能不慎！

　　此外，將帥之品質亦為用間成功與否的重要考慮因素，即「非聖智不能用間，非仁義不能使間，非微妙不能得間之實」（＜用間＞），用間乃一難事，非具有大智慧之主將，難以擇優為間而發揮其功效，且非仁義之師、仁義之將，難以真正駕馭間諜以為用，使間必須施以

---

[96] 同前注。

恩惠，感以義氣，方克令其獻身盡力；同時，非具有精微思考判斷和神妙慧眼鑑別之將帥，則難以確悉間諜所報告之真偽也。

　　至於作戰過程中，用間之情報蒐集重點，孫子認為要打敵軍，要攻敵城寨，必先打聽所攻之處的守將及其所屬官吏情形，在全般人事狀況掌握清楚之後再予攻擊，故云：

> 凡軍之所欲擊，城之所欲攻，人之所欲殺，必先知其守將、左
> 右、謁者、門者、舍人之姓名，令吾間必索知之。（＜用間＞）

以間為之，蒐集作戰過程中確切有效之情報，才能策以有效之謀略，達到知敵勝敵之目的。

第九節　修道保法

　　軍事任務的遂行，必須有清明的政治作為為後盾，在《孫子兵法》中，孫武最主要之政治主張為「修道保法」（＜軍形＞），此主張亦為軍政軍務工作上所必須特別重視者。

　　孫子重修道，亦重保法，即道法兼並，＜始計＞中提出「道、天、地、將、法」等五事，「道」與「法」各位其一，尤其提出「道」之行在於「令民與上同意」（＜始計＞），雖以言「道」，然而其中蘊含著「法」之機智在，求為政在於上令下達，下者甘於服使，勢必有法以為度，故又兼有王霸之思想觀念，誠如明代趙本學所云：

> 言使其民體君之意，從君之命，與之同患，至死而不逃去者，
> 則為有道之君也。或曰聖賢用兵之所恃，亦不外此，孫子之言，
> 蓋與之吻合。愚謂道有王霸之異。其曰：節用而愛人，使民以
> 時。其曰：民之所好好之，民之所惡惡之。其曰：省刑罰，薄
> 稅歛，謹庠序之教，申之以孝悌之義，此五道也。王道之民，
> 同心同德，尊君親上，如子弟之衛父兄，手足之捍頭目，與之
> 生死，何畏之有？其曰：仁言以入民心，私惠以悅民意，厚戰
> 士之家，急有功之賞，哀死而同傷，同甘而分苦，此霸道也。
> 霸者之民，驩虞喜悅，趨事敵愾，以進死為榮，退生為辱，亦

> 與之同生死，而不危也。孫子詭譎之學，其所謂道，蓋兼王霸
> 而已矣。[97]

不論國家政務或軍政方面，孫子皆重修道與保法，如此方能君民一心，軍隊上下團結一致，使政令得以推行，軍命得以貫徹，可以與之死，可以誓死達成任務。以下分別就「修道」與「保法」作一簡析：

一、修道

孫子於＜軍形＞提到所謂「善用兵者，修道而保法，故能為勝敗之政」。乃言「修道」可為決定勝敗之重要依據，強調敵我雙方勝敗所「經之以五事」中，以「道」為首，可見「修道」為政治領導人與用兵者所必須重視之最重要大事。

政治修明則百姓服，百姓服則國力強，然後可以立功名於天下，《呂氏春秋》云：

> 夫以德得民心以立大功名者，上世多有之矣。失民心而立功名
> 者，未之曾有也。[98]

立大功而無敵於天下在得民心，得民心在於「修道」，修明政治，在得民心，以德服人，惠民為先，明劉寅在《武經直解》中云：

> 道者，仁、義、禮、樂、孝、悌、忠、信之謂。為君者漸民以
> 仁，摩民以義，維持以禮樂，教之以孝悌忠信，使民知親其上，
> 死其長；故與君同心同德，上下一意，可與之同死，可與之同
> 生，雖有危難，而不畏懼也。昔武王有臣三千，同心同德，是
> 與上同意也；紂有億兆人，離心離德，是不與上同意也。荀卿
> 曰：「仁人之兵，上下一心，三軍同力。臣之於君也，下之於上
> 也，若子弟之衛父兄，手足之捍頭目而覆胸臆。」斯可與同死
> 同生也。[99]

---

[97] 見明趙本學撰《孫子書校解引類》，中國子學名著集成編印，頁 17。
[98] 見《呂氏春秋・季秋紀・順民》。
[99] 同注 10，頁 170。

政治之修明在於行以仁、義爲本之道，君民同心，上下一意，生死與共。

政治修道，軍事亦然，而「道」者，既爲行仁義之道，且必與士卒同好惡，即所謂「上下同欲」（＜謀攻＞），行之有道，方能上下一心，團結一致，共赴國難，奮勇抗敵，「故可以與之死，可以與之生，而不畏危」（＜始計＞）。

將帥在領導統御上行仁義之道，必能同生共死，不畏危疑，能夠凝聚成爲一個強而有力的戰鬥體，故與處存亡之難，仍不畏傾危之敗，誠如杜牧所云：

> 彼仁義者，所以修政者也。政修則民親其上，樂其君，輕爲之死。[100]

王晳亦云：

> 主有道，能得民心也。夫得民之心者，所以得死力也；得死力者，所以濟患難也。[101]

以君易將，以民易兵，其義皆同，惟有行仁義之道，方可使士卒感於內心，發爲強大凝聚力與共識，死生存亡，與上同之，決然無所疑懼。

至於仁義之道的施行，爲將所必須具備之「五德」（智、信、仁、勇、嚴）中，即有明言行「仁」之道，必須道之以德，齊之以禮，能知其飢寒，能察其勞苦，更能與之共飢寒，與之共勞苦，如此全軍上下才能做到事無苟免，不爲利撓，有死之榮，無生之辱的境界，具備不畏生死之精神，因此，如孫子所云：

> 視卒如嬰兒，故可與之赴深谿。視卒如愛子，故可與之俱死。（＜地形＞）

帶兵如親長視之如嬰兒如自己的子女，卒必懷我如父母，親而不離，信而不疑，並能轉而視敵如仇讎，勇敢力戰，無可退縮，故「與之安，與之危，其眾可合而不可離，可用而不可疲，投之所往，天下莫當，

---

[100] 見《十一家注孫子‧始計》，杜牧援引《李斯問兵》。
[101] 同前註，王晳注云。

名曰父子之兵」。[102]如此之兵將，何功不克？何戰不勝？

　　孫子重視以仁待兵，在爲將五德中亦要求具備「仁」德，行仁以服眾，行「仁以附眾」。[103]對於戰前重要而特殊職務之成員，待之以仁義更殊一般，尤其是從事間諜工作者，更須親撫重祿，腹心親結，導之仁義，以誠相待，方能覘察用心其職，故＜用間＞云：

> 故三軍之事，親莫親於間，賞莫厚於間，事莫密於間，非聖智
> 不能用間，非仁義不能使間，非微妙不能得間之實。

其義在此。

　　杜牧云：

> 武之所論，大約用仁義，使機機也。[104]

明人王世貞亦云：

> 武稱雄於言兵，其書自＜始計＞至＜用間＞，率多權譎叵測，
> 輔之以仁。[105]

孫星衍亦云：

> 本之仁義，佐以權謀。[106]

用人之法，其中雖有權謀，然又不失其仁義，此何嘗又不是修道之作爲呢？又何嘗不是領導用兵的神技呢？

二、保法

　　「修道」乃在於修明政治，以仁義待眾，使人民士卒能甘於服使，而「保法」者，乃要健全法制，健全組織，以法爲治，使一切有規範而不亂。二對於治國強兵，是相輔相成，缺一不可的。

　　「保法」之義，在於求「法」之治，「法」之推衍，必先明白「法」

之本義，孫子云：

> 法者，曲制、官道、主用也。（＜始計＞）

所言者，乃指部曲隊伍之制、百官之分、物質之用，亦即指組織結構、法令紀律、人事制度、經濟後勤制度等等，所包羅的範圍有軍事、政治、經濟等方面的具備完善制度。從純軍事的角度言，「曲制」所含括者，包括部隊組識架構之建立、編制、指揮旗幟、號令、金鼓之制等；「官道」者，即上下層級之權責劃分、指揮層級關係、升遷考銓制度等；「主用」者，爲軍用物資之維持與管理、後勤補給制度（如軍費、兵器、彈藥、糧食之用度）等。不論「曲制」、「官道」或「主用」，必須建立以「法」爲治之方，有完善的制度可依循，能正常的運作，以協助達成軍事任務，促使國家政務的順利遂行。陳啓天對此「法」者，亦從治軍與治國之角度言：

> 法，謂法制，或法治。治軍須有法治，治國尤須有法制，建立治國及治軍之法制，為戰爭準備之一大項。故商君書之本篇云：「凡用兵勝有三等，兵未起而錯法，錯法而俗成，俗成而用具。此三者必行於境內，而後兵可出也。」法制須於未戰前建立者甚多，而其最要者為曲制官道主用之建立。曲制，猶今言軍制，管子七法篇云：「曲制時舉，不失天時，無壙地利。」古兵制寓兵於農，故須依農時教練之。周禮所謂中春教振旅，中夏教芨舍，中秋教治兵，中冬教大閱，是也。其制分劃曲制。官道，猶今言官制，兼指武官與文官制。主用，主，掌理也；用，兼言財用與器用，自國家財政制度，軍械制度，皆主用之制也。[107]

張預云：

> 曲，部曲也；制，節制也。官謂分偏裨之任；道謂利糧餉之路。主者，職掌軍資之人；用者，計度費用之物。六者，用兵之要，宜處置有其法。[108]

---

[107] 見陳啓天著《孫子兵法校釋》，頁68。
[108] 見《十一家注孫子·始計》，張預注云。

法制所涵極廣，影響亦鉅，故不得重之。

　　法度之用，用於人事最爲複雜，亦最爲重要，＜兵勢＞有「凡治眾如治寡，分數也」者，其「治眾如治寡」之術，在於「分數」之功，分數即包括組織編制、人事制度與紀律等問題，這些都是涵蓋在「法」的範圍中，要發揮「治眾如治寡」之效，而不致因人員的龐大、編制的複雜而治之混亂，一切治亂，在於「分數」，[109]在於「保法」。

　　法令之執行，必須信賞必罰，賞罰嚴明。「軍無財，士不來；軍無賞，士不往」，[110]有賞則士卒皆悅，咸奮勇願戰，故＜作戰＞云：

　　　　取敵之利者，貨也。故車戰，得車十乘已上，賞其先得者，而
　　　　更其旌旗，車雜而乘之，卒善而養之，是謂勝敵而益強。

人知勝敵有厚賞之利，必能樂以進戰，故「施無法之賞」（＜九地＞），臨事以立賞制，贍功行賞，以勵士心，故必能「投之亡地然後存；陷之死地然後生」（＜九地＞）。

　　此外，雖然上視下如待孺子之心，如視愛子之親，然而「厚而不能使，愛而不能令，亂而不能治，譬若驕子，不可用也」（＜地形＞），「恩不可專用，罰不可獨任」，[111]愛之不可過度，過度則溺，溺則驕不可用，溺愛而威令難行，命令難以貫徹；且厚遇而不能指揮之，亂法而不能懲治之，驕惰成風，軍紀敗毀，何以爲用？

　　凡善用兵者，必重「修道」而兼以「保法」，「修我撫循士卒之道」，「保其制敵取勝之道」，「先修道立于不敗之地，而後可以法制人」，故「修道保法，非兩件事」，[112]必相輔相成，以成「勝敗之政」。王陽明云：

　　　　修道保法，就是經之以五事，其勝也無智名，無勇功，所謂不
　　　　戰而屈人之兵也。此真能先為不可勝以立于不敗之地者，特形

---

[109] 見《孫子兵法・兵勢》云：「治亂，數也。」
[110] 見《十一家注孫子・作戰》，曹操注云。
[111] 見《十一家注孫子・地形》，曹操注云：「恩不可專用，罰不可獨任，若驕子之喜怒對目，還害而不可用也。」
[112] 參見張居正《開宗直解・龍頭七書》云：「修道保法句，修道，修我撫循士卒之道。保法，保其制敵取勝之道。唯善兵者，先修道立于不敗之地，而後可以法制人。修道保法，非兩件事，言修道即可以保法，所以說而保法。」

藏而不露耳。[113]

「修道保法」，是乃無形之戰力，亦為決定勝敗之重要因素，而「道懼其或廢，當修治之；法懼其不存，當保守之。惟善用兵如此，故能為勝敗之政，而勝于易勝，為敗敵之政，而不失敵之敗」。[114]

第十節　小　結

孫子之戰爭思想與作戰指導，其思想中心講求謀略之運用，崇尚智勝之手段，於作戰之前，定計於廟堂之上，然後出兵，出兵之利，在求全軍全國之全勝目標，而其最高之表現乃「不戰而屈人之兵」，以最小之損害獲致最大之戰果。崇尚謀略，並持經權以奇正、分合、虛實、詭道之變，巧妙運用此四者之術，使奇正相應，常勝而不敗，分合應敵，變化而取勝，因形制變，虛實無常，為敵所不能測、不能攻、不能守，詭譎巧詐，「攻其無備，出其不意」，神而不可測，銳而不能擋，如此之戰，必定可以穩操勝卷。

不論是戰前的定計謀略，或是作戰中之各種戰術作為，「知」之問題必須特別重視，不論是對於「知彼知己」或是「知天知地」，皆應求「盡知」與「先知」，從「知」而後定計，才能準確規劃應敵制勝之道，並能在千變萬化的戰場上，掌握一切主宰的力量，如此必能百戰而不殆。

在整體的作戰指導上，講求「主動」與「先制」原則，爭取戰場上之支配權，「致人而不致於人」，轉化敵我的優劣，陷敵人於被動，而任我方肆意擺布，更可「以逸待勞，以飽待飢」，求「避實擊虛」之功效，因此，採取「主動」與「先制」之作為，「先勝而後求戰」，必能先勝於敵，把握決定性勝利的要點，應機而為，以我之有備，待敵之無備，以我之實，伺敵之隙而攻之，如此，何戰而不能勝呢？

---

[113] 同注 27。
[114] 同注 37，頁 133。

　　孫武強調「速戰」與「機動」的作戰思想，戰貴神速，衝虛制敵，快速機動，發揮閃電戰術之功。此外，孫武亦重視「用間」之思想，認為「間」者，為軍隊之耳目，「三軍所恃而動」，唯有快速而有效的情報，才能策以最佳之行動方案，達到知敵勝敵之目的。另外，「修道保法」不但是一政治之主張，亦為軍事之指導作為，修撫循士卒制敵取勝之道，立治眾用兵自如之法，以定堅實之戰鬥體。

　　總之，孫子之戰爭思想與作戰指導，特別重視以上所論之觀點，為用兵者所必須修持與力行者，並奉為作戰之準則依據，靈活運用，達到克敵勝敵之目的。

第五章　將學思想

　　將者，「帥也」，顧名思義即指統率軍隊的將領，[1]是作戰指揮的領導主幹。春秋時期，隨著戰爭規模的不斷擴大，作戰方式與戰法的複雜化和快速化，以及作戰時空的改變，包括作戰面與縱深的逐漸增廣，作戰時間的延長等等作戰形勢的變化，不同於純文官體制的武將應運而生。春秋時期雖無專職的軍隊武官「將軍」的頭銜，但已有以「將軍」爲軍隊統帥的稱呼。[2]將帥爲主宰戰場的靈魂中樞，肩負作戰勝敗與國家存亡的重責大任，它不同於戰場上的一般士兵，必須精於戰術戰法，有運籌帷幄的指揮與謀略能力，面對瞬息萬變的戰場，能夠智思安定，臨危而不亂。舉將以德，有德之將，方可成就戰功。因此，《孫子兵法》特別重視將帥的問題，尤其是在將帥的角色定位、作戰指揮權力、將德與用兵的概念上，提出了精闢的見解，可以作爲將學思想上的重要指標。

---

[1] 《說文解字‧寸部》：「將，帥也。從寸，醬省聲。」段《注》以「帥」當作「衛」。＜行部＞：「𢄃，將衛也。從行率聲。」二字互訓。（見段玉裁《說文解字注》，台北：黎明文化事業公司，1993 年，頁 79、122。）是以「將」之本義爲統率之意。凡統領軍隊的指揮者皆可稱爲「將」。

[2] 兩漢先秦史籍，常常可以看見先秦人物以「將軍」作稱呼的記載，諸如《春秋》三傳、《孟子》、《墨子》、《莊子》、《國語》、《禮記》、《史記》、《戰國策》、《漢書》、《通典》等等。實際上，春秋後期，即有所謂「將軍」的軍隊統帥的稱呼，但並非官名。直至戰國時才有上將軍、大將軍之名，漢代也沿以爲官名。顧炎武《日知錄‧將軍》也作了詳實的考證：「春秋傳，晉獻公作二軍，公將上軍，太子申生將下軍。是已有將軍之文，而未以爲名也。至昭公二十八年，閻沒女寬對魏獻子曰，豈將軍食之而有不足。正義曰，此以魏子將中軍，故謂之將軍。及六國以來，遂以將軍爲官名，蓋其元起於此。……通典曰，自戰國置大將軍。楚懷王與秦戰，秦敗楚，虜其大將軍屈丐，至漢則定以爲官名矣。」（《原抄本日知錄》，卷二十五，台北：台灣明倫書局，1979 年，頁 699。）

第一節　將帥之重要性

　　戰爭的開啓與否，端在政治決策中心（除了政治最高領導人以及其他相關政務的重要人物外，軍事將領亦爲其重要決策參與者）慎察「國之大事，死生之地，存亡之道」（〈始計〉），權衡利害得失，先定計於廟堂之上，校之以「五事」與「七計」，然後派兵遣將，準備迎戰。一旦訴諸武力，兩軍交戰的勝敗，全繫於將帥的身上，因此，將帥爲遂行作戰的實際執行者與主導者，肩負著戰爭成敗、全軍之死生命運與國家存亡繼絕之重責。

　　《孫子兵法》對於「將」的觀念，在其兵學思想中佔有極爲重要的一環，〈始計〉開宗明義即言明校之以興師的「五事」與「七計」，「將」皆列其一，即「經之以五事，校之以計，而索其情，一曰道，二曰天，三曰地，四曰將，五曰法」，「將」位其四；「校之以計，而索其情。曰：主孰有道？將孰有能？天地孰得？法令孰行？兵眾孰強？士卒孰練？賞罰孰明」，「將」居其二。同時所言「五事」，身爲將帥者莫不必須深曉熟知，「凡此五者，將莫不聞，知之者勝，不知者不勝」，[3]驗知「五事」，爲將帥所當具備的本能。在「七計」當中，除了「主孰有道」比較偏向有關政治領導方面的人事外，其餘六者皆與將帥領導有極密切之關係。由此可見，「將」者爲攸關戰爭勝敗與國家生死存亡的重要關鍵。

　　「良將入軍，旌旗變色」，國有良將，不虞強敵窺伺，國無良將，或用將非人，縱使弱國對我用兵也必有大慮，故良將對建軍備戰與國家整體戰力的影響是不可小覷的！戰國末期，趙以廉頗、趙奢、李牧爲將，秦軍視之如芒刺，遲遲不能出函谷關，以進脅六國；[4]明末袁崇煥爲遼東經略，使努爾哈赤、皇太極一直難以入關，[5]其他先秦的名將，

---

[3] 前述括弧諸引文，均見《孫子兵法・始計》。
[4] 見《史記・廉頗傳》。
[5] 見《明史・袁崇煥傳》，卷二五九。

如姜太公協助武王伐紂、燕昭王時之樂毅、齊國田單等等，這些興國能將，維繫安邦之脈，然而一旦能將隕落，國家復歸凶兆，終致陷入覆亡之域。所以，《六韜》針對將帥的重要性，提到：

> 兵者，國之大事，存亡之道，命在於將。將者，國之輔也，先王之所重也，故置將不可不察也。[6]

又提到：

> 將者人之司命，三軍與之俱治，與之俱亂，得賢將者，兵強國昌，不得賢將者，兵弱國亡。[7]

《尉繚子》也提到：

> 夫將，提鼓揮桴，臨難決戰，接兵角刃。鼓而當之，則賞功立名；鼓而不當，則身死國亡。是存亡安危，在於桴端，奈何無重將也。[8]

這樣的概念，《孫子兵法》也特別的強調，極力認為「將」乃國之輔、國之主、國之寶，所謂：

> 將者，國之輔也，輔周則國必強，輔隙則國必弱。（＜謀攻＞）
> 故知兵之將，生民之司命，國家安危之主也。（＜作戰＞）
> 進不求名，退不避罪，惟民是保，而利合於主，國之寶也。（＜地形＞）

將才足，則兵必強，而將才不備，兵必弱；將猶一人之中樞（心），而士卒猶其肢體，[9]惟「心體統一」，才能用兵勝敵，其統一之要，端在

6　見《六韜・龍韜・論將》。
7　見《六韜・龍韜・奇兵》。
8　見《尉繚子・武議》。
9　「心」與「體」的概念，由來已久，如早期軍政一體、文武合一的春秋前期之「君民一體」的說法，如《禮記・緇衣》孔子所云：「民以君為心，君以民為體。」《管子・君臣下》：「君之在國都也，若心之在身體也。」融入於將帥與士卒的關係，如《司馬法・定爵》：「將軍，身也。卒，肢也。，伍，指拇也。」《尉繚子・攻權》：「將帥者，心也。群下者，肢節也。其心動以誠，則肢節必力；其心動以疑，則肢節必背。」《淮南子・兵略訓》：「將以民為體，而民以將為心；心誠則肢體親刃，心疑則肢體撓北。心不專一，則體不節動；將不誠心，則卒不勇敢。」《說苑・指武》：「將者，士之心也；士者，將之肢體也。心猶豫則肢體不用。」宋代名臣李蕘云：「將軍，心也；士卒，肢指也。」（《歷代名臣奏議》

將帥之本能。故將帥爲國家之棟樑，是「人命之所懸也，成敗之所繫也，禍福之所依也」，[10]關係國家盛衰強弱，主宰了全民的生命與國家之安危。將帥的重要性是毋庸置疑的。

<h1 style="text-align:center">第二節　將德</h1>

「民之性命，國之治亂，皆主於將」，[11]將帥角色的重要性毋須推駁，惟千軍易得，一將難求，古今皆患，實由於將帥角色的重要性與特殊性，非常人所能任，復加其必須具備的知能與條件標準也特別的高，才能勝任適用，所以良將難求。

春秋時期，文武分途未專，將帥選用，特重《詩》、《書》、《禮》、《樂》之能與德性素養，肯定《詩》、《書》、《禮》、《樂》等文德爲卿士大夫立身行事的準則，或許這是當時文武尚未高度分流的文武合一、軍政一體制度下的要求標準。[12]因此，將帥之德也就涵蓋於當時卿大夫修身律己的德性操守。這些德性操守，可以從前述經典修習中

卷二三八）明代名將戚繼光云：「將者，腹心也；士卒者，手足也。」（《練兵實紀‧練將》）歷來論將兵，皆以其猶心體之聯繫爲譬。

[10] 諸葛亮繼承前人用兵思想，從軍隊、戰爭同國家政治的關係角度指出：「國以軍爲輔，君以臣爲佐。輔強則國安，輔弱則國危，在於所任之將也。」（見《將苑‧假權》；內文所引亦出於此。）

[11] 見《十一家注孫子‧作戰》何氏注云。

[12] 《左傳‧僖公二十七年》記載晉文公向趙衰請教選用元帥的事，提到：「於是乎蒐于被廬，作三軍，謀元帥。趙衰曰：郤縠可。臣亟聞其言矣，說《禮》、《樂》，而敦《詩》、《書》。《詩》、《書》，義之府也；《禮》、《樂》，德之則也；德、義，利之本也。〈夏書〉曰：『賦納以言，明試以功，車服以庸。』君其試之！乃使郤縠將中軍，郤溱佐之。」《國語‧晉語四》也記載趙衰回答文公：「郤縠可。行年五十矣，守學彌惇。夫先王之法志，德義之府也。夫德義，生民之本也。能惇篤者，不忘百姓也。請使郤縠。」舉義衡以文德，見諸德義。余英時在其《中國知識階層史論》中提到古代高階層高官員在未分文、武之前，均有共同的學術傳統，也就是重視《詩》、《書》、《禮》、《樂》等六藝之教。（參見余英時《中國知識階層論‧古代知識階層的興起與發展》，台北：聯經出版社，1984年，頁24-29。）

提煉出來，這也是作爲君子的重要德目，其具體者，則有所謂智、仁、勇三達德，諸如《論語・憲問》提到爲君子者必須三道，做到「仁者不憂，智者不惑，勇者不懼」；《國語・晉語》裡申生提到「仁不怨君，智不重困，勇不逃死」的文臣武將的律身標準。此外，《國語・吳語》楚國大夫申包胥與越王勾踐論戰時，將這三個德目具體的融入戰爭思想中：

> 夫戰，智爲始，仁次之，勇次之。不智，則不知民之極，無以銓度天下之衆寡；不仁，則不能與三軍共饑勞之殃；不勇，不能斷疑以發大計。

明白的說到具備此三德性，才能知民用士，生死與共，掌握戰場，縱使面對危疑震撼之際，仍能謀定而動。

　　對於軍人武德的見解，惟論兵者最爲具體。擇將用將，審其才而爲用，須審其何才何能？須具備怎樣之素養呢？須具備甚麼德性呢？歷來兵學家所言甚多，如《荀子・議兵》提出「六術」、「五權」、「三至」以及「無壙」之論；[13] 太公提出「五材」，即「勇、智、仁、信、忠也。勇則不可犯，智則不可亂，仁則愛人，信則不欺，忠則無二心」；[14]《六韜》進一步提到將帥的「仁、勇、智、明、精微、常戒、強力」等概念：

> 將不仁，則三軍不親；將不勇，則三軍不銳；將不智，則三軍大疑；將不明，則三軍大傾，將不精微，則三軍失其機；將不常戒，則三軍失其備；將不強力，則三軍失其職。[15]

---

[13] 見《荀子・議兵》云：「故制號政會，欲嚴以威；慶賞刑罰，欲必以信，處舍收緘，欲周以固；徙舉進退，欲安以重，欲疾以速；窺敵觀變，欲潛以深，欲伍以參；遇敵決戰，必道吾所明，無道吾所疑：夫是之謂六術。無欲將而惡廢，無急勝而忘敗，無威內而輕外，無見其利而不顧其害，凡慮事欲孰，而用財欲泰：夫是之謂五權。所以不受命於主有三：可殺而不可使處不完，可殺而不可使處不勝，可殺而不可使欺百姓：夫是之謂三至。……敬謀無壙，敬事無壙，敬吏無壙，敬衆無壙：夫是之謂五無壙。慎行此六術、五權、三至，而處之恭敬無壙：夫是之謂天下之將，則通於神明矣。」

[14] 見《六韜・龍韜・論將》。

[15] 見《六韜・龍韜・奇兵》。

《吳子兵法》提出「理、備、果、戒、約」的五個律條：

> 凡人論將，常觀於勇，勇之於將，乃數分之一耳！夫勇者必輕
> 合，輕合而不知利，未可也，故將之所慎者五：理、備，果、
> 戒、約。理者，治眾如治寡。備者，出門如見敵。果者，臨敵
> 不懷生。戒者，雖克如始戰。約者，省而不煩。[16]

揭暄子也提到將帥必須兼備「儒、勇、敢、巧、藝」等五個要件：

> 將有儒將，有勇將，有敢將，有巧將，有藝將。儒將智，勇將
> 戰，敢將膽，巧將制，藝將能，兼無不神，備無不利。[17]

此外，《孫臏兵法》、《司馬法》也有「五德」之說，[18]《三略》有所謂
「十二能」的論點，[19]《淮南子》有所謂「三隧」、「四義」、「五行」
與「十守」的將才論，[20]《潛夫論》也有「六德」之說。[21]各家論將，
雖各言殊，然其旨意大略相通，惟《孫子兵法》所言「將者，智、信、
仁、勇、嚴」（〈始計〉）五者可以含攝各家。將帥必須具備有最基本
最重要之「五德」，並延伸至全軍上下層級之將士，成為軍人的武德。
這樣的武德，也成為今日國軍官兵的信條；現行《國軍教戰總則》十
八條當中，此五德居第二，闡明此五者云：

> 智、信、仁、勇、嚴，為我軍人之武德。凡我官兵，均當洞察
> 是非，明辨義利，以見其智；誠實無欺，忠貞不移，以昭其信；

---

[16] 見《吳子兵法·論將》。

[17] 見《揭暄子兵經·論將》。

[18] 《孫臏兵法》所謂的「五德」，即義、仁、德、信與智五者。（見《孫臏兵法·
將敗》）《司馬法》所謂的「五德」則為仁、義、智、勇、信五者。（見《司馬法·
嚴位》）

[19] 《三略》提出所謂「四戒」、「八患」與「十二能」的將學觀念。其「十二能」
是指清、靜、平、整、受諫、聽訟、納人、採言、知國俗、圖山川、表險難、
制軍權等概念。具體地著重於將帥治軍的才能。

[20] 《淮南子·兵略訓》提到的「三隧」，即上知天道、中察人情與下習地形。「四
義」就是「便國不負兵，為主不顧身，見難不畏死，決疑不避罪」。「五行」即
將帥應柔中有剛－柔而不可卷、剛中有柔－剛而不可折、愛中有嚴－仁而不可
犯、誠中有智－信而不可欺、勇中有謀－勇而不可陵。「十守」指將帥應神清、
謀遠、操固、知明、不貪於貨、不淫於物、不濫於辯、不推於方、不可喜也、
不可怒也。把將帥的才德作了具體化的要求。

[21] 《潛夫論·勸將》有智、仁、敬、信、勇、嚴等六德之說。

衛國保民，捨生取義，以盡其仁，負責知恥，崇尚氣節，以全其勇；公正無私，信賞必罰，以伸其嚴。[22]

《孫子》所言「五德」，其意旨在於：智者，能先見而不惑，識謀慮，通權變，所以非不可以料敵應機；信者，能夠號令專一，信賞必罰，所以非信不可以訓人率下；仁者，愛人憫物，惠撫惻隱，知所勤勞，而能同心一氣，所以非仁不可以附眾撫士；勇者，徇義不懼，勇敢果毅，決勝乘勢，所以非嚴不可以決謀合戰；嚴者，以威嚴肅眾，鐵律不犯，所以非嚴不可以服強齊眾。五者必當相須並備，闕一不可。[23]

一、智

「先王之道，以仁為首，兵家者流，用智為先」，[24]觀《左傳》僖公十五年的韓原之戰，秦穆公使公孫枝請戰之言；僖公二十八年城濮之戰，晉文公思報惠之語；宣公十二年邲之戰，楚莊王止戈為武之論，皆因「智」而成。孫武將「智」列為五德之首，蓋智者不惑，智者能謀，能通權變，能知民之極，能詮度天下之眾寡，面對複雜危急之狀，能夠權宜行事，適時應機定策以勝敵；領導龐大的部隊，也能運籌帷幄，指揮自如。因此，將者之智，包含著智識與智慧，不但要能精熟韜略，具有豐富之軍事方面的知能知識外，同時必須具備指揮領導之智慧，定計於廟堂之上，決勝於千里之外，成為傑出的統帥。

---

[22] 見《國軍教戰總則》第二條＜軍人武德＞。

[23] 參見《十一家注孫子‧始計》王晳注：「智者，先見而不惑，能謀慮，通權變也；信者，號令一也；仁者，惠撫惻隱，得人心也；勇者，徇義不懼，能果毅也；嚴者，以威嚴肅眾心也。五者相須，闕一不可。故曹公曰，將宜五德備也。」張預注：「智不可亂，信不可欺，仁不可暴，勇不可懼，嚴不可犯。五德皆備，然後可以為大將。」杜牧注：「智者，能機權、識變通也；信者，使人不惑於刑賞也；仁者，愛人憫物，知勤勞也；勇者，決勝乘勢，不逡巡也；嚴者，以威刑肅三軍也。」梅堯臣注：「智能發謀，信能賞罰，仁能附眾，勇能果斷，嚴能立威。」何氏云：「非智不可以料敵應機；非信不可以訓人率下；非仁不可以附眾撫士；非勇不可以決謀合戰，非嚴不可以服強齊眾。全此五才，將之體也。」

[24] 見《十一家注孫子‧始計》杜牧注。

　　戰爭大事，必須審慎行之，校之以「道、天、地、將、法」五事，計算得失，以識敵我的優劣形勢；校明此五事，必以智用。將帥具備「智」，則「凡此五者，將莫不聞，知之者勝，不知者不勝」（＜始計＞）；智者能知，唯有智者才能真知，然後定計於廟堂之上。因此，《孫子》所謂「未戰而廟算者得算多也；未戰而廟算不勝者，得算少也；多算勝，少算不勝，而況於無算乎」，此算之多寡，以及涉及所算之精確度，和從知彼知己知天知地等等的知，這些必與將帥的「智」有密切關聯，爲將不智，何能算乎精準，何能算乎慎密，又何能有週詳的情勢判斷，無智必難以策定嚴整可行之作戰計劃與作戰謀略。所以廟算的多寡，猶在將帥「智」的聰敏愚劣；先秦時期的戰爭常在此「智」而勝負提早預知。

　　面對戰爭過程中，敵我消長多變，權變機勢的掌握，部隊指揮分合運用，詳測敵情，並以奇正之術，權以虛實之變，謀以詭道之用，以及面對攻擊、防禦、遭遇戰、追擊、轉進等不同的作戰方式，如何相機應敵等等非智者無以能爲。是故，欲爲知兵之將，並且能夠身繫國家安危、百姓司命的重責大任，必須有具備豐富智識與高度智慧的將領方可成之；惟智者「能因敵變化而取勝」，「動而勝人，成功出於眾者」（＜用間＞），能明利害得失，能化危解患，[25]能「因糧於敵」（＜作戰＞），能「通九變之利」（＜九變＞），「奇正」而「無窮」，[26]「攻其無備，出其不意」（＜始計＞），乃至「致人而不致於人」（＜虛實＞），縱使在危亂之際，也能「動應多端，轉禍爲福，臨危制勝」，[27]這些都是智者之所能爲的。

二、信

---

[25] ＜九變＞云：「智者之慮，必雜於利害；雜於利，而務可信也；雜於害，而患可解也。」故智者必能明利害，能解慮患。

[26] ＜勢篇＞云：「凡戰者，以正合，以奇勝，故善出奇者，無窮如天地，……奇正相生，如循環之無端，孰能窮之。」智者之將，必具有此奇正無窮之能力。

[27] 《孔明兵法・將材》：「奇變莫測，動應多端，轉禍爲福，臨危制勝，此之謂智將。」明白指出智將之條件。

　　歷史上，楚漢之爭人人皆知，劉邦封雍齒，信賞於下，而項羽不遵守「先入關者爲王」的約定，弒義帝，逼劉邦入漢中，又「戰勝而不予功，得利而不予人利」，故其下屬紛叛入漢，以致有垓下之刎。[28]其成敗之因，「信」在其一。因此，「信」之於領導者，爲領導統御成功與否的重要因素，也是作戰勝敗的重要關鍵。遠在春秋戰國時期的伐原示信一役，《左傳‧僖公二十五年》記載：

> 冬，晉侯圍原，命三日之糧。原不降，命去之。諜出，曰：「原將降矣。」軍吏曰：「請待之。」公曰：「信，國之寶也，民之所庇也。得原失信，何以庇之？所亡滋多。」退一舍而原降。

晉文公不惜徒勞往返，爲的即是示信於民，使士卒知君帥可以信賴，軍令必可嚴明，從而服膺領導，可與生死。

　　《孫子兵法》言「信」，具有信賞必罰，統一號令，不以後令謬前令，不多許而少與，以及誠實無欺，忠貞不移等意涵。將帥惟有「信」才能訓人率下，惟有賞罰有信，言出必信，令出必行，樹立威信，做到「令素行」（＜行軍＞），才能任使自如。誠如《尉繚子》所言：

> 賞如日月，信如四時，令如斧鉞，制如干將，士不用命者，未之聞也。[29]

孫臏也提到：

> 將者不可以不信，不信則令不行，令不行則軍不槫，軍不槫則無名。故信者，兵之足也。[30]

所謂「上以信使民，民以信服上」，則「是上下相得」。[31]治理百姓如此，指揮士卒也是如此；爲將帥者不能無信，無信則無法徹底執行命令，命令無法貫徹，則軍隊不能緊密團結，更不能誓死達成任務，建立戰功。欲爲有「信」之將，法令執行必明必信，必須「進有厚賞，退有嚴刑，賞不逾時，刑不擇貴」，[32]方可有成。

---

28 參見《史記‧高祖本紀》。
29 見《尉繚子‧兵令下》。
30 見《孫臏兵法‧將義》。
31 見《十一家注孫子‧行軍》張預注。
32 參見《孔明兵法‧將材》：「進有厚賞，退有嚴刑，賞不逾時，刑不擇貴，此之

＜始計＞云：

> 將聽吾計，用之必勝，留之；將不聽吾計，用之必敗，去之。

孫子對於將的去留，有以聽從「吾計」爲準則，而「吾計」則包括指爲君主之作戰意圖，並以國家政策和作戰計劃爲依歸，要求爲將者必須具備堅定的信仰與必勝的信念，然後方可任使。此外，＜軍形＞云：

> 善用兵者，修道而保法，故能為勝敗之政。

「修道保法」直言之，即修明政治，嚴守紀律，維持法制，如此軍令嚴肅，有死無犯，賞罰信而義立，以和其眾，團結軍心，三軍齊一。凡此皆賴將者以誠信爲出發。

今日軍人言「信」，特別提到「三信心」者，也就是「信仰長官，信任部屬，並自信以爲負責任守紀律之軍人」，[33]事實上也不離孫子本意；信仰上官，信任下屬，本出乎於「信」；對於「自信」者，其精神表現即在負責盡職，服從命令，恪守軍紀，然後堅定自信心與必勝信念。因此，將領具備高度的自信心，猶如孫子所言「三軍可奪氣，將軍可奪心」的重要性。

三、仁

諸葛亮認爲，「道之以德，齊之以禮，而知其飢寒，察其勞苦」，方可謂爲仁將。[34]揭宣子也以作爲將帥的，能夠「與士卒同衣服，而後忘乎邊塞之風霜，與士卒同登履，而後忘乎關隘之陰阻，……憂士卒之憂，傷士卒之傷」，是爲仁風之表現。仁者之將，必能與三軍共飢勞，與士卒同甘苦，理解人性逸勞之性，而能將心比心，善撫士卒，使其勞而無怨，驅死而無畏；所以，故「仁能附眾」，仁能「惠撫惻隱」，以得軍心。[35]歷代勝戰，有此銘典；如春秋後期，吳王闔廬，在國，逢災即親巡孤寡而供其困乏，在軍，食物必待士卒人人有份，才敢取

謂信將。」

[33] 見《國軍教戰總則》第三條＜嚴肅軍紀＞。

[34] 參見《孔明兵法・將材》。

[35] 參見註23。

食。[36]憂民之憂，勤而恤民，不恃尊貴，與百姓同甘共苦，所以吳軍能夠是士氣飽滿，勇於赴命的雄獅。又如楚師多日伐蕭，士卒寒凍，楚莊王親巡三軍，拊而慰勉，三軍將士深感心暖而忘寒，士氣大振，順利擊潰敵軍。[37]待兵以仁，功業有成。

　　孫子言治兵待兵，「視卒如嬰兒，則可以與之赴深谿，視卒如愛子，則可以與之俱死」（＜地形＞），此即「仁」的具體展現。對部屬以仁，部屬方可為我任使；以心相待，方能與之赴死而無所懼。故為將必以仁為本，只有仁將，才有仁師，也只有仁者之師，才能無敵於天下。

　　孫子言慎戰，知兵凶戰危，不可不察，謹慎行之，不可輕啟，此乃大仁之表現。孫子強調「有道」，以正道清治，使民能同上意，「可與之死，可與之生」（＜始計＞），這是以「仁」為政的具體呈現。行大仁之政，才能作為正向的領導統御，也才有正面的影響。施仁義以蔚為風尚，必能成為一支戰無不勝的仁義之師。

　　孫子所謂「馳車千駟，革車千乘，帶甲十萬，千里饋糧，內外之費，賓客之用，膠漆之材，車甲之奉，日費千金」（＜作戰＞），用兵所耗人力物資，對國家經濟影響甚遽，這是作為將帥必當以為慮的，顧慮到國計民生，不因個人而好戰，也不因無度而久暴師，將仁德性在此。

四、勇

　　對於「勇」的詮釋，蔣百里闡發克勞塞維茲的兵學思想，認為「勇：戰爭者，危險事也，故軍人第一所要之性質為勇，勇有二：對於危險之勇，一為對於責任之勇」，勇為「慧眼（果斷）」，為「忍耐」、「感情之強健」，[38]雖所言片斷，專以臨戰而論勇，然勇之精義亦能表現出來。「戰爭中有許多因素是不確定的，指揮者必須信任自己的判斷，像岩

36　參見《左傳・哀公元年》記載。
37　參見《左傳・宣公十二年》記載楚子伐蕭之役。
38　見蔣百里先生文選新編，《孫子新釋》。

石一樣挺立在驚濤駭浪之中，而這絕非易事」。[39]勇，最重要是能在不確定的戰場情境中，表現出果斷的精神，也就是說，面對殘酷嚴苛、瞬息萬變的戰場，惟大勇能斷疑定謀。春秋時楚邲之戰，晉中軍帥荀林父智不能號令先縠，與楚將盟，又遣使不當，兼之無善謀以備敵，致使戰事一發，士卒敗逃爭渡，舟中卻十指可掬。慘烈之狀，無以復加。[40]此即非勇的敗戰之將的寫照。

孫子對於勇的解釋，<九地>云：

> 聚三軍之眾，投之於險。

行危險痛苦、殘酷而可怕的事，非勇不足以當之。勇者，爲果毅能決謀合戰，斷疑發計，負責知恥，徇義不懼，崇尙氣節，不求名利，所以說「戰道必勝則戰，不勝則不戰」（<地形>）。勇者之將：

> 進不求名，退不避罪，惟民是保，而利於主，國之寶也。（<地形>）

不可考慮個人功名利祿，念念以國家民族利益爲前提，能夠鞠躬盡粹，死而後已，捨生取義，殺身成仁，以行大勇之舉。

<九地>云：

> 故兵之情：圍則禦，不得已則鬥，過則從。

又云：

> 施無法之賞，懸無政之令，犯三軍之眾，若使一人。犯之以事，勿告以言；犯之以利，勿告以害，投生亡地然後存；陷之死地然後生。夫眾陷於害，然後能爲勝敗。（<九地>）

依兵之情，戰場心理狀態，以明犯三軍之眾，進退若使一人之道，而非言個人螳臂當車之勇；故不依個人勇氣爲尙，而以團結一心所形成的勇敢之勢，將士用命，共同蹈仁赴義，投放亡地，然後能保存，陷入死地，反而能得生。

五、嚴

---

[39] 見克勞塞維茲《戰爭論》，台北：麥田出版社，1996 年，頁 175-176。
[40] 參見《左傳·宣公十二年》。

「嚴」含有號令嚴明，整肅軍心，服強齊眾的本質；要求軍隊有嚴格之紀律，一切聽命於主將，使部隊之團結得以鞏固，從一定之方針，取一致之行動，申明號令，以強化戰鬥力，確保戰力之持續，縱使在危殆之際，也不致成為烏合之眾。

孫武在＜始計＞所云「七事」中，提出「法令孰行，賞罰孰明」，即說明法令必須嚴格執行，紀律必須嚴格遵守，賞罰也當公正無私，使嚴以立威率眾；吳宮教戰，小試勒兵，令斬吳王愛姬，以伸威嚴，所以說故「嚴能立威」[41]，立威以刑肅三軍之勳。軍隊為一個特殊而完整之戰鬥體，要求行動協調一致，方可發揮統合戰力，欲要求「犯三軍之眾，若使一人」，做到「勇者不得獨進，怯者不得獨退」，則必須有嚴明的號令、嚴肅的軍紀方可為之。且不嚴則士卒不服，軍務運作亦不治，誠如曾文正公所云：

> 治兵之才，不外公、明、勤。不公、不明，則兵不服；不勤，則營務鉅細皆廢弛不治。

「嚴」不外於任何時空，不因人而異，要求公正嚴明，克勤不殆。

孫子提到：

> 令之以文，齊之以武，是謂必取。令素行以教其民，則民服；令不素行以教民其民，則民不服，令素行者，與眾相得也。（＜行軍＞）

一切要求嚴明，必須使部屬從內心而服之，故必須講求恩威並濟，從將帥自身做起，必與士卒同甘共苦，嚴以律己，無偏無私。凡事率先躬行，為部屬之表率，如此方可立威信以明紀律，誠如《三略》所言：

> 軍井未達，將不言渴；軍幕未弁，將不言倦；軍灶未炊，將不言飢；冬不服裘，夏不操扇，雨不張蓋，是將禮。與之安，與之危，故其眾可合而不可離，可用而不可疲。[42]

此即將帥以身作則，與士卒共安危以立威嚴的具體表現。

王符曾針對孫子的武德作解釋，提到：

---

[41] 見《十一家注孫子・始計》梅堯臣注。
[42] 見《三略・上略》。

智以折敵，仁以附眾，敬以招賢，信以必賞，勇以益氣，嚴以一令。故折敵則能合變，眾附則思力戰，賢智集則陰謀利，賞罰必則士盡力，氣勇益則兵威令自倍，威令一則惟將所使。[43]

「智、信、仁、勇、嚴」五德的重要是無待多言的，惟五德之用，必須相互並濟，相輔相成，不可偏廢，只有如此才能成為全才的將領，所領導的部隊也才能形成真正攻無不克戰無不勝之鋼鐵勁旅。賈林特別提到：

專任智則賊；偏施仁則懦；固守信則愚；恃勇力則暴；令過嚴則殘。五者兼備，各適其用；則可為將帥。[44]

何守法更舉孔明加以說明：

將宜備此五者，闕一不可也。然猶貴各適于用而不偏，蓋專任智則賊，固守信則愚，惟施仁則懦，純恃勇則暴，一予嚴則殘，天下之大將恐不如是，故有國者當經之也。稽諸歷代，若范蠡之謀吳，晉文之退舍，曹彬之約誓，先軫之免冑，穰苴之斬賈，是皆得其一者，惟孔明為能全之。即其草廬之談，三分已定，智也。寧避敵鋒，不留代兵，信也。力扶漢鼎，志切救民，仁也。五月渡瀘，深入不毛，勇也。廢李平廖立，斬馬謖陳成，嚴也。此所以為天下之奇才，三國第一流歟。自比管樂，特謙志耳。[45]

《六韜》也提出將帥的「十過」，來說明「五德」不全的偏失：

所謂十過者：有勇而輕死者，有急而心速者，有貪而好利者，有仁而不忍人者，有智而心怯者，有信而喜信人者，有廉潔而不愛人者，有智而心緩者，有剛毅而自用者，有懦而喜任人者。勇而輕死者，可暴也；急而心速者，可久也；貪而好利者，可貴也；仁而不忍人者，可勞也；智而心怯者，可窘也；信而喜

---

[43] 見王符《潛夫論・勸將》第二十一。

[44] 見《十一家注孫子・始計》賈林注。

[45] 見何守法《校音點註孫子・始計第一》。李浴日選輯收錄於《中國兵學大系》第二冊（世界兵學社發行）；山東齊魯書社《孫子集成》據以影印收錄於第九輯（1993年，頁322-323）。

信人者，可誑也；廉潔而不愛人者，可侮也；智而心緩者，可
襲也；剛毅而自用者，可事也；懦而喜任人者，可欺也。[46]

既知五者兼備難並，然又不能有所偏失，必求五者相須，用度適宜，
並濟共存，缺一不可，否則偏則危怠，偏則難以成軍！

　　總之，將帥具備此武德，集領導統御、組織管理、決策於一身，
並且修持自我，陶冶品格，尤其面對危疑震撼之際，仍有自信與必勝
之企圖心，鼓舞士氣，身先士卒，冒險犯難，勇敢果決，化危為安。
因此，將帥須能清廉而愛人，靜慮而謀周，均賞罰，嚴號令，諫而能
聽，勞而不怨，能納賢良，能平爭訟，能知國俗而用眾，能知山川遠
近險易，實則能為常勝之將軍。

第三節　將權－－君命有所不受

　　戰爭的勝敗繫乎將帥的領導，將帥擔負作戰勝敗的全責，故自受
命執兵符應戰之日起，「進退惟時，軍中軍不由君命，皆由將出」，「無
天於上，無地於下，無敵於前，無主於後」；[47]軍、政的權責必當明白
區隔，也就是「國不可從外治，軍不可從中御」，[48]不但平時軍隊能保
持超然的立場，不因不同的政治團體而改變其保國衛民的忠貞信念，
戰時更能積極主動的指揮作戰，故「自闑以外，將軍制止；自闑以內，
寡人治之」，[49]軍人領兵作戰的指揮權不受干擾，同時軍人也不可干預
政治，二者的分野必須嚴格分明。誠如黃石公所言：

　　出軍行師，將在自專；進退內御，則功難成。故聖主明王，跪
　　而推轂曰：闑外之事，將軍裁之。[50]

因此，統帥權的獨立，為古今中外用兵之重要思想，因為戰場狀況瞬

---

[46] 見《六韜‧龍韜‧論將》。
[47] 見《孔明兵法‧出師》。
[48] 見《十一家注孫子‧謀攻》，賈林注引姜太公云。
[49] 見王建東《孫子兵法》，台北：鐘文出版社，1995 年，頁 96。
[50] 見《十一家注孫子‧地形》，杜牧注引黃石公所云。

息萬變，不爲與遲疑皆足以陷軍部於危亡，只有親臨前線與敵接觸的
作戰指揮官才能瞭解全般作戰狀況，掌握稍縱即逝的戰機，倘若由事
外者干預將帥用兵，在統一與彈性指揮用兵的靈活度上必會遭受極大
影響。孫武吳宮教戰，令殺吳王寵妾，言明「將在軍，君命有所不受」，
[51]即爲此意。這般觀念，早在春秋時期即有，《左傳》記載晉里克諫獻
公，不應以太子申生帥師伐東山皋落氏時說：

> 夫帥師，專行謀；誓軍旅，君與國政之所圖也；非大子之事也。
> 師在制命而已，稟命則不威，專命則不孝，故君之嗣適不可以
> 帥師。君失其官，帥師不威，將焉用之？[52]

勝敗之戰，繫乎國家存亡，帥師爲將，不能事事請令於國君，必予專
制命令之權，也就是軍事指揮權，絕不可受制於人。

　　國君任用將領主戰，其前提必須君將不相疑，相互信任，一旦執
掌軍權，指揮作戰，勝敗決於將帥，國君不宜予以干擾，以免影響其
領導統御、指揮作戰的能力。然而歷史上，多少沙場能將壯志未酬身
先死，如岳飛、袁崇煥者不計其數，此即將在外不受君命之下場，其
重要的原因在於政治領導中心，朝中君臣們，對此擁重兵耗鉅餉的將
帥，不能信任，心存疑慮，或另有政治上的野心所致。<軍爭>言：

> 凡用兵之法，將受命於君，合軍聚眾，交和而舍，莫難於軍爭。

君授命於將，必當放心將全軍交付於將，使將帥免於後顧之憂，切忌
中御，免於制肘，全力於戰，爭取有利機勢，把握有利戰機，以不辱
國君託予之使命。因此，「將在軍，君命有所不受」，乃用兵指揮不可
或失的思想。

　　<九變>中孫子明白指出：

> 塗有所不由，軍有所不擊，城有所不攻，地有所不爭，君命有
> 所不受。

銀雀山簡牘佚文《四變》，也對國君反「塗（途）有所不由」等四變，
而有所不受其令：

[51] 見《史記‧孫子吳起列傳》。
[52] 見《左傳‧閔公二年》。

君令有所不行者，君令有反此四變者，則弗行也。[53]

<謀攻>進一步提到：

> 故君之所以患於軍者三：不知軍之不可以進，而謂之進；不知軍之不可退，而謂之退；是謂縻軍。不知三軍之事，而同三軍之政者，則軍士惑矣。不知三軍之權，而同三軍之任，則軍士疑矣。三軍既惑且疑，則諸侯之難至矣，是謂亂軍引勝。

明代劉寅清楚地解釋：

> 故軍之所以見害于國君者，有三事：人君不知軍之不可以前進，而命之前進，不知軍之不可以後退，而命之後退，是謂縻繫其軍者也，謂人君不令大將自裁進退之道，或遣使命，必令決戰，孫皓臨滅，賈充尚請班師，甚者，如哥舒翰守潼關，祿山兵強，未可與戰，玄宗強命之戰，遂至敗，是也。不知三軍戰守之事，而同理三軍之政，則軍士疑伏，人君之職，當修德行政，求賢任人而已，而將受閫外之寄，無天于上，無地于下，無敵于前，無君于後，見可而進，知難而退，務在必勝，人君豈可以己意而縻之，漢唐多以中官為監軍，其縻軍之患，正如此。不知三軍之權變之事，而欲為三軍之任，則軍士皆惑矣。三軍之眾，既惑且疑，則諸侯乘隙而攻伐之，難必至矣，是謂自亂其軍，而引敵人之勝。[54]

清代夏振翼也提到：

> 夫國家之有將，殆如車之有輔，相為倚賴者也。苟輔佐之謀，極為周密，敵人不能窺伺，國勢自爾強盛；使輔佐之謀，一有罅隙，敵人乘虛而入，其國必至削弱；將之所係者如此，人君可不專任之哉。國家大事，固賴乎將，以為之輔矣。而軍之所以見害於國君專制者，殆有三事焉。何以見之？不知三軍之不可以前進，而命之前進，不知三軍之不可以後退，而命之後退，

---

[53] 見銀雀山竹簡佚文《四變》。引自銀雀山漢墓竹簡整理小組於《文物》第十二期，1974 年登載原文。

[54] 見明代劉寅《武經七書直解》。引自台北：中國子學名著集成編印《武經直解‧孫子直解》，1978 年，頁 157。

是謂縻繫其軍，不得舒展，此一患也。不知三軍之中，賞罰號令之事，而欲參理三軍之政，則軍中士卒迷惑而無所適從，此二患也。不知三軍之中，攻戰權變之術，而欲同預三軍之任，則軍中士卒疑二而不能聽信，此三患也。夫以三軍之眾，既迷惑於政令，且疑二於任使，將見鄰國諸侯，乘其乖錯作難而至矣；是謂自致擾亂，而引敵人之勝己也。善任使者，詎若是耶？[55]

再在說明兵權貴一的原因與重要性。

依孫武所見，認為「君命有所不受」的主要原因，實因君王對軍隊的事務多有不知，若執意參與軍職，司其不專，必定造成累軍致禍，危難不免。

一、縻軍

依孫子之見，「不知軍之不可退，而謂之退；是謂縻軍」（〈謀攻〉），歷來詮其意者甚多，[56]賈林認為：

軍之進退，將可臨時制變；君命內御，患莫大焉。故太公曰：「國不可以從外治，軍不可以從中御。」

梅堯臣提到：

君不知進退之宜，而專進退，是縻繫其軍，《六韜》所謂軍不可以從中御。

張預也注云：

軍未可以進而必使之進，軍未可以退而必使之退，是謂縻絆其軍也。故曰：進退由內御，則功難成。

部隊的分合進退，本來就是將帥的領導專長，能者之將，對戰場現況掌握最為清楚，進退的權宜自有分寸，若加以干涉，可能會影響全般作戰的進行，所以縻軍之禍，非旦造成大患，也將可能引來大難，為

---

[55] 見清代夏振翼《孫子體註》。
[56] 內文引諸家注文，見《十一家注孫子‧謀攻》賈林注、梅堯臣注、張預注。

明君所不能不知。

　　凡治國之道，固不可以之治軍，實因領導統御的方術，因人、事、物以及各種情境、任務性質等等的不同，治御之術也當有所差異，況且戰爭之事，為特殊而非常之事，戰略戰術的用兵藝術，有其奇正詭道之變，運用之道除應具備基本之軍事智能外，尚有因作戰經驗累積而進有作為者，此非政治領導人物所能及的。所以，人君親御或干預作戰，由於不知進退攻守之運兵技能，內御參與指揮之權，必致糜軍大患，戰功難就，兵敗可期！

二、軍士惑

　　孫子言「不知三軍之事，而同三軍之政者，則軍士惑」（＜謀攻＞），歷來注家多有闡發，[57]曹操注：

　　軍容不入國，國容不入軍，禮不可以治兵也。

杜牧注：

　　蓋謂禮度法令，自有軍法從事，若使同於尋常治國之道，則軍士生惑矣。

杜佑注：

　　夫治國尚禮義，兵貴於權詐，形勢和異，教化不同；而君不知其變，軍國一政，以用治民，則軍士疑惑，不知所措。

陳皞注：

　　言不知三軍之事，違眾沮議。《左傳》稱晉虒季不從軍師之謀，而以偏師先進，終為楚之所敗也。

梅堯臣注：

　　不知治軍之務，而參其政，則眾惑亂也。

張預注：

　　仁義可以治國，而不可以治軍，權變可以治軍，而不可以治國，

---

[57] 內文引諸家注文，見《十一家注孫子‧謀攻》曹操注、杜牧注、杜佑注、陳皞注、梅堯臣注、張預注。

> 理然也。虢公不修慈愛，而為晉所滅；晉侯不守四德，而為秦所克。是不以仁義治國也。齊侯不射君子，而敗晉；宋公不擒二毛，而刃於楚。是不以權變治軍也。故當仁義而用權譎，則國必危，晉虢是也。當變詐而尚禮義，則兵必敗，齊宋是也。
>
> 然則治國之道，固不可以治軍也。

所言重點在於分明治軍之道與治國之道殊途，倘用治國之道以治軍，則將士難御，軍力難聚，事務難行，一旦面臨兩軍交戰之際，將士必會對領導者的導領能力產生疑懼困惑，領導威信遭受挑戰，軍心必然無法凝聚，縱然全力以戰，久戰仍必無功。因此，不明瞭三軍之政與治軍之道，而強行領軍，如此兵將不能以命託付，時時危疑恐懼，士氣嚴重受挫，戰力自然不能發揮。

此外，作戰時的人事任用權，應予戰地指揮官最高之權限，政治領導者不宜加以干涉，畢竟用戰知己者，主將最清楚，何人可用，何人不能適任，只有主將自己最能掌握，任使得法，將士用命，必為勁旅，若遣以無軍事知識或經驗不足的不適任者來掌握某一軍隊，任某一軍職，非旦軍士疑惑且恐懼，敵人也竊喜而趁隙，這樣的軍隊難逃危亡的命運。所以，「君不御」，「君命有所不受」以免於「軍士惑」的本義，在此。

三、軍士疑

孫子言「不知三軍之權，而同三軍之任，則軍士疑」（〈謀攻〉），歷來注家推闡，[58]杜牧注：

> 謂將無權智，不能銓度軍士，各任所長，而雷同使之，不盡其材，則三軍生疑矣。

陳皞注：

> 將在軍，權不專制，任不自由，三軍之士自然疑也。

---

[58] 內文引諸家注文，見《十一家注孫子・謀攻》杜牧注、杜佑注、陳皞注、梅堯臣注、何氏注、張預注。

杜佑注：

　　不得其人也。君之任將，當精擇焉；將若不知權變，不可付以
　　勢位。苟授非其人，則舉措失所，軍覆敗也。

梅堯臣注：

　　不知權謀之道，而參其任用，則眾疑貳也。

何氏注：

　　不知用兵權謀之人，用之為將，則軍不治而士疑。

張預注：

　　軍吏中有不知兵家權謀之人，而使同居將帥之任，則政令不一，
　　而軍疑矣。

一般國君對用兵權變之術較為不專，缺乏戰略戰術修養，如果斷然親
自指揮作戰，用兵能力必會遭致將士疑懼；相同地，授命為將，未見
其能不適其位，不能運籌帷幄，有效策定作戰構想，軍士不肯用命，
或是不知如何為戰，也就難逃敗亡的結果，這也是「君命有所不受」
的主要因素。

　　對於用兵之道，君王多有「不知」者，當避免凌越將士指揮權責，
更不可任使不當而造成「亂軍引勝」（＜謀攻＞），敵人乘隙而至。因
此，將帥指揮作戰，必以君主以至全軍全國之利為先，依實際狀況的
需要，仍可不受君王旨意，確保指揮權的統一與獨立，所以孫子進一
步認為：

　　故戰道必勝，主曰無戰，必戰可也；戰道不勝，主曰必戰，無
　　戰可也。故進不求名，退不避罪，唯人是保，而利合於主，國
　　之寶也。（＜地形＞）

對此，明代何守法詳細加以說明：

　　將在軍，君命有所不受，非不知尊乎君，正以戰之勝敗何如為
　　要耳！蓋與其從令而僨事，不若違制而成功；否則為身家計得
　　矣，其如三軍社稷何？故戰有必勝之道，主雖命無戰，必戰之
　　為可，戰有不勝之道，主雖命必戰，無戰之為可。二「可」字，
　　對不可言，乃不然意，非僅可未盡之辭也。故進雖有名，實非

求戰勝之名，退雖無罪，實不敢避違命之罪，惟欲保全生民之命，而有利益於君主。此等之將，忠足以安邦，智足以察敵，乃國家之珍寶，見不可以易得，當貴重用之也。[59]

趙本學也認為：

此承將之至任，而言為將者受寄於外，便宜在己，可戰則戰，不可戰則勿戰。顧法當何如耳，無以君命之故，畏懼而姑從之也。若苟從君命，一身固可以自免，其如三軍之命何？其社稷之計何？此忠蓋老成之士決不為也。[60]

勝敗攸關國家民族興亡盛衰，尤在危急之秋，國運取決於疆場，為求戰勝之道，不損戰力，不逆士眾，寧違於君，尤其掌有必勝之利，雖然君命不戰，仍當必戰，實乃其進退違命皆為保民安國，這是合於賢君明主之最大利益，何當不為呢？為忠貞愛國之明將者，不失自身的本分，明辨大是大非，本於「有所為而有所不為」之情操。這樣的道理，同荀子所提的「三至」：

不受命於主有三：可殺而不可使處不完，可殺而不可使擊不勝，可殺而不可使欺百姓；夫是之謂三至。[61]

故「軍中聞將軍令，不聞天子之詔」[62]本有其至當之理。

總之，「聚三軍之眾，投之於險」，乃將軍之事，勝敗之責全在於將帥，其權限也就不宜輕撓。為求部隊指揮彈性，用兵自如，作戰指揮權務必充分授權，絕對獨立，不受君令干擾。然而，雖言君令不受，但最重要的，仍在於必須有能者之將，有獨立的能力，領導指揮遂行作戰，洞悉何者可戰，何者不可戰；識眾寡之用，組織部隊，凝聚戰力，穩定軍心，以虞待敵之不虞，方可求得勝利，此即孫子所云「將能而君不御者勝」的道理。

59　見何守法《校音點註孫子·地形第十》。李浴日選輯收錄於《中國兵學大系》第二冊(世界兵學社發行)；山東齊魯書社《孫子集成》據以影印收錄於第九輯(1993年，頁 664-665)。

60　見趙本學《孫子書校解引類》。引自山東齊魯書社《孫子集成》第五輯，影印明萬曆甲寅重刻本(1993年，頁351)。

61　見《荀子·議兵》。

62　見《十一家注孫子·地形》，張預註。

「君命有所不受」的概念，作爲將帥根據戰場實況有所取捨，爲執行國君指令提供權責之理論依據，於作戰指揮的現實環境中，使將帥能臨事適變，權宜因應，而不機械地一以君令爲是。畢竟國君之令未必符合戰爭展開過程的實際狀況，惟有主帥最能根據具體情況作出最新最有效的決策，〈地形〉所謂「戰道必勝，主曰無戰，必戰可也；戰道不勝，主曰必勝，無戰可也」，戰場的主導者，必是親臨指揮之將帥。有識之將，實事求是，掌握戰場，主宰戰場；因此，賢明之君，知人善任，授命予能將，當任以責成功，信任而放其自爲，閫外之事，全由將帥裁之，此用兵思想，方是知勝之道。

第四節　將危與將敗

將帥除了有其應具備的基本條件與本質外，也有其必當注意與避免的，如《尉繚子》提出將者必須注意的缺點，即所謂的「十二陵」：

> 悔至於任疑，孽在於屠戮，偏在於多私，不詳在於惡聞己過，不度在於竭民財，不明在於受間，不實在於輕發，固陋在於離賢，禍在於好利，害在於親小人，亡在於無所守，危在於無號令。[63]

此外，《六韜‧論將篇》也提出「十過」（已如前述，不予再明），此皆爲將者必須慎知者，以免導致過失，造成作戰時無法避免的災害。將帥必須具備「智、信、仁、勇、嚴」五德，同時必須知道將危與將敗之所在，這是爲將者所不能不察的。

一、將危

孫子提出將帥的五個缺失，以此可能導致災害，即所謂：

> 故將有五危：必死，可殺也；必生，可虜也；忿速，可悔也；

---

[63] 見《尉繚子‧十二陵》第七。

廉潔，可辱也；愛民，可煩也。凡此五者，將之過也，用兵之
災也。覆軍殺將，必以五危，不可不察也。（〈九變〉）

此五者，實將帥本身性格上的偏差，或是缺乏「五德」素養，有所偏
失所致。這樣的偏失所造成的嚴重後果，將可能「覆軍殺將」，此用兵
之災，怎能不慎重不細察呢？

（一）必死可殺

凡爲將者，當有必死之心，而置死生於度外，固爲坦蕩而至勇之
表現，但有勇而無謀，只求必死之戰，又何能算乎真勇？又何能稱乎
良將？有匹夫之勇而無智，必爲愚勇；誠如杜牧、張預所言：

將愚而勇者，患也。黃石公云：「勇者好行其志，愚者不顧其死。」
勇而無謀，必欲死鬥，不可與力爭，當以奇伏誘致而殺之。故
司馬法曰：「上死不勝。」言將無策略，止能以死先士卒，則不
勝也。[64]

因此，爲將帥必對「勇」的本質有所認清：

凡人之論將，常觀於勇；勇之於將，乃數分之一耳。夫勇者必
輕合，輕合而不知利，未可將也。[65]

抱必死的決心，縱爲臨戰不懼的軍人本色之展現，然而無畏的愚勇少
慮，也只能以死力鬥與戰，暴虎憑河，不用智謀，終會被敵人誘殺，
此種愚勇又當何益？

（二）必生可虜

貪生怕死，缺乏勇氣與冒險犯難的精神，且畏怯多疑，只期全生
者，易爲強敵所破，故孟氏云：

將之怯弱，志必生返，意不親戰，士卒不精，上下猶像，可急
擊而取之。[66]

---

[64] 見《十一家注孫子·九變》，杜牧、張預注。
[65] 見《吳子兵法·論將》。
[66] 見《十一家注孫子·九變》，孟氏注。

張預也提到：

> 臨陳畏怯，必欲生返，當鼓譟乘之，可以虜也。[67]

凡爲將者，應當臨陣不怯，遇事不懼，面對危疑震撼之際，更應沈著應戰，發揮死中求活的勇氣，轉劣勢爲優勢，化危機爲轉機，不爲敵所傷，反能置之死地而後生，克敵而制勝。

（三）忿速可侮

凡急躁剛愎，動輒易受刺激、情緒波動的將領，不易保持冷靜，缺乏理智與思考能力，容易爲敵人所致，誤中敵人詭計。曹操提到：

> 疾急之人，可忿怒侮而致之也。[68]

杜牧也解釋：

> 忿者，剛怒也；速者，褊急也，性不厚重也。[69]

「忿」而「速」乃用兵之忌，指揮用兵，將貴持重，切忌狷急，避免情緒化的作爲，讓敵人有可乘之機。只有保持冷靜，才可夠避免動性，以理智平和的心情，週詳的策謀定略，選擇最佳的制敵之方。尤其，當面對浮躁的敵將時，則可相機乘其忿失而採取對應措施，使之輕進以一舉殲滅。

（四）廉潔可辱

廉潔固爲可貴高尚之德性，然而過於自矜，又恐易爲敵人所污，趁以資之，乘隙而致我，使我陷入敗戰之境。張預認爲「清潔愛民之士，可垢辱以撓之，必可致也」，[70]就是這個道理。

將帥者，切勿矯飾廉潔，沽名釣譽，自我拘限，影響其客觀的用兵精神，造成決策上的偏頗，更不可因敵人的造謠侮謗，承受不起垢辱之污，以致因忿戰敗。所以，念念以國家爲重，不計個人名利，使思緒永保清明，尋求戰勝之道。從現實的戰爭本質言，戰爭尋求致勝

---

67 同上註，張預注。
68 同上註，曹操注。
69 同上註，杜牧注。
70 同上註，張預注。

之謀略，而非純道德之思辨，所謂「水至清則無魚，人至察則無徒」，不可因小而失大；皎皎者易污，所以過度的矜矯，往往失其大我，恐有成爲致命之缺失，特別是面對無情而殘酷的戰爭，更是如此。

（五）愛民可煩

愛民慈眾，本爲仁義之師的作爲，惟敵人常資民以戰，誘我入計，恐爲敵傷，此當有所顧忌。曹操云：

> 出其所必趨，愛民者，則必倍道兼行以救之；救之則煩勞也。[71]

李筌也解釋云：

> 攻其所愛，必卷甲而救；愛其人，乃可以計疲。[72]

凡部隊作戰，宜避免憂彼慮此，而延誤了戰機，也不宜因我之愛，而陷入敵人的謀略當中，必須審明利害，採取果敢行動，不爲敵人所乘。因此，「民雖可愛，當審利害。若無微不救，無遠不援，則出其所必趨，使煩而困也」；[73]實乃「兵有須救不必救者」，[74]將帥用兵行止必須慎察，權宜輕重，事事以大局爲念，否則顧此失彼，爲敵所乘，對我自身的危害，將可能難以估算與彌補。

孫子在這裡，給我們一個啓示，部隊運動時，應特別儘量避開難民潮，以免步入覆亡之境。

以上所言五者，身爲將帥者不得不深加體察，避免此用兵之忌，勿爲爲敵人所資，釀成我軍的重大災害，甚至導致全軍覆滅的悲劇；誠如夏振翼所云：

> 為將者，豈盡智謀之人哉？其狃于性情之偏，不知所以矯之，而入于危殆者，蓋有五焉：如不分險易，不計眾寡，徒勇無謀，期于必死者，可布奇設伏，以殺之也。依戀城堡不敢深入，臨陣退怯，必欲生還者，可邀擊襲取，而擄之也。若剛暴褊急者，

---

[71] 同上註，曹操注。
[72] 同上註，李筌注。
[73] 同上註，張預注。
[74] 同上註，陳皞注。

其心志淺狹，智識卑陋可知也，有以侮慢之，則乘怒而輕進矣。狷介自飭者，其喜好名譽，不受人污可知也，有以凌辱之，則必求雪其恥矣。至姑息求全，才非果決者，乃仁慈不忍之人也，使煩擾之，則心緒紛亂，謀慮不精，而敗可立見。凡此五者怵旦偏之失，為將者之過也，以之用兵，必致災害之至也。覆亡三軍，殺傷將士，必由此五者危殆之咎，為將者，誠不可忽略視之，而不思所以自省也。[75]

蓋為將者，雖有死鬥之勇，也當知死中求生之道，以化險為夷；不貪生怕死，臨陣畏怯；不為利進，不為名累，一旦沽名釣譽，恐易致辱；明白剛愎褊急，易為敵所輕取的道理；曉辨大仁大愛，不使敵資其愛而致疲困煩勞。凡以上所論五者，將帥當謹識權變，審慎明察，深思熟慮，不可有所偏執，否則將可能造成覆軍殺將的慘劇。

二、將敗

為將者，當知兵性，瞭解敗兵之道；而敗兵之因，咎在人事，其責任又在將領自身。將帥用兵常見的過失，為將者不可不慎察，不可不警惕。孫子云：

> 故兵有走者，有弛者，有陷者，有崩者，有亂者，有北者。凡此六者，非天之災，將之過也。夫勢均，以一擊十，曰走；卒強吏弱，曰弛；吏強卒弱，曰陷；大吏怒而不服，遇敵懟而自戰，將不知其能，曰崩；將弱不嚴，教道不明，吏卒無常，陳兵縱橫，曰亂；將不能料敵，以少合眾，以弱擊強，兵無選鋒，曰北。凡此六者，敗之道也；將之至任，不可不察也。（〈地形〉）

蓋「走」、「弛」、「陷」、「崩」、「亂」、「北」等六者，為將敗之主要現象，應當慎知，以下分別作簡單的敘述：

---

[75] 見清夏振翼《孫子體註》。

（一）自不量力－－走

孫子言「夫勢均，以一擊十，曰走」（＜地形＞）。告訴我們：審度敵我雙方戰力，瞭解敵我兩軍人員素質、教育訓練、士氣威儀、武器裝備等等狀況，均勢而略相匹敵時，將帥者不可憑一己之勇，無避實擊虛之道，或無天時地利之便，謀略無以應敵時，若仍採「以一擊十」，以弱擊強的作爲，可以說是以卵擊石，自不量力，必致敗兵。歷來注家的論述，[76]杜牧認爲：

> 夫以一擊十之道，先須敵人與我將之智謀、兵之勇怯、天時地利、飢　　飽勞佚，十倍相懸，然後可以奮一擊十。若勢均力敵，不能自料以我之一擊敵之十，則須奔走，不能返舍復爲駐止矣。

梅堯臣認爲：

> 勢雖均而兵甚寡，以寡擊眾，必走之道也。

張預認爲：

> 勢均謂將之智勇、兵之利鈍，一切相敵也。夫體敵勢等，自不可輕戰；況奮寡以擊眾，能無走乎？

勢均之量，必在於料敵計力的精準，考量現有兵力、地形、天候等力、時、空的因素後，加以權謀推演，仍無戰勝的優勢時，必不能貿然應敵。故審度全般戰力劣於敵人時，宜採取自保之道，避免與敵接觸，尤應避免與敵決戰，面對局勢對我極爲不利時，依狀況而斷然採取退怯或脫離戰鬥的手段，此爲將帥者所不能不明白的，切忌犯此用兵之失，以免陷於危亡之境。

（二）軍紀潰散－－弛

孫子認爲「卒強吏弱，曰弛」（＜地形＞）。兵卒強勇，而領導幹部卻懦弱而素質低劣，在弱幹強枝的狀況下，部屬對上官的用兵產生質疑，領導威信遭受衝擊，上下關係分裂，命令不能獲得貫徹，必不

---

[76] 內文引諸家注文，見《十一家注孫子・地形》杜牧注、梅堯臣注、張預注。

能取一致的目標認同。誠如何氏所言：

> 言卒伍豪強，將帥懦弱，不能驅領，故弛坏壞散也。[77]

張預也說明：

> 士卒豪悍，將吏懦弱，不能統轄約束，故軍政弛壞也。吳楚相攻，吳公子光曰：「楚軍多寵，政令不一，帥賤而不能整，無大威命，楚可敗。」果大敗楚師也。[78]

將帥統轄制馭之權，在執行上產生窒礙時，軍令則難以遵從，軍威也難以維持，紀律廢弛，兵士潰散，無法從一定的方針取一致的行動，戰力分散不聚，則見敵必亂，此種現象爲將帥者在用兵統御上所不能不慎加注意者。

（三）卒弱無力－－陷

孫子言「吏強卒弱，曰陷」（〈地形〉）。即使領導幹部優秀強勇，而下屬素質差，或士卒反應怯弱，整體的戰力無法獲得有效地發揮，如此仍將陷於敗亡之域。

賈林云：

> 士卒皆贏，鼓之不進；吏強獨戰，徒陷其身也。[79]

張預也說：

> 將吏剛勇欲戰，而士卒素乏訓練，不能齊勇同奮，苟用之，必陷於亡敗。[80]

將強兵弱的現象，恐因士卒教育訓練的不確實，不能具備應有的戰技能力，不能發揮統合的戰力，且又因臨戰應敵能力的不足，故戰場恐懼心理自然增加，進而畏縮怯懦，如此之部隊自必陷於死地。領導幹部宜加強士卒的教育訓練，平時落實訓練，戰時戰力才可展現。

（四）兵散自戰－－崩

---

[77] 見《十一家注孫子‧地形》，何氏注。
[78] 見《十一家注孫子‧地形》張預注。
[79] 同上註，賈林注。
[80] 同上註，張預注。

　　孫子認爲「大吏怒而不服，遇敵懟而自戰，將不知其能，曰崩」
（＜地形＞）。此乃將帥領導用兵上，無法保持理性鎮定所致。凡易怒
則思慮不全，遣兵派將就可能因爲情緒化而不當。面對敵人，自身不
能從容定靜，也無力安撫將士，和順使兵，整體戰力於未戰前就已先
崩解了。

　　歷來注家對「散兵」多所強調，[81]李筌認爲：

　　　將爲敵所怒，不料強弱，驅士卒如命者，必崩壞。

陳皞認爲：

　　　此大將無理而怒小將，使之心內懷不服，因緣怨懟，遇敵便戰，
　　　不顧能否，所以大敗也。

梅堯臣也認爲：

　　　小將心怒而不服，遇敵怨懟而不顧，自取崩敗者，蓋將不知其
　　　能也。

凡主將無理而任意遷怒小將，將士二心，自難以同舟共濟。尤其主將
不知或不察各領導幹部的能力現況，任務派使難臻恰當，使命奉行也
就難以達成，如此的將士用命，自然像崩土般的兵敗如山倒，走向無
以救亡之勢。蓋部隊中的基層領導幹部，爲部隊的中心骨幹，也是將
帥與士卒間的橋樑，爲遂行作戰，執行一切任務的中堅。這些基層領
導幹部，是一切戰略戰術的實際執行者，若無他們的領兵陣前殺敵，
再完美的謀略運用也都是空談的。所以，在領導統御的方術上，此爲
將帥者所不能不知者。同時，倘對下級幹部的能力瞭解不夠，用之不
當，又恐激其怨懟，不甘統制，如此的部隊，自必崩覆。

（五）統御無方－－亂

　　孫子認爲「將弱不嚴，教道不明，吏卒無常，陳兵縱橫，曰亂」
（＜地形＞）。主將怯懦而無威，對士卒管教不嚴，領導無方，上下無
定職、無紀律，威信不立，必不能形成如壁壘般的嚴整態勢，反而成
爲像散沙般的遊兵，此等亂兵何能以戰？所以，梅堯臣認爲：

---

[81]　內文引諸家注文，見《十一家注孫子‧地形》李筌注、陳皞注、梅堯臣注。

懦而不嚴，則士無常檢；教而不明，則出陳縱橫不整。亂之道
也。[82]

張預也認為：

> 將弱不嚴，謂將帥無威德也。教道不明，謂教閱無古法也。吏
> 卒無常，謂將臣無久任也。陳兵縱橫，謂士卒無節制也。為將
> 若此，自亂之道。[83]

凡將帥懦弱，威令不嚴，則士卒無常檢，不拘常度；教育訓練不確實，
則營陣無節制，軍幕必亂。這樣的情形，則在敵未來亂而先自亂，況
乎動員作戰的期間，領導指揮恐更沒有次序，用兵困頓，一切莫不混
亂。

（六）不知彼己－－北

孫子認為「將不能料敵，以少合眾，以弱擊強，兵無選鋒，曰北」
（＜地形＞）。此即言將帥者不能知敵，不能料敵機先，用兵上也不能
選鋒擇優，以驍健前鋒先予挫敵，威壯吾志，此未求先勝之道，勢必
為人所致。因此，梅堯臣云：

> 不能量敵情，以少當眾，不能選精銳，以弱擊強，皆奔北之理
> 也。[84]

張預也提到：

> 設若奮寡以擊眾，驅弱以敵強，又不選驍勇之士，使為先鋒，
> 兵必敗北也。凡戰必用精銳為前鋒者，一則壯吾志，一則挫敵
> 威也。故尉繚子曰：「武士不選，則眾不強。」[85]

為將者，知彼知己，審慎研判敵情，知敵強弱，重要任務部隊（如先
頭部隊、先鋒部隊、預備隊等）及主力部隊必須以精銳為之，並採取
避實擊虛之道，自能克敵制勝，百戰而不殆。

---

[82] 見《十一家注孫子·地形》梅堯臣注。
[83] 同前註，張預注。
[84] 同前註，梅堯臣注。
[85] 同前註，張預注。

　　以上所言六者，都是軍隊致敗的重要來源，身爲將帥者，不可不慎察。此六種必敗之因，都失於將帥的領導作爲，誠如陳皞所言，失於將帥：「不量寡眾」、「本乏刑德」、「失於訓練」、「非理與怒」、「法令不行」與「不擇驍果」而造成敗亡，[86]這樣的總結，十分精切，符合孫子的旨要。明代何守法詳細舉史例爲證，加以說明：

　　若均等則不宜輕戰，必須用奇伏以勝之。乃不量其力而以一倍之少，擊敵十倍之多，能無走乎？……如蘇建趙信，並兵三千而追單于數萬，全軍盡沒，蘇建獨以身免亡歸，正犯此法。……苟士卒強悍而將吏懦弱，不能鈐制，則號令不行，必致解散，故名之曰弛。……唐命田布爲帥，伐王庭湊，魏士輕之，不遵約束，臨敵而皆潰散，正與此合。……若將吏雖剛強，而不能素練其士，至於怯弱，則用之以戰，必然覆沒，故之名爲陷。……項羽逞其強暴，與漢戰於彭城，卒以二十八騎自刎類此。……諸將一心，上下同力，則勝；若偏裨忿怒，不服主將之令，遇敵輒以怨懟心，不料敵情，欲自爲戰，此其人必賦性剛愎，恥受人言者，或負才觸望，失志倖功者，或平時交惡，謀議不合者，主將最宜精察而節制之，乃不知能否？聽其自戰，自必傾崩之道，故名之爲崩。……如晉趙穿惡胥駢之爲上軍，自以其屬，出與秦戰而大敗，正類此。……大將怯弱，素不威嚴，教閱之道，不明古法，吏卒屢更不能久任，而無常守之職，陳設其兵，或縱或橫，而無畫一之制，則將失其德，士失其伍，參越弗齊，故名之曰亂。……如符堅伐晉之兵，退而不可止，晝夜驚奔，而大敗于謝玄類此。……大將不能料敵之眾寡強弱，而以己之寡少，合人之眾多，以己之怯弱，擊人之強盛，其兵又無簡選精銳之士，使爲先鋒以倡勇陷敵，則內無以壯志，外無以揚威，必致敗走，故名之爲北。如曹操以張遼爲先鋒而敗鮮卑，謝玄以劉牢之領精銳而拒符堅，岑彭伐蜀，募攻浮橋，

---

[86] 參見《十一家注孫子‧地形》，陳皞注：「一曰不量寡眾，二曰本乏刑德，三曰失於訓練，四曰非理與怒，五曰法令不行，六曰不擇驍果，此名六敗也。」

先登者，得魯哥而直進。馬隆征西，募腰引弩三十六鈞，弓四
鈞者，得三千五百人而果平，皆知用選鋒者。[87]

因此，將帥的領導統御與用兵之道，必須知人性，知兵性，知敵我，並自我修持，尤當重視「定、靜、安、慮、得」的修養功夫，[88]臨危而不亂，始能統兵作戰，可以制利害，可以待敵。

國之所以能戰在於將，將之所以能戰在於兵，有能之將，有制之兵，則可無往不勝；若將才不能，而兵又不能治，當不能免此六敗，故此知敗之道，爲將者所必須明察者，使不誤蹈失敗之覆轍，陷軍隊於危亡之地。

第五節　統帥與用兵

將帥應具備的才能，最重要在於領導統御與用兵方面之智能與技能，有關於此，孫子具體的提出破敵的四治、知勝的五要、用兵的八戒等用兵信條，以及領導統御上特別重視信賞必罰的概念，和指揮作戰上的統一與彈性的原則等，以下分別針對這些觀念，作簡要的分析。

一、破敵四訣

在領導用兵、指揮作戰上，孫子具體的指出，身爲將帥者，必須明白「治氣」、「治心」、「治力」與「治變」等「四治」之道，此「四治」也可以說是破敵的四訣。〈軍爭〉云：

> 故三軍可奪氣，將軍可奪心。是故朝氣銳，晝氣惰，暮氣歸。
> 故善用兵者，避其銳氣，擊其惰歸，此治氣者也。以治待亂，
> 以靜待譁，此治心者也。以近待遠，以佚待勞，以飽待飢，此

---

[87] 同註 59，頁 653-659。

[88] 《大學》:「知止而後有定，定而後能靜，靜而後能安，安而後能慮，慮而後能得。」求至善之道，必先養「定」、「靜」、「安」、「慮」、「得」的治心功夫，使能清明在恭，可以制利害，可以待敵。

　　治力者也。邀正正之旗，勿擊堂堂之陳，此治變者也。

注意敵我士氣的問題，與其影響的相關因素，並確切掌握軍隊成員的心理，進一步有效制御整體的戰鬥力，講求戰術運用時的隨機應變之道，才能克敵制勝。此「四治」為破敵的重要關鍵因素。

（一）治氣

　　戰爭本身是一種力量的競賽，而力量的本質包括有所謂物質力量與精神力量二者，[89]這二種力量相互依存、相互聯繫，也相互轉化，並有機的結合為堅實的對抗力量，尋求敵消我長，壓迫敵人、戰勝敵人。物質力量固為作戰必備的主要因素，但缺乏精神的支撐，也是無以為戰。因此，不論是傳統的兵學思想，或是新近的西方兵學觀念，仍高度重視精神力量在戰爭中的地位與作用。精神力量是一種無形的有形力量，它所涵蓋的內容甚廣，其中「氣」的要素，更是精神力量的重要來源。

　　孫子強調「治氣」；「治氣」者，為「治」軍的勇氣，提昇勇猛頑強的戰鬥意志，避免與消除阻礙我行動的惰氣。它是一種精神力的培養，把握個人氣魄的盛衰道理，使凝聚整個戰鬥體具有強大而必勝的勇銳氣勢，壓迫敵人，迫敵懼戰，一舉而攻，必可克敵。

　　古代之作戰方式，一般以近距離接觸之肉搏方式為之，而將士所持之冷兵氣成為作戰之主要武器，故戰力之發揮與將士臨敵時的勇氣有極大之關係，勇氣足則人器合一而易於取勝，勇氣竭則屢屢敗北。何氏提到：

> 夫人情莫不樂安而惡危，好生而懼死，無故驅之就臥尸之地，樂趨於兵戰之場，其心之所畜，非有忿怒欲鬥之氣，一旦乘而激之，冒難而不顧，犯危而不畏，則未嘗不悔而怯矣。……至于操刃而求鬥者，氣之所乘也；氣衰則息，惻然而悔矣。故三

軍之視強寇如視處女者，乘其忿怒，而有所激也。[90]

李衛公也提到：

> 夫含生稟血，鼓作鬥爭，雖死不省者，氣使然也。故用兵之法，必先察吾士眾，激吾勝氣，乃可以擊敵焉。吳起四機，以氣機為上，無他道也，能使人人自鬥，則其銳莫當，所謂朝氣銳者，非限時刻而言也，舉一日始末為喻也。[91]

可見士氣對作戰成敗的影響，至為深遠，戰力之發揮往往視氣之盛衰而定；吳起論兵用戰，強調四個關鍵的問題，特別將軍心士氣列為首位，[92]所以為將帥者，對將士士氣的培養特宜注意。

至於針對敵人「氣」之狀況，如何採取相應之道，孫子提出「避其銳氣，擊其惰歸」（＜軍爭＞），張預注云：

> 凡人之氣，初來新至則勇銳，陳久人倦則衰。故善用兵者，當其銳盛，則堅守以避之，待其惰歸，則出兵以擊之。此所謂善治己之氣，以奪人之氣者也。[93]

故戰以氣為決，氣奪則餒，必失其勢，尤其一般部隊，初戰時的氣勢，氣方朝而猛銳，鋒利無前，相持既久，則因困憊怠忽，至末則衰竭消沉，氣暮思歸。因此，善用兵者，當避走敵人銳利之氣而勿與之戰，並保持我壯盛朝氣，俟其惰歸以奮勇擊之，知我軍氣銳而不竭，進而積極予以相應擊敵的惰氣並附加乘興我軍士氣，這就是《尉繚子》所謂「善用兵者，能奪人而不奪於人」的治己之氣，以奪人敵之氣的用兵概念。[94]

《淮南子》云：

---

[90] 見《十一家注孫子·軍爭》，何氏注。

[91] 見《李衛公問對》卷下。摘自姜亦青校訂《李靖兵法》，台北：聯亞出版社， 1981年，頁 125。

[92] 《吳子·論將》：「兵有四機：一曰氣機，二曰地機，三曰事機，四曰力機。」兵有四機，氣機為上。

[93] 見《十一家注孫子·軍爭》，張預注。

[94] 引文見《尉繚子·戰威》。《尉繚子》特別強調治氣用兵的重要性。＜戰威＞又云：「夫將之所以戰者，民也；民之所以戰者，氣也。氣實則鬥，氣奪則走。」＜十二陵＞也明白地提出「戰在於治氣」的觀念。

> 將充勇而輕敵，卒果敢而樂戰，三軍之眾，百萬之師，志屬青
> 雲，氣如飄風，聲如雷霆，誠積踰而威加敵人，此謂氣勢。[95]

飽盛的氣勢，士卒必能果敢善戰，置之死生於度外，並能威嚇敵人，
銳不可擋。臨敵應戰本應保持朝銳之氣，然而平日培養之功更是重要，
故爲將者特須重視養氣之功。胡林翼曾經提到：

> 兵事，以氣爲主。兵勇之氣，殆如騾子豬胖之氣，此中盈虛消
> 息之故，及蓄養之法，節宣之法，提倡之法，忍耐之法，惟大
> 將能知之。[96]

曾國藩也曾提到：

> 凡軍，驕氣則有浮淫之色，惰氣則有淹滯之色，須時時察看而
> 補救之，驕氣惰氣，皆敗氣也。孔子之「臨事而懼」，則絕驕之
> 源；「好謀而成」，則絕惰之源；無時不謀，無事不謀，自無惰
> 時矣。[97]

凡治氣者，必當蓄其銳氣，以待及時之爲用，使氣盛而不餒，有餘而
不竭。至於蓄養節宣之法，則於常戰而不逸，鋒過銳，氣太餒，則不
用；追促時，則愼固安重；危殆時，則自保全軍；敗不餒，勝不驕，
常留餘力以養其銳；一切有待將帥自處與引導以養之。同時，將帥者，
必保持敬愼憂危的心，戒愼恐懼，去驕衿之氣，強不自恃，弱不自餒，
不可常勝而驕。[98]

　　正確地認識治氣同軍隊虛實強弱間的關係，以及同作戰勝負之間
的關係，肯定治氣的重要性。因此，治軍養氣，成敗銳惰皆在將帥，
當務持志養氣，使幹練成軍，士氣如虹，成爲戰無不勝，攻無不克之
鋼鐵勁旅。

（二）治心

　　爲將之道，必當先「治心」，所治之心即＜軍爭＞所言的「三軍可

---

[95] 同上註，何氏援引《淮南子》注。
[96] 見王之平編輯《曾胡左兵學綱要》，台北：黎明文化事業公司，1988 年，頁 105。
[97] 同前註，頁 112。
[98] 參見林建東《孫子兵法》，台北：鐘文出版社，1995 年，頁 230。

奪氣，將軍不可奪心」的心。誠如《吳子》所云「凡戰之要，必先占其將而察其才。因形用權，則不勞而功舉」，所要占的將，是占其將心，因為將心一亂，則全軍皆亂，將心一恐，則全軍皆懼，將無戰心，則士無鬥志，所以，將帥治心的功夫，為其作戰制勝的法門。至於將帥所治之「心」，則泛指將帥的思想性格、品德修養、思維情緒，心理與精神狀態，以及應戰之信心、決心、指揮與作戰的特點與弱點等等。

張預解釋孫子治心的概念，認為：

> 心者，將之所主也。夫治亂勇怯，皆主於心，故善制敵者，撓之而使亂，激之而使惑，迫之而使懼，故彼之心謀可以奪也。《傳》曰：「先人有奪人之心。」謂奪其本心之計也。又李靖曰：「攻者不止攻其城、擊其陳而已，必有攻其心之術焉。」所謂攻其心者，常養吾之心，使安閑而不亂，然後彼之心可得而奪也。[99]

何氏也認為：

> 夫將以一身之寡，一心之微，連百萬之眾，對虎狼之敵，利害之相雜，勝負之紛揉，權智萬變，而措置於胸臆之中，非其中廓然，方寸不亂，豈能應變而不窮，處事而不迷，卒然遇大難而不驚，案然接萬物而不惑？吾之治足以待亂，吾之靜足以待譁，前有百萬之敵，而吾視之，則如遇小寇。[100]

抗敵對應的心境與態度，在於將帥治心有素，養之有餘，對於一切外在因素皆不會干擾其思緒，影響其心情，故「主不可怒而興師，將不可慍而致敵」（＜火攻＞），就是這個道理；明瞭「將不勝其忿，而蟻附之，殺士三分之一，而城不拔者，此攻之災也」（＜謀攻＞），將舉兵以策，訴諸理性，不可以慍恚之故而合戰，修治心的功夫，使有「泰山崩於前而色不變，麋鹿興左而目不瞬」之境。

孫子的治心之道，在於「以治待亂，以靜待譁」（＜軍爭＞），也就是以我之整治不紊，軍心穩固，以待敵人之撓亂，並以我將帥保持清明冷靜，士卒保持靜肅有紀律，以待敵人的誼譁，以鎮靜定慮之心

---

[99] 見《十一家注孫子・軍爭》，張預注。
[100] 同前註，何氏注。

料敵待敵，必可審敵不誤，伺敵之亂譁而攻取之；同時不因敵而忿，當知爲將「五危」中，「忿速可侮」（＜九變＞）爲其一，此乃治心無道，無法定靜理性思考所致。誠如夏振翼云：

> 以我分數嚴明之治，待敵之不治而撓亂者，以我出入整肅之靜，待敵之不靜而喧譁者，則吾之方寸不亂而有主矣，此能治己之心以奪人之心者也。[101]

治心之道，先固本心，善養吾心，安閑而不亂，然後以奪敵心，「亂而取之」，掌握「怒之令憒，撓之令亂，間之令疏，卑之令驕」的原則，[102]這也是戰場心理戰的運用。

此外，孫子也提到：

> 將軍之事：靜以幽，正以治。（＜九地＞）

治心以靜，寧靜而沉著，始克決斷，並以幽思遠慮，使人深邃難測。進一步地說：

> 任勢者，其戰人也，如轉木石；木石之性，安則靜，危則動，圓則行。（＜兵勢＞）

此種靜的功夫，也就是治心的功夫，其效力即＜兵勢＞所云：

> 激水之疾，至於漂石者，勢也。鷙鳥之疾，至於毀折者，節也。
> 是故善戰者，其勢險，其節短。

靜如水性柔弱，激之疾流，所成之勢可以轉巨石，節勁折物，此又如老子所倡「柔弱勝剛強」的理論。是故，將帥治心能如所謂「神明如日之升，身體如鼎之鎮」，意志澄澈，使能達於「紛紛紜紜，鬥亂而不可亂也；渾渾沌沌，形圓而不可敗」（＜兵勢＞），「形兵之極，至于無形」，「動而不迷，舉而不窮」的功夫。

（三）治力

「治力」者，乃以我堅實的戰力，精神體力的適當充沛，趁敵人精力耗弱而疲憊的至當之際而予以痛擊之，此即孫子所云「以近待遠，

---

[101] 見清夏振翼《孫子體註》。
[102] 見《十一家注孫子・軍爭》，李筌注。

以佚待勞，以飽待飢」（＜軍爭＞）之本義，善治己之力，並反以困敵人之力，以我之有餘，而制敵之不足，故夏振翼云：

> 以己之從容近地，待敵之遠來赴戰者，以己之修養佚豫，待敵之將卒勞倦者，以己之士飽馬騰，待敵之庚癸飢呼者，則吾之軍旅強盛有餘矣，此能治己之力以疲人之力者也。[103]

凡用兵應敵，必須選擇最適當的部隊來擔任，如果敵人長途遠來與我應戰，我當以近於敵人的部隊相應，這樣我就不需作太大的部隊移動而耗損戰力，而能等待力竭氣衰的遠來敵軍，趁其虛疲而擊之。因此，我養精蓄銳，氣力充沛，而敵人疲憊不堪，我即可求以強擊弱，以實擊虛之效。

孫子又云：

> 卷甲而趨，日夜不處，倍道兼行，百里而爭利，則擒三將軍；勁者先，疲者後，其法十一而至，五十里而爭利，則蹶上將軍，其法半至；三十里而爭利，則三分之二至。（＜軍爭＞）

李筌注云：

> 一日行一百二十里，則為倍道兼行；行若如此，則勁健者先到，疲者後至。軍健者少，疲者多，且十人可一人先到，餘悉在後，以此遇敵，何三將軍不擒哉？[104]

不當的行軍與部隊調動，必定造成兵眾疲憊，戰力分散與耗損，容易為敵人所趁，為敵所敗。這樣的情形，與「治力」原則大相違背，為將者不可不知。

此外，孫子又云：

> 非利不動，非得不用，非危不戰。（＜火攻＞）
>
> 合於利而動，不合於利而止。（＜火攻＞）

「治力」者，當爭利以戰，非有必勝之策，不輕舉妄動，不因草率用兵而致無畏的戰力耗損，故爭利以動，審慎用兵，為將帥所不能不治者。

---

[103] 見清夏振翼《孫子體註》。

[104] 見《十一家注孫子‧軍爭》，李筌注。

（四）治變

孫子云：「無邀正正之旗，無擊堂堂之陳，此治變者也。」（＜軍爭＞）；這是一種變的概念，具體地說，是一種「避實擊虛」的用兵思想。梅堯臣解釋說：

> 正正而來，堂堂而陳，示無懼也，必有奇變。[105]

張預也解釋說：

> 正正，謂形名齊整也；堂堂，謂行陳廣大也。敵人如此，豈可輕戰？《軍政》曰：「見可而進，知難而退。」又曰：「強而避之。」言須識變通。此所謂善治變化之道，以應敵人者也。[106]

敵人以正正之旗，堂堂之陣而來，乃敵人有旺盛的企圖心，軍容壯盛，紀律嚴明，有備而來；而其嚴整之勢，軍形未張，似又可能暗藏玄機，我當不可貿然投入戰場，莫與之作正面衝突，宜深察敵情，避其鋒銳，然後擬定最佳應敵措施，因其變化而乘之。因此，面對士氣高昂，有強大戰力的敵人，我兵力非有強於其甚多，且非不得已必須與戰的狀況下，否則宜避免與之正面接觸，應當謹慎用兵，依作戰現況予以應變之道，尤其掌握「避實擊虛」的原則，以詭道之術，陷敵於不利之中，造成敵人態勢紛亂，進而把握戰機，乘機而擊之；以我分合運兵，加以奇正之變，營造絕對優勢之兵力擊其虛弱，敵人必爲我所制。

＜虛實＞云：

> 兵無常勢，水無常形，能因敵變化而取勝者，謂之神。

此「因敵變化」乃爲「治變」之道。當敵有間隙，伺機急入，奪其所愛，陷敵必赴，爲我所致，然後因勢快速迫敵決戰，敵必莫之能禦，故云：

> 敵人開闔，必亟入之。先其所愛，微與之期。踐墨隨敵，以決戰事。是故始如處女，敵人開戶，後如脫兔，敵不及拒。（＜九地＞）

即爲此道理。

---

[105] 同前註，梅堯臣注。
[106] 同前註，張預注。

治變之道，在於知守常，知應變，必當致敵待敵由整變亂，由強變弱而擊之；更要設法使我由弱變爲強，由被動變爲主動，由守勢轉爲攻勢，由明變爲暗，由劣勢變爲優勢，由寡變爲眾，由正變爲奇，由虛變爲實，依敵情地形狀況而應變，彈性處變，相機應敵，創造最佳最大的成功公算。

孫子所說的「四治」，爲將帥在領導統御與用兵上，必須具備的知能－－「破敵四訣」：掌握戰勝敵人的要訣，講求治氣，以避銳擊惰；講求治心，以治待亂；講求治力，以佚待勞；講求治變，勿擊堂堂之陣。其中，奪氣與奪心，更重於從內修著手，將帥不可廢，勤修此應敵戰鬥之道，才能成爲有道之將、常勝之將。

二、知勝五要

凡將帥者，其指揮與統御應具備判斷我軍是否能克敵制勝之能力，進而對整體作戰作全面性的考量，其能力即孫子所說的「知勝五要」：

> 知勝有五：知可以戰與不可以者勝；識眾寡之用者勝；上下同欲者勝；以虞待不虞者勝；將能而君不御者勝。此五者，知勝之道也。（＜謀攻＞）

作戰制勝應有之五大能力要素：首先爲將帥者能知戰機，知可以戰則戰，知不可以戰而謀以不敗；其次乃將帥者能識眾寡之用，對部隊用兵調度能做適切的分合部署，以收奇正之效；再其次爲在領導統御上能凝聚軍心，團結一致，從一定之方針，取一致之行動；再其次爲能以虞待不虞，勿恃敵之不來，而恃吾有以待之，戰備整備無懈可擊；其後爲指揮官具備足夠的領導才能，勝任職務，且政治領導人又能完全信任，充分授權。此五者乃制勝的必備條件。

（一）知戰

孫子言「知可以戰與不可以戰者勝」（＜謀攻＞），說明將帥者必

須具備「知戰」的能力，也就是能知戰機，知可以與不可以與敵戰的
有效時會，掌握機勢，相機應敵。

　　「知戰」者，即能「知彼知己」，能「知天知地」（＜地形＞），對
於敵人虛實之情，能料而知之，審其強弱，見可則進，知難而退；誠
如張預所云：

　　　　可戰則進攻，不可戰則退守；能審攻守之宜，則無不勝。[107]

審攻守之宜，當能盡知用兵之害與，也能盡知用兵之利，[108]審其利害
便能知其攻守得失，進而用戰得宜。是故，知可以戰與不可以戰，必
在於「四知」，知彼我之虛實強弱，知天時之順，知地利之便，然後可
以不至危殆而能用兵全宜，這就是孫子所說的「先知」與「盡知」之
道。

（二）識眾寡之用

　　能識眾寡之用者，方可求勝。所謂「識眾寡之用」，首先必須知敵
人的眾寡，瞭解敵人的戰力實況，包括無形戰力與有形戰力，然後自
度我方的戰力；熟悉運用各種戰略戰術，兵力多寡部署適切；猶當敵
我兵力在作戰過程的不斷消長中，也不斷的確切掌握與予最佳的應
變，然後可以以眾擊寡，更能以寡擊眾。杜佑曾經說：

　　　　言兵之形，有眾而不可擊寡，或可以弱制強，而能變之者勝也。

　　　　故《春秋傳》曰：「師克在和不在眾」是也。[109]

張預也提到：

　　　　用兵之法，有以少而勝眾者，有以多而勝寡者，在乎度其所用，

　　　　而不失其宜則善。如吳子所謂用眾者務易，用少者務隘是也。[110]

識眾寡之用，而能求得終極以「以寡擊眾」為用兵藝術。

　　從實際的指揮用兵的角度來看，「識眾寡之用」當可言為明白分合

---

[107] 見《十一家注孫子・謀攻》，張預注。
[108] 《孫子・作戰》：「不盡知用兵之害者，則不能盡知用兵之利。」能夠對整體戰
　　　爭活動作全面性的掌握，明辨戰爭得失，才可以說是能夠「知戰」。
[109] 見《十一家注孫子・謀攻》，杜佑注。
[110] 見《十一家注孫子・謀攻》，張預注。

用兵之術，能夠「以分合爲變」（＜軍爭＞），能夠「合於利而動，不合利而止」（＜九地＞），明瞭「集中」與「節約」之道，以分合之變以改變敵我的虛實，然後應敵以制勝。

（三）一心一致

所謂「上下同欲」者，乃爲將帥在領導統御上，求上下一心，目標一致，同舟共濟，同仇敵愾，共同爲戰爭之勝利而全力以赴。《書》云：

> 受有億兆夷人，離心離德，予有亂臣十人，同心同德。商滅而周興。[111]

杜佑也說：

> 言君臣和同，勇而戰者勝。故孟子曰：「天時不如地利，地利不如人和。」[112]

此即將士一心，三軍同力，人人欲戰不懼，則所向而無敵。師克在和，軍隊成員能不畏死生，將其個人之力全部釋放出來，而組織能發揮其功能，使能有最大之統合戰力，端賴優良的統御以求人和，達到上下一心，產生堅強之團隊精神，如此，弱可變強，寡可變眾，一可以擊十，十可以擊百，無往不利，無戰不勝，無功不克，凡此一切，皆在考驗將帥的領導能力。

（四）有備無患

孫子所言「以虞待不虞」者，指一切戰備整備的作爲；準備充份而嚴整，以我之有虞，以待敵之不虞，戒備非常，無患敵來。故一切作戰能力，但在不懼敵之不來，我能夠有以待之，即「有備無患」之理，也就是孫子於＜九變＞中所言：

> 故用兵之法，無恃其不來，恃吾有以待也；無恃其不攻，恃吾有所不可攻也。

---

[111] 見《十一家注孫子・謀攻》，何氏援引《書經》注。
[112] 見《十一家注孫子・謀攻》，杜佑注。

張預解釋說：

> 常為不可勝以待敵。故吳起曰：「出門如見敵。」士季曰：「有
> 備不敗。」[113]

凡兵之所以勝者，在於擊其空虛，襲其懈怠之處，並以我嚴整以待，居安思危，在治思亂，戒之於無形，防之於未然，事事有備，故敵人不敢貿然來犯，其道理在此。

「以虞待不虞」，又可言為先勝之道，即孫子所云：

> 昔之善戰者，先為不可勝，以待敵之可勝；不可勝在己，可勝
> 在敵。故善戰者，能為不可勝，不能使敵之可勝。（＜軍形＞）

戰爭開啟之前，一切兵力火力完成整備。且先咨之廟堂，慮其安危，整軍備，以待敵闕而引兵，求「致人而不致於人」（＜虛實＞）的戰勝先勝之道，銘記「不備不虞，不可以師」之戒，[114]進而才能成為「有備有虞」的戰勝雄師。平時不怠於教育訓練，不懈於各項戰備整備，其責任皆在將帥的落實。

（五）將能君不御

孫武所言有關「將能而君不御」者，是指將權的問題，也就是統帥的權限，君令有所不受，這方面的問題，前面節次已作詳細的說明，此處僅以王晳之言作結：

> 君御能將者，不能絕疑忌耳。若賢明之主，必能知人，固當委
> 任以責成效，推轂授鉞，是其義也。攻戰之事，一以專之，不
> 從中御，所以一威，且盡其才也。況臨敵乘機，間不容髮，安
> 可遙制之乎？[115]

能將難覓，仍待惟才而用，而將有智勇之能，必可當任以責成功，故君命有所不受，以爭全軍全國之利。

以上所言五者，固為知勝之法，也是致勝之道，張居正云：

---

[113] 見《十一家注孫子・謀攻》，張預注。
[114] 見《十一家注孫子・謀攻》，孟氏援引《左傳》注。
[115] 見《十一家注孫子・謀攻》，王晳注。

　　五者知勝句，敵我相向，無不以勝是圖，徒使僥倖以希一勝，終不得致勝之道也。唯于可否相其機宜，眾寡量其運用，士卒務得乎心，交綏嚴乎壁壘，而又忠義自矢，以孚其君，使之任用不疑，五者克盡，又奚待戰而始致其勝哉。蓋于未戰之先，而已洞悉胸中矣。道字不必遠看，即就五者而言。[116]

此五者非但反映將帥的領導統御能力，也可以此而決定勝敗。凡此五者，「將能而君不御」為領導指揮權之權限的問題，強調統帥指揮之權必須獨立，以專其責，以求指揮統一，不誤士卒之動，故只「聞將軍令，不聞天子詔」。對於「能知戰與不戰」，「識眾寡之用」，「以虞待不虞」者，為指揮用兵藝術的問題，需要將領在「智」、「勇」與作戰知能、作戰經驗等方面，具備純熟卓越的條件，方可發揮。而「上下同欲」者，屬於統御的問題，必須以將帥的「信」、「仁」、「嚴」的運用，信賞必罰，公正嚴明，恩威並濟，視卒如子，以求團結一致，死生與共，發揮最大的戰力。因此，軍隊是否能克敵制勝，由將帥領導統御與用兵之能力即可看出，也就是此五者能知其勝負了。

三、用兵八戒

　　在作戰過程中，不論戰況對我有利或無利，不論作戰進展順利或者受挫，將帥指揮用兵，皆須注意致敗的重要因素，不輕易作冒險而無把握的行動，孫子提出：

　　故用兵之法，高陵勿向，背丘勿逆，佯北勿從，銳卒勿攻，餌兵勿食，歸師勿遏，圍師必闕，窮寇勿迫，此用兵之法也。（〈軍爭〉）

這用兵之法，是戰場用兵上必須注意之戒律與基本原則，也就是防敗的八大戒律，不得不慎知。

（一）高陵勿向

---

[116] 見張居正《武經直解開宗合參・孫子・謀攻第三》。引自汪桓訂正，清順治辛丑刊本。（收錄於山東齊魯書社《孫子集成》第十一冊，1993年，頁617）

　　所謂「高陵勿向」，大凡山地作戰，我方實施攻擊時，對已佔領高地的敵軍，其勢居高臨下，依險阻，有負嵎，必能以佚待勞，故不可施以仰攻，以免我方造成重大的損害，所以杜牧解釋說：

　　　　敵在高處，不可仰攻；敵倚丘山下來求戰，不可逆之。此言自下趨高者力乏，自高趨下者勢順也，故不可向迎。[117]

杜佑也解釋說：

　　　　敵若依據丘陵險阻，陳兵待敵，勿輕攻趨（趍）也。既馳勢不便，及有殞石之衝也。[118]

敵人據高處以爲陣地，兵力火力都較容易發揮，相反的，我方實施仰攻，人馬的馳逐，弓矢的施發，都十分不便，不論從「力、時、空」的各種角度來考量，都對我方較爲不利，非不得已則不可貿然輕赴。這樣的概念，如同孫子曾經談到的，引兵作戰，「上兵伐謀」，而「其下攻城」，攻城爲用兵的下策，非不得已是不爲的；相同的道理，敵佔有地利之便，我高陵仰攻，爲兵家所忌，非戰略戰術上之必要，不宜爲之。

（二）背丘勿逆

　　孫子言「背丘勿逆」者，乃敵人背丘自高處而來求戰，我不可向上迎之與逆戰，實因敵人自上而下，擁有瞰制之利，且我方之兵力大多暴露在外，不得獲得較佳的掩護，所以我方的一切行動都在敵人的掌握之下，且又由上而下，兵力之發揮較易，多方面對敵有利的狀況下，我不宜逆而迎之，故梅堯臣云：

　　　　背丘勿逆者，敵自高而來，不可逆戰。勢不便也。[119]

諸葛亮也說：

　　　　山陵之戰，不仰其高；敵從高而來，不可迎之。勢不順也。引至平地，然後合戰。[120]

---

[117] 見《十一家注孫子・軍爭》，杜牧注。
[118] 同前註，杜佑注。
[119] 同前註，梅堯臣注。
[120] 同前註，張預援引諸葛亮言所注。

因此，已知敵人由上而下來攻時，其勢必盛，其兵力亦強，或有特殊戰略戰術之所必須作為者，否則不致放棄居高臨下以待我攻之優勢，故在此種狀況下，我當嚴整以待，完成各項作戰部署，引敵至地面，創造對我有利的時空下以擊之，如此我方才有較大之勝算。

（三）佯北勿從

對於佯為退卻或脫離戰鬥的敵人，不可以盲從追擊，因為如此恐為敵人誘我深入，設奇伏以待我入陷，故我不宜輕動，當明察而為之。

張預云：

> 敵人奔北，必審真偽。若旗鼓齊應，號令如一，紛紛紜紜，雖退走，非敗也，必有奇也，不可從之。若旗靡轍亂，人囂馬駭，此真敗卻也。[121]

知敵是佯北或真北，必須靠指揮官情報蒐集的能力，適時而明確的敵情判斷，掌握戰機，以下達最正確的後續命令，遂行爾後之作戰。尤當敵人戰力未衰，但忽然奔北，或敵方作戰氣勢未竭，卻有佯以退敗的跡象時，其北必有詐，或有所圖，恐以假退以誘我入其彀中，吾深陷之，必致其害。然而，明知敵勢不利，有真退之跡時，我當趁勢勇猛追擊，殲滅其有生之力，以免縱虎歸山，再次獲得喘息，又將對我不利。

（四）銳卒勿攻

「銳卒勿攻」者，乃敵方強盛，士卒精銳，當宜避之，不可隨便攻擊，攻之必須付出甚鉅的代價，且不一定有必勝之券，故待其銳惰而擊之，方為至當之舉，這也是孫子一貫強調「避實擊虛」之法則。

陳皞云：

> 此說是避敵所長，……蓋言士卒輕銳，且勿攻之；待其懈惰，然後擊之，所謂千里遠鬥，其鋒莫當，蓋近之爾。[122]

張預也說：

---

[121] 同前註，張預注。
[122] 同前註，陳皞注。

敵若乘銳而來，其鋒不可當，宜少避之，以伺疲挫。[123]

又以三國時代，劉備伐吳，吳將陸遜與之對峙，遜見備之勢，靜觀其變，不輕舉攻之，云：

備舉軍東至，銳氣始盛，且乘高守險，難可卒攻。攻之縱下，猶難盡克；若有不利，損我必大，今但且獎勵將士，廣施方略，以觀其變。[124]

故凡攻伐之道，當避其氣盛士銳，待其勢惰氣衰而擊之，這就是避強擊弱的勝敵之道。

（五）餌兵勿食

「餌兵勿食」，歷來解釋者多，惟杜牧云為「敵忽棄飲食而去，先須嘗試，不可便食，慮毒也」。[125]似乎委短孫子的本義；梅堯臣認為：

魚貪餌而亡，兵貪餌而敗。敵以兵來釣我，我不可從。[126]

張預也認為：

魚貪餌則為釣者所得，兵貪利則為敵人所敗。夫餌兵非止謂置毒於飲食，但以利留敵，皆為餌也。若曹公以畜產餌馬超，以輜重餌袁紹，李矩以牛馬餌石勒之類，皆是也。[127]

敵餌我以利，必有奇伏，必有奇詐，當知「香餌之下，必有懸魚」（《三略》）的道理，敵人餌我之法，可以一部弱卒，或軍品輜重之需，或以地形要點（如重要高地、港灣、都市、要道、要塞等）等為餌，甚或反奪我所愛，以餌誘我，我當慎辨明察之，不為所騙，不為所致，否則被引上勾，恐成敗兵。

（六）歸師勿遏

兵將在外，人懷歸心，宜避中途截擊，因彼士氣激起，必能人人

---

[123] 同前註，張預注。
[124] 同前註，張預援引陸遜言所注。
[125] 同前註，杜牧注。
[126] 同前註，梅堯臣注。
[127] 同前註，張預注。

死力奮戰，我將可能因而重挫。應靜觀其變，而後伺機謀動，不可止而擊之，所以杜佑說：

> 人人有室家鄉國之往，不可過截之，徐觀其變而制之。[128]

張預也認爲：

> 兵之在外，人人思歸，當路邀之，必致死戰。韓信曰：「從思東歸之士，何所不克？」曹公既破劉表，謂荀彧曰：「虜過吾歸師，吾是以知勝。」又呂弘攻段業，不勝，將東走，業欲擊之，或諫曰：「歸師勿過，兵家之戒。不如縱之以爲後圖。」業不從，率眾追之，爲弘所敗。[129]

應敵用兵之道，應當明白「歸師必過，古人畏之。兵在死地，不可輕也」，以及「窮寇勿追」的道理，[130]尤當不可輕敵，不可認爲敵人已經避戰歸還，欲戰之心已懈，不足爲懼；必須更爲戒慎，隨時密切掌握敵人的動態而予應變之道，這才是積極而正確的用兵態度。

（七）圍師必闕

「圍師必闕」者，爲敵人被我所圍，無可逃路時，我應視狀況，包圍其多面，而闕其一面，示以生路，否則全面包圍與戰，敵人無退卻的生路，勢必全力以搏，決一死戰，我縱能獲勝，也恐致損失慘重。我示以空其一面，敵人認爲有生路可尋，將無必死之心，也無必死之勇，我當能易於圍殲之；且闕其一面，可誘其入我預伏之處而輕易擊之，此等作戰方式，將比全面的強力圍擊所耗的戰力爲少，可以避免無畏的傷亡，將帥者不能不明白這樣的用兵之道。誠如李筌所言：

> 夫圍敵必空其一面，示不固也。若四面圍之，敵必堅守不拔也。[131]

張預也說：

---

[128] 同前註，杜佑注。
[129] 同前註，張預注。
[130] 同前註，何氏注。
[131] 同前註，李筌注。

　　　　圍其三面，開其一角，示以生路，使不堅戰。[132]
都在闡明圍師必闕的本意。

　　是故，「外圍周固，所以死戰。若我解圍，勢必自出。出則意散，
易破之道也」。[133]凡我將帥，必當謹慎用兵，雖圍而示闕，並視實際作
戰狀況之需，適時應變，知此常道，因敵變法，方為能將。

（八）窮寇勿迫

　　「窮寇勿迫」之意，乃在於敵既已失敗潰退，必以解散為主，我
當不可迫之於危地，使之無路可逃，迫之則原本散兵反而可能遭致其
上下同心，集中力量至死以拼，並反噬於我，此即所謂「鳥窮則搏，
獸窮則噬」，[134]狗急跳牆的道理。縱使我方能獲得此次勝利，又恐戰力
大損，代價慘重，對往後的作戰勢必不利；誠如張預所云：

　　　　敵若焚舟破釜，來決一戰，則不可逼迫，蓋獸窮則搏也。[135]
敵人置之死地，放手一搏，這個道理是不可以不知道的。春秋時期吳
國討伐楚國，楚師敗走，闔閭復將擊之，夫概王予以諫言說：

　　　　困獸猶鬥，況人乎？若知不免而致死，必敗我。若使半濟，而
　　　　後可擊。[136]
其意涵即在告戒將帥用兵，當知「窮寇勿迫」的道理。

　　以上所言八法，為將帥用兵作戰的八大法則，也是防敗的法要。
從孫子所述，可以看出孫子時代的用兵形態與用兵思想，轉之於今日
用兵上雖似顯消極，唯吾人視之當深明其言外之意；今昔兵法之用，
依作戰形勢與「力、時、空」等因素的改變而有差異，古代不同於今

---

[132] 同前註，張預注。
[133] 見《十一家注孫子・軍爭》，張預注：「後漢朱雋討賊帥韓忠於宛，急攻不克。
　　因謂軍吏曰：『賊今外圍周固，所以死戰。若我解圍，勢必自出。出則意散，易
　　破之道也。』果如其言。又曹公圍壺關，謂之曰：『城破皆坑之。』連攻不下。
　　曹仁謂公曰：『夫圍城必示之活門，所以開其生路也。今公許之必死，令人自守，
　　非計也。』公從之，遂拔其城是也。」
[134] 見《十一家注孫子・軍爭》，陳皞注。
[135] 同前註，張預注。
[136] 同前註，引杜牧注云。

日的用兵環境固可明曉，且每個戰場的臨戰現況又是不相同，因此，孫子所反映給我們的，並非是作戰的一般死硬法則，我們當有權變應敵的能力，因地制宜，採取最佳的治變之道，這才是合於孫子的本義，因此，為將者不可不察，不可不深加體會。

四、信賞必罰

《尉繚子》中曾提到「明賞於前，決罰於後，是以發能中利，動則有功」。[137]賞與罰對部隊組織力量消長的影響甚遽，所以，行「賞罰」之道為領導統御學中極為重要的內容，將帥者必須審慎行之，信賞必罰，以申其嚴，才能帶領出一個具有高度凝聚力的戰鬥體。因此，前述將帥的武德中，雖有提及賞罰的概念，這裡特別再加以說明。

＜始計＞中所談的「七事」，特別提到「賞罰孰明」；事實上，孫子在其作戰思想中，論述有關法令與賞罰的思想，多處可以得見，不論從「修道保法」的角度來談，或是從其一般戰略戰術運用的原則上來講，賞罰問題關係著實際的用兵指揮，以及對人員的任使，士卒內心的實際服從態度，影響所及的將是作戰計劃的是否能夠順利圓滿的依照預期的目標來遂行，以及作戰謀略、詭道是否能夠配合人事的遣使而達成制敵任務，當將士難以支配時，則一切也就都窒礙難行了，故賞罰必申之以公正嚴明，派兵遣將方可隨心所欲。

孫子強調作戰期間，必須「施無法之賞，懸無政之令，犯三軍之眾，若使一人」（＜九地＞）；依據法令規章強力執行，使賞罰嚴明，馴服萬眾如一人，尤對於「賞」，當部屬著實有功，必視狀況予以破格優賞，以資鼓勵；厚賞之下能見勇夫，激勵以戰。此外，孫子云：

夫戰勝攻取，而不修其功者凶，命曰費留。（＜火攻＞）

王晳解釋說：

戰勝攻取，而不修功賞之差，則人不勸；不勸則費財老師，凶

---

[137] 見《尉繚子・制談第三》。

害也已。[138]

李筌也解釋說：

> 賞不踰日，罰不踰時。若功立而不賞，有罪而不罰，則士卒疑
> 惑，日有費也。[139]

藉由功舉而慶賞，則三軍之士可以用命，若勞而無賞，功而無加冕，
如此「賞虧則士不為用」。[140]有功必賞，而賞必以公，必有小大，必有
先後，這是孫子「得車十乘已上，賞其先得者」（＜作戰＞）的道理；
賞其所先得之卒，並藉以重賞而勸進。

此外，賞罰的實施，孫武強調一視同仁，《史記‧孫子吳起列傳》
談及孫子令斬闔閭二愛姬，銀雀山佚文《見吳王》中也詳實地說明，
云：

> 兵法曰：弗令弗聞，君將之罪也；已令已申，卒長之罪也。兵
> 法曰：賞善始賤，罰……請謝之。[141]

孫子重視法令，行法必以嚴明，認為貴者如「君將」也不能置於法令
之外，不能依法行事，仍不外於罪罰，也就是說，有罪必當依法論處，
不能有貴賤等級的區別，否則對法的執行必定會大打折扣。

賞罰之用，必在恩威並濟，倘一味厚待如嬰兒如愛子，恐反而致
使「厚而不能使，愛而不能令，亂而不能治，譬如驕子」，如此則「不
可用也」（＜地形＞）；之所以「不能使」，「不能令」，「不能治」，主要
因素不能僅責於下屬本身，為將帥者更難辭其咎，會造成「使」、「令」、
「治」皆無力，可能先前對部屬就過份驕寵，賞罰不嚴明，在「賞」
「罰」的施行尺度間，形成了偏差，部屬只信賞而不信罰，如此必恃
寵而不能用。因此，必須恩威並濟，親附而後罰之，賞罰分際運用得
宜，則士卒服而可為用，這樣，「卒已親附而罰不行，則不可用」（＜

138　見《十一家注孫子‧火攻》，王晳注。
139　見《十一家注孫子‧火攻》，李筌注。
140　同前註，杜牧注引黃石公所言：「夫霸者制士以權，結士以信，使士以賞；信衰
　　則士疏，賞虧則士不為用」。
141　見銀雀山竹簡佚文《見吳王》。引自銀雀山漢墓竹簡整理小組於《文物》第十二
　　期，一九七四年登載原文。

行軍＞)。將帥者，行賞施罰必嚴明，統帥與用兵方可易御，這是古今不變的律則。

五、統一與彈性

不論指揮作戰或各種戰況的處理，將帥在領導上宜保持指揮與行動的統一與一致性，以及在作戰指導和部署上的高度彈性，通權達變，奇正爲用，採取最佳的制敵手段，求得「致人而不致於人」的功效。

(一)統一

所謂「統一」，是指揮的統一與行動的一致，以發揮協調合作，同心同德的精神；國軍準則《陸軍作戰要綱－－聯合兵種指揮》中提出：

> 對同一敵人或同一目標之作戰，無論各軍種、各兵種乃至全民聯合作戰，必須統一指揮，在單一之指揮官統率下，以協同一致之行動，達成共同之使命。全軍上下，必須一心一德，在統一軍令之下，一意遂行其各自任務，即符合作無間之旨趣，增益統一指揮之效能。[142]

明白而精要的說明統一之旨趣，統一指揮是指揮官在領導統御與用兵上必須重視的原則。

在《孫子兵法》中，對於將帥的領導用兵之藝術，也重視統一與彈性的原則。孫子所云「將能而君不御者勝」(＜謀攻＞)，「君命有所不受」(＜九變＞)，除了探討君將權責問題外，也強調指揮權必須統一的概念；唯有指揮權統一，將士才不會疑懼困惑，作戰命令下達才能快速明確，下屬也才能徹底奉行命令，在統一的領導下，取一致的行動，發揮整體力量於極致，求以一擊十，以寡克眾之功。

孫子曾說：

> 夫金鼓旌旗者，所以一人之耳目也；人既專一，則勇者不得獨

---

[142] 見陸軍總司令部頒《陸軍作戰要綱——聯合兵種指揮》，＜戰爭原則＞，台北：陸軍總司令部，1983 年，頁 3。

進，怯者不得獨退，此用眾之法也。（＜軍爭＞）

凡戰者用兵必眾，地廣而遼，瞻視難以相見，故為求貫徹命令之精神與落實指揮管制之效果，以鐘鼓旌旗之用，統一兵眾耳目，進止分合一致，致力於遂行指揮官之意圖。而其統一之法，更須建立在於使行「恒命」與行「素教」，也就是所謂「長遠近習此教也，以為恒命。此素教也，將之道也」。[143]將帥指揮連絡運用精熟，部隊教育訓練執行落實，士卒平日就養成服從指揮命令的習慣，方可上令下達，將士心志自爾不分。因此，其勇銳者，不得獨行貿進，怯弱者，亦不得悄然獨退，在統一的號令與統一的行動下，能舉全軍之力，而達成預定的作戰目標。

孫子又云：

故善用兵者，譬如率然；率然者，常山之蛇也。擊其首則尾至，擊其尾則首至，擊其中則首尾俱至。（＜九地＞）

欲求如「率然」的作戰能力，必當「同舟而濟」，「齊勇若一」（＜九地＞），而其重要者，在於部隊分合運兵嫻熟，作戰行動能相互協調，密切合作，三軍如一，士卒間相應如一體，故「善用兵者，攜手若使一人」（＜九地＞），能使「三軍之士，如牽一夫之手」，[144]「將之所揮，莫不從移；將之所指，莫不前死」。[145]此乃將帥領導指揮與用兵上求統一原則的功效。

（二）彈性

指揮與用兵，必須保持高度的彈性，針對作戰狀況的變化，隨時採取相對的因應措施；通權達變，勿拘泥於一般的原則與無意義的形式，禁錮自己，流於呆板。將帥者應通體大局，具備彈性的作為，這是領導與用兵所當有的基本原則。

---

[143] 見銀雀山漢墓竹簡佚文《見吳王》。「恒命」者，為恆久不變的命令；「素教」者，即謂平時之教育訓練。

[144] 見《十一家注孫子・九地》，杜牧注：「言使三軍之士，如牽一夫之手，不得已皆須從我之命，喻易也。」

[145] 同前註，張預注。

　　掌握主動，爭取先制先勝，爲作戰制勝的首要條件，而主動乃以我之自由意志，支配敵人之意志，使追隨我之行動；然而面對戰場狀況瞬息萬變，不意之戰機亦難以掌握，如何控制敵人之意志與行動，有賴於將帥在用兵部署與領導指揮作戰上保持高度之彈性，方能臨機肆應，適時採取最佳克敵手段，獲得最後的勝利。

　　在作戰之前，先「厲於廊廟之上，以誅其事」（＜九地＞），成敗先定，然後興師，一切謀定而後動，而其「以分合爲變者」（＜軍爭＞），能「如轉木石」、「如決積水」（＜兵勢＞），必須「因利而制權」（＜始計＞），必須「懸權而動」（＜軍爭＞），而後「因敵而制勝」（＜虛實＞）。雖然在作戰過程中，在運兵應敵前，都已有完成週詳的作戰計劃，但仍應就主客觀情勢，保持高度的權變與彈性原則，視情境的變化而適度修改作戰策略，這樣才能符合以彈性用兵來面對瞬息萬變的戰場的原則。

　　孫子云：

　　　塗有所不由，軍有所不擊，城有所不攻，地有所不爭，君命有所不受。（＜九變＞）

又云：

　　　故兵無常勢，水無常形，能因敵變化而取勝者，謂之神。（＜虛實＞）

＜九變＞又云：

　　　圯地無舍，衢地交合，絕地無留，圍地則謀，死地則戰。

以及倡論「避實而擊虛」（＜虛實＞），「料敵致勝，計險阨遠近」（＜地形＞），這些都是在作戰過程中的權變彈性的應敵原則。

　　此外，孫子提出「將受命於君」，卻又言「君命有所不受」（＜九變＞），又云：

　　　故戰道必勝，主曰無戰，必戰可也；戰道不勝，主曰必戰，無戰可也。（＜地形＞）

這也是指揮權責運用上的彈性原則，蓋因戰場情勢變化莫測，非「主」所能掌握與勝任者，爲求「致勝」，並爭國家社稷的大利，故可權宜而不接受君命，懸權而動，以求克敵勝敵。

　　指揮官統帥作戰，指揮用兵，必須採取統一與彈性的原則，使能依作戰計劃，在高度集中統一的領導和用兵的作為下，發揮優勢的戰力，戰勝敵人，也不會受既定的戰略戰術運用，或作戰準則所規定指導原則而桎梏了自身用兵的彈性和準確性，能夠依實際戰況，因敵而制勝，這是作為將帥者所必須具備的智能。

第六節　小　結

　　自古以來，良將興國，實乃生民之司命，國家存亡之主，身繫的責任，非同一般，故應具備的條件也必苛於平常，此為得賢將不易之所在。孫子之將學，詳細的說明將帥應該擁有的才能，主要貫串於將德之中，指出將帥必須修養「智、信、仁、勇、嚴」五德（武德），五者兼備，相輔相成，不可偏廢，然後用兵能善動以計謀，巧以智勝，帶兵言仁申威，信賞必罰，公正嚴明，使人人驍勇善戰，徇義不懼。

　　孫子申之以領導統御權責之劃分，閫內閫外各司其權，尤在戰前，君王不宜越權，否則將會導致「糜軍」、「軍士惑」、「軍士疑」之患，此即孫子所強調「君命有所不受」之理。

　　同時，將有五危、有六敗、有八戒，在領導統御與用兵上不可不慎，不可不知；重視「四治」之道，用為破敵之要訣；明白「知勝五要」，必可知曉勝敗之方，然後通權達變，保持指揮之彈性與統一，發揮優勢之戰力，克敵制勝。

第六章　《孫子兵法》形勢、攻守與後勤思想

　　《孫子兵法》裡有幾個重要的命題，這幾個重要的命題，也是《孫子兵法》一直強調的概念，更爲戰爭思想中所不可或缺的，其中特別包括形與勢的思想、攻與守的觀念，以及後勤輜重對作戰的重要性等。這些思想，一直是歷久彌新的不變概念，是探討《孫子兵法》不可或缺的命題。

第一節　形與勢之思想

　　我國古代之軍事學家，一般大多分爲四家，即兵權謀家、兵形勢家、兵陰陽家以及兵技巧家，[1]根據《漢書・藝文志》所載，兵形勢家之著述有十一家，《孫子兵法》雖列於兵權謀家之中，然而其又「兼形勢，包陰陽，用技巧」，《孫子兵法》十三篇中，言「形」與「勢」者，以篇名而立者即有二篇，即第四篇＜軍形＞，以及第五篇＜兵勢＞，其他篇章亦尚有涉及「形勢」之論，可見《孫子兵法》中有極濃烈之「形勢」思想，而且它可以說是目前可見之兵書中有關形勢思想之始祖。

　　有關孫子「形」與「勢」之思想，以下針對「形」與「勢」之意涵，以及其關聯性等議題作淺要之敘述。

---

[1]　此四家爲西漢成帝時，步兵校尉任宏所創。

一、「形」之意涵

孫武所言「形」者，以下列舉說明之：

其一、<軍形>言「勝者之戰民也，若決積水於千仞之谿者，形也」之「形」，積水在千仞之谿，難見其跡，莫測其速，如我之深藏若虛，善守匿形晦跡，藏於九地之下，敵人無法測我強弱，如此我將可乘虛而出，敵必莫之能禦，此乃是以不可勝對可勝之形，故張預云：

> 水之性，避高而趨下；決之赴深谿，固湍浚而莫之禦也。兵之形象水，乘敵之不備，掩敵之不意，避實而擊虛，亦莫之制也。
> 2

此處所言之「形」，爲示之以外在虛實難定之形態，以求避實擊虛之制勝之道。

其二、<兵勢篇>所言「凡治眾如治寡，分數是也。鬥眾如鬥寡，形名是也」之「形」，依曹操、陳皥、梅堯臣、張預等人之認爲乃指旌旗，[3]杜牧指爲陣形，[4]王晳認爲「形者，旌旗金鼓之制度」，[5]所論皆表其外觀形態而言。

其三、<兵勢>言「形之」之法，云：

> 紛紛紜紜，鬥亂而不可亂也；渾渾沌沌，形圓而不可敗也。亂生於治，怯生於勇，弱生於彊。治亂，數也；勇怯，勢也；彊弱，形也。故善動敵者，形之，敵必從之；予之，敵必取之；以利動之，以卒待之。

紛紛紜紜，旌旗似不整貌，渾渾沌沌，陣形似混雜貌，此皆用以欺敵，誠如何氏云：

> 善將兵者，進退紛紛似亂，然士馬素習，旌旗有節，非亂也。

---

2 見《十一家注孫子‧軍形》，張預注云。
3 見《十一家注孫子‧兵勢》，曹操云：「旌旗曰形。」陳皥云：「夫軍士既眾，分布必廣，臨陳對敵，遞不相知，故設旌旗之形，使各認之。」梅堯臣云：「形以旌旗。」張預云：「故令士卒望旌旗之形而前卻，聽金鼓之號而行止。」
4 同前注，杜牧注云：「夫形者，陳形也；名者，旌旗也。」
5 同前注，王晳注云。

渾沌形勢，乍離乍合，人以為敗，而號令素明，離合有勢，非可敗也。形圓，無行列也。[6]

鬥亂而不使真亂，亦即似亂而不能亂，形圓而不致散敗（古代之陣式，其基本隊形為方形陣法，而「形圓」乃陣已混雜無序，事實上，在此之「形圓」只是一種混亂之假象，目的在使敵人不能測度我也。），無所罅隙，無法測度。因此，此形圓之勢，即偽弱乃強之變，示之以彊為弱之變形，而形之以羸弱，敵必來從，誘入我計。事實上，羸敵之形，不僅可以強示弱，使敵從我，亦可以弱示之以強之形，敵必因而使去，此乃避強避實之法，亦即張預所云「形之以弱，則彼必進；形之以彊，則彼必退」的道理。[7]故在此所言之「形」，有示之以外在之形象，表現或暴露出治亂難辨，強弱難明之形。

其四、＜虛實篇＞所言之「微乎微乎，至於無形，神乎神乎，至於無聲，故能為敵之司命」之「無形」，此乃言不論攻守運用微妙懸形，其變化之形，倏忽若神，微密而敵不可得窺，並能料敵死生，能為制敵之司命。誠如何氏注云：

微之微者，神之神者，至於天下之明目不能窺其形之微，天下之聰耳不能聽其聲之神，有形者至於無形，有聲者至於無聲。非無形也，敵人不能窺也；非無聲也，敵人不能聽也。虛實之變極也。[8]

張預云：

攻守之術，微妙神密，至於無形之可睹，無聲之可聞，故敵人死生之命，皆主於我也。[9]

凡吾之實，使敵視之為虛，吾之虛，使敵視之為實，而敵之實，我亦能使之為虛，敵之虛，我亦能知其非實，不但我之「虛實」能運用得宜，且能審敵之真實真虛，示之以無形，而為虛實之變也。

其五、＜虛實＞所言「形之而知死生之地」之「形」，以及「故形

---

[6] 同前注，何氏注云。
[7] 見《十一家注孫子·虛實》，張預注云。
[8] 同前注，何氏注云。
[9] 同前注，張預注云。

兵之極，至於無形；無形，則深間不能窺，智者不能謀。因形而錯勝於眾，眾不能知；人皆知我所以勝之形，而莫知吾所以制勝之形。故其戰勝不復，而應形於無窮」，所言之「形」，首先，死生之地之可知，在於我多方誤撓敵人，觀其應我之形，然後隨而制之，故「形相敵情，觀其所據，則地形勢生死，可得而知」，[10]此即「形之而知死生之地」的「形」，顯露示敵之形，以造成能知死生之功用。其次，「形兵之極」之段，所言者爲說明用兵之道，其臻極乃至於無形；形兵者，佯爲向敵顯露我之部署及企圖，敵不知我之虛實，強弱不泄於外，此乃「始以虛實形敵，敵不能測，故其極致，卒歸於無形。既無形可睹，無跡可求，則間者不能窺其隙，智者無以運其計」，[11]「無形」之用，縱有敵方深入我軍以間，亦不能窺知我方之實狀，敵方有智能之將帥亦無法對我之「形兵」策劃至當之行動方案或計謀，故此種形而無形之措施以勝敵者，在於應敵形而制勝，因我之形而動敵之形，並隨敵之形而應之，其運用之技，神秘非眾人所能知，縱能知我勝敵之外貌所顯露之形，卻不能知我制勝之妙。

其六、＜虛實＞所言「形人而我無形」之「無形」，云：

> 故形人而我無形，則我專而敵分。我專爲一，敵分爲十，是以十攻其一也，能以眾擊寡者，則吾之所與戰者，約矣。吾所與戰之地不可知，不可知，則敵所備者多；敵所備者多，則吾所與戰者，寡矣。

此段更進一步說明「形兵之極」之功效，「形人」者，乃我以「形兵」眩惑欺詐敵人，造成他人有形，我形不見（無形），敵必分兵以備我之實，張預云：

> 吾之正，使敵視以爲奇，吾之吾，使敵視以爲正，形人者也。以奇爲正，以正爲奇，變化紛紜，使敵莫測，無形者也。敵形既見，我乃合眾以臨之；我形不彰，彼必分勢以防備。[12]

---

[10] 同前注，孟氏注云。

[11] 見《十一家注孫子‧虛實》，張預注云。

[12] 同前注。

其理在此。利用各種手段察明敵情，暴露敵象，使之「形人」。敵不知我方端倪與意圖，使我「無形」。當敵不知我奇正之變，不知我虛實之狀，必形成我專敵分之勢，因此，敵兵力分散爲十，我專爲一，「專一者力全，分離者力寡」，[13]我能以十攻其一，以全擊寡，亦必可以局部之眾，擊敵局部之寡，故能必勝。

其七、＜虛實＞又云：

> 兵形象水，水之形，避高而趨下；兵之形，避實而擊虛。水因地而制流，兵因敵而制勝。故兵無常勢，水無常形；能因敵變化而取勝者，謂之神。

於未戰前則以實待虛，應戰時避實擊虛，同時敵佚能使之勞，敵飽能使之飢，敵安而能使之動，敵眾能使之寡，敵不必備而使之無所不備，敵不欲戰能使之不得不戰，因此，敵人雖眾可使其無鬥，敵人雖強可使其不敢恃，敵雖近，而左右前後可使不得相救，此皆避實擊虛的兵「形」之用。何守法云：

> 兵之形，象水之形，水避地之高而趨下，性之順也。兵避敵之實而擊其虛，勢之利也。惟趨下，則水本無為，但因地之高下而制其流。惟擊虛，則兵本無心，但因敵之虛實而制其勝。因敵制勝，則勝之制也，在敵之虛實，而不在兵，原非一定者，故無常勢。因地制流，則流之制也，在地之高下，而不在水，原非一定者，故無常形。然是制勝，又不可責之人也，在為將者，能因敵之虛實，變化我之奇正，而取勝于彼者，斯謂之神妙莫測也。[14]

孫子藉水性以言用兵虛實爲變之形，以水柔弱至極、堅韌不拔之性，以及無常形之變，產生神妙難測與強大之力量，誠如老子所云「上善若水，水善利萬物而不爭，處眾人所惡，故幾於道」；「天下柔弱莫如

---

[13] 同前注，杜牧云：「故我能專一，敵則分離。專一者力全，分離者力寡。以全擊寡，故能必勝也。」

[14] 見李浴日選輯《中國兵學大系（二）》，明何守法注孫子＜虛實第六＞，1974年，頁210。

水，而堅強者，莫之能勝」之道，[15]應敵以虛實爲變，柔形韌質，化柔爲剛，無所不勝。

此外，＜地形＞中言之「地形」，爲指外在形態之事物，不具深層之變化，故不爲「形」與「勢」中所論。總之，孫子對「形」之詮釋，雖有表示外在形態者，雖有表現或暴露之意涵，或作爲方法方式之使用，抑或作爲物質形態和軍事實力來使用者，它總在造成一種態勢，以求欺敵、迫敵、擊敵、避敵、克敵之效，掌握戰場之主動權，因敵而變化，應敵以致勝。

二、「勢」之意涵

善戰者必須依靠、利用客觀形勢，從而使自己處於良好的作戰態勢，如此才能積極求勝，這就是孫子所強調的「勢」的範疇概念。孫子言兵勢，歷來解釋者多有所異，如張居正認爲「兵勢者，排兵布陣，有奇有正之謂」，[16]李贄認爲「勢者，機也；機動而神隨」，[17]夏振翼認爲「兵勢者，破敵之勢也」，「勢，則欲其奮，所以使敵莫禦也」，[18]何守法更進一步說明，「奮出疾擊，而使人莫禦者，勢也」，對於＜兵勢＞所論，他認爲「『激水』至『發機』，是明兵勢之妙。『紛紛』至『待之』，是明勢之本。『故善戰』至末，則言善戰必資于勢以結之」，所謂勢者，「即營陣奇正之法，奇輔正而行，出之不先不後，適合其宜爲貴」，如投卵擊石發機激水之功。[19]凡以上所言，大體言「勢」者，乃爲破敵之勢，如五聲五色五味之變，以奇正之術，而爲戰勝之功，其「勢」之狀，有如激水之疾，有如發機之勢，無懈可擊。

李贄云：

---

[15] 見《老子·七十八章》。
[16] 見清夏振翼輯《孫子體註》。
[17] 見明李贄著《孫子參同》。
[18] 同注 16。
[19] 同注 14，＜兵勢第五＞，頁 153。

　　勢雖神妙，總不過奇正，奇正雖變，總不出虛實。[20]

以奇正、虛實之變，使我成之於無形，而爲克敵之勢。因「形」而造「勢」，惟「勢」方可產生實質之作用，故用兵者，兵形已成，猶必任勢，以分數、形名、奇正、虛實之變，配合戰略戰術與陣法之部署和兵力之分合運用，應敵於無形，可使之無窮如天地，不竭如江海，然後創造超越敵人之優勢與威力，藉壯盛之兵勢以戰勝敵人。

　　<兵勢>云：

　　　　激水之疾，至於漂石者，勢也；鷙鳥之疾，至於毀折者，節也。

　　　　是故善戰者，其勢險，其節短。勢如彍弩，節如發機。

蓋「水性柔弱，險徑要路，激之疾流，則其勢可以轉巨石」，[21]故勢如破竹，勢如彍弩，其衝力至疾，若能將其勢被於士卒，結合士卒自身之武器裝備，以高昂之士氣，發揮至大之戰力，縱爲怯者，亦必生勇，此乃所謂「勇怯，勢也」（<兵勢>）之道，因勢而成，怯者生勇，敵見我勢，勇者亦必怯。善戰者，其進軍態勢優越，聲勢凶湧，其機動迅速猛烈，「力」、「時」、「空」配合適切，能如張滿弓之強弩，有無比強大之力量與潛力，待機而發，無功不克。

　　孫子又云：

　　　　故善戰者，求之於勢，不責於人，故能擇人而任勢。任勢者，其戰人也，如轉木石；木石之性，安則靜，危則動，方則止，圓則行。故善戰人之勢，如轉圓石於千仞之山者，勢也。（<兵勢>）

「兵勢無常，奇正攻守遲速之不同，所以必擇其與勢相宜者任之，庶人與勢合，而後能神其勢，故稱爲善也」，[22]因此，爲將帥者，必先料兵勢，然後量人之材，隨其長短優劣以任之，如梅堯臣所云：

　　　　用人以勢則易，責人以力則難；能者當在擇人而任勢。[23]

而李衛公亦云：

---

[20] 同注 17。

[21] 見《十一家注孫子‧兵勢》，張預注云。

[22] 見明張居正輯《開宗直解‧鼇頭七書》。

[23] 同注 21，梅堯臣注云。

> 兵有三勢：將輕敵，士樂戰，志勵青雲，氣等飄風，謂之氣勢。
> 關山狹路，羊腸狗門，一夫守之，千人不過，謂之地勢。因敵
> 怠慢，勞役飢渴，前營未舍，後軍半濟，謂之因勢。故用兵任
> 勢，如峻扳走丸，用力至微，而成功甚博也。[24]

此乃能者之將能在戰爭活動裏，從指揮用兵之藝術中，善佈擊敵之陣勢，時時處於有利而主動之態勢，為克敵制勝創造最佳戰機。從物理學概念云，事物皆有其勢能，而物體所處位置之不同，或本質上的差異，所具勢能即有別。山下巨石橫置凹地之中，則失其勢能；巨石高懸山頂，勢能顯現則大，待勢而發，由上而下，力不可擋。弓不張，則弛滯無力，箭難遠出；弓弦如滿月，則箭能射遠。勢之異，則強弱分明。

　　用兵作戰之過程中，將帥必須能夠「料敵取人」，能夠「擇人任勢」，絕不隨意苛責士卒，尤當深省體察，凡部下不能發揮其最佳之戰鬥力，乃因將領揮指藝術上之拙劣所致，故良將在於能夠善於擇人，巧為創造與運用勝敵之勢，使其用兵作戰，恰如推動木石一樣，能如「木石之性」，置之安地則靜，置之危地則動，方正形則止，圓斜形則行，此乃天然之勢，反觀當兵眾陷甚則懼，無所往則固，入深則拘，不得已則鬥，亦是自然之勢，而圓石易動，千仞之山甚峻，今以易動之圓石，轉動於奇峻之山坡，其勢必極猛而有力，此就是善戰者善於用兵佈陣所造成之勢的效果。

　　事實上，建立優勢之兵勢，必須從政、經、心、軍等方面同力行之，政治清明，政通人和，百姓士卒樂戰不懼，上下士氣高昂，置之死生於度外；貯存強大之經濟實力，在物資的先決條件上強於敵人，便可以強勢作為，致力於戰而無後虞；在士卒心理上，士卒具有高昂之鬥志與壯盛之士氣，當可轉化為無往不勝之巨大勢能與力量；軍事實質的寡眾優劣之勢，在質與量皆優於敵人之狀況下，加上武器裝備的性能亦較敵人為佳時，自然已造成了有利之態勢；此外，地形地利之用，亦為形成優勢之重要因素，有道「一夫當關，萬夫莫敵」，乃地

---

[24] 同前注，張預注引李衛公所云。

利之勢所成，爭地形之利必可造成勝敵之有利機勢。

　　欲形成如激水之疾，如強弩發機，如轉圓石之於千仞之山的兵勢，必當在戰略戰術的用兵思想上運籌帷幄，擇之以善戰之能將，用之以奇正、分合、虛實之變，成之於「應敵於無形」，加之以政、經、心、軍之配合，所造成之優勢，功無不克，戰無不勝！

三、「形」與「勢」之關聯性

　　「形」與「勢」乃爲相互關聯，有互爲因果之關係，李贄云：

> 故言軍形，便言兵勢。夫兩軍勝敗之形，雖未戰而其形已見矣。然非真聰明神智之主，則不能知。故曰：見勝不過眾人之所知，非善之善者也。知之則謂知己而知彼，雖百戰而不殆矣。夫惟其能知彼己勝敗之形，于眾人之所不能知也；是以因利制勝，以應形于無窮，雖鬼神亦莫得而測之也。蓋形雖不可知，而猶可見；若任勢，則無形而不可見，況可知耶。故曰：形兵之極，至于無形。又曰：微乎微乎，至于無形，神乎神乎，至于無聲。然則非變易無方之神人，又安能運變化無窮之神勢也。[25]

惟能運「形」成「形」，而後知「形」應「形」，方可任勢造勢，發揮形勢之最大功效。從孫子言「激水之疾，至於漂石者，勢也」（＜兵勢＞）觀之，「勢」乃由「形」所造成的勢能與力量，它是由「激水之疾」所帶來的力拔千鈞與迅猛異常之力。從表面或從形式上看來是「形」所形成之作用，然真正發揮動力者乃「形」所帶動的「勢」所成的。「勢」必須借助一定之「形」才能發揮其既有之功能，以「形」爲基礎，以造成如強弩之勢。

　　孫子又云：

> 勝者之戰民也，若決積水於千仞之谿者，形也。（＜軍形＞）
> 故善戰人之勢，如轉圓石於千仞之山者，勢也。（＜兵勢＞）

在此，孫子對「形」與「勢」作了具體之譬喻與解釋，「千仞之溪」與

---

[25] 同注 17。

「千仞之山」其意含極爲相同，故其彼此間當有極大之關聯性，有「千仞」之形，必可造「千仞」之勢，「形」與「勢」相互包容，且「勢」因「形」而存在，且進一步的發揮其功能，因此，從這一個觀點來看，我們可以說有一定軍事實力之「形」，才能造成一定功能之戰力的「勢」，而「勢」所成之「勢能」對作戰具有較實質的直接作用，但沒有「形」其「勢能」就無從產生了。

孫子又云：

　　勇怯，勢也；彊弱，形也。（＜兵勢＞）

從這一句話中，我們又可以看出「形」與「勢」有極大之因果關係，因爲有強大之軍事陣容及其構成的實力之「形」，方可鼓舞全軍，提高戰鬥意志，提昇高昂士氣，造成我強大無比之「勢」，從而影響敵人，產生巨大之威嚇力量，使敵人形成一種怯懦之「勢」，此乃李筌所云之「兵得其勢，則怯者勇；失其勢，則勇者怯」之勢能，[26]此「強弱」與「勇怯」乃是互爲因果的，有敵我的強弱之「形」，必會造成敵我勇怯之「勢」。故而從此角度觀之，「形」之本質大多屬於由物質力量所構成者，諸如人員、武器、裝備、地形之利以及以謀略運用於用兵的作爲上所成之「形」，而「勢」乃是由此「形」此物質力量所造成之態勢，也可以說是一種無形之氣勢與力量，而多屬於精神層面之本質。因此，由上所述，可以明白的瞭解「形」與「勢」本身關係密切，相輔相成，爲將帥者當善用既有之「形」，以造成優勢之作爲，發揮形勢所構成之力量，克敵而致勝。

形勢之用，乃戰爭中有形戰力與無形戰力之綜合發揮，唯有「千仞」之形，方可形成「萬鈞」之勢，有「不虞」「不備」之形，才能形成懈怠之勢，有「堂堂」之形，當可產生「威武」之勢，唯有至佳之作戰形勢，方可求制敵勝敵。

形勢之用，必當靈活變化，不但以自我之消長而有所變，亦需考慮敵方之消長動靜而變化，是故「兵無常勢，水無常形，能因敵變化

26　見《十一家注孫子・兵勢》，李筌注云。

而取勝者，謂之神」（＜虛實＞），形勢之用，必須應敵而變化，轉化既有之形勢，而為無常之形勢，因敵而取勝，此為用兵之至高藝術。

第二節 攻與守之思想

「採取守勢之目的，乃是為了進攻，而防守不過是進攻的一種手段而已」，[27]此為一般軍事學家或兵學家所一致倡言的想法，孫子亦然，其重進攻重謀攻，可以說是此軍事思想的先導。

「攻」「守」之概念，實乃「攻」與「守」為實現戰爭目的的作戰方式或作戰形態。在一般人的認知中，《孫子兵法》中所談的大多是有關「攻」的方面之作戰思想，尤其十三篇中就特別有以一篇來談「攻」的問題（第三篇＜謀攻＞即多涉及言「攻」之思想），事實上，有「攻」之道即有「守」之應變思想，當我們深入思考後，仍可以發現《孫子兵法》中「守」之思想佔有即重要的一環，畢竟不論是謀略、廟算、詭道之運用，以及奇正、分合、虛實之變，甚或其他戰略戰術作為與思想，皆是為遂行攻與守之作戰而為之手段，因此皆為攻守用兵之思想。

一、「攻」與「守」之意涵

孫子所言「攻」與「守」之觀念，它可以包含著兩組意義，其一為「攻」「守」即是指「攻勢作戰」與「守勢作戰」之戰爭型態，其二為「攻」「守」是指「攻擊」與「防禦」之作戰方式：

其一、就作戰型態言

依部隊戰爭型態之不同，可以分為攻勢作戰與守勢作戰，其作戰型態之所以不同，主要乃根據作戰任務與作戰目的之異以及實戰現況而決定，而並非僅是因兵力之優劣勢作為決定之要素，因此，攻勢作

---

[27] 見陸軍總司令頒《陸軍作戰要綱——聯合兵種指揮‧作戰》，1983年，頁5-58。

戰之要旨，在於以攻勢作戰爲殲滅敵人之唯一手段，其目的在於獲致決定性之勝利，其在作戰過程中以全程一貫之戰略構想，始終掌握主動於有利之時機，以優勢之戰力，指向敵人弱點，迫敵決戰而予以擊滅之。守勢作戰以摧破敵人之攻勢，確保防守地區爲目的，依地形之利用與戰場經營等諸般手段，消耗敵人戰力，陷敵於不利態勢，或迫使敵人暴露弱點，並以積極之行動，而予反擊擊滅之；守勢作戰雖非爲一種主動的攻勢作爲，但仍宜有高度之機動作戰能力，隨戰況之有利發展，伺機轉移攻勢，以徹底殲滅來犯之敵人。

　　「殲滅敵人，唯賴攻勢，守勢僅爲達成攻勢目的所行之暫時性或局部性手段」，[28]這也就是一般人認爲《孫子兵法》著重於「攻」方面之思想的原因，然而雖是如此，作戰之目的不但爲求殲滅敵人，亦必須懂得自保，不論攻勢與守勢作戰，其戰鬥手段須適時攻守互用，尤其面對瞬息萬變之戰場，敵我戰力隨時因狀況而消長，指揮官必須靈活運用各種作戰手段，並應機攻守轉變，以確保我戰力之完整。

其二、就作戰方式言

　　孫子所言「攻」「守」，就作戰方式之狹義層面言之，「攻」可以指爲「攻擊」之作戰方式，而「守」即防禦之作戰方式。攻擊之意義爲「主動迫敵決戰而予以殲滅之積極行動」，[29]其目的在於徹底殲滅敵軍，或爲奪取重要地形，牽制、拘束敵軍等，使其他方面或爾後作戰有利；攻擊之基本方式依目前陸軍各作戰準則之區分，有包圍、迂迴、突穿與正面攻擊四種方式，孫子特別強調「以迂爲直」（＜軍爭＞）之作戰方式，此種方式即類似現今之迂迴攻擊的攻擊方式。防禦爲「爭取時間，控制空間之戰鬥，應以主動積極精神，採取各種戰鬥方式及一切手段，充分利用現有空間及有利條件，以消耗、拒止及殲滅敵人」，[30]防禦之方式又可分爲機動防禦與陣地防禦，依孫子之思想，特別重視部隊機動快速之作戰，運用於防禦上而言，機動防禦必須要求部隊

---

[28] 同前注，頁 5~2。
[29] 同前注，頁 5~13。
[30] 同注 27。

有快速機動打擊之能力，此種作戰方式，能在防守中求進攻，求攻勢的積極作爲，因此陣地防禦固然重要，機動防禦更符合現代作戰之主動作爲，此也是孫子的重要思想觀。

　　不論就戰爭型態或作戰方式而言，皆涵蓋於孫子之「攻」與「守」之思想觀念中，只不過就層級層面的角度來看，戰爭型態的區別，其層面可以說涵蓋較廣，層級亦較高，而就作戰方式的區別言，一般其層面較小，軍隊作戰層級亦較低；然而，此種區分只是一種概括性的區分，仍有其糢糊性的存在，因此，對孫子之言「攻」「守」思想，毋須過分去區隔其爲「攻勢」「守勢」或「攻擊」「防禦」之方式，唯須瞭解者，乃戰爭之目的在於消滅敵人和保存自己，而消滅敵人依靠的是進攻的行爲，保存自己依靠的是防守的行爲，且不論採取「攻」或「守」，在實戰的過程中，不是絕對的，而是相對的，因爲守勢的主要目的雖在保存自己，維持現狀，然而伺機殲滅敵人，展開攻擊行動，是保存自己的最根本的方法，相對的，採取攻勢作戰，其主要目的雖在消滅敵人，但以攻擊的方式消滅敵人往往是難以一氣呵成，所以期間仍可能必須要以防禦的方式來交替運用，且在進攻的過程中，由於攻擊正面過廣，或攻擊後方以及其他地區有敵情之顧慮，爲掩護主力之攻擊，仍須以一部分兵力採取守勢，因此，不論攻守，在作戰過程中是隨伴交替運用的。當我們從這些角度作爲攻守思考之出發點，去深入體察孫子的攻守思想，方可品味出其攻守之用兵藝術的真正意涵。

　　孫子特重於攻擊，唯攻擊之方式並非全然訴諸於實際的武力上之交戰，孫子提倡「上兵伐謀，其次伐交，其次伐兵，其下攻城」（＜謀攻＞）之原則，重視謀攻，以伐謀爲先，不論攻防，其至高之用兵藝術在於「不戰而屈人之兵」，一旦訴諸於「伐兵」之方式，必慎爲「謀攻」之法，行「多算」與「勝算」之能，採取出敵意表之積極作爲，先機摧毀敵人作戰準備，求先勝以「致人而不致於人」（＜虛實＞），並「先爲不可勝，以待敵之可勝」（＜軍形＞），創造戰機，克敵致勝。

　　相對於敵人對我採取進攻手段，首先我所求者爲保存自己，並從被動之自保方式，應機轉爲主動而予反擊，此也就如克勞塞維茲所言，

「沒有還擊的防禦是根本不可設想的，還擊是防禦的一個必要組成部分」。[31]「守」並非只是一種消極之作為，乃是為積極殲滅敵人而作準備的。因此，不論「攻」或「守」，在戰略戰術的運用思想上，講求謀略，重視詭道思想，在用兵之作為上，重視奇正、分合、虛實之變，不打硬仗，不打死仗，更不打糊塗仗，以減少軍隊之傷亡為著眼，保全堅強戰力於始終，求全軍全勝之目標，成為一支「守」固若金湯之堅強堡壘，「攻」而無功不克，無堅不摧之霸王雄師。

二、「攻」與「守」的重要作為

前已簡略提到孫子重視「謀攻」以「不戰而屈人之兵」之不戰而勝的用兵藝術，此小節針對敵我一旦交戰，訴諸於武力的接觸時，孫子對攻守作為之思想觀。

「攻」與「守」之本質，採「攻」的主動作為，消滅敵人，實現了戰爭的終極目的，即意味著勝利之實現；而採「守」的作為，能保存了自己，實現了作戰之目的，同樣是獲得了戰爭之勝利，故攻守同歸乎勝，也就是說，無論是進攻，還是防守，其目的皆在為了爭取戰爭之勝利，此即李衛公所云「攻是守之機，守是攻之策，同歸乎勝而已矣」的道理。[32]然而，不論採取「攻」或採取「守」，切勿桎梏於堅守只求「攻」的勝，或只求「守」的勝，當須於「攻」之中，能轉而為求「守」之勝，且於「守」之中，亦能轉而為求「攻」之勝，攻守求勝，善通權變，尤其於敵我雙方在作戰過程中，常因戰力消長或戰略戰術的考量上，必須能夠交替變化攻防方式的運用，以求殲滅敵人並且保存自己，因此，採取「攻」「守」的方式，不可僵化用事，必須應機而變，轉變「攻」「守」方式，故孫子云：

> 不可勝者，守也，可勝者，攻也。守則不足，攻則有餘。善守
> 者，藏於九地之下，善攻者，動於九天之上；故能自保而全勝

---

[31] 見克勞塞維茲《戰爭論》第三卷，上海：商務印書館，1978 年，頁 775。
[32] 見姜亦青校訂《李靖兵法》，台北：聯亞出版社，1981 年，頁 117。

也。（＜軍形＞）

張預注云：

> 知己未可以勝，則守其氣而待之。知彼有可勝之理，則攻其心而取之。吾所以守者，謂取勝之道有所不足，故且待之。吾所以攻者，謂勝敵之事已有其餘，故出擊之。[33]

因戰場狀況之變化，考慮敵情、地形以及我軍兵力現況和任務性質，適時改變攻守方式，當我兵力不足時則守之，我兵力有餘時則攻之，此即「吾所以守者，力不足也；所以攻者，力有餘也」，[34]乃爲能「自保」且能「全勝」之道理。同時，由孫子上面所言，我們進一步思考可以瞭解，「不可勝」以選擇「守」之方式，乃是待攻待勝之時期，而「可勝」者必然是敵人失利，暴露了虛弱之處，我有了充分制勝把握之時機，迅速發起攻擊，消滅敵人，奪取勝利，故「不可勝者，守也；可勝者，攻也」中深刻地體現了攻以取勝，守以待勝的思想，攻守之最終目的皆在於求勝，在於自保，也在於殲滅敵人。

至於「攻」「守」運用之術，在於能夠「動於九天之上」，「藏於九地之下」，守者爲未見可攻之利，求不可勝，自應深藏若虛，沉靜幽默，示敵以不足，不爲敵所窺測，誘敵於必攻；而攻者爲見可攻之利，當高遠神速，使敵不勝其備，且虛張聲勢，乘其懈隙，出敵不意而取勝。誠如《尉繚子》所云「若祕於地，若邃於天」之理，[35]使我守能藏於九地之下，幽而敵不知，使我攻能動於九天之上，來而敵不可備，其功之成，一切有賴奇正、分合、虛實之變與詭道之用，並成之於「形人而我無形」（＜虛實＞）之術，神其勢「如轉圓石於千仞之山」（＜兵勢＞），「攻其無備，出其不意」（＜始計篇＞），以克敵制勝。

孫子又云：

> 攻而必取者，攻其所不守也；守而必固者，守其所不攻也。故善攻者，敵不知其所守；善守者，敵不知其所攻。（＜虛實＞）

---

[33] 見《十一家注孫子·軍形》，張預注云。
[34] 同前注，王晳注引《尉繚子》云：「治兵者，若祕於地，若邃於天。」
[35] 同前注。

善攻者,「警其東,擊其西,誘其前,襲其後」,[36]攻於此,卻形於彼,使敵莫知其所當守者何在;善守者,守於此,而聲於彼,使敵莫知所當攻者何在,亦即能藏於九地之下,使敵人無法測度我之所在。攻與守皆在出乎敵人之意外,彼之虛實,我能知之,而我之虛實,彼不得測也,故攻守之妙,在於奇正虛實之用,致敵攻守部署失宜,而我能批亢擣虛而攻其弱,並眩敵以虛實之誤認,致敵所攻者為不關重要之部分,而敵所不攻者反為我鎖鑰重要所在;同時,指揮官以明快之決心,旺盛之企圖,隨時掌握彼我之狀況,採取至當之戰略戰術,求「至於無形」「至於無聲」(＜虛實＞)之巧,故能「致人而不致於人」(＜虛實＞)。孫子的「攻」是攻敵虛弱和疏於防守之處,以及其該守而不守的地方,且其「攻」的行動,乃神速而不為敵所能測,敵所不能防,故其「攻」已非一般性概念,而是一種「至於無形」(＜虛實＞)之戰略戰術;孫子的「守」是守在敵人不能奪取的地方,認識不到奪取它是有重大戰略戰術意義之地,所以守必須確知我方所守的地方確實很重要,是敵人應該進攻而又不能進攻的地方,故由此當可深切體認「攻其所不守」與「守其所不攻」之論。

　　此外,對於「攻」的看法,孫子又言「城有所不攻」(＜九變＞),城若非必要,蓋不予以攻,雖然可以攻,也必須計量利害得失,否則縱使得之,卻造成鈍兵挫銳,利不勝其所害,那是不值得的;又云「我欲戰,敵雖高壘深溝,攻其所必救」(＜虛實＞),「先奪其所愛則聽矣」(＜九地＞),攻擊敵人目標的選擇,當以敵人至愛而必救之處而為之,但仍要把握「避實擊虛」之原則,尤其重點指向敵人之弱點與最感痛苦之方面,即「由不虞之道,攻其所不戒也」(＜九地＞),「進而不可禦者,衝其虛也」(＜虛實＞),「先為不可勝,以待敵之可勝」(＜軍形＞),「火發兵靜者,待而勿攻。極其火力,可從而從之,不可從而止」(＜火攻＞),實施攻擊,不可輕率貿然行事,必須選擇最佳時機,攻虛為上,而敵人所不戒之處即為其虛弱之點,等待可勝之機,集中優勢之兵力火力以衝其虛處,必可達到攻擊所預期要的目標,並

---

[36] 見《十一家注孫子・虛實》,杜牧注云。

以最小之損害獲致最大之戰果。

對於「守」的看法，孫子又云「我不欲戰，畫地而守之，敵不得與我戰者，乖其所之也」（＜虛實＞）「無恃其不攻，恃吾有所不可攻也」（＜九變＞），「隘形者，我先居之，必盈以待敵」（＜地形＞），雖言攻擊爲最佳之防禦，然攻擊之手段必須視時機而爲之，適時之防禦常可頓挫敵人之戰力，瓦解敵人之軍心士氣，尤在我兵力明顯少於敵人，或有至佳之地形要點可資運用，對我之戰鬥明顯有利時，當藉地形與防禦工事之運用，待敵來攻，使我之有備與有利可資，消耗敵人戰力，應機予以反擊殲滅。

用兵者積極的伐敵以戰，特以「攻」爲重，可以說守爲攻之權，而攻爲守之因，攻以殲敵才是作戰之主要目的，守可能只是出於進攻處於不利的情況下，或因戰略戰術的需要而爲之一種暫時的作戰手段，非長期或不變之選擇，乃避敵銳氣，待其暴露虛弱處之有利時機，迅速轉爲攻勢，予以反擊殲滅之。

用兵者，必當明白「攻」「守」並非是單一存在之作戰方式，彼此之間有強烈之互補性與關聯性，甚至它們是同時存在的，也就是說，攻守對於一方而言，並非處於「攻」時，就沒有「守」，處於「守」時也沒有「攻」，反而是防守中有進攻，防守的本身就是一種等待進攻的狀態，並且，進攻中必須有防守，只有充分的守備才能促成有力的進攻。一旦攻勢中不知運用防守，就容易暴露自己之虛弱，而遭到敵人反擊；一旦採守勢不知運用攻勢，對敵之弱點視若無睹，放棄了反攻反擊之良機，必會助長敵人之壯盛，對我爾後作戰勢必不利。

敵我雙方作戰，不論攻守，戰力再強，亦非無可趁隙之機，故攻中有守，方不失手，守中有攻，終不被動；攻中有守，必可掩蓋與防護自己之弱點，而守中有攻，必能利用與反擊敵人之弱點。攻守之用，當以謀略詭道之爲用，加以虛實、奇正、分合之術，看破好機，避實擊虛，如此，不論是處於攻或守之勢，皆可保存自己，殲滅敵人，完成作戰之使命。

第三節　後勤思想

一、後勤之重要性

　　部隊後勤乃軍隊作戰之命脈，後勤中斷，部隊的持續作戰能力也相對受到嚴重的影響，故部隊後勤的目的可以說是補充部隊的戰力，它是戰力持續性的主要依據，不論作戰計劃作戰謀略策定多麼完善，將士素質多麼優異，部隊之訓練多麼落實，倘若沒有完善的後勤補給體系，也是「巧婦難爲無米之炊」，難就戰功。因此，在整個作戰過程中，後勤補給與支援佔了極其重要的一環，它是部隊有形戰力之基本要素，是將帥用兵企圖的重要依據，唯有良好的後勤支援與後勤補給系統，部隊戰力才能常保完整，一切戰術作爲才能付諸實現。

　　作戰一發起，不論人力或物資，所耗必鉅；孫子云：

　　　凡用兵之法，馳車千駟，革車千乘，帶甲十萬，則內外之費，賓客之用，膠漆之材，車甲之奉，日費千金，然後十萬之師舉矣。（＜作戰＞）

戰爭之所需，其後勤支用難以數計，而此等龐大的花費，必須有一個健全而穩固的後勤系統，如此十萬之師，每日之用，才不致匱乏而影響作戰任務之遂行。孫子又云：

　　　是故軍無輜重則亡，無糧食則亡，無委積則亡。（＜軍爭＞）

「輜重」者，乃指器械及軍士衣裝等，[37]而「委積」者，乃指財貨薪芻蔬材之屬，[38]「糧食」爲將士馬畜每日食用之穀物雜糧，此三者（輜重、糧食、委積）爲泛指部隊之後勤物資之用，就廣義而言，包括人力、武器裝備與糧食物資等，就狹義而言，爲一般之後勤補給以及部隊輜重之費，也就是人力以外之用。部隊缺乏此後勤之供需，也就是作戰的最基本依靠不再有，無法恃之以濟，用資缺乏則軍心必然造成

---

[37] 見《十一家注孫子‧軍爭》，杜牧云：「輜重者，器械及軍士衣裝。」
[38] 同前注，杜牧云：「委積者，財貨也。」王晳云：「委積，謂薪芻蔬材之屬。」

嚴重動搖,勢必走上敗亡之路,誠如張預所云:

> 無輜重則器用不供,無糧食則軍餉不足,無委積則財貨不充,
> 皆亡覆之道。此三者謂委軍而爭利也。[39]

軍隊作戰,器具不周,養贍不給,饋運不繼,此等後勤用資之不足,難謀再戰,難求不敗;故作戰爭利,亦不能棄後勤輜重於不顧,所謂「委軍而爭利,則輜重捐」(〈軍爭〉),委棄輜重,則軍資闕,尤輜重必須隨於主力部隊之後,主要目的在於能夠達成後勤支援作戰之任務,一般狀況下,勿委置重滯,輕兵獨進,敵可能乘虛而來,掠我輜重,一切捐棄,則難再戰,故後勤不論於作戰前、中、後,無時無刻皆必須維持其能夠支援作戰之能力,故乃用兵上所不能不重視者。

二、民富為後勤之基礎

歐洲古代名將英德古里云:

> 作戰之第一要素曰金錢,第二要素亦曰金錢,第三要素亦曰金
> 錢。[40]

作戰所打的是一種金錢戰,其金錢者,顧名思義即為國家經濟力,豐裕的國家財力。又誠如前面孫子所言,用兵作戰,「馳車千駟,革車千乘,帶甲十萬,則內外之費,賓客之用,膠漆之材,車甲之奉,日費千金」(〈作戰〉),以及〈用間〉云:

> 凡興師十萬,出征千里,百姓之費,公家之奉,日費千金;內
> 外騷動,怠於道路,不得操事者,七十萬家。

戰爭耗費自不待言,而一切戰爭之資,必以國家之經濟為體,以國家經濟為基礎,國家經濟力弱,自然在武器裝備等有形戰力上,不論「質」或「量」上皆不如敵人,未戰前已露敗跡。

然而,國家之經濟力,幾乎一切源自於百姓,「羊毛生在羊身上」,輸糧供器,公私煩役,大多出於民,且「一家之兵,鄰里三族共資」,

---

[39] 同前注,張預注云。
[40] 見魏汝霖著《孫子兵法大全》,台北:黎明文化事業公司,1986 年四版,頁 81。

「不得耕作者七十萬家,而資十萬之眾」,[41]因此,戰爭的發動,所耗之鉅,影響所及的乃為眾生百姓之生計,是故,在不輕言發動戰爭,卻又不得不與戰的狀況下,國家整體經濟以及百姓生活現況必須慎為考量,勿因戰爭而致民窮財盡;倘若平日重視國家經濟發展,採取適當之富民措施,國家的所得收入必可較為豐厚,百姓亦豐衣足食,倉廩充實,國防建設,後勤所用,不致經費匱乏,尤在與敵作戰,亦能以既有之經濟基礎以及百姓之供輸來厚實作戰實力,部隊後勤補給綿延不絕,如此之戰,已於未戰而見先勝其一也。

部隊後勤既然必需依賴國家的經濟,而國家經濟的厚實,其根本又在於百姓,故當使每個百姓皆能豐厚無虞,孫子於銀雀山佚文中提出了一些富民之思想,《吳問》中孫子云:

> 范、中行是(氏)制田,以八十步為畹,以百六十步為畛,而伍稅之。其□田陝(狹),置士多,伍稅之,公家富。公家富,置士多,主喬(驕)臣奢,冀功數戰,故曰先〔亡〕。……公家富,置士多,主喬(驕)臣奢,冀功數戰,故為范、中行是(氏)次。韓、巍(魏)制田,以百步為畹,以二百步為畛,而伍稅〔之〕。其□田陝(狹),其置士多,伍稅之,公家富。公家富,置士多,主喬(驕)臣奢,冀功數戰,故為智是(氏)次。趙是(氏)制田,以百廿步為畹,以二百卌步為畛,公旡稅焉。公家貧,其置士少,主僉臣收,以御富民,故曰固國。[42]

在吳問篇中,孫子所言可以說把《孫子兵法》十三篇之言「道」(即「五事」中之「道」,以及「修道保法」中之「道」)予以具體化,從經濟的角度切入論勝敗之因,而其富民之思想,主要以實施下列措施:

(一)寬田政策

周初周公制定「井田制度」,採「分地薄斂」(見《逸周書·大聚》之政策,以力役於「公田」,惟至春秋時期,各國紛紛將過去之力役地

---

[41] 見《十一家注孫子·用間》,李筌注云。

[42] 見銀雀山漢墓佚文《吳問》,摘自《孫子集成》,第一冊,頁129。

租改爲實物地租之政策，在此狀況下，授田的大小對百姓的經濟有極大的影響，一旦授田少，則實物稅可能不足，對百姓生活影響更大。根據孫武對范、中行等家田制之評論，認爲范、中行、韓、魏諸家行實的田制之授田面積皆嫌過狹，而趙氏之田制授田較寬，相較之下，授田較多，百姓之農作將能比較積極，生產收入亦豐，自然富裕，國家也就更強盛了，所以欲富民必施以寬田政策。

（二）輕稅制度

春秋中晚期以後，各國不斷提高稅賦，封建地主貪得無厭，對農民極其剝削。《論語》中有云：

哀公問於有若曰：「年饑，用不足，如之何？」有若對曰：「盍徹乎？」曰：「二，吾猶不足，如之何其徹也？」對曰：「百姓足，君孰與不足？百姓不足，君孰與足？」[43]

魯國自魯宣公時期田稅已採十分取二，[44]自哀公時期國家仍貧，故哀公不願再降稅賦，如此重稅，不但國君患不足，百姓亦若是，相對於孫武所云，韓、魏、范、中行、智等五家行「伍稅」，五分抽一之稅率，相當於哀公之十分抽二，如此之行，百姓貧而公家富，非但造成國家與政府間之衝突外，亦不能真正長久致富於國，反而趙氏輕稅，只徵收一點加強軍備之稅賦，百姓當然樂於稅捐，並增力生產，國家自然富強，軍備後勤也就自然充盈了。

（三）士少之制

據孫武之分析，認爲韓、魏、范、中行、智諸家「置多士，主喬臣奢，冀功數戰」，置士眾多，臣主奢侈驕橫，好大喜功，又濫啓戰端，故皆早亡，然而趙國「置士少，主儉臣收，以御富民」，故國家能夠穩固。平日軍隊擴編，必然造成國家負擔沈重，而反過的是加諸在百姓

---

[43] 見《論語・顏淵》。摘自蔣伯潛《廣解四書》，台北：東華書局，1993 年 22 版，頁 122。

[44] 見蔣伯潛《廣解四書》，引《左傳》所言，魯國自宣公十五年初稅畝，田稅已十分取二。

身上，久而久之，民窮財盡，何來軍備，何來足夠之部隊資用呢？又何以能夠應戰？因此，平日軍隊維持一定適度之軍備，不予百姓過分之負擔，主斂臣數，節儉國家開支，軍隊精簡，訓練有素，民心又歸向，如此全國一心，一旦國家面臨戰爭，勢必同舟同濟，共赴國難，並以平日之財富爲戰時之用，必不匱乏也。

　　國之本在民，軍隊整體後勤之支用，必以國家經濟爲基礎，而國家之經濟來源來自於百姓身上，唯有施以富民之良政，方有豐裕之經濟，也才有富強之國家，如此部隊作戰後勤支用方能充足，作戰任務方可遂行，故國防建設必與國家政治、經濟與民心向背息息相關，此爲建軍備戰上所不能不明曉者。

三、後勤補給之供需

　　「戰鬥的基要素爲人與物」，[45]且不外以「人」爲主，因爲人主導了一切戰事的進展，故作戰時的一切供需當以人爲主，人員的補充也就成爲作戰過程中所必須考量的第一要素，同時人所需之作戰必需品，包括武器裝備、糧秣用食等等也成了後勤補給的主要必需品。以下針對人員的補充，以及武器裝備和糧食的補給等後勤之供需，依孫武的看法，作簡單的敘述。

（一）人員之補充

　　軍以作戰爲主，而作戰的目的，在於殲滅敵人之有生力量，摧毀其一切作戰能力，屈服其作戰意志，以獲致徹底之勝利，[46]而「人」爲戰力之決定性要素，因爲藉由人以支配物質力，方可發揮整體之戰力，所以在作戰過程中，人員的耗損對部隊戰力之影響最大，唯有保

---

[45] 見陸軍總司令部頒《陸軍作戰要綱－－聯合兵種指揮》，＜總綱·指揮要領＞，1983 年，頁 1-27。

[46] 參見陸軍總司令部頒《陸軍作戰要綱－－聯合兵種指揮》，＜總綱·通則·作戰目的＞：「軍以作戰爲主，作戰目的，在殲滅敵之有生力量，摧毀其一切作戰能力，屈服其作戰意志，以迅速獲致徹底勝利。」1983 年，頁 1-1。

持適當之人力，實際戰力才能夠充分發揮，作戰持續力才能獲得確保，故人員之補充就成爲作戰後援補充中之最重要者。

《孫子兵法》中，孫武對人員補充之主要思想，首先是發兵起役之徵籍，提出「役不再籍」（＜作戰＞）之看法，一再的徵調兵役，恐生民怨，而再籍兵役於國，其戰槪凶，槪不利矣。故對於戰場兵員的召集，儘量以一次之徵發爲原則，倘在作戰過程中有所不足，則就地補足，尤對於擄獲之敵，「卒善而養之」（＜作戰＞），根據張預注云：

　　所獲之卒，必以恩信撫養之，俾爲我用。[47]

梅堯臣云：

　　獲卒則任其所長，養之以恩，必爲我用。[48]

得敵之士卒，以恩信善待之，加以教育感化而成爲我用，以補充增加我軍之兵力，如此，因敵之資，益己之強，此乃「勝敵而益強」（＜作戰＞）之積極作爲，此乃以戰養戰，人力不致匱乏。

（二）武器裝備之供需

武器和裝備是戰鬥以至戰術戰略運用之基礎，隨著武器裝備的多寡與性能上的差異，可使戰鬥力與戰術、戰略的運用有所不同，因此作戰效能之發揮，有賴有形物質力－－武器與裝備的供需。

大凡春秋戰國時代主要之武器裝備有馳車、輜車、革車、盔甲，以及弓、矢、戟、盾、矛、櫓等之類，在作戰前，軍隊武器裝備供應之充足，必以國家財力爲後盾，國家財力枯竭則武器裝備之供應就不足，而武器裝備之耗費對整體國家經費之負擔是極其龐大的；孫子云：

　　公家之費，破車罷馬，甲胄矢弩，戟楯蔽櫓，丘牛大車，十去其六。（＜作戰＞）

是以竭賦窮兵，役急民貧，國家內虛，經濟枯竭，當無法資之以戰，故政治修明，富民以策，實爲後勤供需之基石。

在戰爭過程中，其所需之增補，孫武認爲應「取用於國」（＜作戰

---

[47] 見《十一家注孫子・作戰》，張預注云。
[48] 同前注，梅堯臣注云。

＞），鼓勵「奪敵所愛」（＜九變＞），「取敵之利」（＜作戰＞），取敵財貨（即武器裝備）而予以厚賞，如「車戰，得車十乘已上，賞其先得者」（＜作戰＞），奪得敵車後，降其旌旗，換爲我之旗幟，即可與我車雜用之，故云以「更其旌旗，車雜而乘之」（＜作戰＞），此等奪敵之材爲我所用，是爲「勝敵而益強」，「以戰養戰」之積極作法，誠如張預所云：

　　　勝其敵，而獲其車與卒，既為我用，則是增己之強。[49]

對面戰爭時國家財力有限，加以作戰期間的補給也受到時空因素限制的影響，故以敵之物資而爲我所用，方是最至當之武器裝備的補給來源，亦爲增己之強的有效方式，況且奪敵之所愛——武器裝備（如現代戰爭，槍械爲軍人之第二生命，亦即作戰時個人之最愛，是維生自衛的唯一武器），亦即奪敵作戰之主要依靠，敵無器械何來備戰？何來以戰？

（三）糧食之供需

　　《孫子兵法》中孫武特別強調糧食之重要性，所論之處者多，言軍「無糧食則亡」（＜軍爭＞），無糧食則人員馬畜之養贍不給，如何能不亡？如何能面對戰爭？而且孫武提出糧食充足的我軍，可採取「以飽待饑」（＜軍爭＞）的治力之道，更以主動「致人」的積極手段，發揮「飽能饑之」（＜虛實＞）的饑敵作爲，斷絕其糧秣的補給來源，使敵人陷於饑餓，虛其人馬之胃腸，軟化其手腳，以削弱其戰鬥意志，耗損其戰力，不戰而自潰。

　　軍隊行軍或機動的過程中，其陣中勤務必須注意求「養生而處實」（＜行軍＞）之地，選擇糧草豐富，利於放牧養畜，以及利於糧道之處而紮營，[50]所以宿營地的選擇，對後勤整補、戰力的蓄養與部隊安全性的考量上有極大的影響，選擇不得不慎。在作戰中使敵困餒不食，飢而無力，處處呈現「杖而立者，飢也」（＜行軍＞）之狀，從而趁其

---

[49] 同前注，張預注云。

[50] 見《十一家注孫子·行軍》，梅堯臣云：「養生便水草，處實利糧道。」

虛而擊之。此外，入敵重地，因為已深入敵內，去國既遠，且多背城邑，糧道絕塞，轉輸不通，糧食難以資給，故孫子強調「重地則掠」（＜九地＞），「掠於饒野」（＜九地＞），「因糧於敵」，以足食三軍，然後氣盛力積，加之以謀慮，因敵變化，為敵所不能測，為敵所不能不從我，此即誠如杜牧所云：

> 深入敵人之境，須掠田野，使我足食；然後閉壁養之，勿使勞苦。氣全力盛，一發取勝，動用變化，使敵人不能測我也。[51]

凡敵所愛者－－糧食，我先奪之，則敵無不從我之計。[52]

對於糧食之運輸與供應，不但常是軍隊作戰中所困擾之問題，亦是百姓生計上的嚴重問題，所以孫子一直主張「糧不三載」（＜作戰＞），「糧始出則載之，越境則掠之，歸國則迓之」，[53]「取用於國，因糧於敵，故軍食可足」（＜作戰＞），此「因糧於敵」之功在於「食敵一鍾，當吾二十鍾；忌杆一石，當吾二十石」（＜作戰＞），食敵一鍾，可省己二十鍾之費，草料一石，可以省我二十石，因此，「智將務食於敵」（＜作戰＞），食敵之糧，不僅對我本身可免長途運送之苦，節省人力與物力，對敵而言，奪敵糧草，可削弱其戰力，動其軍心，後繼無力，而為我所克。

建軍備戰之國防建設工作，是任何一個國家所皆不能廢者，而國防建設所貲必鉅，尤其整個後勤體系是國防工作之重大一環，其耗資必以國家財政經濟為支柱，因此，國防建設之充實，後勤補給之完善，必以強大的經濟力為後盾，而經濟力之持昇亦當以富民為基礎，此環扣之道，為政者不能不察也。

在戰作之過程中，不論是糧食、武器或裝備，以取用於敵，「因糧於敵」為主，在人員之徵召上，不可一再徵集，恩撫敵俘，以為我用，

---

[51] 《孫子·九地篇》云：「掠於饒野，三軍足食；謹養而勿勞，併氣積力；運兵計謀，為不可測。」杜牧乃云：「斯言深入敵人之境，須掠田野，……使敵人不能測我也。」

[52] 見《十一家注孫子·作戰》，張預注云：「武曰：『敵所愛者，便地與糧食耳；我先奪之，則無不從我之計。』」

[53] 同前注。

在奪敵之目標擇選上，除以敵人之有生力量爲主外，當以敵人之後勤
輜重委積爲重點，誠如《火攻》所云「火攻五法」：

一曰火人，二曰火積，三曰火輜，四曰火庫，五曰火隊。

除了一爲火攻營寨士卒外，其餘四攻皆爲攻其後勤設施與物資，可見
後勤乃軍隊之命脈，爲戰力持續之泉源，用兵者不可不慎知。

第七章 餘論

　　中國歷代兵學思想名著，卷帙浩繁，如林垂史，而《孫子兵法》始終立於佼佼者的地位，古今中外兵學研究者莫不視之為最重要的研究對象，之所以能被尊稱為「兵學聖典」、「百世談兵之祖」的種種肯定的名號，乃因其微言大義，有如「日月經天，江河行地，放諸四海而皆準，百世以俟聖人而不惑」之軍事思想，[1]短短十三篇，卻能提綱挈領，「精通人情，窮究物理」，包羅甚廣。

　　《孫子兵法》的兵學思想，不論其戰爭觀、作戰指導，或形與勢、攻與守的思想，以至於後勤、將學思想，皆涵括於其整體的軍事思想中，它有一完整的思想結構（或體系），雖然不能全以現代的戰略思想（包括大戰略、國家戰略、軍事戰略與野戰戰略）貫之，然仍不失其完整性，尤其當從「知行觀」來切入時，不論以哲學、兵學或科學的角度去探討，都符合其客觀性與合理性；「知」為其一切思想與行動的中心，從第一篇始，至第十三篇作結，皆不能脫離「知」的範疇，＜始計＞者，廟算也，計劃也，謀略而動也，為全般作戰而運籌謀劃，在「利」的原則下為作戰行動，而廟算之精，謀略之神，全在以「知」為先決條件，故十三篇中，言「知」者皆能多見，尤其末篇＜用間＞所論用間者，也在求「知」，因此「知」而能審慎計之，「合於利而動，不合於利而止」（＜火攻＞），定「安國全軍」的最佳之道。雖然前面章節的論述中，未必全面性的從「知」的角度切入，但各節次思想的論述中，已包蘊在「知」的領域中，所以在此特別提出說明。

　　《孫子兵法》揭示與概括出戰爭過程中的對立消長的原理與範疇。戰爭本身就是一場敵我二元對立、你死我活的鬥智與鬥力之活動，具

---

[1] 見李浴日《孫子兵法總檢討》，台北：世界兵學社，1956 年，頁 7。

體的包括如敵我的兵力配備與戰鬥力之強弱、攻防設施之虛實、士氣之勇怯、軍隊狀態之勞佚或飢飽、作戰方法之奇正與久速、領導之治亂、部隊活動之迂直、險易與安危等等，《孫子兵法》建立了完整的觀念與範疇體系原則，給予用兵者精要而概括的認識。確立戰爭的具體認識概念，提出廟算、多算、少算、盡知、知變、先知、知彼知己等主張。提出道、天、地、將、法、形勢、虛實、強弱、治亂、利患、險易等觀念元素，讓用兵者瞭解戰爭力量所含攝的重要內容，作為決定戰爭勝負所計慮的客觀條件因素。提出攻守、進退、分合、迂直、速久、背向、予取、隱顯、疾徐等概念，以建立使用戰爭力量的方法和技巧。因此，《孫子兵法》有系統的體現出戰爭致勝的普遍化規律與法則，這樣的規律或法則，不但成為兵學的典範，也可以作為政治運作、人生處世、組織管理等方面的重要指南。

本文最後針對《孫子兵法》的地位，以及其對後世的影響作簡要評析。

第一節　從先秦諸子的兵學觀談 《孫子兵法》之地位

先秦諸子，依司馬遷之論，《史記》云「陰陽、儒、墨、名、法、道」等六家，[2] 以至班固作《漢志》，論述十家，孫武皆被摒於門外，雖以「子」名之，唯兵家之言，自古以來被視之為不祥之論，以致文人儒士在談論先秦思想時，皆將孫子思想棄而不談（今日台灣從事文學思想研，談到先秦思想史時，也大都不言《孫子兵法》或孫武的思想，惟大陸蓋能納入論之。）。事實上，先秦各家學派，先秦諸子雖多厭戰厭兵，但大抵仍贊成武備，以下列舉先秦諸子中的幾個代表人物

---

[2] 見《史記・太史公自序》云：「夫陰陽、儒、墨、名、法、道德，此為治者也。」（摘自瀧川龜太郎著《史記會注考證》，台北：宏業書局，1990 年，頁 1333。）

之兵學觀，明白武備之不可廢及其重要性。

一、孔子

　　儒家的政治思想，雖然重王道而輕霸道，講仁政而棄武力，然而卻不排斥武備，認爲文事與武備並立，所以孔子云：

　　　　有文事者，必有武備，有武備者，必有文備，古者諸侯出疆，
　　　　必具官以從，請具官以從，請具左右司馬。[3]

孔子主張文武兼備，尤其從國防的角度上來說，孔子認爲必須同時重視文事與文備，以及武事與武備，且文人必須習武藝，武人必須知文事，故有所謂「養國子以道，乃教之六藝」的道理，[4]此爲一種建軍備戰的軍事自衛的觀念，也就是說孔子並非不談兵，只是「子之所慎：齊、戰、疾」，[5]兵者之事，必須慎之，必不可廢，但亦不可窮兵黷武，在迫不得之下，才主張應「禮樂征伐自天子出」。[6]

　　孔子同時主張國家必須講武教戰，故云：

　　　　善人教民七年，亦可以即戎矣！[7]

又云：

　　　　以不教民而戰，是謂棄之。[8]

又云：

---

[3] 見《左傳・魯定公十年》，摘自楊伯峻編著《春秋左傳注》，台北：復文出版社，1991年，頁1582。
[4] 此處所指「六藝」者，乃禮、樂、射、御、書、數等六種科目；根據《周禮・地官・保氏》云：「保氏掌諫王惡，而養國子以道。乃教之六藝：一曰五禮，二曰六樂，三曰五射，四曰五馭，五曰六書，六曰九數。」此外，漢代以「六藝」有指儒家的「六經」，即「詩、書、禮、樂、易、春秋」六者；《莊子・天運》云：「丘治詩書禮樂易春秋六經，自以爲久矣。」《史記》＜伯夷傳＞、＜李斯傳＞、＜儒林傳＞等皆有以此名之，而漢劉歆綜合群書，編《七略》，其一爲＜六藝略＞，即指「六經」。
[5] 見《論語・述而》。
[6] 見《論語・季氏》。
[7] 見《論語・子路》。
[8] 同前注。

　　能執干戈，以衛社稷，可無殤也，冉有用矛於齊師，故能入其
　　軍，孔子曰：義也。[9]

又云：

　　管仲相桓公，霸諸侯，一匡天下，民到于今受其賜，微管仲，
　　吾其被髮左衽矣。[10]

又云：

　　陳成子弒簡公，孔子沐浴而朝，告公曰：陳恆弒其君，請討之。
[11]

為政者平時即必須教民以武以戰之道，使人民接受軍事訓練，如此方
可「即戎」而不致「棄之」，並且，一旦國家遭受到侵犯，或必以正名
而討之，所以起而從事義戰，在此，一切皆須有足夠的國力（戰力）
才可克盡全功，從平時的建軍備戰中做起。

　　孔子處事之道，強調臨事而懼，敬慎以行，不可好勇鬥狠，尤其
從事軍事活動，更宜慎之以謀，所以云：

　　暴虎馮河，死而無悔者，吾不與也。必也臨事而懼，好謀而成
　　者也。[12]

臨戰應敵，必當慎謀，不可徒恃勇力，惟預先謀略方可戰無不勝，攻
無不克，用兵作戰以「謀」，乃孔子所強調者。

　　孔子言治國以仁政為主，治國之道，政事較軍事為重，政事不修，
雖有強兵銳甲，亦無為用，所以在衛靈公問陣時答云：

　　俎豆之事，則嘗聞之矣；軍旅之事，未之學也。[13]

並非孔子輕甲兵，不懂軍旅之事，而是因為衛靈公無道，不以仁政，
所以不願與之談兵，以免為虎作倀，殘害百姓，一切軍事作為，必須
建立在政治的基礎上，軍事上的勝敗，政治之有道與否，亦為一決定
性要素。

---

[9] 見《左傳・魯哀公十一年》。同注 3，頁 1657。
[10] 見《論語・憲問》。
[11] 同前注。
[12] 見《論語・述而》。
[13] 見《論語・衛靈公》。

二、孟子

　　孟子身處戰國時代，戰事頻繁，戰禍連連，草木皆兵，所以在儒家之中，其反戰最為激烈，他認為：

> 今之事君者皆曰：「我能為君辟土地，充府庫。」今之所謂良臣，古之所謂民賊也。君不鄉道，不志于仁，而求富之，是富桀也。「我能為君約與國，戰必克。」今之所謂良臣，古之所謂民賊也。君不鄉道，不志于仁，而求為之強戰，是輔桀也。由今之道，無變今之俗，雖與之天下，不能一朝居也。[14]

孟子反戰之本質，乃因百姓受害於戰爭，各國不斷開啟戰端以行掠地擴疆之目的，而橫暴之君常為「爭地以戰，殺人盈野；爭城以戰，殺人盈城」之惡行，[15]故孟子反對的是一種暴行的霸道之政，並彰顯行王道之仁政；訴諸於戰，惟先修仁政方可興戰，討逆不義，以至仁伐至不仁，故仁者之君，必可無敵於天下，此即「仁者無敵於天下，以至仁伐至不仁，而何其血之流杵也」的道理。[16]

　　因此，孟子之戰爭觀，宜導源於其政治主張：講求王道反對霸道。反對霸道，亦即反對不義之戰，反對以武力屈服他人；然而伐之以正義之戰，孟子並不反對，故云：

> 《書》曰：「湯一征，自葛始。」天下信之。「東面而征，西夷怨；南面而征，北狄怨。曰，奚為后我？」民望之，若大旱之望雲霓也。歸市者不止，耕者不變。誅其君而弔其民，若時雨降。民大悅。[17]

由此可見孟子是贊成商湯伐桀的正義之戰，戰與不戰端看動機是否為善，是否匡行仁政而為之，所戰者必為義戰。

---

14 見《孟子・告子下》。
15 見《孟子・離婁》。
16 見《孟子・盡心》。
17 見《孟子・梁惠王下》。

三、荀子

荀子亦同孟子，尊王賤霸，反對不義之戰，而倘因正義而戰，荀子並不予以制止；＜議兵＞云：

> 義者循理，循理故惡人之亂之也。彼兵者所以禁暴除害也。非爭奪也，故仁人之兵，所以在神，所過者化，若時雨之降，莫不說書：是以堯伐讙兜，舜伐有苗，禹伐共工，湯伐有夏，文王伐崇，武王伐紂，此四帝兩王，皆以仁義之兵行於天下也。[18]

又云：

> 湯之放桀也，非其逐之鳴條之時也，武王之誅紂也，非以甲子之朝而後勝之也，皆前行素脩也，此所謂仁義之兵也。[19]

肯定行仁義之戰，尤其兵者，乃爲禁暴除害之用，不可濫用，也不可廢兵。

此外，荀子又云：

> 凡用兵攻戰之本，在乎壹民。弓矢不調，則羿不能以中微。六馬不和，則造父不能以致遠。士民不親附，則湯武不能以必勝也。故善附民者，是乃善用兵者也，故兵要在乎善附民而已。[20]

用兵致勝之本，首在內治，修明政治，令民與上同意，以求「壹民」，獲得人民之支持與依附，如此之戰方可求勝。

四、老子與莊子

老子與莊子皆爲道家之主要代表人物，反戰厭戰極爲激烈。有關老子的戰爭思想，前面已有論述，在此不予多訴，但知老子之兵學哲理深深影響孫子，惟戰爭之價值觀卻與孫武多有不同。

---

[18] 見《荀子・議兵篇》。摘自李滌生著《荀子集釋》，台北：學生書局，1981 年再版，頁 328。
[19] 同注 18。
[20] 同注 18。

　　至於莊子，其厭戰程度又較老子爲強烈，認爲「聖人以必不必，故無兵。眾人以不必必之，故多兵。順於兵，故行有求。兵，恃之則亡」，[21]聖人能以少兵而爲治，避免伐兵之政，而專恃兵常會遭致覆亡，所以「兵」當無其必要性，因此，《莊子・盜跖》更直接指出：

> 黃帝不能致德，與蚩尤戰於涿鹿之野，流血百里。堯舜作，立群臣，湯放其主，武王殺紂。自是之後，以彊凌弱，以眾暴寡。湯武以來，皆亂人之徒也。[22]

雖爲孟子、荀子所強調的義戰，但在莊子而言，斥之爲「亂人之徒」，如此，可見莊子是一位絕對的厭戰論者。

五、墨子

　　墨子愛好和平，反對戰爭，主張「兼愛非攻」，不利用武力壓迫他國，提出兵凶之說，藉以印證攻戰之害，云：

> 子墨子見齊大王曰：今有刀於此，試之人頭，倅然斷之，可謂利乎？大王曰：利。子墨子曰：多試之人頭，倅然斷之，可謂利乎？大王曰：利。子墨子曰：刀則利矣，孰將受其利不祥？大王曰：刀受其利，試者受其不祥。子墨子曰：并國覆軍，賊敖百姓，孰將受其不祥，大王俯仰而思之曰：我受其不祥。[23]

從此段話可以得知墨子強調攻戰之害，用兵必慎，尤用兵之後，必有凶年，馬上可以看到的是國家人民財物之損失，人民之傷亡，社會問題必叢生不斷，盜賊蠢起，引發之後遺症的成本是無以數計的，所以兵刃之現，必定帶來不祥之兆！

　　然而，墨子雖然倡和平，主張「非攻」，反對戰爭，但不反對有武備，仍強調武備自守的重要性，認爲國家必須有充分之自備力量，如此他國方不敢擅自發動戰爭，故具有平息強權野心與打擊侵略之作

---

[21] 見《莊子・列禦寇》。摘自王夫之著《莊子通・莊子解》，台北：里仁書局，1995年，頁 272。

[22] 見《莊子・盜跖》。同注 21，頁 260。

[23] 見《墨子・魯問》。摘自中國子學名著集成編《墨子、墨子批選》，頁 369。

用，亦是求生存與自保之道。《墨子‧七患》云：

> 夫桀無待湯之備故放，紂無待武之備故殺。桀紂貴為天子，富
> 有天下，然而皆滅於百里之君者，何也？有富貴而不為備也。
> 故備者，國之重也。食者，國之寶也，兵者，國之爪也。城者，
> 所以自守也。此三者，國之具也。[24]

墨子所謂「備」者，乃指國防上之自衛措施，以食、兵、城三者爲之
具，欲求自衛，須此三方面加強充實，如此方可無懼他國之侵略。此
外，墨子又云：

> 凡大國之所以不攻小國者，積委多，城郭修，上下調和，是故
> 大國不耆攻之。[25]

國家雖小，若能落實武備工作，注意國防建設，必可防範侵略，確保
國家之安全。

墨之反對強權侵略之行爲，特別崇尙防備與守勢之思想，所以守
者，爲全國百姓的共同責任，軍事教育必不可免，而且落實於平時，
使軍事訓練培養人民有勇於犧牲，以利天下之精神，[26]動員一切，全
國皆兵，以收國防戰備之功。

六、管仲與商鞅

管仲之兵學思想，蓋呈現於《管子》一書之中，管仲強調武備之
功與不可廢之理，《管子》云：

> 兵者，外以誅暴，內以禁邪。故兵者，尊主安國之經也，不可
> 廢也。[27]

此話可以明白看出管仲重武之觀念，惟其雖然肯定兵備的重要性，但

---

[24] 見《墨子‧七患》。同注 23，頁 23。
[25] 見《墨子‧非攻》。同注 23，頁 129。
[26] 《墨子‧魯問》云：「魯人有因子墨子，而其子者，其子戰而死，其父讓子墨子，
子墨子曰：子欲學子之子，今學成矣！戰而死。」＜大取＞云：「斷指與割腕，
利於天下，相若無擇也，死生利若一無擇也。」是以教育門徒，希望人人能有
赴湯蹈火，死不旋踵，視死如歸，勇於犧生的精神。
[27] 見《管子‧參患》。摘自中國子學名著集成編《管子輯評》，頁 374。

並不黷武好戰，《管子》又云：

> 數戰者士罷，數勝者君驕。夫以驕君使罷民，則國安得無危？
> 故至善不戰，其次一之。[28]

凡國君驕於用兵，國則必危，所以用兵必慎，因此《管子》更進一步云：

> 計必先定於內，然後兵出乎境。計未定於內，而兵出乎境，是
> 則戰之目勝，攻之目毀也。[29]

慎於用兵，未戰前必先計於廟堂之上，計定利害得失，然後出兵。

至於商鞅，特別強調「富國強兵」之論，《商君書》云：

> 今世強國事兼併，弱國務力守。[30]

倡言加強軍事力量，以兼併爲強國之手段，故可以稱之爲軍國主義者。國家之富強，除了軍事上的實質兵力外，商鞅特別重視農事的生產，要求人民勤於農耕，以提高生產力。同時，在國防政策上，主張全國皆兵，訓練百姓勇於作戰，所以《商君書》又云：

> 民勇者戰勝，民不勇者戰敗，能壹民於戰者民勇，不能壹民於
> 戰者民不勇，聖王見王之致於兵也，故舉國而責之於兵。[31]

全國百姓皆能當成軍人而用之，訓練百姓能勇於戰，平日務農以事生產，戰時具備作戰的能力，勇敢殺敵，不畏死生。

由先秦諸子之兵學思想來看，不論是儒、道、墨、法各家，都持反戰避戰之態度，卻肯定武備存在之價值（莊子除外），而各家之兵學觀念，大抵不出於孫武之兵學思想，尤其孫武亦強調慎戰觀，凡戰必計利而動，不輕易發兵；並且，孔孟各家強調政治的重要性，相對的，《孫子兵法》中亦重視修「道」，使政通人和，「令民與上同意」，提昇整體的實質戰力，其他有關的戰略戰術思想，各家所言不多，縱使有

---

[28] 見《管子‧兵法》。同注 27，頁 245。
[29] 見《管子‧七法》。同注 27，頁 103。
[30] 見《商君書‧開塞》。摘自清嚴萬里校《商君書箋正》，台北：廣文書局，1975年，頁 75。
[31] 見《商君書‧畫策》。同注 30，頁 144。

言，也只不過是一種平常性的原理原則罷了，其支離破碎，不成系統，難較於孫武的有條貫有脈絡。當然，各家研究各有所專，異質性的比較，本來就有失其妥切性，唯在以儒家爲首的各家，面對兵戰征伐紛亂的時代，其立學教育，授之以「六藝」，亦不乏有教授之一點國防武備思想，試以並談，但申以武學亦不可被淹沒，同時代各家相論，兵家又爲何不能以學派相稱呢？

　　孫武之兵學思想，其哲學義理，可以說是根乎易老，以儒家的仁義之道爲體，以法家之兵備治道爲用，可以說是兼攝了各家的兵道思想，而能自成爲一慎密完備的兵學思想體系，此爲先秦諸子中所不能出其右者，故能夠被奉爲兵學的聖典。

第二節　《孫子兵法》對後代之影響

　　《孫子兵法》對中國歷代兵學影響至爲深遠，各朝代不論興廢強弱，莫不以其爲兵學研究的主要對象，以下就幾個朝代爲階段，分別作簡單的敘述。

一、先秦時期

　　《孫子兵法》流傳至戰國時代，直接影響到其孫孫臏之用兵思想；《孫臏兵法》中，雖然不像《孫子兵法》多述戰爭的原則，而偏重於具體而實際的戰爭形態，但思想上仍有源於《孫子兵法》，甚多兵學觀引用《孫子兵法》的看法，諸如孫武強調慎戰，孫臏也是如此，孫臏在其＜見威王＞中所言與孫武＜始計＞的「兵者國之大事，死生之地，存亡之道，不可不察也」，其義是相通的。孫武強調謀攻，著重於攻勢作戰，貴勝而不貴久的速戰思想，以及詭道、伐謀伐交的種種戰略觀念，相較於孫臏，倡「必攻不守」的絕對攻勢主義，並認爲攻勢之要旨，在於用謀略施詭道，與孫武所論爲同一觀念；其「埤壘廣志，嚴正輯眾」，與孫武的「先爲不可勝」之用意相同；又其「避而驕之，引

而勞之，攻其無備，出其不意，必以爲欠」之論，[32]可以說是孫武「待敵之可勝」的作爲，且「攻其無備，出其不意」正是孫武＜始計＞所用之辭句；此外，孫臏主張「速戰」、「亟歸」、「備而後動」等觀念，以及主動、秘密、先知、求變、任勢等原則，亦不出孫武思想範圍，其他相同之處頗多，在此不予一一列舉，但知孫臏直接繼承了孫武的軍事思想，並予以發揚光大。

其次，戰國初期的吳起，其戰略戰術的用兵思想，多有得之於孫武，如《吳子兵法‧治兵》云「以近待遠，以佚待勞，以飽待飢」，[33]即出於孫武＜軍爭＞所論「四治」中的「治力」；又如《吳子》所云「諸丘陵林谷，深山大澤，疾行亟去」，「敵若絕水，半渡而薄之」，[34]亦與孫武＜行軍＞云「凡地有絕澗、天牢、天羅、天陷、天隙，必亟去之」，「客絕水而來，勿迎之於水內，令半濟而擊之」之意與用辭類似；由此觀之，吳起之用兵思想深受孫武之影響。

另外，《武經七書》之《尉繚子》，其思想中亦多可見引用《孫子兵法》的用兵思想，對《孫子兵法》予以甚高之評價，《尉繚子‧制談》云：

> 大提九萬之衆，而天下莫當者誰？曰桓公也；有提七萬之衆，而天下莫當者誰？曰吳起也；有提三萬之衆，而天下莫當者誰？曰武子也。[35]

認爲《孫子兵法》的用兵思想，縱是擅於運籌作戰的齊桓公和吳起也都不能與其相比。至於《尉繚子》引用《孫子兵法》者，如＜將理＞有引兵法云「十萬之師出，日費千金」，[36]所言之「兵法」即是指《孫子兵法》，出於＜作戰＞之「內外之費，賓客之用，膠漆之材，車甲之

---

[32] 見《孫臏兵法‧威王問》。摘見台北：國豐文化發行《孫臏兵法》，1994 年再版，頁 63。
[33] 見《吳子兵法‧論兵》。摘自姜亦青校訂《吳子兵法》，台北：聯亞出版社，1981 年，頁 120。
[34] 見《吳子兵法‧應敵》。同注 33，頁 172。
[35] 見《尉繚子‧制談》。摘自姜亦青校訂《尉繚子兵法》，台北：聯亞出版社，1981 年，頁 19。
[36] 見《尉繚子‧將理》。同注 35，頁 81。

奉，日費千金，然後十萬之師舉矣」，其餘不予再列舉。

《呂氏春秋》云：

> 以德以義，則四海之大，江河之水，不能亢矣；太華之高，會
> 稽之險，不能障矣；闔廬之教，孫、吳之兵，不能當矣。[37]

《荀子》亦云：

> 善用兵者，感忽悠闇，莫知其所從出，孫、吳用之無敵於天下。
> [38]

將孫武與吳起之部隊當成是天下最強之軍隊，事實上是直接肯定孫武的軍事思想與戰略戰術的運用，因為其能夠強大之主因在於用兵之神妙，故能夠被提起，必廣被時人所重視，成為研究兵學的主要對象。所以《漢書‧刑法志》更一進步的直接說明戰國時代，「世方爭于功利，而馳說者以孫、吳為宗」，[39]《孫子兵法》為其時代千家萬戶所珍藏之寶典。

二、漢魏時期

秦漢期間，《孫子兵法》之影響更為深遠，常成為其間爭伐中各國將領用兵的法寶。劉邦時期，任韓信為將，韓信常引用《孫子兵法》的思想作為帶兵作戰的準則。[40]司馬遷《史記》的論載中，多處論及《孫子兵法》，尤其特別指出「世俗所稱師旅，皆道《孫子》十三篇」，[41]此話更能確定十三篇已為各部隊的用兵準則。此外，《漢書》中有談

---

[37] 見《呂氏春秋‧上德》。

[38] 見《荀子‧議兵》。同注 18，頁 312。

[39] 見《漢書‧刑法志》。摘自《漢書補註》，＜前漢書卷二十三＞，頁 501。

[40] 《史記‧淮陰侯列傳》云：「吾聞兵法『十則圍之，倍則戰』，今韓信兵號數萬，其實不過數千。」又云：「兵法不曰『陷之死地而後生，置之亡地而後存』？⋯⋯今予之生地，皆走，寧尚可得而用之乎？」不論是韓信，或是其他將領皆常引《孫子兵法》之言。

[41] 見《史記‧孫武吳起列傳》。摘自瀧川龜太郎著《史記會注考證》，1990 年，頁843。

及漢武帝曾教導霍去病習「吳、孫兵法」，[42]並且也指出其間名將趙充國引用《孫子兵法》「攻不足者，守有餘」，「先爲不可勝，以待敵之可勝」，「以逸待勞」，「善戰者致人，不致于人」等作戰思想的術語；[43]除此之外，《漢書‧馮奉世傳》、《後漢書》＜馮異傳＞、＜楊賜傳＞、＜皇甫嵩傳＞、＜禮儀志＞等傳志中，都有《孫子兵法》的陳述，由此可見，漢代君臣上下，莫不習《孫子兵法》，莫不以奉爲用兵的至寶，所以《漢書‧藝文志》也就把它列爲兵權謀家之首，被重視之程度，不言可明。

　　魏晉期間，《孫子兵法》對曹操之用兵影響極大，他說：

> 吾觀兵書戰策多矣，孫武所著深矣。……審計重舉，明畫深圖，不可相誣。而但世人未之深亮訓說，況文煩富，行于世者，失其旨要，故撰爲「略解」焉。[44]

肯定《孫子兵法》的價值，並爲之作注，成爲今日所見注者之第一人，然而，並非曹操之前無人爲注，反而是對《孫子兵法》進行「訓說」者非常多，但因爲「文煩富」，並「失其旨要」，所以曹操才綜覽整理各家之說法，成爲簡明而精要的「略解」。

　　至於用兵如神，善於伐計的諸葛孔明，亦奉《孫子兵法》爲金科玉律，赤壁之戰前夕，他告訴劉備云：

> 曹操之眾，遠來疲敝，聞追豫州，輕騎一日一夜行三百餘里，此所謂「強弩之末，勢不能穿魯縞」者也。故兵法忌之，曰「必蹶上將軍」。[45]

其所引用的兵法，即指《孫子兵法》；此外，《孔明兵法》中的兵學思想，很多皆源自《孫子兵法》，爲《孫子兵法》的申述、補充與發揮。

　　三國時代，除了曹操和孔明之外，事實上該時期的將帥們，莫不研究、運用和推崇《孫子兵法》的思想，諸如孫權、審配、郭圖、鍾

---

[42] 見《漢書‧衛青霍去病傳》。摘自《漢書補註》，＜前漢書卷五十五＞，頁 1161。
[43] 見《漢書‧趙國充傳》。摘自《漢書補註》，＜前漢書卷六十九＞，頁 1135。
[44] 見《孫子十一家註》，中國子學名著集成編，頁 407。
[45] 見《三國志‧蜀書‧諸葛亮傳》。

會、司馬懿等人，[46]可見該時期各國的相互爭戰，皆視《孫子兵法》為其用兵之指導，《孫子兵法》不但影響了各國的作戰形態，同時《孫子兵法》也獲得進一步的闡揚與重視。

此外，在文學價值方面，劉勰的《文心雕龍》云「孫武兵經，辭若珠玉」，[47]充分的肯定《孫子兵法》在文辭修煉上的成就。

三、唐宋時期

隋唐時期，有一部最有名的兵書，即「武經七書」中的《李衛公問對》，書中記述李靖與唐太宗言兵之論，大量引用了《孫子兵法》的言辭，並對《孫子兵法》有進一步的解釋與闡發，可以看出唐代君臣對《孫子兵法》的重視程度，尤其是唐太宗，對於《孫子兵法》有極高的評價，期間並由魏徵編輯《孫子兵法治要》，作為經常閱覽的專書。

唐代期間，大多的軍事著作中，都將《孫子兵法》奉為圭臬，諸如趙蕤著《長短經》、李筌注《太白陰經》，常可以看到引用《孫子兵法》的語句，其戰略戰術思想的原理原則，皆是源於《孫子兵法》；此外，在文人的著作和詩文中，也都有孫武與《孫子兵法》的蹤跡，諸如杜佑的《通典》，在＜論將＞、＜兵典＞、＜料敵知勝＞等篇章中，有以《孫子兵法》為宗，而高適的＜薊中作＞、＜送渾將軍出塞＞、＜李雲南征蠻＞等詩，以及韓愈的＜送孟東野序＞的文章中，都肯定孫武的軍事成就，可見孫武之盛名和思想，文人武人，家戶喻曉，皆能熟知。

宋代由於國勢積弱，外患不斷，兵學著作受到高度的重視，宋神宗時期，欽定了以《孫子兵法》為主的《武經七書》，《孫子兵法》的地位獲得更進一步的提昇；在該時期的軍事著作中，莫不論及《孫子兵法》，諸如沈括著《夢溪筆談》、戴溪撰《將鑑論斷》、曾公亮主編《武

---

[46] 參見《三國志》本傳、＜呂蒙傳＞、＜江表傳＞，以及《後漢書·袁紹傳》、《晉書·宣帝紀》等所述。

[47] 見《文心雕龍·程器》。

經總要》、許洞撰《虎鈐經》，以及作者不詳的《百戰奇法》等兵學典
籍，不但肯定《孫子兵法》的精奧神妙外，並直接的大量引用《孫子
兵法》之章句，尤其鄭厚的《藝圃折衷》讚揚《孫子兵法》云：

> 孫子十三篇不惟武人之根本，文士亦當盡心焉。其詞約而縟，
> 易而深，暢而可用，論語易大傳之流，孟荀楊著書皆不及也。[48]

王安石亦云：

> 孫武談兵，言理而不言事，所以文約而所賅者博。[49]

予以高度的評價，並論及其文采優美，詞簡而理深，亦可稱之為散文
中之極品。此外，鄭友賢亦云：

> 儒家者流，惟苦《易》之為書，其道深遠而不可窮；學兵之士，
> 嘗患武之為說，微妙而不可究，則亦儒者之《易》乎？……武
> 之為法也，包四種，籠百家，以奇正相生為變。是以謀者見之
> 謂之謀，巧者見之謂之巧，三軍由之而莫能知之。迨夫九師百
> 氏之說興，而益見大《易》之義，如日月星辰之神，徒推步其
> 輝光之跡，而不能考其所以為神之深。[50]

讚譽《孫子兵法》法備而叩之不窮，亦如儒者之《易》，故不可以言詮
盡其變化之妙。

　　唐宋期間，可以說是《孫子兵法》的光輝燦爛時代，非但是兵學
家的至愛，也是文壇上所高度專注和肯定者，尤其期間各家的注作，
更是難以數計（由於已在前面章節中已有略述，此不予再論），並且深
深的影響明清以後從事《孫子兵法》的研究。

四、明清時期

　　明清二代，《孫子兵法》依然受到高度的重視，尤其明代有甚多之
兵學著作，大量引用《孫子兵法》的論述思想，如揭暄著名的《兵經》，

---

[48] 見朱熹著《語錄諸子》引鄭厚《藝圃折衷》所云。
[49] 見韓淲著《澗泉日記》卷下。
[50] 見鄭友賢〈十家註孫子遺說并序〉，摘自郭化若譯《十一家注孫子》，台北：里
仁書局，1982 年，頁 247。

其思想內涵甚多是因襲孫武的兵學觀而來；何守法的《投筆膚談》，仿《孫子兵法》而另撰「十三篇」；又如唐順之的《武編》、[51]何良臣的《陣紀》，[52]皆以《孫子兵法》的思想為依據；可見各家兵學著作皆不離《孫子兵法》的兵學體系。

　　茅元儀在其《武備志》中云：

> 自古談兵者，必以孫武為首。……先秦之言兵者六家，前孫子者，孫子不遺；後孫子者，不能遺孫子。[53]

戚繼光在其《紀效新書》中亦云：

> 孫武之法綱領精微，無可復加。第下手於詳細節目，則無一及，猶如禪家之所謂上乘也。

肯定孫武的地位，實在無以復加，尤其乾隆時修《四庫全書》，其＜提要＞稱「武書為百代談兵之祖」，此種推崇，孫武蓋受之無愧！

　　至於明清兩代之注書，愈見繁多，在此亦不再重複說明。

　　由上列所述，可以看出《孫子兵法》對歷代兵學發展之影響，以及其在歷代兵書著作中的地位。其處於春秋戰國學術思想蓬勃鼎盛之時代，相對於孔門之學，固然孔夫子千古不變為萬世師表，儒學之宗師，而孫武之言兵，又當是武學之冠冕，誠如日本昌平教官安積信所云：

> 孫子十三篇，兵家之祖，韜略之神髓，萬世不刊之書，猶儒家之有論語也。[54]

其價值是不容忽視的。而其影響所及，除了在軍事方面外，在經商與醫學方面，亦不無影響；《史記・貨殖列傳》載魏文侯時白圭買賣貨物，

---

[51] 唐順之著《武編》，書中常引《孫子兵法》之論述，如＜攻篇＞中引「全國為上，破國次之」，「十則圍之，五則攻之」，又如＜守篇＞引「守城之道，無恃其不來，恃吾有以待之」等語，皆出於《孫子兵法》之詞句。

[52] 何良臣著《陣紀》，其＜奇正＞、＜率然＞、＜因勢＞、＜火戰＞等篇，皆以《孫子兵法》的戰略戰術為依據。

[53] 見茅元儀《武備志》＜兵訣評＞，台北：華世出版社，1984年，卷一、頁一。

[54] 見日人服部千春著《孫子兵法校解》，＜孫子正文・古文學子序＞，北京：軍事科學出版社，一九八七年，頁3。

「樂觀時變」，依市場行情來進行賣出，他自豪地說：

> 吾治生產，猶伊尹、呂尚之謀，孫、吳用兵，商鞅行法是也。[55]

講求應變之道，因勢而動，獲取最高的利潤。此外，戰或末年的醫學著作《黃帝內經》，引「兵法」曰：

> 無迎逢逢之氣，無擊堂堂之陳。[56]

此乃將《孫子兵法》的戰略戰術思想運用於醫道，以進行診斷治病。清代名醫徐大椿著《醫學源流論》中，列舉許多《孫子兵法》的作戰原則，論述如何在醫療中運用它們，並道「孫武子十三篇，治病之法盡之矣」，[57]可見《孫子兵法》的理論也被作爲醫療治病的方法。

　　時至今日，《孫子兵法》一書，非但國人研究，世界各國亦普遍推崇與讚許，並成爲世界各國所致力研究的兵學鉅著；不論從政治、外交、軍事、哲學、文學、企業經營與管理等各方面，皆有其研究之價值，其中精淬，猶待吾人盡心體察咀嚼，挖掘和吸收其真髓，使此文化寶典能繼續傳承與發揚光大！

---

[55] 見《史記・貨殖列傳》。摘自瀧川龜太郎著《史記會注考證》，台北：宏業書局，1990 年，頁 1323。
[56] 見《黃帝內經・靈樞經》，卷八＜逆順＞。
[57] 清徐大椿著《醫學源流論》，在＜用藥如用兵論＞中用之。

附 錄

附錄一 歷來《孫子》有關佚文彙輯

一、銀雀山漢墓竹簡五篇[1]

《吳問》

吳王問孫子曰：「六將軍分守晉國之地，孰先亡？孰先成？」孫子曰：「范、中行是（氏）先亡。」「孰爲之次？」「智是（氏）爲次。」「孰爲之次？」「韓、巍（魏）爲次。趙毋失其故法，晉國歸焉。」吳王曰：「其說可得聞乎？」孫子曰：「可。范、中行是（氏）制田，以八十步爲婉（畹），以百六十步爲畛（畝），而伍稅之。其〔制〕田陝（狹），其置士多，伍稅之，公家富。公家富，置士多，主喬（驕）臣奢，冀功數戰，〔故〕曰先〔亡〕。智是（氏）制田，以九十步內婉（畹），以百八十步爲畛（畝），其〔制〕田陝（狹），其置士多。伍稅之，公家富。置士多，主喬（驕）臣奢，冀功數戰，故爲范、中行是（氏）次。韓、巍（魏）制田，以百步爲婉（畹），以兩百步爲畛（畝），而伍稅之，公家富。公家富，置士多，主喬（驕）臣奢，冀功數戰，故爲智是（氏）次。趙是（氏）制田，以百廿步爲婉（畹），以二百四十步爲畛（畝），公無稅焉。公家貧，其置士少，主僉（儉）臣□，以御富民，故曰固國。晉國歸焉。」吳王曰：「善。王者之道〔明矣〕，厚愛其民者也。」

〔《四變》〕

……〔徐（塗）有所不由，軍有所不擊〕，城有所不攻，地有所不爭，君令有〔所不行〕。徐（塗）有所不由者，曰：淺入前事不信，深入則後利不榜（接）。動則不利，立則囚。如此者，弗由也。軍之不毅（擊）者，曰：兩軍交和而舍，計吾力足以破其軍，獲其將。遠計之，有奇執（勢）巧權於它，而軍……□將。如此者，軍唯（雖）可毅（擊），弗毅（擊）也。城之所不攻者，曰：計吾力足以拔之，拔之而不及利於前，得之而後弗能守，若力〔不〕足，城必不取。及於前，利得而城自降，利不得而不爲害於後。若此者，城唯（雖）可攻，弗攻也。地之所不爭者，

---

[1] 參引銀雀山漢墓竹簡整理小組於《文物》第十二期，一九七四年登載原文。以及李零《孫子兵法譯注》（編於《兵家寶鑒》，河北：河北人民出版社，1991 年，頁 84-88。）

曰：山谷水□無能生者，□□□而□□……虛。如此者，弗爭也。君令有所不行者，君令有反此四變者，則弗行也。□□□□□□□□□行也，事……變者，則智（知）用兵矣。

《黃帝伐赤帝》

孫子曰：〔黃帝南伐〕赤帝，〔至於□□〕，戰於反山之原，右陰，順術，倍（背）衝，大威（滅）有之。〔□年〕休民，孰（熟）谷，赦罪。東伐〔青〕帝，至於襄平，戰於平□，〔右〕陰，順術，倍（背）衝，大威（滅）〔有之。□〕年休民，孰（熟）谷，赦罪。北伐黑帝，至於武隧，戰於□□，右陰，順術，〔倍（背）衝，大威（滅）有之。□年休民，孰（熟）谷，赦罪〕。西伐白帝，至於武剛，戰於〔□□，右陰，順術，倍（背）衝，大威（滅）有〕之。已勝四帝，大有天下，暴者……以利天下，天下四面歸之。湯之伐桀也，〔至於□□〕，戰於薄田，右陰，順術，倍（背）衝，大威（滅）有之。武王之伐紂，至於鮍遂，戰牧之野，右陰，順術，〔倍（背）衝，大威（滅）〕有之。一帝二王皆得天之道，□之□，民之請（情），故……

《地形二》

凡地刑（形）東方爲左，西方爲〔右〕……

……首，地平用左，軍……

……地也。交□水□……

……者，死地也，產草者□……

……地剛者，毋□□□也□……

……〔天〕離、天井、天宛□……

……是胃（謂）重利。前之，是胃（謂）狀守。右之，是謂（謂）天國。左之，是胃（謂）……

……所居高曰建堂，□曰□……

……□遂左水曰利，右水曰積……

……□五月度□地，七月□……

……三軍出陳（陣），不問朝夕，右負丘陵，左前水澤，順者……

……九地之法，人請（情）之里（理），不可不□……

《〔見吳王〕》

……□于孫之館，曰：「不穀好□□□□□□□□□□兵者與（歟）？」孫……乎？不穀之好兵□□□□之□□□也，適之好之也。孫子曰：「兵，利也，非好也。兵，□〔也〕，非戲也。君王以好與戲問之，外臣不敢對。」蓋（闔）廬曰：「不穀未聞道也，不敢趣之利與……□孫子曰：「唯君王之所欲，以貴者可也，賤者可也，

婦人可也。試男于右，試女于左，□□□□……曰：「不穀顋（愿）以婦人。」孫
子曰：「婦人多所不忍，臣請代……畏，有何悔乎？」孫子曰：「然則請得宮□□……
之國左右璽（獨）圍之中，以爲二陳（陣）……□曰：「陳（陣）未成，不足見也。
及已成……□□不聲（辭）其難。」君曰：「若（諾）。」孫子以其御爲……參乘爲
輿司空，告其御、參乘曰：「□□……」□婦人而告之曰：「知女（汝）右手？」「……
之。」「知女（汝）心？」曰：「知之。」「知女（汝）北（背）？」曰：「知之。」……
左手。胃（謂）女（汝）前，從女（汝）心。胃（謂）女（汝）……□不從令者也。
七周而澤（釋）之，鼓而前之……〔三告而〕五申之，鼓而前之，婦人亂而〔□□〕
金而坐之，有（又）三告而五申之，鼓而前之，婦人亂而笑。三告而五申之者三矣，
而令猶不行。孫子乃召其司馬與輿司空而告之曰：「兵法曰：弗令弗聞，君將之罪
也；已令已申，卒長之罪也。兵法曰：賞善始賤，罰……□請謝之。」孫子曰：「君
□……引而員（圓）之，員（圓）中規；引而方之，方中巨（矩）。……蓋（闔）
盧六日不自□□□□□……□□□□孫子再拜而起曰：「道得矣。……□□□長遠
近習此教也，以爲恒命。此素教也，將之道也。民……□莫貴于威。嚴行于吏，威
行于眾，三軍信其將畏（威）者，乘其適（敵）。千□十五。

　　……而用之，□□□得矣。若□十三扁（篇）所……

　　……〔十〕三扁（篇）所明道言功也，誠將聞□……

　　……〔孫〕子曰：「古（姑）試之，得而用之，無不□……

　　……□而試之□得□……

　　……□□□之孫子曰：「外內貴賤得矣。」孫……

　　……〔孫〕子曰：「唯……

　　……□也，君王居台上而侍（待）之，臣……

　　……□至日中請令……

　　……人主也。若夫發令而從，不聽者誅□□……

　　……□也。請合之于□□□之于……

　　……陳（陣）已成矣，教□□聽……

　　……□不穀請學之。」爲終食而□……

　　……將軍□不穀不敢不□……

　　……者□□也。孫子……

　　……孫子曰：「□……

　　……孫子……

　　……□□孫子□□……

　　……蓋（闔）盧……

……蓋（闔）廬……

二、杜佑《通典》所引

周末，吳子問孫武曰：「散地，士卒顧家，不可與戰，則必固守不出。敵攻我小城，掠吾田野，禁吾樵採，塞吾要道，待吾空虛而急來攻，則如之何？」武曰：「敵人深入吾都，多背城邑，士卒以軍為家，專志輕鬥；吾兵在國，安土懷生，以陣則不堅，以鬥則不勝。當集人合眾，聚穀蓄帛，保城避險，遣輕兵絕其糧道；彼挑戰不得，轉輸不至，野無所掠，三軍困餒，因而誘之，可以有功。若欲戰，必因勢。勢者，依險設伏，無險則隱於天氣陰晦昏霧，出其不意，襲其懈怠。」（《通典》卷一五九引）

周末，吳子問孫武曰：「吾至輕地，始入敵境，士卒思還，難進易退；未背險阻，三軍恐懼；大將欲進，士卒欲退，上下異心。而敵盛守，修其城壘，整其軍騎，或當吾前，或擊吾後，則如之何？」武曰：「軍在輕地，士卒未專，以入為務，無以戰為。故無近其名城，無由其通路，設疑佯惑，示若將去；乃選驍騎，銜枚先入，掠其牛馬六畜。三軍見得，進乃不懼。分吾良卒，密有所伏，敵人若來，擊之勿疑；若其不至，捨之而去。」（《通典》卷一五九引）

又問曰：「爭地，敵先至，據要保利，簡兵練卒，或出或守，以備我奇，則如之何？」武曰：「爭地之法，讓之者得，求之者失；敵得其處，慎勿攻之。引而佯走，建旗鳴鼓，趣其所愛，曳柴揚塵，惑其耳目；分吾良卒，密有所伏，敵必出救。人欲我與，人棄我取，此爭先之道。若我先至，而敵用此術，則選吾銳卒，固守其所，輕兵追之，分伏險阻，敵人還鬥，伏兵旁起，此全勝之道也。」（《通典》卷一五九引）

又問曰：「交地，吾將絕敵，令不得來。必全吾邊城，修其守備，深絕通路，固其隘塞。若不先圖，敵人已備，彼可得來，吾不可往，眾寡又均，則如之何？」武曰：「既吾不可以往，彼可以來，吾分卒匿之，守而勿怠，示其不能。敵人且至，設伏隱廬，出其不意也。」（《通典》卷一五九引）

又問曰：「衢地必先，吾道遠發後，雖馳車驟馬，至不能先，則如之何？」武曰：「諸侯參屬，其道四通，我與敵相當，而旁有國。所謂先者，必先重幣輕使，約和旁國，交親結恩，兵雖後至，眾以屬矣。簡兵練卒，阻利而處，親吾軍士，實吾資糧，令吾車騎，出入瞻侯。我有眾助，彼失其黨，諸國掎角，震鼓齊攻，敵人驚恐，莫知所當。」（《通典》卷一五九引）

又問曰：「吾引兵深入重地，多所踰越，糧道絕塞，設欲歸還，勢不可過，欲

食於敵，持兵不失，則如之何？」武曰：「凡居重地，士卒輕勇，轉輸不通，則掠以繼食，下得粟帛，皆貢於上，多者有賞，士無歸意。若欲還出，切爲戒備，深溝高壘，示敵且久。敵疑通途，私除要害之道，乃令輕車，銜枚而行，塵埃氣揚，以牛馬爲餌。敵人若出，鳴鼓隨之，陰伏吾士，與之中期，內外相應，其敗可知。」（《通典》卷一五九引）

又問曰：「吾入圮地，山川險阻，難從之道，行久卒勞，敵在吾前，而伏吾後，營居吾左，而守吾右；良車驍騎，要吾隘道，則如之何？」武曰：「先進輕車，去軍十里，與敵相候，接期險阻，或分而左，或分而右，大將四觀，擇空而取，皆會中道，倦而乃止。」（《通典》卷一五九引）

又問曰：「吾入圍地，前有強敵，後有險難，敵絕我糧道，利我走勢，敵鼓譟不進，以觀吾能，則如之何？」武曰：「圍地之宜，必塞其闕，示無所往，則以軍爲家，萬人同心，三軍齊力，并炊數日，無見火煙，故爲毀亂寡弱之形。敵人若當，疾擊務突，我則前鬥後拓，左右掎角。」又問曰：「敵在吾圍，伏而深謀，示我以利，縈我以旗，紛紜若亂，不知所之，奈何？」武曰：「千人操旌，分塞要道，輕兵進挑，陣而勿搏，交而勿去，此敗謀之法。」（《通典》卷一五九引）

周末，吳子問孫武曰：「吾師出境，軍於敵人之地。敵人大至，圍我數重，欲突以出，四塞不通；欲勵士激眾，使之投命潰圍，則如之何？」武曰：「深溝高壘，示爲守備；安靜勿動，以隱吾能；告令三軍，示不得已；殺牛燔車，以饗吾士。燒盡糧食，填夷井灶，割髮捐冠，絕去生慮，將無餘謀，士有死志。於是砥甲礪刃，并氣一力，或攻兩旁，震鼓疾譟，敵人亦懼，莫知所當。銳卒分行，疾攻其後，此是失道而求生。故曰：困而不謀者窮，窮而不戰者亡。」吳子曰：「若吾圍敵，則如之何？」武曰：「山谷峻險，難以踰越，謂之窮寇。擊之之法，伏卒隱廬，開其去道，示其走路，求生透出，必無鬥意，因而擊之，雖眾必破。」（《通典》卷一五九引）

又問曰：「吾在死地，糧道已絕，敵伏吾險，進退不得，則如之何？」武曰：「燔吾蓄積，盡我餘財，激士勵眾，使無生慮，鼓呼而衝，進而勿顧，決命爭強，死而須鬥。若敵在死地，士卒氣勇，欲擊之法，順而勿抗，陰守其利，絕其糧道，恐有奇狀，隱而不睹，使吾弓弩，俱守其所。」（《通典》卷一五九引）

周末，吳子問孫武曰：「敵人保據山險，擅利而處之，糧食又足，挑之則不出，乘間則侵掠；爲之奈何？」武曰：「分兵守要，謀備勿懈，潛探其情，密候其怠。以利誘之，禁其牧採，久無所得，自然變改。待離其固，奪其所愛。敵據險阻，我能破之也。」（《通典》卷一五九引）

故曰：「深草蓊穢者，所以遁逃也；深谷險阻者，所以止御車騎也；隘塞山林

者，所以少擊眾也；沛澤杳冥者，所以匿其形也。」（《通典》卷一五九引）

　　春秋末，吳子問孫武曰：「敵勇不懼，驕而無慮，兵眾而強，圖之奈何？」武曰：「詘而待之，以順其意，無令省覺，以益其懈怠，因敵遷移，潛伏候待，前行不瞻，後往不顧，中而擊之，雖眾可取，攻驕之道，不可爭鋒。」（《通典》卷一五二引）

　　孫子曰：「強弱長短雜用。」（《通典》引）

　　孫子曰：「遠則用弩，近則用兵，兵弩相解也。」（《通典》引）

　　孫子曰：「以步兵十人，擊騎一匹。」（《通典》引）

三、《十家注孫子・九地》何氏、張預注

（一）吳王問孫武曰：「散地，士卒顧家，不可與戰，則必固守不出。若敵攻我小城，掠吾田野，禁吾樵採，塞吾要道，待吾空虛而急來攻，則如之何？」武曰：「敵人深入吾都，多背城邑，士卒以軍為家，專志輕鬥；吾兵在國，安土懷生，以陳則不堅，以鬥則不勝。當集人合眾，聚穀蓄帛，保城備險，遣輕兵絕其糧道；彼挑戰不得，轉輸不至，野無所掠，三軍困餒，因而誘之，可以有功。若欲野戰，則必因勢依險設伏，無險則隱於天氣陰晦昏霧，出其不意，襲其懈怠，可以有功。」（何氏解釋「散地」戰法所引）

（二）吳王問孫武曰：「吾至輕地，始入敵境，士卒思還，難進易退；未背險阻，三軍恐懼；大將欲進，士卒欲退，上下異心。敵守其城壘，整其車騎，或當吾前，或擊吾後，則如之何？」武曰：「軍至輕地，士卒未專以入為務，無以戰為。故無近其名城，無由其通路，設疑佯惑，示若將去；選驍騎，銜枚先入，掠其牛馬六畜。三軍見得進，乃不懼。分吾良卒，密有所伏，敵人若來，擊之勿疑；若其不至，捨之而去。」又曰：「軍入敵境，敵人固壘不戰，士卒思歸，欲退且難，謂之輕地。當選驍兵伏要路，我退敵追來，則擊之也。」（何氏解釋「輕地」戰法所引）

（三）吳王問孫武曰：「敵若先至，據要保利，簡兵練卒，或出或守，以備我奇，則如之何？」武曰：「爭地之法，先據為利；敵得其處，慎勿攻之。引而佯走，建旗鳴鼓，趣其所愛，曳柴揚塵，惑其耳目；分吾良卒，密有所伏，敵必出救。人欲我與，人棄我取，此爭先之道也。若我先至而敵用此術，則選吾銳卒，固守其所，輕兵追之，分伏險阻，敵人還鬥，伏兵旁起，此全勝之道。」（何氏解釋「爭地」全勝之道所引）

（四）吳王問孫武曰：「交地，吾將絕敵，使不得來。必令吾邊城修其守備，深絕

通路，固其隘塞。若不先圖之，敵人已備，彼可得而來，吾不得而往，眾寡又均，則如之何？」武曰：「既我不可以往，彼可以來，吾分卒匿之，守而易怠，示其不能。敵人且至，設伏隱廬，出其不意，可以有功。」（何氏解釋「交地」有功之道所引）

（五）吳王問孫武曰：「衢地必先。若吾道遠發後，雖馳車驟馬，至不能先，則如之何？」武曰：「諸侯參屬，其道四通，我與敵相當，而旁有他國。所謂先者，必先重幣輕使，約和旁國，交親結恩，兵雖後至，眾已屬矣。我有眾助，彼失其黨，諸國犄角，震鼓齊攻，敵人驚恐，莫知所當。」（何氏解釋「衢地」勝敵之道所引）

（六）吳王問孫武曰：「吾引兵深入重地，多所踰越，糧道絕塞，設欲歸還，勢不可過，欲食於敵，持兵不失，則如之何？」武曰：「凡居重地，士卒輕勇，轉輸不通，則掠以繼食，下得粟帛，皆貢於上，多者有賞，士卒無歸意。若欲還出，即為戒備，深溝高壘，示敵且久。敵疑通途，私除要害之道，乃令輕車銜枚而行，以牛馬為餌。敵人若出，鳴鼓隨之，陰伏吾士，與之中期，內外相應，其敗可知也。」（何氏解釋「重地」敗敵之法所引）

（七）吳王問孫武曰：「吾入圮地，山川險阻，難從之道，行久卒勞，敵在吾前，而伏吾後，營居吾左，而守吾右；良車驍騎，要吾隘道，則如之何？」武曰：「先進輕車，去軍十里，與敵相候，接期險阻，或分而左，或分而右，大將四觀，擇空而取，皆會中道，倦而乃止。」（何氏解釋「圮地」戰法所引）

（八）吳王問孫武曰：「吾入圍地，前有強敵，後有險難，敵絕我糧道，利我走勢，敵鼓譟不進，以觀吾能，則如之何？」武曰：「圍地之宜，必塞其闕，示無所往，則以軍為家，萬人同心，三軍齊力，并炊數日，無見火煙，故為毀亂寡弱之形。敵人見我，備之必輕，則告勵士卒，令其奮怒，陳伏良卒，左右險阻，擊鼓而出。敵人若當，疾擊務突，我則前鬥後拓，左右掎角也。」又曰：「敵在吾圍，伏而深謀，示我以利，縈我以旗，紛紜若亂，不知所之，奈何？」武曰：「千人操旌，分塞要道，輕兵進挑，陳而勿搏，交而勿去，此敗謀之法。」（何氏解釋「圍地」之戰法所引）

（九）吳王問孫武曰：「吾師出境，軍於敵人之地。敵人大至，圍我數重，欲突以出，四塞不通；欲勵士激眾，使之投命潰圍，則如之何？」武曰：「深溝高壘，示為守備；安靜勿動，以隱吾能；告令三軍，示不得已；殺牛燔車，以饗吾士。燒盡糧食，填夷井灶，割髮捐冠，絕去生慮，將無餘謀，士有死志。於是砥甲礪刃，并氣一力，或攻兩旁，震鼓疾譟，敵人亦懼，莫知

所當。銳卒分行，疾攻其後，此是失道而求生。故曰：困而不謀者窮，窮
而不戰者亡。」吳王曰：「若吾圍敵，則如之何？」武曰：「山峻谷險，
難以踰越，謂之窮寇。擊之之法，伏卒隱廬，開其去道，示其走路，求生
透出，必無鬥意，因而擊之，雖眾必破。《兵法》又曰：若敵人在死地，
士卒勇氣，欲擊之法，順而勿抗，陰守其利，必開去道，以精騎分塞要路，
輕兵進而誘之，陳而勿戰，敗謀之法也。」（何氏解釋「死地」勝敵之法
所引）

（十）吳王問孫武曰：「散地不可戰，則必固守不出。若敵攻我小城，掠吾田野，
禁吾樵採，塞吾要道，待吾空虛而來急攻，則如之何？」武曰：「敵人深
入，專志輕鬥，吾兵安土，陳則不堅，戰則不勝；當集人聚穀，保城備險，
輕兵絕其糧道。彼挑戰不得，轉輸不至，野無所掠，三軍困餒，因而誘之，
可以有功。若欲野戰，則必因勢依險設伏，無險則隱於陰晦，出其不意，
襲其懈怠。」（張預解釋「散地」勝敵之戰法所引）

(十一)吳王曰：「士卒思還，難進易退，未背險阻，三軍恐懼，則如之何？」武曰：
「軍在輕地，士卒未專以入為務，無以戰為。故無近名城，無由其通路，
設疑佯惑，示若將去。乃選精騎，銜枚先入，掠其六畜，三軍見得進，乃
不懼。分吾良卒，密有所伏，敵人若來，擊之勿疑，若其不至，捨之而去。」
（張預解釋「輕地」之戰法所引）

(十二)吳王曰：「敵若先至，據要保利，簡兵練卒，或出或守，以備我奇，則如之
何？」武曰：「爭地之法，讓之者得，求之者失。敵得其處，慎勿攻之，
引而佯走，建旗鳴鼓，趣其所愛，曳柴揚塵，惑其耳目；分吾良卒，密有
所伏，敵必出救。人欲我人，人棄我取，此爭先之道也。若我先至，而敵
用此術，則選吾銳卒，固守其所，輕兵追之，分伏險阻，敵人還鬥，伏兵
旁起，此全勝之道。」（張預解釋「爭地無攻」全勝之道所引）

(十三)吳王曰：「交地吾將絕敵，使不得來。必令吾邊城修其守備，深絕通路，固
其隘塞。若不先圖之，敵人已備，彼可得而來，吾不得而往，眾寡又均，
則如之何？」武曰：「既我不可以往，彼可以來，則分卒匿之，守而易怠，
示其不能。敵人且至，設伏隱廬，出其不意。」（張預解釋「交地」戰法
所引）

(十四)吳王曰：「重地多逾城邑，糧道絕塞，設欲歸還，勢不可過，則如之何？」
武曰：「凡居重地，士卒輕勇，轉輸不通，則掠以繼食，下得粟帛，皆貢
於上，多者有賞。若欲還出，深溝高壘，示敵且久，敵疑通途，私除要害，
乃令輕車銜枚而行，揚其塵埃，餌以牛馬。敵人若出，鳴鼓隨之，陰伏吾

士，與之中期，內外相應，其敗可知。」（張預解釋「重地」之戰道所引）

(十五)吳王曰：「山川險阻，難從之道，行久卒勞。敵在吾前，而伏吾後；營在吾左，而守吾右；良車驍騎，要吾隘道，則如之何？」武曰：「先進輕車，去軍十里，與敵相候，接期險阻，或分而左，或分而右，大將四觀，擇空而取，皆會中道，倦而乃止。」（張預解釋「圮地」戰法所引）

(十六)吳王曰：「前有強敵，後有險難，敵絕我糧道，利我走勢，彼鼓譟不進，以觀吾能，則如之何？」武曰：「圍地必塞其闕，示無所往，則以軍為家，萬人同心，三軍齊力，并炊數日，無見火煙，故為毀亂寡弱之形。敵人見我，備之必輕，則告勵士卒，令其奮怒，陳伏良卒，左右險阻，擊鼓而出。敵人若當，疾擊務突，則前鬥後拓，左右掎角。」（張預解釋「圍地」之戰法所引）

(十七)吳王曰：「敵人大至，圍我數重，欲突以出，四塞不通；欲勵士激眾，使之投命，則如之何？」武曰：「深溝高壘，安靜勿動；告令三軍，示不得已；殺牛燔車，以饗吾士。燒盡糧食，填夷井灶，割髮捐冠，絕去生慮；砥甲礪刃，并氣一力。或攻兩旁，震鼓疾譟，敵人亦懼，莫知所當。銳卒分行，疾攻其後，此是失道而求生。故曰：困而不謀者窮，窮而不戰者亡。」（張預解釋「死地」之戰法所引）

三、其他典籍所引遺文

**

　《兵法》：「右倍山陵，前左水澤。」（《史記‧淮陰侯列傳》引）[2]

　《孫吳兵法》曰：有巾有蓋，謂之武剛車也。（《史記‧衛將軍列傳》裴駰《集解》引）

**

　《兵法》曰：遺人獲也。（《漢書‧韓安國傳》引）

**

　孫子曰：將者，智也，仁也，敬也，信也，勇也，嚴也。是故智以折敵，仁以附眾，敬以招賢，信以必賞，勇以益氣，嚴以一令。故折敵則能合變，眾附則思力戰，賢智則陰謀利，賞罰必則士盡力，氣勇益則兵威令自倍，威令一則惟將所使。

---

[2] 銀雀山漢墓竹簡佚文《地刑二》有「三軍出陳，不問朝夕，右負丘陸，左前水澤」語，與《史記‧淮陰侯列傳》所引相近，疑為《孫子》學說之有關遺文。

（王符《潛夫論‧勸將》引）

**

　　《孫子兵法》：「三令五申之。」（《書‧泰誓》疏引）

**

　　孫子八陳，有苹車之陳。（《周禮‧春官‧車僕》鄭玄《注》引）

**

　　《孫子兵書》曰：「誓稽之，使失其先後，謂稽留。」（《左傳‧莊公十年》，孔穎達《疏》引）

　　《孫子兵書》云：「軍井未達，將不言渴；軍灶未炊，將不言飢。」（《左傳‧哀公元年》，孔穎達《疏》引）

**

　　《孫子兵法》云：「貴之而無驕，委之而不專，扶之而無隱，危之而不懼。故良將之動也，猶璧玉之不可污也。」（《北堂書鈔》卷一一三引）

　　《兵法》云：「風雨可彰者，有象也；寒暑不可塞者，無形也。故良將慎密，其動如神。」（《北堂書鈔》卷一一三引）

　　《孫子兵法秘要》云：「良將思計如飢，所以戰必勝，攻必取也。」（《北堂書鈔》卷一一五引）

　　《孫子兵法論》云：「非文無以治平，非武無以治亂。善用兵者，有三略焉：上略伐智，中略伐義，下略伐勢。」（《北堂書鈔》卷一一六引）

　　《兵法》云：「見利徙之如振鞭，見不利去之如絕弦。」（《北堂書鈔》卷一一六引）

　　孫子曰：「今夫國家之事，一日更百變，然而不亡者，可得而革也。逮出兵乎平原廣牧，鼓鳴文流，雖有堯、舜之知（智），不能更也。」（《鹽鐵論》引）

**

　　孫子：「將必擇其福厚者。」（《風俗編》引）

**

　　孫子曰：「金城湯池而無粟者，太公、墨翟弗能守之。」（《意林》卷四引《風俗通》）

**

　　孫子曰：「水深則回。」（《文選》卷六，＜魏都賦＞李善《注》引）

　　孫子曰：「必先籌其費務。」（《文選》卷十一，＜景福殿賦＞李善《注》引）

　　《孫子兵法》曰：「林木翳薈，草樹蒙蘢。」（《文選》卷十三，張茂先＜鷦鷯

賦＞李善《注》引）³

　　《孫子兵法》曰：「凡用師，以全兵爲上。」（《文選》卷二十，潘安仁＜關中詩＞李善《注》引）⁴

　　孫子曰：「秋霜被，不凋其秀。」（《文選》卷三十，＜和王著作八公山詩＞李善《注》引）

　　孫子曰：「平陸平處。」（《文選》卷三十一，鮑明遠＜擬古＞李善《注》引）⁵

　　《孫子兵法》曰：「人效死，而上能用之，雖優游暇譽，令猶行也。」（《文選》卷四十六，王元長＜三月三日曲水詩序＞李善《注》引）

　　《孫子兵法》曰：「長陣爲甄。」（《文選》卷四十六，王元長＜三月三日曲水詩序＞李善《注》引）

　　《孫武子兵法》曰：「其鎮如山，其淳如淵也。」（《文選》卷四十六，王元長＜三月三日曲水詩序＞李善《注》引）

＊＊

　　又孫子云：「天隙之地，丘墓故城，兵不可處。」（《唐太宗李衛公問對》所引）

＊＊

　　《孫子》稱司雲氣，非雲、非煙、非霧，形似鳥獸，客吉，主人忌。（《太平御覽》卷八引）

　　《孫子兵法》云：「地多陷曲，曰天井。」（《太平御覽》卷一八九引）

---

³ 《文選》卷九潘安仁＜射雉賦＞李善《注》，以及卷三十五張景陽＜七命＞李善《注》，皆引《孫子兵法》云：「林木翳薈」，而《孫子兵法・行軍》則有：「軍行有險阻、潢井、葭葦、山林、翳薈者，必謹覆索之，此伏姦之所處也。」二文相近。

⁴ 李善除了注引此句「《孫子兵法》曰：凡用師，以全兵爲上」外，又有相近之引文；《文選》卷二十四曹子建＜贈丁儀王粲＞也注引：「《孫子兵法》曰：用兵法，全國爲上，破國次之。」《文選》卷四十阮嗣宗＜爲鄭沖勸晉王牋＞注引：「《孫子兵法》曰：用兵之法，全軍爲上，破軍次之。」此後面注引之二段《孫子兵法》文，與今本《孫子兵法・謀攻》相近，＜謀攻＞云：「孫子曰：凡用兵之法，全國爲上，破國次之；全軍爲上，破軍次之。」李善同時引用前述三條《孫子》文，而首條之文，與後二條，文字不同，並與今本《孫子兵法・謀攻》不同，故可以視爲《孫子兵法》的遺文。

⁵ 李善《注》引「平陸平處」，其意近於《孫子・行軍》云：「……此處平陸之軍也。」惟其注引未深明其意。《孫子》言平陸的軍事思想，乃爲在開闊之地，佔領平坦的大地區，必須選擇側有良好的天然障礙作爲依托，所以諸葛亮云「平地之戰，不逆其虛」，就是這個道理。

《孫子占》曰：「三軍將行，其旌旗從容以向前，是爲天送，必亟擊之，得其大將。三軍將行，其旌旗墊然若雨，是爲天霑，其帥失。三軍將行，旆旗亂於上，東西南北，無所方主，其軍不還。三軍將陣，雨師，是爲浴師，勿用陣戰。三軍將戰，有雲其上而赤，勿用陣；先陣戰者，莫復其跡，三軍方行，大風飄起於軍前，右周絕軍，其將亡；右周中其師，得糧。」（《太平御覽》卷三二八引）

移車移旗，以順其意，銜枚而陳，分師而伏，後至先擊，以戰則克。（《太平御覽》卷三五七引）[6]

孫武曰：「夫帝王處四海之內，居五千里之中，焉能盡專其利，是以分建諸侯，以其利而利之，使食其土之毛，實役其人民之力，故賦稅無轉徙之勞，徭役無怨曠之嘆矣。」（《太平御覽》卷六二六引）

（《武經總要》亦著錄）

附錄二　明代《孫子》輯注文獻資料簡刊表

撰注作者	書名	世傳情形	內容
朱升注	《孫子旁注》（一題《孫子旁訓》）	《千頃堂書目》、《江南通志》、《安徽通志》等著錄。尊經閣藏有明刻《孫子旁注》二卷，疑即此書。待考。	朱升《楓林集・孫子旁注序》：「間以己意，旁注十三篇，著演八陣圖於卷末。」所注力求「詞義暢明，陣劫明白」。《新安文獻志》記載其「作諸旁注，離而觀之，則逐字爲訓；合而涌之，則文義成章，綱提目舉，一覽可知」。「旁注之作也，知其法者，以爲小學訓詁之門；悟其妙者，知爲研精造道之要法」。
余元長訂	《重訂孫子旁注》二卷	《千頃堂書目》著錄，置《朱升孫子旁注》後。	疑爲朱升《孫子旁注》的重訂本，原書內容不詳。待考。
鄭士元注	《孫武子注》	《臺州經籍志》、《兩浙著述考・武備考》等著錄。該書已亡佚。	不詳。
劉寅撰	《武經直解・孫子直解》	《萬卷樓書目》、《百川書志》、《明史・藝文志》等均有著錄。現有明嘉靖、萬曆、崇禎時期等刻本，以及清光緒時之鈔	該書卷首有目錄、凡例、讀兵書法、武經所載陣圖、武經所載國名等，並附兵法附錄一卷。其解《孫子》三卷，參用魏武、杜牧、張預、張賁四家之言，直解經文，以仁義節制爲規矩準繩。解意直白通俗，並多得見解。十三篇各有解題，每篇逐句逐段直解，間有校勘。大量史用史實，使

		本，明國時期影印明萬曆刻本。目前普遍流傳；山東：齊魯書社《孫子集成》第二冊，影印收錄明成化刊本。	兵法精義得以會通。重視十三篇之間的內在聯繫，融會貫通，提綱理脈，多有見地。該書對《孫子》學說的發展起了重要作用，爲目前《孫子》的重要版本之一。
王訓撰	《孫子注解》	《貴州通志》著錄。未見傳世版本。	不詳。
鄭靈撰	《新刊京本孫武子十三篇本義》三卷	《丹徒縣志》著錄。目前中央圖書館藏有明正統年間刊本。	該書「會諸家之語，取其合乎孫子之意者爲本義。間亦足以己意，隨文立法，直白易曉，誠可以爲學孫子之指南也」（沐僖《孫子本義後序》）。對《孫子》各篇皆有題解，各句有注釋。注文取於諸家之言，亦有作者獨到之見解。該書卷後有沐僖、周鑒、湯銳、陳道等人所撰後序四篇，介紹《孫武子十三篇本義》的成書情形、刊本源流，以及對該書的評價等等。
鄭靈輯	《武經節要》四卷	《丹徒縣志》著錄。	不詳。
李清集注；李可教校正；李逢申重梓	重鐫《武經七書集注》八卷	現傳世本有天啓四年（西元1624年）李逢申刻本。北京大學、尊經閣、浙江、河南圖書館等皆有館藏。	該書與劉寅《武經直解》成書時間相近。書後附《兵法淵源》及《陣圖》一卷。《孫子》爲其首卷。以曹注爲基礎，旁引經、傳、子、史百家之言，分列於所注文句之下。
黃智撰	《孫子會通》二卷	《千頃堂書目》、《福建通志》著錄。查已亡佚。	不詳。
童軒撰	《孫子釋文》	《寶文堂書目》著錄。已亡佚。	不詳。
閻禹錫撰	《孫子集解》二卷	《千頃堂書目》著錄。未見世傳。	不詳。
黃潤玉注	《孫子注》，又名《孫子兵法注》	《千頃堂書目》、《兩浙著述考》著錄。亡佚。	不詳。
黃潤玉撰	《孫子綱領》	《敕修浙江通志》、《成化四明郡志》著錄。亡佚。	不詳。
趙鶴校	《武子十三篇定本》	《千頃堂書目》著錄。亡佚。	不詳。
王崇獻撰	《孫子釋疑》	《千頃堂書目》、《曹縣志》、乾隆《山東通志》、民國《山東通志》等均有著錄。	不詳。

		未見世傳。	
陳　珂斷；陳天策注	《孫武子斷注》三卷；又題《孫武子》三卷。	目前北京圖書館藏有明正德元年（西元1506年）郭氏萬卷堂序刻本；天一閣藏二卷本。	作者認爲「《孫子》之書本之《六韜》、《司馬法》而作」，所以其斷注皆著眼於從二書中探究《孫子》本源。注文多取材於《周易》、《尙書》、《左傳》、《老子》、曹注，以及《武經七書》中其他六書之文，援引最多的是《六韜》和《司馬法》，其次是《李衛公問對》。此書爲其諸兵法比較上的重要參考文獻。
陳珂、陳瓛撰	《武經節要發揮》一卷	《百川書志》著錄，未見世傳本。	不詳。
成諧撰	《孫子陣法新說》	《揚州府志》、《興化縣志》、《孫子考》均有著錄。亡佚。	不詳。
蘇祐撰	《孫子吳子集解》；一題《孫吳集解》	《千頃堂書目》、《曹州府志》、《山東通志》、《孫子考》均有著錄。亡佚。	不詳。
施一德編校	《校正武經七書》二十五卷（《孫子》三卷）；一題《施一德選輯孫子》一卷。	今國內中央圖書館存有明嘉靖十年（西元1531年）刻本二十五卷四冊。	待查。
王守仁批；胡宗審參評；孫元化標題；茅震東考訂；王承錦等參閱	《新鐫標題武經七書》七卷；一題《新鐫朱批武經七書》；一題《新鐫武經七書》	世傳版本有明嘉靖二十二年（西元1543年）版本；天啓元年（西元1621年）茅震東刻朱墨套印本。臺灣考古文化事業公司於1978年影印正統謀略學匯編初輯本。山東齊魯書社編《孫子集成》第二冊，影印天啓元年刊本。	該書卷前有徐光啓、孫元化撰序，胡宗審作＜識＞，以及茅震東手書＜小引＞及凡例。注釋言簡意賅，深入淺出，富哲理性。十三篇每篇之後均有評語，剖析《孫子》各篇的思想內容與理論精髓，並且反映作者個人的軍事思想。當中較明顯的特色：其一爲強調「不戰而屈人之兵」的全勝思想；其二爲「兵出萬全」的愼戰思想；其三爲融心學於兵學之中的軍事哲學思想。
楊魁撰	《孫武子十三篇講義》二卷	世傳明嘉靖二十四年（西元1545年）武庫本（公文書庫）。	不詳。
吳湘輯	《武經摘要》六卷	廣東圖書館藏明嘉靖二十七年（西元	不詳。

		1548 年）印本。	
談愷校刊	《孫子集注》十三卷	此書爲明代華陽《道藏》本《孫子集注》的後傳。北京、上海、南京等圖書館皆有藏本。1936 年商務印書館《四部叢刊》影印本，納入山東齊魯書社《孫子集成》第四冊。	此書爲談愷校刊，是《孫子十家注》系統在明代的一個重要的傳本。此書依《孫子十家注》原文分爲十三卷，書後無鄭氏《遺說》。刻工尚好，惟校讎不精，其錯亂除仍《道藏》本外，又有一些新的錯誤。
薛應旗撰	《方山先生孫子說》二卷	《傳是樓書目》著錄。傳世版本有明嘉靖三十五年（西元 1556 年）吳中重刻本二冊，現復旦大學有館藏。	該書書前有作者自序、蘇軾《孫子論》、司馬遷《史記‧孫子列傳》。正文以《武經》本爲底本，對十三篇逐段解說。認爲兵家之有《孫子》，如儒家之有《易》，佛家之有《心經》，道家之有《道德》，可以意會而不可以言求。古者注《孫子》，或逞於己見，或滯於往跡，或泥於引證，都不能變通以盡其神。因此，力力主張對《孫子》不拘其言而求適於用。認爲《孫子》雖講權謀術數，但其論兵，出於唯民是保，唯國是全，始終皆本於仁義，非至廉、至靜、至信者不能會通而神明之。故該書對研究《孫子》多有啓示。
陳錫校訂	《校訂魏武帝注孫子》三卷	現中央圖書館藏有明嘉靖四十年（西元 1561 年）臨海陳錫校刊本。	原書內容待查。
李材撰	《見羅先生讀孫子》一卷	《江西通志》著錄。尊經閣藏有《見羅先生福堂稿》附刻本。	不詳。
歸有光輯評	《諸子匯函‧孫武子》	爲歸氏所輯評，於書中第八卷。現存世有北京、山東圖書館藏本。	《諸子匯函》第八卷錄有《孫子》之文六篇，分別爲＜始計＞、＜謀攻＞、＜兵勢＞、＜虛實＞、＜軍爭＞、＜地形＞。有雙行小字注。注文通俗曉暢。篇後有評論，多爲雜取他家之言。對於研究《孫子》的軍事思想，以及研究明代《孫子》的流傳及影響，具有史料價值。
趙本學撰	《孫子書》；一題《孫子書校解引類》；一題《趙注孫子》；一題《趙注孫子十三篇》	世傳版本極爲流行，臺灣故宮博物院存有明代隆慶二年（西元 1568 年）薊遼總督譚綸刊本；臺灣中華書局亦有影印本。大陸各大學圖書館有館藏。山東齊魯書社《孫子集成》第五冊有明萬曆甲	該書注釋分校、解、引類三種：「校以訂誤」；「解以訓義」；「引類以證實」。全書共校訂五十餘處，注音十一處，並對《孫子》文句作了許多謹慎而重要的校注。趙氏融貫《孫子十家注》及《講義》、《直解》等書之內容而成一家之言，使其書具有解說詳明、博采眾長、體例完備，以及又有獨立見解等特點。因此，此書堪稱明代一部研究《孫子兵法》的集成之作，對於《孫子》的流佈傳播發揮了重要作用，對後世研究兵法有極大的影響與價值。

		寅重刻本影印。	
鄭芸撰	《孫武子十三篇本義》二卷	《萬卷樓書目》著錄。亡佚。	不詳。
鄭芸編	《武經節要》四卷	《歷代兵書目錄》著錄。亡佚。	是書中有《孫子節要》三卷,內容不詳。
李棟校	《孫子集注》十三卷	上海圖書館藏明隆慶六年(西元1572年)刻本。	該書屬《十家注孫子》系統。《孫子》十三篇各爲一卷,先錄原文,下附曹操、杜牧等十一家舊注。明嘉靖期間談愷重刻,惟文字有缺略。明隆慶時期,李棟則重加校正,梓行於世,體例一仍其舊。
崔儒秀撰	《武經窺豹編》二卷	明萬曆年間刻本。存世未考。	不詳。
張居正輯著;汪淇纂序	《鰲頭七書》七卷;一題《武經直解》七卷;一題《武經直解開宗合參》七卷	今大陸清華大學、尊經閣等存有明刻本《武經直解開宗合參策題匯解》、清順治錢塘汪氏還讀齋刊本。日本亦廣傳《開宗直解鰲頭七書》多種刊本。山東齊魯書社《孫子集成》第十一冊收入清順治辛丑刊本。	張居正晚年增訂劉寅《武經直解》。除了有明萬曆五年張居正序文外,又有汪淇纂序,以及汪桓針對《孫子》一卷所作之訂正。關於《武經直解開宗合參》七卷中,除了張增訂者外,又合參黃獻臣《武經開宗》而成,並合此二者而名。書分上下二欄,下欄爲《孫子》原文(另外武經六書則於下欄列各書篇名),上欄爲「合參」之注釋評點文字。對於訓釋《孫子》的形式與內容均有其獨到之特色,對於清代研究《孫子》,以及日本人研究《孫子》均有一定之影響。
趙光裕注,趙三暘、李時英同校	《新鐫武經標題正義》七卷附二卷《孫子》(共九卷)	目前北京、尊經閣、故宮等存有明萬曆、明集賢堂刻本、明末金陵唐錦池刻本。	該書首卷爲《孫子》十三篇。分上、下二欄。下欄爲正文,有解題,附注;上欄爲標題,分正題、副題、小題與策問四種。正、副題有解,小題與策問則無。此書因科考而作,多有能闡明旨要者。
趙光裕箋注	《武家轂·重訂箋注孫吳合編》二卷(當中《孫子》爲一卷)	《中國叢書目錄及子目索引匯編》、《中國兵書通覽》等書著錄。《中國兵書總目》著錄尊經閣藏有明刊《重訂箋注孫吳合編》本,疑即此書。	內容不詳。《武家轂》一書,包括《重訂箋注孫吳合編》二卷,《重訂箋注標題三略》一卷,《六韜》一卷,另附《射譜》一卷。
吳勉學校	《二十子全書·孫武子十三篇》	北京現存明萬曆期間刊本。	吳氏校勘《孫子》原文,以《十家注》本爲主,又兼取各本之長,尤其取《武經》本者。可作爲研究《孫子》的參校之本。
王圻解	《武學經傳句解·孫子》	《周秦漢魏諸子知見書目》著錄。傳世版本有明萬曆七年金陵吳懷川懷德堂	內容未考。

		刻本，現存尊經閣。	
王升撰	《武經七書解義·孫武子解義》	尊經閣有明萬曆十一年刊《武經七書解義》本。	《孫武子解義》一卷，內容不詳。
何繼高撰	《孫子解》；又題《孫子解證》	清乾隆《浙江通志》、《山陰縣志》著錄。未見有傳世版本。	亡佚。內容不詳。
謝弘儀輯注	《武經七書集注標題·孫子》；又題《新鐫武經標題正義》；《新鐫武經標題七書》	大陸浙江圖書館、軍事科學院存明末刊本與清刊本。	謝氏輯注共八卷，《孫子》一卷。該書專爲科考而刻。每篇有解題，上欄爲標題，標題分四種：正題、副題、小題、策題。正、副標題有注，小題、策題無注，正題以圓圈作標誌，策題以「問」字開題。該書多有獨到見解，可爲研究《孫子》之參佐。
黃邦彥校正	《孫子集注》十三卷	《寶文堂書目》、《千頂堂書目》等均有著錄。現存傳世本爲明萬曆十七年黃邦彥校刊本。北京、軍科、北大、北師大等均存該本。山東齊魯書社《孫子集成》第七冊亦收錄。	該書爲《十家注》在明代的重要傳本。卷首有程涓序文，卷末有蔞氏後序。正文內容與談愷本基本相同，甚至談本的一些錯亂，該本亦照刻未改。對《孫子》十三篇文字有個別校正，並改注文爲雙行小字夾注，體例優於談本。
周光鎬注，白應乾等校閱	《武經考注》八卷；又題《武經七書》；《武經注解考注》八卷	該書初刻於明萬曆十七年。傳世版本有明萬曆二十三年朔方籌勝堂刻本，現存大陸軍事科學院。	該書共八卷，《六韜》二卷外，《孫子》等六書皆各一卷。注文形式有正文中雙行小字夾注和眉端批注兩種。批注多來自「坊中注」，〈凡例〉稱「坊中注甚繁冗，姑取而刪其訛舛者，但欲便於初學而已，不計其無且陋也」。批注注重考證，批注於眉端，間有作者個人的見解，可爲研究《孫子》學說的參考資料。
周國雍注，黃榜重輯	《武經七書》；又題《武經注解》八卷	傳世版本爲明浙江運籌堂刻本，現存大陸軍事科學院。	該本與前述周光鎬本相同，惟缺周光鎬與耿定力序文兩篇。
李盤用匯編，彭好古校，李名世集注，李贊世補注	《武德全書·孫子》	該書約刻於明萬曆十八年。現存北京圖書館。	《武德全書》共十五卷，分訂四冊。其中《孫子》一卷，正文中刪「孫子曰」三字。各篇有解題，正文集中分段作注。注文取明代及以前各家之說，較爲詳盡，但無出典。該書缺點爲校勘不精。

陳深撰	《諸子品節‧孫子品節》	北京圖書館現存明萬曆間刻本。山東齊魯書社《孫子集成》第七冊收錄之。	《諸子品節》共五十卷，其中《孫子》二卷。將諸子之文分內品、外品與小品。《孫武子》置34、35卷中，正文並不刪節，是《諸子品節》中少數幾篇有品無節者。一句一議，皆引史事以證之。
曾子清注疏	《曾子清孫子注疏》	《四庫全書‧集部‧弇州續稿》卷四十五載《曾子清孫武子注疏序》。	未見有著錄及傳世版本，故內容不詳。
王世貞評釋	《兵垣四編》	《明史‧藝文志》著錄。今傳本極爲普遍，主要根據明代天啓元年閔氏刻朱墨套印本而來。今山東齊魯書社《孫子集成》第九冊收錄之。	《兵垣四編》主要爲《素書》一卷、《陰符經》一卷、《孫子》一卷（王世貞評釋）、《吳子》一卷。王氏評釋《孫子》，每篇有解題和行間夾注，眉端批、解和篇後評述，均以朱墨套印。體例與閔刻朱墨套印本王守仁批釋《新鐫武經七書‧孫子》略同。其評釋之主要特色爲解題言簡意精，眉端批釋多有獨到之見，篇後評述，不落俗套，體例新穎完備，批評多有發明，爲後世兵家所推崇。
王世貞撰	《批點孫子》	《脈望館書目》著錄。現存明刻本、清鈔本於北大、華師大、上海圖書館等。	根據北京大學圖書館藏本刻印情況，此書似即明天啓元年閔刻《兵垣四編‧孫子》的單刻本。內容參見前述《兵垣四編》。
李贄撰	《孫子參同》五卷	《四庫全書總目》著錄。成書於明萬曆二十五年。現傳本極爲普遍，主要爲明萬曆年間刻本。今故宮藏有明萬卷樓刻三卷本。齊魯書社《孫子集成》收錄於第八冊。	該書前有王世貞、李贄、梅國楨等＜序＞，閔于忱＜小引＞，司馬遷＜孫子列傳＞、蘇洵＜孫子老泉論＞、＜凡例＞、＜參考書目＞，以及古今注釋、批評、考訂孫子者姓氏等。其後爲正文。其體例爲每篇先錄《孫子》原文，次就《孫子》若干論斷，分條進行簡要詮釋和闡發，再次爲輯錄曹注孫子之文，曹注之後，以「李卓吾曰」提出作者自己的見解，最後在「參考」部分列舉本篇之最緊要者，分別引《武經》餘六書之論述分別納入其中的理論體系。七書合而爲一，故名爲「參同」。其自序中提到「《七書》與《六經》，固仁義一原之理，陰陽貞勝之符」；「以《七書》、《六經》合而爲一，以教天下萬世」。其書特就「道」、「奇正」、「將能而君不御」等思想作精闢見解。所注皆能闡明要義，可謂集兵家之大成，爲研究《孫子》思想的重要資料。
李贄撰，臧應騏校閱，蔡國祥參定，范方	《七書參同》七卷	存世版本有明末東壁齋刻本、清鈔本，現存於浙江、北京圖書館。	《七書參同》第三冊，載《孫武子》，體例與《孫子參同》五卷大不相同。《孫子參同》中十三篇均無解題文字，而《七書參同》各篇皆有，其內容與趙光裕、謝弘儀二人注《孫子》解題略同。《七書參同》不再引用七書中其他六書之言與《孫子》相印證；沒有「卓吾子曰」引出的原評

評次			述文字；沒有專門直接引述魏武帝注《孫子》的內容；沒有茅刻本中的在上欄所錄王鳳洲、袁了凡、茅坤等人評注。該書對《孫子》的原意，能夠作正確理解闡發，並能聯繫當時的時世，針對明朝末年之內憂外患提出具體的對策。論述《孫子》原文，不再重複《孫子參同》的舊說。該書以儒統兵的思想甚爲濃厚，與《孫子參同》相較，基本思想傾向多有改變。
汪淇訂	《重訂孫子參同集》	存世有明末還讀齋刊本。	此書系對李贄《孫子參同》的重訂。參見《孫子參同》五卷。
李　贄釋,范方評	《韜略奇書·孫武子》	《中國兵書總目》著錄，載《韜略奇書》本內（尊經閣）。	《周秦漢魏諸子知見書目》著錄有明刊本金堡輯《韜略奇書，疑即此書》。內容不詳。
佚　名輯,徐夢麟校訂	《武經七書》十三卷	明文錦堂刻本，刻於明萬曆年間，現存四川圖書館。	該書十三卷中，《孫子》三卷。該輯刻者針對明代學士「狃於承平」、「羞言武」之士風而輯刻是書。是書校刻不精，錯、脫字現象時有所見。
趙庭撰	《孫子取衷》十三卷	明萬曆三十七年刻本，現存重慶圖書館。	作者<刊孫子取衷小序>云：「譚兵者人各異言，言各異志，浮而未切，博而未確也」，於是「取魏武、杜預諸君子十三家注疏，日研究而折衷之。取其所長，補其所短」。該書以《武經》本作底本，融諸家注於一體，著力於糾過補不及以取正，行文通俗，雜以史證，注釋詳審。同時把握《孫子》整體軍事思想，各篇解題文字亦較爲祥盡中肯。
錢繼登撰	《孫武子繹》二卷	清乾隆《浙江通志》著錄（引自嘉禾徵獻錄），未見世傳本。	不詳。
焦竑校正,翁正春　參閱,朱之蕃圈點	《二十九子品彙釋評》，一題《新鎸翰林三狀元會選二十九子品彙釋評》	現存於大陸軍事科學院，爲明萬曆四十四年刊本。	該書卷二十爲《孫武子品彙釋評》。分上下二欄，下欄錄有《孫子》全文，上欄爲釋評。正文中有少許雙行小字注文。各篇末抽出《孫子》一些重要語句、觀點，分條評注。注文雜采前人見解，除解題中提到蘇老泉外，其他未詳出處。上欄評注則標明某某人曰，類似《十家注》。注者包括錢福、馬理、陳後山、林希元、呂補、虞集、黃鳳翔、趙瑤、倫以訓、錢谷、舒芬、葉重第、何孟春、樓昉、申時行、閔如霖、王維楨、許國、馮淑吉、高似孫、張之象、康海、王慎中、李涂、顧鼎臣、袁宗道、茅坤、顧充、姜寶、黃道開、傅夏器等人。集數十人之注，可謂廣蒐博采，爲我們研究《孫子》學說傳播情況，提供豐富史料，具有一定學術價值。
焦澹圓輯	《諸子折衷匯錦》，一題《纂解》	北京圖書館現存明萬曆二十二年序刻本。	該書輯錄儒、道、名、法、縱橫、墨、兵、雜諸家四十子書，多數爲節錄。兵家中收《孫武子》與《尉繚子》兩家。《孫武子》收於第八冊，爲

			全文收錄。正文中有雙行小字夾注，注文不多，含釋詞、解意、注音和引例。個別篇目有解題文字。評解著意折衷諸家，因此新意無多。
諸子折衷匯錦》；《諸子折衷評注》；《歷代諸子折衷》；《諸子折衷匯錦》			
茅元儀評釋	《武備志‧兵訣評‧孫子》	《武備志》撰成於明萬曆四十七年，明天啓元年初刻於南京。世傳普遍。主要有天啓元年初刻本、天啓元年錢塘汪允充修補重印本、清刻本、日本寬文四年刻本等等。	《武備志》爲明代大型軍事類書，二百四十卷，約二百萬言。由兵訣評、戰略考、陣練制、軍資乘、占度載等五部分所組成。兵訣評十八卷，《孫子》居首。該書集注釋、闡發、點要與評論於一體，在體例上有所創新，內容上亦多有可取之處；對《孫子》的總體評價極爲精當，云：「先秦之言兵者六家，前孫子者，孫子不遺；後孫子者，不能遺孫子。謂五家爲孫子注疏可也。」此語成爲評論《孫子》的傳世名言。惟該書與劉寅、王守仁、趙本學、李贄等人所作相比，則較顯簡略。
陳仁錫評選	《諸子奇賞》五十一卷（《孫子》錄於第十三卷）	今傳本爲明天啓丙寅年刻本，現存於大陸軍事科學院。	該書第十三卷錄《孫子》十三篇。正文中有曹注《孫子》的少量注文，眉端爲作者評語。其評論之內容主要爲釋《孫子》文義，評《孫子》之觀點，論《孫子》語言之精，以及評論前人注《孫子》。其評論內容文字與《續古文奇賞‧孫子》多有不同。
陳仁錫選評	《續古文奇賞‧選經‧武經‧孫子》	今傳本爲明天啓年間金閶書林錢學周刻本，現存於大陸軍事科學院。	該書選入武經二卷，第一卷有《孫子》、《吳子》、《司馬法》與《李衛公問對》，第二卷有《尉繚子》、《黃石公》和《六韜》。除了《孫子》、《吳子》全文外，其他各書均節選。陳氏將《孫子》列入奇賞，不僅論其義理之精，亦贊其語言之妙。正文中有少量雙行小字夾注，批釋語則刻於橫眉。
陳仁錫輯評	《子品金函‧孫子節評》	現存明刊本。北京大學、軍事科學院等存世。	《子函》卷三收有《孫子》〈始計〉、〈謀攻〉、〈軍形〉、〈虛實〉、〈軍爭〉、〈九地〉等六篇原文。以《武經》本爲底本，注文中轉引蘇老泉、王維禎、王元美的評注和其他前人舊說。偶有作者個人心得。
臧應驥撰	《新鐫武經標題佐議》七卷，一題《武經佐議》	《周秦漢魏諸子知見書目》、《中國兵書通覽》、《中國兵書總目》著錄。傳世本有明天啓四年刻本，以及《韜略奇書》本。	不詳。
李雲翔輯	《新鐫諸子拔萃‧孫	《四庫全書總目》著錄。傳世本有明天啓	該書取坊刻本《諸子匯函》，割裂其文而作。所收《孫子》，無多創見。內容參見歸有光《諸子

	武子拔萃》	七年金陵余思泉、余慶堂刊本。	匯函‧孫子》。
沈際飛箋定	《武經七書合箋‧孫子合箋》	傳世本有明崇禎年間刻本（上海圖書館）。山東齊魯書社《孫子集成》，收錄於第十一冊。	內容包括校勘、注釋、解題等三部份。以《武經》本爲底本，以《十家注》等本參校。解題文字有用前人解者，亦有出於己意者。注文雜取諸家之言，創見不多，惟大量運用史證、典故闡明《孫子》文義，有利於初學者的認識。
劉夢潮注	《孫子十三篇注釋》	《泉州府志》、《福建通志》、《孫子考》等著錄。	未見傳世本，內容不詳。
鄭二陽撰	《孫子明解》八卷	今傳世本爲明崇禎元年刻本（上海圖書館）。山東齊魯書社《孫子集成》收錄於第十冊。	該書卷首有作者自敘，孔貞運序與趙之琰序。正文前有作者撰《師卦解題辭》、《師比御眾圖》、《師比說》和《師卦解》。作者認爲「人間世惟兵與醫所繫最重，吉凶同患，其效同存亡」。用兵作戰當「知彼知己，不容以毫髮假」。
張明弼箋定	《武經七書合箋武經續書‧孫子》	《中國兵書總目》著錄，傳世不明。	內容不詳。
鄭元極撰	《孫子合符全集》二卷	《中國兵書總目》著錄。明崇禎元年汲古齋刊本，藏尊經閣。《尊經閣文庫書目》著錄有《孫子合符》，明鄭元福撰。疑二者爲一書。待考。	內容不詳。
孫履恒注	《寏谷子商鷟武經七書》十卷，一題《武經商鷟》	傳世版本有明崇禎二年序刻本，現存上海、蘇州圖書館，尊經閣。	該書錄《武經七書》全文。卷末附寏谷子武略奇言。《孫武子》十三篇在卷一。撰者以圈點、旁注、眉批等方式，或列重點，或注讀音，或釋字義，或解文義，或闡己意，每篇後附有「孫履恒曰」的評語，對全篇內容加以評述。
郭良翰撰	《孫武子會解》四卷	明崇禎三年庚午南郭萬卷堂新鐫本。在存於北京圖書館、尊經閣。	作者批評王世貞、梅堯臣、鄭厚等人論《孫子》，是「文士筆鋒，操文墨束韜鈐」，自認「以兵言兵，即武論武」。名《孫武子會解》，即薈萃諸家注解；所取諸家之言，皆明指出處，引證較多者有曹注、李筌注、杜牧注、王晰注、劉寅《直解》、趙本學《校解引類》、李贄《參同》，以及王世貞《批注》等。其中以趙注爲最多。
陳子龍輯	《驪珠武經大全‧孫子》	《周秦漢魏諸子知見書目》著錄，明刊本。	輯錄白文《孫子》。
何言輯	《登壇正	《周秦漢魏諸子知	輯錄白文《孫子》。

	鵲·孫子十三篇》一卷	見書目》著錄。傳世版本有明崇禎九年雨花齋刊本（尊經閣）。	
黃獻臣輯注	《武經開宗·孫子》	成書約於明崇禎九年期間。傳世版本有明崇禎九年刻十卷本、明芙蓉館刊十卷本、明崇禎五聚堂刻十卷本、日本寬文元年中野市右衛門刻十四卷本。	該書爲明朝末年較有影響的《武經七書》注釋本。首列《孫子》二卷，開篇對孫武的生平和《孫子》一書作簡要介紹。正文十三篇各有解題，文中有詮解，篇後各有評述。詮解、評述既其義，又以史實證之。注中又有雙行小注，對注文中的用典亦做解釋。注文中有些是輯錄前人觀點而成，也時有作者自己的見解。著意於詮解《孫子》本義，直抒個人理解，是此書之勝處。
沈應明輯注	《新鐫注解武經》十四卷（《孫子》一卷）	傳世版本爲明崇禎九年經世堂刻新鐫注解武經本（華東師大）。	《孫子》爲該書第一卷。卷首爲孫子簡介，每篇之始有題解，正文爲《孫子》原文，然後對原文進行注解與評析。該書的特色在於注解，有的注文等於是一篇小論文，如＜九地＞中的「疾戰則存，不疾戰則亡者，爲死地」的注解有二百八十字。卷末有張修和的一篇七百餘字的總評，對《孫子》十三篇的要領作出高度的概括，認爲歸終不出「孫子開口便說的「『校之以利而索其情』一句話」。
陳玖學評注	《評注孫子兵略》	現存舊刻本於大陸軍事科學院。	注《孫子》文，並評其思想，評注結合，體例完整。十三篇各有解題文字，正文中以雙行小字評注，並採以前諸家舊說，參以己意，提出一些新的思路和見解。
陳玖學評注	《評注七子兵略》七卷，一題《新鐫增補標題武經七書》七卷；《新式標點評注七子兵略》	據《中國兵書現存書目》著錄，該書初刻於明萬曆年間。存世主要版本有明末刻本、民國六年、十二年、十八年等印本。	該書內容與《評注孫子兵略》基本相同。惟正文上欄有＜音注論策題目＞，包括正題、副題、小題和策題，大約是爲適應武舉考生需要而增。所增文字從形式到內容與謝弘儀、趙光裕兩種《新鐫標題武經七書》的上欄標題都完全一樣。
李騰芳撰	《新編孫武十三篇說印韜略世法》二卷，一題《孫武子》二卷	《中國叢書目錄及子目索引匯編》著錄有明崇禎九年尹商刊《武書大全》本。據《中國兵書總目》等著錄，傳世有明刊陳廷對纂輯《韜略世法□□種□□□卷存十九種二十五卷》（北京、上海、北大	未詳見其書。惟清謝文洊撰《兵法類案》係以李氏書爲基礎，從中可略知其大概。

		等）。	
陸萬垓撰	《孫子司馬法通義·孫子通義》	現存版本爲明崇禎十年刊本。	《孫子通義》四卷，內容不詳。
汪本源撰	《武經七書題旨明說·孫子題旨明說》，一題《武經題旨明說》	據《周秦漢魏諸子知見書目》著錄，有清康熙十九年刊本，以汪本源爲清人，未見有傳世版本。而公文書館則有明崇禎十二年刊本，以汪氏爲明人。若公文書館著錄無誤，則清康熙十九年刊本當是重刊。	內容不詳。
施逢原批點	《批點孫子正義》十三卷	現存明崇禎十二年自刻本。	全書十三卷十四冊，首冊爲序文、引用書目、參與鑒定和校正者姓氏及本書卷次。正文十三卷各一冊，包括《批點孫子正義》與《新鑴孫子兵法衍義》二部份。前者在《孫子》原文上欄有批點，取王陽明與作者二人少許言論，篇後附王陽明、胡梅林、孫履恒三人的評語；後者係對《孫子》的通俗翻譯，同時大量引用前世兵家論《孫子》語和軍事史證，並穿插作者評語。評語不僅評《孫子》原文，也評前世兵家言論，兼論歷代史證。此書之特點，主要在於批點與衍義並列，文白對照，且批點突出了前述明末王守仁等三人對《孫子》的評論。同時作者在衍義中深入淺出地解說《孫子》，比較易於爲初學者接受。此外，書中也反映出作者研究《孫子》不拘於前人的定論，有許多自己的見解。
陳元素評注	《標題評釋武經七書》十卷（《孫子》一卷）	現存明趙六雪刻本（南京圖書館）。	該書首卷爲曹注《孫子》，刊刻甚好。選《孫子》文中至要文字作標題，置眉端。該書對校勘曹注本《孫子》有一定之價值。
鍾惺、葉昭泰等評纂	《諸子類雋·孫子》，一題《諸子集》	成書於明崇禎十七年。	該書第四卷有《孫武子》，署作者爲孫臏。對《孫子》的評釋，主要著眼於提示文義，創見不多。
郭偉輯注	《百子金丹·武編·孫子選評》，一題《分類文	世傳明天啓末年經國堂刊十卷本。	全書分文編和武編、內編和外編、奇編和正編等三部份，下分四十一類。選取歷代子書有關言論，分門別類，間加評語，或采錄歷代注家之語，撰成是書，以爲科舉學子之需。選錄《孫子》之文，其批注除了解釋《孫子》的文字意旨，沿襲

	武 合 編 百 子 金 丹 》		歷代《孫子》注家之舊說外，另點評《孫子》的語言藝術，以啓發士子的文思。
方家振撰	《武經翼》四卷（有中《孫子翼》）	《文學山房書目》、《孫子考》、《中國兵書總目》等著錄。傳世版本有明崇禎間刊本（尊經閣），明方氏信筆齋刊本（臺灣中央圖書館）。	內容待查。
耿庭柱撰	《孫子摘要》八卷	《濟南府志》、《山東通志》著錄。未見有傳世版本。	內容不詳。
華夏注	《孫子十三篇注》	《鄞縣志》、《孫子考》著錄。今已亡佚。	亡佚，不詳。
黃之寀輯	《二十子·孫子十三篇》	現傳明萬曆自刻本。	爲《武經》本白文《孫子》。刻印一般，校勤不精，有錯刻現象。
李國祥撰	《子史匯函·孫子》	現傳明刻本。	《孫子》於其書第三卷，以《武經》本爲底本，在原《十家注》基礎上，摻入己意進行注解。其訓字釋詞多通俗明瞭，便於讀者閱讀。
金堡輯	《韜略奇書·孫武子》	《周秦漢魏諸子知見書目》、《中國兵書通覽》著錄。明刊，未見有傳世版本。	內容不詳。
李獨明撰	《孫武子集注》	《九江府志》、《江西通志》、《孫子考》等著錄。	內容不詳。
劉欽撰	《孫子兵法解》四卷	《貴州通志》、《黎平府志》著錄。未見傳世版本。	亡佚，內容不詳。
陸弘祚纂注	《孫子纂注》	《寶文堂書目》、《孫子考》等著錄。今亡佚。	內容不詳。
孫奎注	《孫子兵法注》	《江西通志》、《孫子考》著錄。今亡佚。	內容不詳。
汪淇撰	《新編百戰百勝七書衍義·孫子衍義》	日本《內閣文庫漢籍分類目錄》著錄。未見傳世版本。	內容不詳。
徐昌會注	《孫子兵法十三篇注》一卷	《淡生堂書目》、《千頃堂書目》著錄爲《徐昌會注孫子兵法十三篇》一卷。《孫	內容不詳。

		子考》又著錄。	
張澡撰	《孫子繹語》	《安徽通志・藝文考稿》著錄。	內容不詳。
鄭露注	《孫武子注》	《山西通志》著錄。亡佚。	內容不詳。
佚名撰	《孫子比事》	《內閣書目》著錄。未見傳本。	內容不詳。
佚名撰	《孫子兵法發明》	《行人司書目》著錄。亡佚。	內容不詳。
佚名撰	《孫子輯釋》	《寶文堂書目》著錄。亡佚。	內容不詳。
方凝輯	《十二子・選輯孫子》	《叢書書目匯編》著錄。	節錄《孫子》原文。
洪瑋德鈔	《管仲孫武合鈔》	《山陽縣志》、《淮安府志》著錄。亡佚。	內容不詳。
徐大儀增注	《新鐫標題武經必讀增注》七卷（《孫子增注》一卷）	明末刻本。	內容不詳。
解元輯	《孫子注》	陸達節《孫子考》著錄。	內容不詳。
佚名撰	《孫子衍義》三卷	《千頃堂書目》著錄。日本《內閣文庫漢籍分類目錄》著錄有《新編百戰百勝七書衍義・孫子衍義》，疑即此書。待考。	內容不詳。
佚名撰	《孫子原旨》	《行人司書目》著錄。未見傳世版本。	內容不詳。
佚名撰	《孫子注略》四卷	《千頃堂書目》著錄爲明代兵書。未見傳世版本。	內容不詳。
佚名撰	《孫子約鈔》一卷	明鈔本。	內容不詳。